La sociologie des entreprises

Du même auteur

Trois Ateliers d'OS
(en collaboration avec Dominique Motte et Jean Saglio)
Éditions ouvrières, 1973

Les Nouveaux Patrons
Éditions ouvrières, 1974

Un travail à soi
Pour une théorie de l'appropriation du travail
Privat, Toulouse, 1982

La Création d'entreprise, un enjeu local
(en collaboration)
La Documentation française
« Notes et Études documentaires », 1983

La Sociologie des organisations
Seuil, « Points Essais », n° 180, 1985
5e édition revue et augmentée, 1999

Technologies nouvelles, nouveau travail
(Philippe Bernoux et al.)
FEN, « Recherches », 1987

La Construction sociale de la confiance
(sous la direction de Philippe Bernoux
et Jean-Michel Servet)
Association d'économie financière
Montchrestien, 1996

Les Nouvelles Approches sociologiques
des organisations
(en collaboration avec Henri Amblard,
Gilles Herreros, Yves-Frédéric Livian)
Seuil, 1996 ; 2e éd. 1997

Philippe Bernoux

La sociologie des entreprises

2e édition revue et corrigée
suivie d'une postface

Éditions du Seuil

ISBN 2-02-023632-X

1

Les fondements théoriques

INTRODUCTION

L'entreprise, un objet sociologique nouveau

Ce n'est que ces dernières années que l'entreprise a été considérée comme un objet digne de l'attention scientifique des sociologues. Par exemple, jusque-là, le terme « entreprise » est absent des index thématiques des dictionnaires, manuels ou traités de sociologie. Les institutions comme la famille, l'école, la religion y ont leur place. D'entreprise, point. Et cela, en dépit du fait que les fondateurs de la sociologie ont accordé une grande place à l'analyse des activités professionnelles (Nisbet 1966). Certains d'entre eux, comme Max Weber, ont traité l'entreprise comme une institution centrale de la vie économique à travers laquelle ils voient la naissance du système capitaliste. Par la suite, cependant, et ceci vaut en tout cas sûrement pour la France, elle n'est pas prise comme objet d'étude sociologique. C'est depuis une date récente que des ouvrages sur la sociologie de ou des entreprises commencent à voir le jour.

Pourquoi cette absence jusque-là et cette apparition aujourd'hui ? On peut répondre par l'extension du champ, en disant que l'entreprise n'est jamais qu'une institution particulière de la vie économique et qu'il a fallu un développement important du champ de la sociologie pour qu'elle englobe ce domaine particulier. L'explication est en partie vraie. Le marché, les classes sociales, voire la bureaucratie, ont sans doute une extension plus grande que l'entreprise. Pourtant, cette explication reste courte. Si l'on veut bien admettre que la sociologie peut se définir de deux manières principales, la construction des règles que se donne tout groupe humain pour agir d'une part, celle du sens que les individus donnent à leurs actions d'autre part, on comprendra mieux pourquoi, pendant longtemps, l'entreprise n'a pas trouvé de place dans ces deux perspectives.

Les règles d'abord. Longtemps, celles qui ont cours dans l'entreprise ont été supposées définies par les contraintes externes : techniques, économiques, humaines, culturelles, gestionnaires, sociopolitiques, etc. Elles apparaissaient suffisamment contraignantes pour ne donner que peu ou pas du tout d'espace de liberté au groupe humain rassemblé dans l'entreprise. Celle-ci est alors abandonnée aux mains des ingénieurs et des gestionnaires qui la pensent comme un objet, sans réelle autonomie. Il en découle une vision déterministe des structures, sans prise en compte des individus et des groupes humains qui les mettent en œuvre. On est dans une perspective expliquant la construction des règles par l'influence directe des contraintes, et non comme leur recomposition à travers un agrégat d'actions individuelles. Bien entendu, on admettra des diversités, les spécificités venues des métiers, à la taille, à la branche, au secteur. Mais rien de tout cela ne permet de penser l'entreprise comme centre d'autonomie et de capacité à créer des règles.

La manière dont a été envisagée la compréhension du sens que les individus donnent à leur action a étouffé également et pendant longtemps la prise en considération de l'entreprise dans son autonomie. Tout d'abord, parce que le premier sens attribué à l'action des individus a été le travail, souvent exclusivement sous son aspect instrumental, ici économique, c'est-à-dire gagner sa vie. Il est intéressant de tirer les conclusions de ce que l'histoire nous a récemment appris, à savoir que l'acception actuelle du terme de travail est d'une origine récente. Avant le XVIIIe siècle, ce qui correspond à l'activité de travail n'est pas autonome par rapport à l'activité sociale. L'économique est encastré dans les autres rapports sociaux (Billiard 1993), les rapports de production se séparant des autres à cette période. Lorsque ceci se produit, le sens prêté aux acteurs dans l'entreprise va concerner le travail et l'économique, pas la construction de rapports sociaux. Ceux-ci n'ont que peu d'importance. L'objet sociologique est le travail, encastré dans l'économique, l'entreprise n'étant que le lieu où il s'accomplit. Déjà en 1962, J. Lobstein, un des auteurs de la partie consacrée à l'entreprise dans le *Traité de sociologie du travail* (Friedmann et Naville 1962), constate : « Longtemps, la matière économique de l'entreprise [...] et le fait que l'échange est au centre de son économie ont seuls retenu l'attention et ont empêché de lui reconnaître le caractère de groupe social autonome » (p. 44). Cette autonomie est traitée par l'auteur en termes de « spontanéité sociale », expression reprise dans le chapitre suivant par J.-D. Reynaud. L'idée de l'entreprise comme construit social autonome n'est pas encore mûre. Dans l'ouvrage, elle est étudiée à l'intérieur d'un traité consacré au travail.

Celui-ci fera l'objet d'une autre interprétation, sociopolitique celle-là. Les sociologues ont eu longtemps, en France, une position critique vis-à-vis de l'entreprise, institution centrale du capitalisme, lieu de l'exploitation des travailleurs. Ils se sont alors assigné comme mission de dénoncer les effets pervers du capitalisme, la relation de subordination née du travail, le taylorisme. Les conditions de travail générales à certaines branches ou métiers, souvent extrêmement dures, feront aussi l'objet d'une grande attention. L'entreprise disparaît dans cette perspective, l'enjeu étant l'étude du travail, du mouvement ouvrier, des conflits, du syndicalisme.

Plusieurs événements vont mettre l'entreprise sous les feux des projecteurs et permettre de la positionner de manière différente dans les analyses des sociologues. Le premier est le retour de l'entreprise, voire son réenchantement (*Sociologie du travail*, 3/86), dont les raisons ont été décrites à plusieurs reprises : la crise économique se manifestant en France à travers la montée du chômage a remis au premier plan l'entreprise comme acteur capable de sauvegarder l'emploi et, à travers lui, une valeur essentielle de socialisation de notre société. Ce qui rend à l'entreprise un rôle beaucoup plus qu'économique, pas seulement de pourvoyeur d'emploi mais de stabilisateur social.

Ensuite, le thème émergent de la culture d'entreprise, les politiques d'intégration et de mobilisation des travailleurs, la recherche du consensus, tous ces éléments théoriques et ces pratiques renforcent l'idée que l'entreprise est un lieu où peut se tisser un lien particulier, relativement indépendant des contraintes qui pèsent sur lui, où se développe une création sociale autonome.

Le débat autour du rapprochement entre l'entreprise et la société est un autre facteur facilitant l'émergence d'une sociologie de l'entreprise. Ce rapprochement aurait lieu dans la mesure où la fin du taylorisme marquerait la fin d'une période où l'entreprise pouvait se penser comme « un système productif séparé du système social et débarrassé de la nécessité de se justifier devant la société » (Segrestin 1992, p. 198). La thèse offre matière à discussion. Elle contient cependant l'idée précieuse que, dans une période d'expansion économique, le bien-être apporté par l'enrichissement fait que les institutions qui y contribuent trouvent par là même leur justification. C'est ainsi que les chefs d'entreprise ont légitimé la dureté des conditions de travail puis celle de l'organisation taylorienne dans leurs ateliers et que, pour la même raison, des syndicalistes ont fini par admettre la nécessité de ces nouvelles méthodes venues du taylorisme (cf. *infra*, chap. 4).

Autre point : le rapport entre la sociologie de l'entreprise et la sociologie des organisations. En France, mais c'est vrai aussi de la plupart des courants de pensée à l'étranger, la sociologie des organisations s'est développée en dehors de la sociologie du travail – par moments même contre elle –, et n'a donc guère permis de penser l'entreprise comme un sujet où se combinaient travail et organisation. Or, la sociologie des organisations a connu un succès important depuis une vingtaine d'années, depuis la publication de *L'Acteur et le Système*. Elle est devenue un outil utilisé – ou du moins une référence obligée – dans le monde de l'entreprise. Du coup, la sociologie de l'entreprise a paru se confondre avec la sociologie des organisations.

Les raisons du succès de cette dernière sont connues : 1) la distance entre le monde des chercheurs et l'univers de ceux qui ont une responsabilité dans l'entreprise s'est réduite, le langage du premier s'est simplifié, les résultats de ses recherches sont devenus fiables ; 2) les acteurs de l'entreprise ont commencé à percevoir l'importance de l'organisation sur le fonctionnement et les résultats de l'entreprise, en particulier suite aux succès économiques de pays comme l'Allemagne et le Japon ; 3) l'usage des outils de la sociologie des organisations a renouvelé le regard sur les comportements et les actions, et donc leur compréhension. Par exemple, l'idée que les structures sont des construits (cf. *infra*, chap. 5) et non des réponses explique les choix faits par l'ensemble des acteurs pour intégrer les contraintes de l'entreprise. Le cas de la qualité en est une illustration. La qualité est une contrainte incontournable aujourd'hui pour les entreprises ; or il y a autant de manières d'implanter un système qualité qu'il y a d'entreprises, et la performance de ce système est liée à la manière dont il est implanté. Savoir qu'un système qualité ne s'imposera jamais tel quel, qu'il sera toujours reconstruit, qu'il est important de le savoir à l'avance et d'en prévoir les modalités, permet d'éviter de nombreuses bévues et catastrophes. La sociologie des organisations a donné aux acteurs de l'entreprise des outils d'analyse pertinents. C'est la raison de son succès.

C'est pourquoi d'ailleurs il est indispensable, avant d'aborder la sociologie des entreprises, d'avoir assimilé les outils de la sociologie des organisations. Celle-ci modifie le regard que le sens commun porte sur les contraintes incontournables de l'entreprise. Tant que subsiste en effet l'idée que ces contraintes imposent un type d'organisation, une seule bonne solution, tant que, comme on l'a déjà dit plus haut, la technique, l'économique, la culture sont considérées comme des éléments déterminant l'organisation, alors que celle-ci est un construit, résultat de l'agrégation de décisions individuelles, aucune sociologie de l'entreprise n'est pensable. Tant que n'est pas admise la rationalité et donc la légitimité de logiques différentes dans l'entreprise, ce que les outils mis en place par la sociologie des organisations permettent de comprendre, il est inutile de chercher à connaître l'entreprise à travers l'approche sociologique.

Si la sociologie des organisations est un préliminaire, au moins au niveau pédagogique, à la sociologie de l'entreprise, que lui apporte-t-elle de plus ? Pourquoi la sociologie des entreprises après *La Sociologie des organisations* ? L'essentiel de l'apport se résume dans le regard porté sur l'entreprise. Elle n'est pas seulement un lieu où ses membres doivent coordonner leurs actions, mais un lieu où se crée un lien social particulier, où existent des identités, des accords, un bien commun. L'entreprise peut donc être traitée comme un sujet sociologique, capable d'autonomie et créatrice de social au sens fort du terme, ce qui lie les individus et fait une société. L'organisation met en forme ce qui est créé dans l'entreprise par la réunion des individus, rassemblés pour une tâche et qui se donnent des moyens et des instruments pour la réaliser. Ce qui est créé est cependant bien au-delà des moyens et instruments : l'entreprise n'existe pas sans reconnaissance mutuelle, sans *affectio societatis* comme disent les juristes, sans une certaine communauté, sans relations privilégiées entre ses membres même si elles peuvent être conflictuelles, la violence du conflit traduisant l'espoir déçu d'une relation privilégiée. Ainsi définie, l'entreprise peut devenir un lieu d'apprentissage de la coopération, tout en restant conflictuelle.

Traduisant cette évolution « au-delà de l'organisation », un certain nombre de théories sociologiques ou liées à d'autres disciplines se sont récemment développées. D'abord la socio-économie et ses développements récents, puis, en sociologie, l'analyse culturaliste, identitaire, les théories des conventions, de la traduction, etc. Chacune de ces théories correspond à une face de l'entreprise-sujet. Il y a donc place aujourd'hui pour l'exposé de ces théories dans un langage aussi accessible que celui de la sociologie des organisations.

De plus, ces théories sont complémentaires, même si, pour certaines, on le verra plus bas, leurs auteurs s'ignorent ou se combattent. Chacune rend compte de domaines différents dont l'ensemble constitue l'entreprise, que l'on peut alors considérer comme une totalité (même s'il s'agit de réseaux, d'entreprises ouvertes, etc.). On les présentera ici de manière syncrétique, comme un ensemble d'outils théoriques qu'il faut adapter aux différents champs d'une totalité unique. L'entreprise est à la fois une organisation formelle, une culture, un ensemble d'acteurs, un système de liens sociaux, un lieu d'apprentissage de la coopération, etc. Chaque fois, selon que tel ou tel aspect est le plus pertinent pour l'analyse, on essaiera de montrer quel est l'outil qui correspond à la connaissance de l'aspect en question.

Parmi les nombreuses manières de traiter le sujet « sociologie de l'entreprise », deux sont plus apparentes. La première, plus classique, consiste à faire une description sociologique de l'entreprise : son histoire, les groupes qui la constituent, essentiellement patronat et classe ouvrière, les évolutions de l'institution et de l'organisation (de Taylor au modèle japonais), l'entreprise et son environnement, en particulier culturel. On trouve ce type d'exposé dans l'excellent et récent livre de Denis Segrestin (1992). On proposera cependant ici une autre approche. Il s'agira de partir des questions que se posent les acteurs, tant théoriciens que praticiens, de l'entreprise. Étant acteurs, ils ont un questionnement moins académique, plus proche des problèmes que leur approche spontanée ne permet pas de résoudre. Sur l'histoire, par exemple, la naissance de l'entreprise sera abordée sous l'apect des enseignements qui peuvent en être tirés aujourd'hui. S'agit-il d'événements fortuits, de structures de société, de la volonté de quelques hommes, leaders charismatiques et/ou visionnaires prophétiques, de tendances à long terme ? Au-delà de l'histoire, les théories économiques et sociologiques qui se succèdent aujourd'hui retiennent un aspect particulier de l'entreprise, de la théorie du marché à celle du jeu autour des objets techniques. Le projet de l'entreprise est lu à un extrême comme la recherche glacée du profit, à l'autre comme une histoire d'amour et d'amour à plusieurs (Latour 1992 – *Aramis ou l'Amour des techniques*). La justification théorique de l'un et l'autre point de vue ne peut laisser indifférents ses acteurs. Sous un autre angle, l'entreprise peut être considérée comme une somme d'individus ou comme un corps social, soit autonome, soit reproduisant les traits de la société qui l'environne. Si le sociologue tend à privilégier surtout le second point, encore ne doit-il pas oublier les raisons, pas toutes erronées, qui font que le premier – somme d'individus – est très répandu. Enfin, la question fondamentale du changement est sans doute le lieu où se concentrent toutes les pré-notions chères à Bachelard. L'apport théorique permet de tracer quelques lignes que l'on veut éclairantes pour les praticiens.

Encore un mot. Un livre ne s'écrit pas sans un désir de dire quelque chose d'important aux yeux de son auteur. Après des années passées en recherches et enquêtes en entreprise (pour ma part, j'ai commencé ma carrière de sociologue il y a plus de trente ans), répondant à des appels d'offre, ayant soi-même soumis ses propres projets ou ayant directement répondu à des demandes d'entreprises, mais toujours donc ayant mené des recherches avec les contraintes d'un financeur, d'un rapport à remettre, d'hypothèses à vérifier, d'un appareil scientifique à valider, le chercheur a envie de poser ce qui lui apparaît comme un fatras devenu un fardeau et de dire sa propre parole, son verbe. Au-delà de toutes ces contraintes, qu'il ne s'agit pas de renier mais qui deviennent pesantes à la longue, il éprouve le besoin de dire librement, hors de toutes ces obligations de la recherche, même scientifiques : « Voilà ce que j'ai vu, ce qui m'a frappé, ce qui me paraît essentiel. Après trente ans de terrain, voilà ce qui est pour moi le plus important et que j'ai envie de dire. » On ne travaille pas non plus dans un champ sans y adhérer pour une part, sans que se crée une connivence avec ce champ, ici l'entreprise. Connivence avec ses acteurs, managers, syndicalistes, ouvriers interviewés ou dont on a partagé, provisoirement sans doute mais réellement, la vie de travail, avec toutes les compromissions que peut créer cette présence, aux côtés ou avec, dans un monde toujours conflictuel. Pour dire quoi ?

Que reste-t-il d'essentiel de cette expérience de sociologue chercheur dans le champ industriel, en entreprise, dans les organisations syndicales et patronales, enseignant dans une école d'ingénieurs, fondateur et responsable d'une équipe de chercheurs, formateur de publics industriels dans des institutions nombreuses et diverses, ayant participé à des colloques, rencontres et débats, français et internationaux ?

Il reste, comme centrale, l'envie de dévoiler de la connaissance – c'est sans doute bien prétentieux, mais quand même –, l'envie de rejeter les pré-notions dont est composé ce monde de l'action, surtout le plaisir que donne l'usage des concepts lorsqu'ils apportent un éclairage nouveau à ceux qui vivent des expériences particulières. La connaissance d'abord, plutôt le manque de connaissances. C'est évident, même si ce peut être une déformation professionnelle, dans la mesure où un sociologue n'est appelé ou demandé que parce que quelque part existent des points aveugles qu'il peut éclairer. Non pas qu'il dévoile la « vérité » que d'autres n'auraient pas perçue. Sa vérité n'est que relative, d'autres ont des logiques tout aussi pertinentes qui leur font voir autrement les mêmes objets. Mais son éclairage peut amener ceux qui sont dans le monde de l'entreprise à adopter un point de vue moins systématique ou totalitaire. L'expérience d'enseignant dans une école d'ingénieurs a été de ce point de vue salutaire. Il ne s'agissait pas de déposséder les élèves ingénieurs de leur savoir – comment l'aurais-je fait ? –, mais de leurs certitudes. Non que celle du sociologue vaille mieux. Mais celui-ci peut montrer qu'il y a différentes manières de poser son regard, sur des machines par exemple. Celui qui est dedans a une image tronquée, volontairement ou non, de ce qui se passe réellement dans son entreprise, bureau ou atelier. Volontairement, c'est-à-dire pas seulement parce que ceux qui l'entourent ou ses relais ont intérêt à lui mentir, ce qui serait un trait du phénomène bureaucratique. Mais volontairement parce qu'il est persuadé qu'il pense mieux que les autres. C'est une des caractéristiques attribuées au taylorisme. Pas seulement à lui. On rencontre partout des responsables qui sont persuadés de mieux savoir ce que les gens pensent que ces gens eux-mêmes : « les syndicalistes savent mieux que les ouvriers ce qui est bon pour eux », ai-je très récemment entendu.

Envie de combler, pour une toute petite part, le manque de connaissances théoriques sur le fonctionnement des groupes humains, sur les raisons de l'action des individus, sur le sens qu'ils donnent à leur agir. Surtout dans le milieu de l'entreprise où les décisions doivent être prises rapidement, où le temps a une dimension qui occulte les autres dimensions. Envie de pourfendre les pré-notions sur la « nature humaine » (« l'argent mène le monde »), sur la vitalité des groupes (« les Français sont des veaux »), etc. Dans la relation supérieurs-inférieurs ou leader-groupe, il est plus qu'exceptionnel d'entendre une référence au principe de légitimité qui, au moins depuis Max Weber, c'est-à-dire le début de ce siècle, devrait être le principe auquel tout responsable se réfère en premier lieu.

Envie d'apporter une aide à ceux auxquels le sens et la compréhension de l'action quotidienne échappent, qui interprètent avec des outils inadaptés des faits qui alors ne leur apparaissent que sous un seul aspect, dans une logique d'analyse toujours particulière et donc tronquée. Pouvoir, un peu sur le côté, sous un angle spécial, après avoir longuement observé et écouté – ce qu'on n'a, ce que je n'ai, jamais assez fait –, dire ce que l'on perçoit et qui permet à celui qui est dans l'action de comprendre les logiques des autres. Non pas dévoiler à la place de. Mais aider à une appréhension nouvelle qui éclaire. Puis, avoir le retour, et une transformation de sa propre analyse. Permettre de mieux comprendre, sans pour autant devenir un conseiller. Par exemple, un responsable de la sécurité dans une usine à haut danger se désolait de ce que ses enquêtes et questionnaires sur les « presqu'accidents » n'obtenaient que très peu de réponses. Les salariés concernés ne lui écrivaient que des banalités inexploitables. Pourquoi ? C'était pourtant leur sécurité qui était en jeu, disait-il. Or, l'approche stratégique permettait de comprendre que donner des réponses plus précises revenait quasiment toujours à mettre en cause d'autres collègues, à commencer par les agents des services entretien, donc à gêner, « faire un sale coup » à d'autres salariés, des copains que l'on fréquentait quotidiennement. Réaliser que la sécurité était aussi un enjeu stratégique et pas seulement une affaire de protection personnelle a permis à ce responsable d'éclaircir la question et d'entrevoir des voies de solution. Exemple classique et quasiment banal pour quiconque a un peu fréquenté les usines. Ou bien, comme dans le cas des agences bancaires (cf. *infra*), montrer comment se construisent des règles et se tisse un lien social à des salariés qui affirment le primat des rétributions économiques. Bref, ouvrir sur la construction du social, des identités, du lien.

Sans doute d'ailleurs de manière insuffisante. Nous n'en sommes qu'au début de la connaissance de tous les aspects symboliques, mythiques, etc., de la construction sociale, à peine évoqués dans ce livre. Celui-ci va au-delà des organisations. C'est sans doute déjà un grand pas. Faute encore de connaissances suffisamment élaborées cependant, il ne fait qu'ouvrir les perspectives de ce que serait une sociologie de l'entreprise. Il faut commencer.

« Face au réel, ce qu'on croit savoir clairement offusque ce qu'on devrait savoir. Quand il se présente à la culture scientifique, l'esprit n'est jamais jeune. Il est même très vieux, car il a l'âge de ses préjugés » (Bachelard, 1970, p. 14). Si nous ne partageons pas toutes les intuitions du vieux Bachelard, cette phrase reste un guide pour tous ceux qui observent le social.

*

Je tiens à remercier ici tous ceux qui m'ont aidé et encouragé dans l'écriture de cet ouvrage. Au premier rang, Jean Saglio dont les critiques rigoureuses ont grandement contribué à l'amélioration de la qualité de ces pages. Des discussions, voire la relecture de certains chapitres, avec Gilles Herreros de la faculté de sociologie de l'université des sciences humaines de Strasbourg, Yves-Frédéric Livian de l'IAE de l'université Lyon-3, Henri Amblard, tous trois membres du groupe Apso, avec lesquels a été écrit un ouvrage d'approfondissement des nouvelles théories des organisations, avec des collègues ou des amis, Jean-Daniel Reynaud, Catherine Paradeise, ainsi que Claude Giraud, Yves Lequin, Jean-Michel Servet, tous trois de l'université Lumière-Lyon-2, Jean-Claude Hunault, Jacques Genet et des membres d'IECI-Consultants, ont permis de substantielles clarifications et ont souvent été l'occasion d'ouvertures vers des horizons nouveaux.

1

De la sociologie du travail à celle des entreprises

1. 1. LES ÉVÉNEMENTS, LES ACTEURS, LES INSTITUTIONS, LES IDÉES

La sociologie de l'activité de production, pour nommer celle-ci d'un terme très général, est une science récente. Ses débuts, en France, datent de la période où la sociologie elle-même a commencé à se constituer en science autonome, où elle s'est détachée de la philosophie, c'est-à-dire de la fin de la Seconde Guerre mondiale. A ses débuts, sous le pilotage de Georges Friedmann, c'est surtout le travail qui a été l'objet des principales investigations. Par la suite, les champs ont évolué, et ce chapitre voudrait non seulement décrire ces changements mais rendre compte de leur inspiration. Par exemple, du travail proprement dit, on est passé au paradigme sociotechnique, où l'on expliquait le monde de la production par l'articulation du système technique sur le système social. Il y a eu aussi des courants qui prenaient comme principe explicatif central les contraintes du système de production, technologiques, économiques, etc. D'où viennent ces choix ? Les théories ne sont pas conditionnées seulement par les évolutions des faits que l'on croit observer, car ces faits sont eux-mêmes choisis. Affirmer, par exemple, que l'évolution technologique, à travers les machines utilisées, conditionne l'organisation (le montage des automobiles ne peut se faire que sur une chaîne), c'est à un moment donné exprimer quelque chose de l'ordre de l'évidence. Or, dans ce domaine, rien n'est évident. Cette affirmation constitue déjà une prise de position. C'est l'interaction entre la technologie et un ensemble d'autres éléments comme les cultures, l'environnement de la société, les ressources en formation, la mode peut-être, les courants théoriques, pour ne citer que quelques éléments les plus apparents, qui crée l'organisation du travail, les règles, le système des relations, etc. Observer le travail dans l'atelier comme fondement de la lutte des classes, c'est autre chose que de le regarder à travers les jeux de pouvoir, etc. Les théories ont une vie propre, leurs auteurs retiennent certains facteurs techniques, économiques, événementiels, en laissent d'autres dans l'ombre. Il y a interaction entre les événements, les acteurs et les théories.

De l'époque des fondateurs, évoquée plus haut, à aujourd'hui, les sociologues sont passés de la sociologie du travail à celle de l'entreprise, passage qui, du point de vue de l'histoire des idées, a été rendu possible par l'étape intermédiaire de la sociologie des organisations. Écrivant cela, je suis conscient de m'inscrire dans le cadre particulier de la sociologie, c'est-à-dire d'une vision qui n'est pas celle des économistes, ni des juristes, ni des spécialistes des relations professionnelles. Pour la sociologie de l'entreprise, cette réflexion se situe dans un courant pour lequel la sociologie se définit comme l'étude des lieux de la création du social. Il ne s'agit pas de regarder l'entreprise comme un lieu où se produit autre chose (de la formation, de la socialisation, la naissance d'une classe sociale, du syndicalisme, une insertion dans l'histoire, un mode de rapports avec l'État, etc.), mais de la voir comme une entité capable d'autonomie, où se produit une création de règles et d'accords à travers des jeux de pouvoir. Le passage de la sociologie du travail à celle de l'entreprise est celui d'un changement d'objet, dont ce chapitre voudrait expliciter les raisons.

De ce passage, j'ai été personnellement témoin. Ayant commencé par pratiquer et enseigner la sociologie du travail, pour moi celle de l'atelier et du syndicalisme, il a fallu, au début des années soixante-dix et pour répondre aux exigences de l'enseignement dans l'école d'ingénieurs où j'étais en poste, me mettre à apprendre et enseigner la sociologie des organisations.

Aujourd'hui, une demande sociale forte pousse à une orientation vers la sociologie de l'entreprise. Cette évolution est sans doute commune à beaucoup de chercheurs qui ont commencé leur carrière dans les années cinquante-soixante.

Les raisons de ces changements ne sont pas évidentes. A quoi obéit l'orientation des recherches et des théories ? Difficile question, souvent débattue dans le milieu des sciences sociales. Plusieurs facteurs entrent en ligne de compte.

Le premier renvoie à la capacité à penser sociologiquement la pratique sociale. Jean Duvignaud (1966) remarque que l'analyse sociologique de la société n'a été possible que lorsque celle-ci a pu se penser autonome, c'est-à-dire débarrassée des méta-sociaux qui lui donnaient un statut d'objet, non de sujet. Lorsque la société a été regardée comme « acte créateur collectif autonome » (*ibid.*, p. 16), lorsque « la vie collective tout entière est perçue comme un organisme vivant possédant ses lois propres [...] l'homme découvre qu'il possède de multiples chances d'intervenir directement dans la trame de la vie sociale, d'en modifier les structures et d'en régler les formes, en dépit – et à cause – des obstacles qui lui sont opposés... » (*ibid.*, p. 13). Il en conclut que l'analyse de la société française n'a pu commencer qu'après la Révolution française : « C'est en ce sens qu'on peut dire que la sociologie est fille de la Révolution », car à partir de ce moment « le corps social s'affirme comme une réalité autonome ». Duvignaud ne dit pas pourquoi, quand et comment arrive cette perception, comment elle se déclenche. Est-ce quand l'action est possible, et/ou (faut-il opposer les deux idées ?) quand des représentations (« est perçue, découvre ») le permettent ? Pour d'autres raisons ? Reste que Duvignaud attire notre attention sur un facteur fondamental pour notre propos : la capacité à penser le social comme objet autonome.

Cette analyse s'applique à l'entreprise. Ce n'est que lorsqu'elle est imaginée comme n'étant plus totalement contrainte, dans son fonctionnement, par les déterminismes économiques et technologiques, lorsque son organisation interne et ses structures ne paraissent plus totalement dictées par celui ou ceux qui la dirigent, lorsque sa disparition n'est plus pensée comme le résultat d'une fatalité quelconque, que l'entreprise peut être

Les traits généraux de la modernité se déclineraient de la manière suivante :

• Égalitarisme, en contraste au modèle hiérarchique. Celui-ci correspond à une société caractérisée par sa soumission à la hiérarchie comme valeur suprême – la société des castes – à l'opposé de l'égalitarisme qui règne comme une des valeurs cardinales dans nos sociétés modernes.

• Primauté de l'individu, vue comme la valorisation de l'être humain individuel, chaque homme étant l'incarnation de l'humanité tout entière et comme tel égal à tout autre homme – opposée à holisme, orientation des sociétés où ce qui est valorisé est l'ordre, c'est-à-dire la conformité de chaque élément à son rôle dans la société vue comme un tout.

• Primauté de la relation aux choses – opposée à la relation aux hommes.

• Distinction absolue entre sujet et objet – alors que, dans une configuration antérieure, cette distinction est relative, voire fluctuante.

• Ségrégation des valeurs par rapport aux faits et aux idées.

• Distribution de la connaissance en plans (disciplines) indépendants, homologues et homogènes.

(Selon Louis Dumont, *Homo aequalis. Genèse et épanouissement de l'idéologie économique*, Paris, Gallimard, NRF, 1977, introduction, p. 11-40.)

A noter que cela ne veut pas dire que l'individu se soit définitivement dégagé du carcan collectif. E. Enriquez affirme que, même s'il y a retour de l'individualisme, cela ne signifie pas « le dégagement du sujet humain du carcan collectif ». Au contraire, « jamais l'individu n'a été aussi enserré dans les filets des organisations (en particulier des entreprises) et aussi peu libre de son corps, de sa pensée, de sa psyché » (E. Enriquez, « L'individu pris au piège de la structure stratégique », *Connexions*, n° 54, 1989/2, p. 145).

envisagée comme une réalité autonome c'est-à-dire dépendant essentiellement du jeu de tous les acteurs qui la composent.

Comment se produit concrètement ce regard ? Quel est le lien entre les systèmes techniques mis en œuvre, le niveau de développement économique, les relations de travail dans une société d'une part, et les théories qui l'expliquent d'autre part ?

Vieille question. On peut cependant sans risquer de se tromper, tellement la réponse est vague, affirmer qu'il y a une relation dialectique entre l'un et l'autre. Le théoricien répond sûrement aux questions que lui-même se pose, et cela introduit un élément d'intemporalité. En même temps, ces questions ne sont pas déconnectées de la temporalité – les chercheurs connaissent bien cela. Max Weber (1918, préface de R. Aron, p. 9) le dit avec élégance : « Le choix des faits, l'élaboration des concepts, la détermination de l'objet sont marqués par l'orientation de notre curiosité. » Cette curiosité, si elle appartient en propre au chercheur, ne peut cependant être abstraite de son environnement, de la période dans laquelle il vit, des faits, des acteurs, des théories en vogue au moment où il écrit, du lieu de production de ces théories, c'est-à-dire de la situation du savant, ici le sociologue. Durkheim a été frappé par les bouleversements qu'avait introduits et que continuait à introduire à son époque l'industrialisation dans la vie sociale tout entière. Il a interprété ce mouvement en relation et en réaction aux théories dominantes, avec le recul d'un universitaire, allant jusqu'à affirmer (1912) que certains concepts dérivent directement de l'expérience sociale. Le savant, le chercheur produit des théories en fonction de sa propre curiosité et des mouvements de son époque.

J.-M. Chapoulie (1991), à propos de l'évolution de la sociologie dans le champ du travail, note qu'au-delà du relevé des événements et des tendances, l'orientation des recherches dans un milieu est dépendante du contexte sociopolitique et déterminée par un ensemble d'éléments fondamentalement hétérogènes (sources documentaires et mode d'interprétation, démarche de recherches, thématiques, corpus d'idées, situation institutionnelle de la discipline, contacts avec d'autres traditions nationales), dont les relations mutuelles sont historiquement contingentes. Par exemple, la première génération de chercheurs en France après la Seconde Guerre mondiale a eu une relation complexe à la classe ouvrière, en même temps qu'une attitude pleine d'ambivalence à l'égard de la sociologie américaine.

Tout regard scientifique tend donc à lier, pour rendre compte des changements, les événements, les acteurs, les structures, les théories, les milieux de production de la science. Leur interaction a produit les évolutions dont nous allons essayer de rendre compte dans ce premier chapitre.

1. 2. DE LA SOCIOLOGIE DU TRAVAIL...

Jusqu'au milieu des années soixante-dix, les analyses du milieu de la production en France sont dominées par la sociologie du travail. A partir de cette date émerge de manière visible (il existait déjà auparavant) le paradigme de la sociologie des organisations, auquel succédera celui de l'entreprise.

Les années soixante-dix et avant

Durant cette période qui correspond à la naissance de la sociologie des activités de production (jusque-là, la sociologie est enseignée dans le cadre de la licence de philosophie, les enquêtes dans les entreprises sont quasiment inexistantes), le travail n'a sûrement pas été analysé à travers l'entreprise, considérée comme un lieu de création du social. Bien plutôt, celle-ci était soit ignorée, soit vue à travers le système des relations professionnelles comme un niveau de négociations, soit perçue dans un cadre fonctionnaliste. Dans le premier grand ouvrage français traitant de ce sujet, le *Traité de sociologie du travail* paru en 1962, la quatrième partie, consacrée à l'entreprise, commence par le chapitre « Pouvoir et décision dans l'entreprise », d'Alain Touraine. L'auteur note que, si le XIXe siècle a parlé de la question ouvrière, les événements sociopolitiques n'ont cessé « d'accroître l'importance des problèmes de l'entreprise » (t. II, p. 3). Il pose alors la question : « Faut-il conclure à l'autonomie grandissante des problèmes de l'entreprise et, considérant celle-ci comme un véritable système social, analyser en termes purement intérieurs, en termes "fonctionnels", son organisation et sa structure, sa croissance et ses conflits ? » *(Ibid.)* Touraine a mis le doigt sur le problème de l'entreprise, mais il n'a pas les outils pour le résoudre, ou plutôt il y répond en termes en vogue à l'époque, c'est-à-dire de type fonctionnaliste. L'idée que l'entreprise puisse être source autonome de construction de rapports sociaux n'est pas encore apparue. Pour l'auteur, il est question d'analyser les « changements qui se sont produits dans les rapports de l'entreprise et du système économique et social, d'examiner, à partir du mouvement de concentration industrielle, les transformations survenues dans la propriété et dans le contrôle, dans la direction et dans l'organisation des entreprises » (*ibid.*, p. 4). En revanche, Touraine pose déjà la question du rapport de l'entreprise à son environnement, question qui ne sera pas reprise sur le moment mais qui sera posée, avec force, beaucoup plus tard.

A cette époque, pour les tenants du paradigme structuralo-fonctionnaliste, la position de classe est l'explication principale de l'ensemble du système des relations sociales. L'entreprise n'est considérée que comme le lieu où se reflètent des tensions sociales fondées ailleurs. C'est un cadre, un décor à l'intérieur duquel s'observe autre chose (Borzeix 1986, p. 231). Elle n'est pas encore un objet d'étude à part entière. Dans l'entreprise, on s'intéresse aux changements de la classe ouvrière, de manière plus ou moins hétérodoxe par rapport à la vulgate marxiste (S. Mallet, P. Belleville, tous deux en 1965), ou à ceux des qualifications, suite à Braverman (1976). L'évolution des techniques détermine, pour les marxistes orthodoxes, l'état des rapports de production dans les différents stades d'évolution des sociétés. La technique détermine les rapports de travail. L'autonomie des acteurs n'occupe qu'une place réduite dans les systèmes de production. Il y a surdétermination des rapports sociaux concrets par les rapports globaux de production qui conditionnent aussi les superstructures des systèmes sociopolitiques. L'analyse marxiste laisse peu de place à ce qui deviendra le paradigme central de la sociologie des organisations, l'acteur et son autonomie.

A la même période, en dehors de la sphère de la sociologie

du travail proprement dite mais dans un courant de pensée influent, un groupe de théologiens renverse la doctrine catholique traditionnelle concernant le travail. Ils le définissent et le magnifient comme prolongement de l'œuvre de la création. De châtiment et de punition « d'un mystérieux dérèglement collectif » (Chenu 1955, p. 73) – « Tu gagneras ton pain à la sueur de ton front » –, le travail devient une valeur centrale « situé sur l'axe de la Création elle-même [...] où l'homme, par sa créativité technique et économique, est le partenaire de Dieu [...] l'image de Dieu » *(ibid.)*. La réhabilitation du travail se fait au travers de la maîtrise de la nature procurant à l'homme son accomplissement. Du coup, l'histoire est réintégrée dans la pensée théologique, au moins pour un des courants les plus actifs à cette période. Les idéologies du droit naturel sont rejetées, l'homme regagne un espace d'autonomie dans l'œuvre de créativité technique. Ces théologiens, en même temps qu'ils rétablissent le travail comme valeur authentique, rendent autonomes ceux qui l'accomplissent. Ils s'intègrent dans un mouvement de pensée qui valorise le travail créateur et qui correspond à l'émancipation de la pensée par rapport aux déterminismes de toute sorte qui empêchaient de penser le travail dans une sphère autonome.

Les mutations technologiques, les stratégies patronales et syndicales, les relations professionnelles, l'organisation du travail, les luttes sociales, les qualifications, les classifications, les conditions de vie dans l'entreprise et de l'industrialisation sont les objets d'étude principaux des sociologues de l'époque. La classe ouvrière, élément dominant de l'industrialisation, en tous cas le groupe le plus nombreux et en croissance continue jusqu'en 1975, occupe le devant de la scène sociale.

Les années quatre-vingt et la suite

Plusieurs événements vont marquer la période de la fin des années soixante-dix et du début des années quatre-vingt, et ils contribueront à faire évoluer la sociologie du travail (on les énumérera rapidement ici, en renvoyant sur ce point à Sainsaulieu 1990). Le premier relève des représentations. Il s'agit de la fin de l'illusion de la facilité sur laquelle ont été vécues les années soixante-dix. Les changements économiques mondiaux (augmentation des prix du pétrole, accélération des échanges économiques entre les pays, montée du Japon et des pays du Sud-Est asiatique) ont retenti en France sous forme de crise. L'euphorie du début des années soixante-dix s'est transformée en inquiétude. Celle-ci se traduit par une prise de conscience du patronat, des syndicats et de l'État de ce que « les conduites des salariés mettaient en question l'ordre industriel, affaiblissaient les instruments de la régulation sociale qui assurent la performance économique des firmes » (Bunel 1985). Entre ces trois acteurs a existé un consensus tacite pour revaloriser l'entreprise.

Cette période va connaître une nette inflexion des politiques économiques dans le sens de la réhabilitation de la dimension économique des entreprises, en favorisant, à partir des années quatre-vingt, « le profit des sociétés au détriment des salariés. Ce choix s'est fait directement par le moyen de politiques fiscales et budgétaires, indirectement en permettant aux entreprises de déterminer librement leur politique de salaires et de prix » (Lebaude 1986). Les nationalisations faites par la gauche ont renforcé cette tendance, l'État-patron se montrant aussi exigeant pour le secteur nationalisé que pour celui qui ne l'était pas.

Autres événements notables : l'évolution de la catégorie des ouvriers, le chômage et la désyndicalisation. La croissance du nombre d'ouvriers en France, plus faible que celle des autres catégories socioprofessionnelles depuis 1945, est réelle jusqu'en 1975. De 1975 à 1982, cette croissance sera nulle. Même si les ouvriers qualifiés continuent à augmenter, les ouvriers non qualifiés connaissent une forte régression. A partir du milieu des années quatre-vingt, le nombre des ouvriers décline fortement. De plus, les secteurs qui ont perdu une grande partie de leurs effectifs sont, pour beaucoup, ceux où s'était forgée la classe ouvrière traditionnelle, ses « bastions » : mines, sidérurgie, construction navale, machines-outils. « La France bascule » *(ibid.)*. A cela s'ajoute que le pourcentage des salariés présents dans les entreprises de moins de 50 personnes augmente considérablement, au détriment de celui des grandes entreprises.

La transformation d'un bassin d'emploi : le cas du Creusot-Montceau-les-Mines

La zone est à forte décroissance économique (en 1974, 12 500 salariés au Creusot, 12 000 à Montceau ; en 1988, 3 000-4 000 au Creusot, moins de 1 000 à Montceau), la population est vieillissante. La situation actuelle (1994) est pire que celle de 1984, qui a pourtant vu la fermeture définitive de Creusot-Loire. En 1991 il y a eu des licenciements très importants dans les PME.

La population a un très faible niveau de formation : 22 % d'illettrés, 54 % niveau CAP-BEP. Les grosses entreprises d'autrefois (Creusot-Loire et les Mines) formaient leurs professionnels, on y était embauché pratiquement à vie. Aujourd'hui, les entreprises veulent des gens formés, autonomes, opérationnels, capables d'occuper un emploi dont les contours varieront – l'inverse du modèle antérieur.

Avant, il y avait une industrie qui gérait tout. On est aujourd'hui dans un vide. Avant, la nature de la production commandait le type d'emploi et les postes de travail, qui eux-mêmes commandaient la formation, avec un type de commandement pyramidal. Les PME, aujourd'hui majoritaires dans la région, attendent un tout autre modèle. Autrefois on formait à un métier, aujourd'hui à une mission. C'est-à-dire que le salarié devra changer. L'organisation de l'entreprise est le point clé, là où il y a le plus de difficultés à convaincre.

On ne peut se contenter de créer des emplois. Ce qui est en cause n'est pas un simple changement d'employeur, mais une façon de (re)-considérer son travail. Il ne s'agit pas seulement d'apprendre un autre métier à quelqu'un. Il faut refaire un tissu. Par exemple, les cadres qui viennent s'installer dans la région n'imaginent pas y rester définitivement. Il faut donc des logements locatifs de standing. Ceux-ci sont inexistants, les entreprises embauchaient à vie... Rien ne peut être résolu de manière ponctuelle, les secteurs culturel, urbanistique, social, économique sont interdépendants.

Chômage et désyndicalisation (déclin du nombre d'adhérents et de militants), dont l'importance est certaine tout autant que la difficulté à les mesurer, sont les autres événements entraînant une inflexion de la pensée.

Dernier point enfin, l'évolution technologique rapide depuis le début des années quatre-vingt, voire la seconde moitié des années soixante-dix. La décennie soixante-dix aurait été celle des années de maturation : machines à commande numérique, robots, ateliers flexibles, systèmes intégrés de gestion, banques de données, etc., y sont apparus de manière isolée dans les entreprises. C'est la phase de l'automation rigide qui peut se faire dans des structures tayloriennes inchangées (Trouvé 1990). Ces innovations ne sont pas intégrées à l'ensemble. A partir des années quatre-vingt, le problème se pose dans des termes nouveaux : comment piloter un ensemble automatisé, un parc de machines à commande numérique ? On serait passé à l'automation flexible. Le taylorisme cède lentement la place à une nouvelle organisation du travail où la centralité du poste disparaît au profit d'une organisation orientée vers « la recherche de cohérence et d'intégration entre les diverses étapes du processus de production, au sein de l'entreprise et dans les relations inter-entreprises… » (Cohendet 1988, p. 7). Il y a changement de modèle dans l'organisation du travail. Celle-ci n'est plus centrée sur le poste de travail et les performances individuelles, mais sur la cohérence et l'intégration des sous-ensembles, sur les communications entre services et au-delà avec les sous-traitants (relations de partenariat). L'organisation globale – et pas seulement du travail – devient l'enjeu principal. Il ne suffit donc pas de parler de l'influence des techniques sur l'ensemble humain, du rapport entre technique et usage de la technique, mais de comprendre que l'organisation utilise la technique pour remodeler les « structures sociales d'interaction, de communication et de contrôle » (*ibid.*, p. 14).

Voici quelques-unes des principales raisons pour lesquelles, en France, le paradigme dominant a changé à partir du milieu des années soixante-dix ou du début des années quatre-vingt. *L'Acteur et le Système*, paru en 1977, donne un outil théorique qui sera utilisé pour développer une théorie de l'organisation.

1. 3. ...PAR LA SOCIOLOGIE DES ORGANISATIONS...

La diffusion des paradigmes de la sociologie des organisations, en France, a déjà commencé avec *Le Phénomène bureaucratique* (1963). Elle connaîtra son véritable développement avec *L'Acteur et le Système* (1977). Le premier livre, explicatif d'un dysfonctionnement de grandes entreprises monopolistiques, est trop empreint de culturalisme, voire de déterminisme culturel. Il ne pouvait servir d'outil d'analyse pour des recherches reposant sur une certaine autonomie des acteurs, perspective qui est nettement celle du second livre. Il n'est que de comparer les conclusions du chapitre sur le monopole industriel dans le premier ouvrage puis dans le second où le cas est repris. Dans le premier, l'accent est mis sur la stabilité des règles du jeu, sur leur permanence et leur difficulté à évoluer. Dans le second, on voit des acteurs édifier, à travers leurs jeux de pouvoir et leurs stratégies, un construit organisationnel. Les règles y sont vues non comme une contrainte qui s'impose aux acteurs mais comme le résultat de leurs jeux.

Le choix du lieu de l'étude – ce que les sociologues appellent le « terrain » – est différent de ceux des lieux choisis habituellement par les sociologues du travail. Tout se passe comme si, pour éviter le paradigme structuro-fonctionnaliste dominant en sociologie du travail, Michel Crozier devait sortir de l'atelier et de l'usine et se donner comme objet l'entreprise de production où ne domine pas la catégorie ouvrière, en tout cas pas comme elle le fait dans les grandes concentrations d'usine et de métier. Le monopole industriel est à la limite de cet univers : la catégorie ouvrière est la plus nombreuse, mais elle est caractérisée par le statut particulier de ses membres, un peu « fonctionnaires », symbolisant peu la classe ouvrière, dans une entreprise en situation de monopole d'État. Surtout, Michel Crozier a commencé ses recherches sur le monde des employés de bureau. Il est donc à l'aise pour prendre ses distances par rapport à une sociologie du monde du travail ouvrier. Il n'aura donc pas à rentrer dans le champ très polémique de la sociologie du travail pour développer des analyses théoriques plus proches des recherches américaines de l'époque, à travers March et Simon, Selznick, etc.

En 1972, E. Friedberg publie « L'Analyse sociologique des organisations » dans la revue *Pour*, revue du Groupe de recherche sur l'éducation permanente. Ce numéro a été écrit dans une perspective pédagogique, comme un va-et-vient entre la théorie et l'action. Les situations concrètes d'entreprise permettent de faire apparaître, dans le cadre de la sociologie des organisations, le contenu conceptuel des expériences et des pratiques. Le chapitre central du numéro de *Pour*, intitulé « Les éléments d'une analyse sociologique des organisations », est organisé en quatre paragraphes comprenant chaque fois une partie théorique et une étude de cas. La méthode pédagogique est directement utilisable par les lecteurs, issus pour la plupart du milieu des éducateurs. A titre d'exemple, voici les deux premiers : « 1) L'individu au sein de l'organisation, le concept de stratégie – le cas de l'agence comptable. 2) Les relations de pouvoir, le concept de zone d'incertitude – le cas du monopole industriel. » L'individu, le pouvoir, la stratégie, le système sont des thèmes qui commencent à intéresser les acteurs dans l'entreprise – dans mon expérience pédagogique d'enseignant dans une école d'ingénieurs, les futurs cadres sont demandeurs de ce type d'outil. Lorsque paraît *L'Acteur et le Système*, en 1977, le modèle est en place ; il n'y a plus qu'à l'approfondir grâce à la conceptualisation plus développée dans cet ouvrage.

La critique du modèle rationnel, un des arguments de l'analyse stratégique, survient au moment de la mise en cause du modèle taylorien. Cette critique repose sur celle du concept, central pour Taylor, du *one best way*, de la rationalisation dite scientifique. La critique n'est pas neuve. Elle est déjà contenue dans de nombreux travaux antérieurs. Ce que Friedberg ajoute est le rétablissement, dans un statut rationnel, de toutes les autres logiques, et un outil de compréhension de leur genèse. Or, c'est dans cette période des années soixante-dix que les responsables des organisations de production sont confrontés pour la première fois sans doute à ce problème de la fin du taylorisme. Ils cherchent à bâtir un nouveau modèle rationnel et universel. Sa mise en œuvre ne peut se passer de la bonne volonté, de la « mobilisation », de la « motivation » des exécutants. L'idée qu'il suffirait de bâtir un modèle techniquement au point pour le faire appliquer sans adaptation, sans mise en œuvre des schémas intellectuels et stratégiques des exécutants, est contestée, voire refusée. Mais ils demeurent à la recherche du « bon » modèle.

L'analyse stratégique va s'efforcer de casser cette idée de modèle et chercher à introduire l'idée de l'acteur, de son autonomie, de la contingence des modèles organisateurs, la notion d'incertitude, sous son aspect des stratégies entre acteurs. Elle retient le concept de rationalisation tout en le faisant évoluer vers celui de rationalité limitée.

Le moment où se produit cette évolution théorique coïncide avec celui des changements de modèle de production signalés plus haut, changements qui font ressortir, entre autres, l'importance des communications dans l'entreprise entre services et entre niveaux hiérarchiques (déjà notés par Friedmann 1962, t. II, p. 82). La nouveauté du modèle réside dans la place centrale qu'il accorde à la communication. Du coup, l'organisation comme système de relations se voit accorder une place considérable, le poste de travail devenant secondaire. Dans l'ancien modèle, la qualité des plans et des projets sortis des bureaux d'études était déterminante à faire marcher l'entreprise. Dans le nouveau, il faut repenser cette dernière comme système d'interactions, ce qui est un point fort de la sociologie des organisations. Le fonctionnement des différents sous-systèmes, les cultures des ateliers et des services, le pouvoir apparaissent des objets centraux à connaître pour comprendre et améliorer le fonctionnement de l'entreprise.

Dans le même temps, les succès économiques de pays comme l'Allemagne et le Japon sont interprétés comme la preuve que les réussites d'un pays et d'une firme sont liées moins à leurs ressources naturelles, à leurs acquis technologiques, à leurs gains économiques antérieurs, aux qualités des individus, qu'au bon fonctionnement de l'ensemble de ce pays ou de cette firme, ce que l'analyse des organisations est censée fournir. Les outils offerts par la sociologie des organisations, permettant de comprendre la réussite économique de la firme, prennent une place qui leur était refusée jusque-là. Même dans les domaines comme la recherche et le développement, où il semblerait que la science et la technique jouent un rôle qui se suffit à lui-même, l'organisation apparaît comme le lieu explicatif de la réussite. Sa place est consacrée. Quelques années plus tard, le rapport de préparation du XIe Plan (1993) l'entérinera : « La capacité des entreprises à intégrer de façon efficace le développement technologique et l'innovation dépend de leur organisation » (p. 156). Affirmation qui aurait été impensable quelques années plus tôt, dans la période que nous avons appelée « de la sociologie du travail », et qui est écrite quand, la période de la sociologie des organisations étant consacrée, celle de la sociologie de l'entreprise commence à apparaître.

La sociologie des organisations doit donc son influence au fait que, lorsque les questions de la compétitivité économique passent au premier plan, elle apparaît comme la réponse à ces nouvelles contraintes de la concurrence. Elle le fait à travers un ensemble de connaissances indispensables à l'efficacité et à la réussite de l'entreprise. Elle a ruiné le simplisme des analyses comportementales en termes behavioristes stimulus-réponse, modèle qui était celui sur lequel s'était bâti le taylorisme. Taylor présentait son système en se disant convaincu « qu'il est possible de donner à l'ouvrier ce qu'il désire le plus (des salaires élevés) et à l'employeur ce qu'il recherche ardemment de son côté (un bas prix de revient main-d'œuvre) » (Taylor, 1957, p. 20). Le rejet de la réduction de l'essentiel du fonctionnement de l'organisation et des comportements à ce face-à-face de deux individus ayant des objectifs simples et invariants a été un grand acquis de la sociologie du travail d'abord, puis de celle des organisations. Cette dernière a vulgarisé les concepts d'acteur et d'autonomie, rejetant le déterminisme de l'explication à travers l'individu et ses besoins. De ce point de vue, le succès actuel de la sociologie des organisations récompense la pertinence de ses analyses.

1. 4. ...A LA SOCIOLOGIE DE L'ENTREPRISE

Mais, au moment même où ce succès est le plus éclatant, il est remis en question sous un double aspect. D'une part, l'entreprise connaît des bouleversements importants. D'autre part, ces changements induisent une nouvelle relation à la société que nous analyserons sous la forme de la rupture de la relation que l'entreprise comme institution a traditionnellement entretenue avec la société.

Ce qui reste de l'entreprise connaît des bouleversements considérables, sous la forme d'événements dont les principaux sont le changement du travail et des acteurs de ce travail (fin de la classe ouvrière, nouvelles catégories de salariés, nouveaux managers). Ils obligent à poser un nouveau regard sur l'entreprise. Renaud Sainsaulieu (1990) énumère une série – qu'il appelle une accumulation – de changements dans les entreprises françaises depuis une trentaine d'années. Ce changement n'est pas simple adaptation, mais « davantage transformation radicale du système [...], signe de la recherche concrète d'une autre forme d'entreprise » (p. 180). Cette recherche de changement, il la voit à travers une triple interrogation, se traduisant par le renouvellement des courants utopiques de fonctionnement collectif, une affaire publique constante, celle de la réforme de l'entreprise, de considérables évolutions gestionnaires. Enfin, cette dynamique de la créativité serait rendue visible, selon lui, par l'apparition d'une structure sociale ternaire (croissance très rapide de nombreux cabinets-conseils, rapprochement de l'Université – et de la recherche en sciences humaines – avec l'entreprise), l'émergence d'autres identités collectives et une remise en cause des distinctions sociales établies dans l'entreprise (classes sociales traditionnelles, métiers, anciennes organisations). Il se fait d'autres lectures des clivages : création de zones beaucoup plus autonomes, abaissement de la distinction entre opérationnels et fonctionnels, bref, naissance d'autres identités.

Peut-être le plus intéressant est-il l'idée que l'observation des entreprises bureaucratisées, objet de la sociologie des organisations, montrait que « dans un monde stratifié et articulé par des jeux de pouvoir autour des mêmes contraintes et espaces de liberté, on ne peut rapidement que rejouer les mêmes jeux défensifs et progressivement immobiles dans un monde de répétitions informelles et figées » (p. 193). Autrement dit, dans une entreprise qui sort du modèle traditionnel de la grande firme un peu bureaucratique, d'autres outils d'analyse théorique que ceux de la sociologie des organisations sont nécessaires pour expliquer ce qui change sous nos yeux.

Les grandes organisations, qui ont été les lieux dont l'étude a permis que se forgent des concepts centraux comme le système, le pouvoir, l'incertitude, la rationalité limitée, etc., sont mises en question non seulement à cause de leur fonctionnement bureaucratique, lourd et difficile à manier, mais aussi parce que ce type de grandes entreprises ou organisations n'apparaît plus comme « le » modèle de la réussite. Du coup, la pertinence de la théorie bâtie sur les grandes organisations est mise en cause. Les entreprises changent leur politique assez radicalement pour que la légitimité liée à leur réussite économique et aux bienfaits qui retombaient sur la société soit mise en cause. Elles diminuent leurs effectifs, utilisent une main-d'œuvre intérimaire, n'hésitent plus à externaliser des fonctions qui, il y a vingt ans, paraissaient centrales, ont des frontières mobiles au point qu'il devient difficile de dire qui est dedans et qui ne l'est pas, changent rapidement et souvent facilement de propriétaires, donc de direction, travaillent plus sur le modèle des réseaux que sur celui de l'organisation intégrée et centralisée.

Il ne s'agit pas cependant d'éliminer l'apport de l'analyse stratégique, qui reste central. Pour au moins deux raisons. La première est que les concepts principaux de l'analyse stratégique (acteur, incertitude, pouvoir) restent des outils, sans doute les plus pertinents, pour étudier le fonctionnement des organisations et que toute entreprise peut toujours être étudiée sous cet aspect. L'objet « entreprise » comporte toujours un aspect organisationnel, même si, à un moment, il paraît plus utile de l'analyser sous une autre forme (réseau, conventions, culture, etc.). La deuxième raison est que c'est par l'analyse stratégique qu'est entrée en France la théorie de l'acteur, manière incontournable d'aborder l'entreprise, à la fois théoriquement et pédagogiquement. Nous aurons l'occasion de présenter des théories qui semblent ignorer l'acteur et de marquer notre désaccord sur ce point. Reste, bien entendu, qu'aujourd'hui l'entreprise apparaît composée d'autres acteurs – et en plus grand nombre – qu'il y a quinze ou vingt ans, que ceux-ci construisent leurs systèmes de relations et leurs identités de manière différente, que la présence des tiers pour le changement est un acquis bouleversant bien des règles traditionnelles.

Les changements sont aussi liés à de nouvelles représentations. Par exemple, dans le domaine du travail, la représentation des rapports d'autorité a subi une évolution considérable et continue de le faire. Du « on ne peut plus commander comme avant » que disent la quasi-totalité des agents de maîtrise (autre modèle de relations apprises à l'école, c'est-à-dire en dehors de l'entreprise) à la manière de se représenter le produit (la qualité), voire les projets, aux nouvelles relations des services entre eux (influence des nouveaux outils de management, type cercles de qualité, sur les relations des producteurs avec les méthodes), à l'influence des résultats financiers de l'entreprise *via* les menaces de chômage, à l'arrivée de nouvelles couches d'ouvriers techniciens, cet ensemble d'événements donne lieu à des représentations nouvelles portant sur la hiérarchie, le produit, le métier, les relations entre collègues, qui sont en train d'évoluer.

Dans le même temps, on voit apparaître de nouveaux outils théoriques ou une réinterprétation des anciens : identité, images, symboles, règles, accords, conventions, traduction, réseaux, confiance, culture, logiques d'action, etc. Ces outils correspondent aux questions que se posent les acteurs de l'entreprise et pour lesquelles ils demandent des éclairages au chercheur en termes de connaissance, de créativité et de changement. Qu'est-ce qui permet de rendre créatif un ensemble social, de garder des salariés prêts à des évolutions au moment où la menace du licenciement semble paralyser toute initiative ? Que sont des systèmes sociaux souples et non rigides, des cultures, comment être en position de changement, comment introduire l'idée de développement social, un management par projets, une nouvelle conception de l'entreprise, des négociations qui ne paralysent pas les évolutions en cours, etc. ? Mais, en même temps aussi, la diffusion des résultats des études, l'affinement des outils théoriques, l'élargissement du marché de la recherche font qu'aujourd'hui l'autonomie du chercheur par rapport aux questions posées par les acteurs est beaucoup mieux admise, étant entendu que les chercheurs prennent en compte ces questions. Le rapport du monde de l'entreprise à celui de la recherche a évolué. Désormais, plus sûrs d'eux, connaissant mieux ce qu'ils peuvent attendre les uns des autres, chercheurs et acteurs de l'entreprise admettent par exemple que la restitution est un moment important de la recherche, que la reformulation des questions par les chercheurs présente un intérêt pour les acteurs. Les chercheurs sont sommés de répondre à ces questions en même temps qu'ils refusent de le faire dans les termes pragmatiques des acteurs de l'entreprise. Le décodage de la demande surprend toujours ceux qui, vivant dans l'entreprise, attendent des réponses concrètes. Mais la transformation de la question est de mieux en mieux admise. On reprendra plus bas cette question centrale du rapport entre acteurs. Il fallait la souligner ici.

Nous déclinerons dans cet ouvrage ces outils théoriques, les anciens pour montrer leurs domaines de pertinence encore aujourd'hui, les plus récents pour montrer à quel type de questions nouvelles ils répondent. L'entreprise est un lieu autonome de création du social, c'est-à-dire qu'il s'y crée de la régulation de rapports sociaux, ce qui est au cœur de l'analyse stratégique, mais aussi de l'identité, de la culture, des conventions : elle ne peut exister sans qu'y règne une certaine confiance et elle se construit aussi sur un imaginaire.

2

Les leçons de l'histoire

Après le premier chapitre consacré à l'évolution de la sociologie du travail vers celle de l'entreprise dans les cinquante dernières années, ce chapitre propose un retour à un passé plus lointain. L'idée est d'approfondir les causes du développement industriel avant d'aborder les descriptions et les explications du fonctionnement de l'entreprise aujourd'hui. On lira donc une évocation, forcément rapide dans le cadre de cet ouvrage, de l'histoire de la révolution industrielle, une comparaison de la croissance de différents pays, une description de la naissance des premières entreprises. Cette histoire doit permettre de mieux comprendre le développement, les crises, les évolutions des entreprises aujourd'hui.

L'intérêt que nous trouvons à ce détour par l'histoire est de montrer qu'il n'existe ni cause déterminante ni modèle. On peut en extraire certains éléments pour les inclure, après adaptation, dans les situations existantes. Mais la reproduction telle quelle est absurde, et l'histoire le montre. La révolution ou la croissance industrielle des sociétés occidentales, celle qui va du XVIIIe au XIXe siècle, ne peut être attribuée qu'à un ensemble de causes et à l'interaction de celles-ci entre elles. Tous les spécialistes aujourd'hui s'accordent pour ne jamais en isoler une et en faire « la » raison prédominante. De plus, ce qui a marché ici n'a eu aucun effet là. Il n'y a pas de modèles. Le détour par l'histoire se justifie pour ces deux raisons. Il constitue une réponse à ceux qui veulent trop rapidement trouver une explication unique et des modèles transpo-

« Car l'histoire est, par essence, science du changement. Elle sait et elle enseigne que deux événements ne se reproduisent jamais tout à fait semblables, parce que jamais les conditions ne coïncident exactement. Sans doute reconnaît-elle, dans l'évolution humaine, des éléments sinon permanents du moins durables. C'est pour avouer, en même temps, la variété, presque infinie, de leurs combinaisons. Sans doute admet-elle, d'une civilisation à l'autre, certaines répétitions, sinon trait pour trait, du moins dans les grandes lignes du développement. Elle constate alors que, des deux parts, les conditions majeures ont été semblables. Elle peut s'essayer à pénétrer l'avenir ; elle n'est pas, je crois, incapable d'y parvenir. Mais ses leçons ne sont point que le passé recommence, que ce qui a été hier sera demain. Examinant comment hier a différé d'avant-hier et pourquoi, elle trouve, dans ce rapprochement, le moyen de prévoir en quel sens demain, à son tour, s'opposera à hier. Sur ses feuilles de recherche, les lignes, dont les faits écoulés lui dictent le tracé, ne sont jamais des droites ; elle n'y voit inscrites que des courbes, et ce sont des courbes encore que, par extrapolation, elle s'efforce de prolonger vers l'incertain des temps. Peu importe que la nature propre de son objet l'empêche de modifier à son gré les éléments du réel, comme le peuvent les disciplines d'expérimentation. Pour déceler les rapports qui, aux

sables, il permet de mieux comprendre l'entreprise aujourd'hui.

C'est en cela que l'homme de l'entreprise aujourd'hui est concerné par l'histoire de l'entreprise en général. Certaines grandes entreprises ont fait écrire leur propre histoire, et cela témoigne de la redécouverte aujourd'hui du besoin de l'histoire pour constituer ou renforcer les liens existant entre les salariés d'un même groupe, pour en mieux cerner la culture. C'est-à-dire qu'elles ont cherché à constituer un mythe collectif, recourant à l'histoire pour rendre légitime un discours sur le collectif qui puisse être une référence commune. L'histoire est donc considérée comme un fait important aujourd'hui, pour chaque entreprise. Mais l'histoire de toutes les entreprises a-t-elle un intérêt pour chacune en particulier ? Poser cette question, c'est faire ressortir qu'à la différence du citoyen qui se définit par l'appartenance à un groupe social large, nation ou ethnie, et donc qui estime important de connaître ses

variations spontanées des facteurs, lient celles des phénomènes, l'observation et l'analyse lui sont des instruments suffisants. Par là, elle atteint les raisons des choses et de leurs mutations. Elle est, en un mot, authentiquement une science d'expérience puisque, par l'étude des réalités, qu'un effort d'intelligence et de comparaison lui permet de décomposer, elle réussit, de mieux en mieux, à découvrir les va-et-vient parallèles de la cause et de l'effet [...]
L'historien, pareillement, sait bien que deux guerres qui se suivent, si, dans l'intervalle, la structure sociale, les techniques, la mentalité, se sont métamorphosées, ne seront jamais la même guerre. »

Marc Bloch, *L'Étrange Défaite*, 1940 ;
Paris, Gallimard, coll. « Folio-Histoire », 1990, p. 150-151.

Les auteurs de success stories *managériales feraient bien de méditer des textes de ce type, plutôt que d'essayer de nous faire croire que l'histoire de telle réussite d'entreprise peut être un modèle généralisable aux autres. Ils tombent sous le reproche de Marc Bloch, qui trouve les motifs de la défaite militaire française de 1940 dans le fait qu'on avait enseigné aux officiers français la stratégie qui avait réussi en 1914.*

racines pour se situer dans l'univers, l'homme d'entreprise n'aurait pas besoin de cette même connaissance élargie. Celle de son entreprise lui suffirait, dans le meilleur des cas. Pas besoin de savoir ce qui s'est passé autrefois ou ailleurs. La présence dans l'entreprise et la connaissance des actions relationnelles, techniques ou économiques qui s'y accomplissent, ou d'une partie de celles-ci, suffiraient à donner une connaissance de l'environnement satisfaisante pour l'action quotidienne.

Nous pensons l'inverse. Un minimum de connaissances est nécessaire pour se situer dans l'entreprise et comprendre le système qu'elle constitue. Au moment où l'entreprise est réhabilitée aux yeux de la société, où les sciences sociales convergent pour dire qu'elle est – en partie – un acteur, source de création autonome de social, c'est-à-dire de symboles, d'imaginaire, de règles, de lien social, marquant donc son temps comme elle est d'ailleurs marquée par lui, mais donc aussi créatrice d'histoire, la connaissance du passé donne un éclairage indispensable. L'entreprise des sociétés industrialisées est née il y a environ deux siècles, elle s'est développée sous une forme assez proche dans ces mêmes sociétés malgré leurs cultures différentes, elle continue de se diffuser sous cette forme dans des régions du monde qui hier paraissaient en être à des années-lumière et qui aujourd'hui ont des résultats économiques supérieurs à ceux des pays anciennement industrialisés. Une description même rapide de cette histoire ne peut que permettre de mieux comprendre, même de façon apparemment lointaine par rapport aux mécanismes actuels de l'entreprise, les sources de son développement et de son dynamisme (voir encadré p. 42-43).

C'est la raison pour laquelle l'approche historique est au début de cet ouvrage. Il s'agit de chercher du côté des théoriciens – les historiens – les explications de l'apparition de l'entreprise. L'histoire de l'entreprise doit permettre de comprendre comment, au cours du temps, l'idée de l'entreprise est née, ce qu'elle a été d'abord, d'où elle vient, comment des systèmes ont été bâtis pour transformer des ruraux en ouvriers, pour construire des identités, comment l'émergence de ces entreprises permet de rendre compte de leurs différences, etc. Bref, de mieux saisir ce qu'est l'entreprise aujourd'hui.

2. 1. LA RÉVOLUTION INDUSTRIELLE : UNE EXPLICATION DIFFICILE

Même si l'histoire de « la révolution industrielle est une orange trois fois pressée, il demeure une surprenante quantité de jus dedans » (Clapham 1910, cité par Hartwell 1967, article dont nous nous inspirons dans ce paragraphe). Malgré toutes les études venues d'horizons différents, en particulier d'historiens et d'économistes, on demeure dans une ignorance relative des réponses aux questions les plus importantes concernant la révolution industrielle (RI). Quelques éléments ont pu cependant être dégagés qui apparaissent avec certitude.

Les XVIIIe et XIXe siècles ont sûrement connu une discontinuité fondamentale dans le développement économique du monde, se traduisant par le passage d'une situation de stabilité à celle d'une croissance soutenue des revenus réels par tête, par une révolution dans les technologies industrielles et l'organisation, par le changement radical dans les structures de l'économie et la croissance massive de la population. Mais l'explication des origines de la RI est trop complexe pour que le plus talentueux des historiens ou des économistes parvienne à la débrouiller. Un tel « fait social total » est de l'ordre des phénomènes dont on ne peut avoir d'appréhension que partielle. De plus, beaucoup de données manquent.

Malgré ces réserves, on présentera et résumera ici deux thèses classiques, parmi toutes celles qui ont été avancées. Celle de Toynbee (1934) : pour lui, l'essence de la RI est à chercher dans la fin de la régulation médiévale qui exerçait un contrôle sur la production et la distribution des richesses. Soulignant l'importance des deux facteurs que sont la liberté de l'entrepreneur d'une part, le changement technique de l'autre, Toynbee affirme qu'Adam Smith, avec son livre *La Richesse des nations*, et l'invention du bateau à vapeur sont les deux facteurs qui ont le plus contribué à détruire le monde ancien. Une structure particulière de société et des découvertes techniques ont permis le décollage.

Dans une étude plus détaillée, Mantoux (1906) soutient une autre thèse, tout aussi classique. La révolution industrielle a été d'abord un phénomène commercial, l'arrivée du machinisme étant le résultat inévitable de l'expansion du commerce. Elle est liée aussi au développement de l'agriculture, mais c'est le commerce, entraînant le crédit, réagissant sur l'organisation et les technologies industrielles, qui a été le moteur central. La RI est expliquée à l'aide d'un facteur prépondérant.

Face à ce type de thèses (celles que l'on vient de voir datent de la première moitié du XXe siècle), Braudel (1979, t. III) fait preuve d'une grande prudence. Pour lui, il s'agit d'un « processus d'une extrême complexité » (p. 463). On ne sait pas bien pourquoi le décollage n'a pas eu lieu plus tôt, par exemple à Alexandrie où « la vapeur a tout de même fait son apparition, entre 100 et 50 avant Jésus-Christ » (p. 469), puis au moment de la première révolution industrielle d'Europe, du XIe au XIIIe siècle, avec le développement de l'usage des chevaux et la mécanisation des moulins, enfin lors de la première révolution anglaise de 1560-1640. L'analyse secteur par secteur n'est guère plus éclairante et ne procure pas de modèle satisfaisant. Des secteurs habituellement retenus, l'agriculture, la démographie, la technique – « condition nécessaire, sans doute pas suffisante » (p. 489) –, la révolution du coton, le commerce au loin, la multiplication des transports intérieurs, aucun ne permet à lui seul de comprendre cette gigantesque poussée. L'explication de la croissance par la division du travail, non pas tant celle que l'on connaît dans l'entreprise industrielle mais la division du travail comme restructuration de la société, avec la fin du *putting out system* et le passage à la manufacture, n'est que partielle, les manufacturiers gardant une partie de l'ancien système. Braudel rappelle aussi, mais d'une manière qui n'est pas plus décisive, les rôles des industriels et des négociants qui étaient marchands, banquiers, assureurs, armateurs, industriels. La géographie économique de l'Angleterre, la finance et le capitalisme, la conjoncture enfin. Rien de tout cela ne permet de donner une explication satisfaisante. Tous ces facteurs ont eu un rôle, ils se sont combinés de manière particulière.

Un autre exemple est tout aussi éclairant, celui de l'échec du développement de l'imprimerie en Chine. Il a été analysé comme « une conjugaison de facteurs à la fois sociaux (le refus du mercantilisme), culturels (le matérialisme organique de la philosophie chinoise dominante) et intellectuels (le mode d'organisation et de reproduction du savoir dans la bureaucratie impériale) » (Breton 1992, p. 13, citant Needham 1973).

Reprenant systématiquement les variables liées à la RI, Hartwell (1967) tire le bilan suivant :

• *L'accumulation du capital.* C'est l'élément essentiel selon A. Smith. Il aurait permis l'investissement, donc la formation du capital. Or, argumente Hartwell, l'affirmation selon laquelle l'extension du capital est indispensable à la croissance n'est pas prouvée, pas plus que la relation entre l'investissement et l'accroissement de la production. Et même si la croissance avait suivi l'accumulation du capital, on ne sait pas d'où viennent les inputs complémentaires. Il faut renverser l'affirmation selon laquelle l'accroissement de l'épargne et de l'investissement a tiré la croissance. Plus vraisemblablement, l'un et l'autre ont été le résultat de cette croissance. Par exemple, au XVIIIe siècle, pour l'industrie, la grande source de capital a été constituée par les profits réinvestis ; or l'investissement était dépendant du taux de croissance. De même, beaucoup de théoriciens soutiennent que l'inflation, celle des années après 1750, plus que l'accumulation, a permis la croissance.

• *Changement technique et invention.* L'affirmation fréquente selon laquelle le taux de croissance aurait été fonction du changement technique est elle aussi à relativiser. S'il est effectivement difficile de séparer progrès technique et accumulation du capital durant la RI, si l'on peut affirmer qu'existe un lien étroit entre l'investissement, la formation du capital, le progrès technique et la production de biens, l'accroissement de la production par tête ne peut être venu que d'une meilleure utilisation des produits ou d'une meilleure organisation de l'outil de production. D'où sont venues les inventions, comment s'est faite leur diffusion, pourquoi les entrepreneurs ont-ils choisi les bonnes inventions de manière utile ? Le type d'inventions et leur fréquence sont conditionnés par l'environnement, par les incitations et les opportunités suggérées par le contexte social, par l'état et la croissance des connaissances. Le fait que le développement se soit effectué sur un front très large (textile, métallurgie de base, mines, transports, agriculture, énergie) suggère que la révolution dans les technologies n'a pas été le résultat d'un stimulus unique mais davantage d'une connaissance croissante des potentialités générales du progrès technique (cf. Gille 1978). Il y a eu deux grappes d'inventions avant 1733 et après 1768. La rapidité de leur diffusion a augmenté au point que leur effet combiné a imprimé un effet cumulatif et que l'application rapide des trois majeures (fusion de l'acier, filature du coton, machine à vapeur) a eu des effets quantitatifs immédiats sur la production dans les secteurs clés de l'économie. Ce serait la diffusion rapide de grappes d'inventions qui aurait déclenché le mouvement plus que le type de celles-ci.

• Ici, il convient de distinguer l'*invention* (découverte d'un nouveau procédé) de l'*innovation* (diffusion de ce procédé). L'une et l'autre sont des processus sociaux se renforçant mutuellement. C'est ce renforcement qui est à expliquer. Il dépend de conditions économiques favorables : approvisionnement, prix, taille de la demande, marché… L'Angleterre du XVIIIe est une société libre et stable à la fois : plus de sécurité pour la propriété et l'entreprise, plus de mobilité sociale, les attitudes sociales dominantes étaient plus adaptées au changement, la rupture avec les restrictions mercantilistes médiévales était plus forte, les communications plus rapides (cf. Landes, 1969). L'Angleterre constituait la plus large aire libre de commerce en Europe. La croissance n'a pas été créée par ce jeu de variables, mais permise par elles.

• *Changement social.* Le changement au XVIIIe n'a pas dépendu seulement des équipements productifs, des entrepreneurs, mais des valeurs de la société. Celles-ci à leur tour ont fait émerger des *pushing* (Harthwell, p. 177), entrepreneurs développant une énergie créatrice de rupture. Leurs attitudes étaient rationnelles et sécularisées. L'acceptation du changement était une idée généralisée dans la société britannique, sans doute beaucoup plus qu'ailleurs. On pense évidemment ici à la thèse de Max Weber sur l'éthique protestante et ses affinités avec l'esprit du capitalisme. Mais Weber n'a jamais dit que l'un était la cause de l'autre.

• La *croissance de la demande* a sûrement joué un rôle important. Mais Hartwell pense qu'il ne faut pas exagérer le poids du commerce international dans la demande. Des analyses plus fines montrent qu'il s'est agi beaucoup plus de la demande domestique, plus stable, moins erratique que celle du commerce extérieur.

Les différentes forces qui ont fait la croissance au XVIIIe siècle ne doivent donc pas être considérées comme des variables autonomes. Ceci est particulièrement vrai de celles qui sont les plus fréquemment citées, l'accumulation du capital, l'innovation, la croissance de la population, le commerce extérieur. La croissance dans la période de la RI a été le résultat sur le long terme d'un changement autant social qu'économique : Hartwell cite d'abord la rationalisation des attitudes sociales, la croissance des connaissances et de l'éducation, du capital plus abondant et meilleur marché, des facteurs plus grands de flexibilité, et un fonctionnement plus efficace des prix du marché, de larges changements technologiques, de meilleurs transports, etc. Il serait absurde d'isoler les facteurs d'un seul type. On conclura avec F. Braudel : « Une révolution industrielle [...] processus général de croissance, donc de développement global qui « apparaît en dernière analyse comme un processus de transformation des structures et institutions économiques, sociales, politiques et culturelles » (Braudel 1979, p. 467, citant Sachs 1977).

2. 2. L'INDUSTRIALISATION EUROPÉENNE

On peut cependant tenter d'être plus précis en s'appuyant sur les descriptions de la RI dans les pays européens. Le développement prodigieux des pays de l'Europe occidentale, à partir du milieu du XVIIIe siècle, a donné lieu à des études de type monographique que l'on peut essayer de comparer.

Premier point : l'Europe était prête à cette industrialisation. D'abord, sans doute, par la transformation des groupes sociaux dominants ; l'essor du commerce avait, plus ou moins selon les pays, atténué le pouvoir des seigneurs médiévaux, enrichi les rois, créé la caste des gens d'affaire (dont Florence et l'Italie de la Renaissance sont un bon exemple). Ensuite, il existait un contexte sociopolitique composé de gouvernements et royautés locales multiples et concurrentes, mais celles qui firent une place démesurée à l'armée et à ses valeurs prirent du retard. Enfin, suite aux transformations des valeurs de la société et à l'apparition d'un certain hédonisme (Dumont 1977), l'industrie et le commerce étant devenues les sources principales de l'enrichissement, le droit de propriété et surtout les garanties accordées à son détenteur apparurent aussi comme un facteur central. Bref, le développement semble être le fruit de la lente maturation d'un ensemble de facteurs humains et sociaux, plus que naturels ou techniques.

Quel lien entre l'industrie, la science et la technique ? Il semble qu'il ait été des plus lâches. Ce n'est sûrement pas la connaissance scientifique qui a permis le développement technique, lequel, à son tour, aurait permis le développement industriel. Il a existé, en revanche, une relation forte entre développement industriel et développement technique, lequel, à son tour, a entraîné le développement des sciences. « Une branche entière de la physique, la thermodynamique, se révéla en partie comme le résultat de l'observation empirique de méthodes et de réalisations dans le domaine de la construction mécanique » (Landes, p. 148). C'est après seulement, dans une école comme Polytechnique en France, que fut entrepris le travail théorique de réduction de la technique à une généralisation mathématique. Ce qui remet à sa place l'impulsion que l'on a attribuée aux seules techniques. « Ce qui caractérisait les entreprises les plus florissantes, ce n'était pas tant l'innovation dans les opérations chimiques que l'organisation efficace des facteurs de production à l'intérieur du système scientifique et technique de ce temps-là » (*ibid.*, p. 161). Remarque que nous considérons comme importante : tout autant que ce que l'on appellerait aujourd'hui la recherche-développement, c'est le lien entre ce secteur et le reste, dans les entreprises et hors d'elles, qui a permis l'essor.

D'ailleurs, si au XVIIIe siècle la Grande-Bretagne connaissait « un plus haut niveau de qualification technique et témoignait un plus grand degré d'intérêt pour les machines [...], il ne faut pas confondre cet état d'esprit avec la connaissance scientifique » (p. 90). C'est « la connaissance scientifique qui dut beaucoup de sa maturité aux préoccupations et aux acquisitions de la technique » (p. 90). Prenons l'exemple de la machine à vapeur (p. 143-150). « Le premier dispositif utilisable pour convertir l'énergie thermique en travail fut le *fire-engine* de Thomas Savery, en 1698. » C'était un « combiné de la machine à vapeur et de la pompe ». La première « vraie » machine fut celle de Thomas Newcomen, quincaillier et forgeron de Darmouth, en 1705. Elle fut progressivement améliorée par John Wrigley et se répandit très rapidement. Si l'apport de Watt fut décisif (brevet 1769, première application 1776), par la construction d'un condenseur séparé, permettant une grande économie de combustible, ouvrant la voie à des progrès ininterrompus de l'effet utile, cet inventeur croyait à la machine à basse pression alors que c'est la haute pression qui allait triompher (inventions de William Bull, Richard Trevithick, Oliver Evans). Wilkinson améliora encore en alésant les cylindres avec précision. Tous ces inventeurs n'étaient cependant pas des théoriciens, mais plutôt des ingénieurs et des praticiens : « ...une fois établi le principe du condenseur séparé, les progrès subséquents ne durent pas grand-chose et même rien à la théorie » (p. 148).

On voit, à travers cet exemple, que le passage aux machines fut le résultat d'une mutation lente où le vieux et le neuf n'étaient pas radicalement séparés. « L'artisan du milieu du XVIIIe siècle [...] connaissait familièrement toute une série de machines d'une étonnante diversité, dont les tours, les perceuses, les foreuses et les machines à découper les vis et les roues » (p. 149). A partir de là, les grands perfectionnements furent apportés sous une contrainte marchande, essentiellement sous trois aspects : il y avait d'abord le rapport entre productivité et connaissance concrète des pièces nécessaires ; ensuite, la rareté des travailleurs qualifiés a poussé à la mise au point de davantage de machines, et qui soient moins compliquées ; enfin, le développement de l'industrie ouvrait une carrière aux artisans : « grâce à une poignée de personnages doués, qui apprirent beaucoup les uns des autres et formèrent pour ainsi dire une famille d'outilleurs, les techniques du travail sur bois et sur métaux se transformèrent » (p. 151). Ce qui fit lentement passer à l'idée de calibres (le mot date de la fin du XVIIe), puis de standardisation. « Ce modèle du contact direct employeur-employé comme source d'apprentissage technique et pépinière d'entrepreneurs caractérisait aussi l'industrie du Continent » (*ibid.*, note 1). Selon la thèse de Landes, c'est ce type de relations sociales, favorisant l'évolution de l'artisanat sous l'effet de la contrainte commerciale, qui a été un facteur essentiel de développement.

2. 3. LA RI PAR PAYS : LE CADRE INSTITUTIONNEL

Les trois principaux pays européens (Grande-Bretagne, Allemagne, France) se sont développés dans la même période, mais pour des raisons différentes. Il est difficile d'expliquer cette simultanéité et presque autant les différences.

La Grande-Bretagne

Au départ, avantage aux Anglais. Pourquoi ? La suprématie britannique ne fait pas de doute, au moins jusqu'au milieu du XIXe. C'est bien dans ce pays qu'a commencé la RI. Elle s'est répandue ensuite sur le Continent et c'est au cours de la seconde moitié du XIXe que le leadership en termes de croissance passe, en Europe au moins et pour l'industrie, entre les mains de l'Allemagne. Or, s'il existait dans l'île une grande masse de constructeurs de moulins, d'horlogers, de menuisiers que leur expérience de constructeurs et leur esprit inventif avaient préparés à leur rôle de mécaniciens d'un âge nouveau, cette masse d'artisans existait déjà sur le continent d'une manière tout aussi conséquente. Pourquoi les Britanniques prirent-ils la première place ?

La réponse donnée par Landes l'est sous forme d'une double représentation, celle du travail manuel et de la réussite sociale d'une part, celle de l'ordre – ou du désordre – social de l'autre. Les créateurs des premières machines à tisser ont été d'origine plutôt bourgeoise qu'aristocratique. Pour eux, « le travail manuel, l'habileté manuelle, n'étaient pas les stigmates qui distinguaient *le peuple* de *la bourgeoisie* » (Landes 1969, p. 92 – en français dans le texte). Les anciennes réglementations corporatistes touchant la production et l'apprentissage avaient été ébranlées alors qu'elles étaient toujours vivaces sur le Continent, et, de ce point de vue, la société britannique paraissait moins rigide que les aristocraties du Continent. L'esprit d'innovation y trouvait son compte, parce qu'il n'y avait pas de freins institutionnels.

Tocqueville, constatant le décalage entre la France et la Grande-Bretagne, l'explique aussi par la différence des modèles sociaux de réussite (Tocqueville 1952, p. 171). En France, le modèle de la Cour avait poussé la bourgeoisie et la noblesse à rechercher en priorité les charges de l'État. Quand un propriétaire terrien ou un bourgeois devait choisir entre rester à la terre ou demeurer dans une activité commerciale d'une part, acquérir une charge en ville ou à la Cour d'autre part, il choisissait la seconde solution. Cette dernière situation sociale était plus valorisée que l'option de rester à la campagne ou de continuer un commerce. Le retard de la France par rapport à la Grande-Bretagne s'expliquerait ainsi par le développement inégal de l'agriculture et du commerce dû à ces représentations de la réussite sociale.

> « Le nombre des petites (places sous l'Ancien Régime) n'avait presque pas de fin. De 1693 à 1709 seulement, on calcule qu'il en fut créé quarante mille, presque toutes à la portée des moindres bourgeois […]. L'ardeur des bourgeois à remplir ces places était réellement sans égale. Dès que l'un d'eux se sentait possesseur d'un petit capital, au lieu de l'employer dans le négoce, il s'en servait aussitôt pour acheter une place. Cette misérable ambition a plus nui aux progrès de l'agriculture et du commerce en France que les maîtrises et la taille même. »
>
> A. de Tocqueville, *L'Ancien Régime et la Révolution*, 1835-1840 ; Paris, Gallimard, 1952, p. 171.
>
> « Ternot (fin du XVIIIe - début du XIXe, industriel du textile, créateur du châle de cachemire) ayant menacé d'abandonner son titre de baron, sous Louis XVIII, si le gouvernement persistait dans son intention de ranimer la vieille coutume rendant le titre de noblesse incompatible avec une activité économique… »
>
> Cité par F. Sigaut *in* collectif, *Cultures du travail*, Paris, Éd. de la Maison des sciences de l'homme, 1989, p. 119.

L'influence de la formation a sans doute joué aussi un grand rôle sous la forme de connaissances suffisantes en arithmétique, en géométrie, en mathématiques appliquées. Or il semble qu'aient existé dans de nombreuses villes du Royaume-Uni des possibilités assez exceptionnelles d'éducation technique, sous forme d'académies, de sociétés savantes, voire de conférenciers de passage.

La Grande-Bretagne connaît donc des « conditions exceptionnelles qui poussent son économie au démarrage avant toutes les autres à la fin du XVIIIe siècle » (Rioux 1971, p. 103). Ces conditions sont : une croissance lente au XVIIe procurant les conditions nécessaires à une préindustrialisation, un cadre institutionnel libre (épanouissement du laissez-faire), les changements démographiques et agricoles, le commerce colonial, la formation d'un marché intérieur et international, les pénuries (de produits, entraînant la cherté, et de main-d'œuvre, pas assez mobile) qui, paradoxalement, entraînent la révolution des techniques et des transports.

Au démarrage, la stimulation naît de la force du marché intérieur et de l'ampleur du marché extérieur, de la présence d'entrepreneurs dynamiques, de hauts salaires, du pari sur des techniques nouvelles, surtout la mécanisation. Les événements, en particulier la lutte contre la France révolutionnaire et impériale, créent une récession, mais l'adversaire en sort encore plus affaibli et, de 1815 à 1840, l'Angleterre devient véritablement l'atelier du monde. La concurrence de plus en plus vive, surtout des États-Unis, donne intégration vers l'aval, mais « portée par le libre-échange enfin incontesté, par une nouvelle poussée technologique, l'industrie anglaise accélère, resserre sa domination mondiale de 1840 à 1890, unifiée sous l'impulsion du secteur le plus dynamique du moment, la métallurgie » (p. 108). Ces traits de la croissance se retrouvent individuellement ailleurs, mais rassemblés et combinés différemment (Mathias 1972).

La France

Elle démarre plus tard, mais « de fait, l'économie française utilise avec la même souplesse que l'Angleterre les facteurs de production les plus avantageux » (Rioux, p. 109). Son cadre institutionnel est plus rigide (résistances corporatistes, dirigisme d'État), sa mobilité sociale faible (la France paraît une société d'ordres, cloisonnée). Malgré un appel du marché moins fort qu'en Angleterre, sans pénuries de matières premières, le développement de la France suit un rythme identique après un départ plus tardif. Après la récession des années 1780-1790, la Révolution et les guerres de l'Empire ont également freiné la croissance. Cependant, la France, « décidément rebelle au démarrage en force » (p. 112), connaît une croissance soutenue au XIXe mais sans jamais avoir trouvé le *take off* britannique.

Pourquoi ? La croissance française a connu des particularités différentes de celles de l'Angleterre : marché national formé tardivement, demande intérieure faible (rythme d'accroissement de la population moins fort, revenu par tête plus bas, fortes inégalités dans la distribution du revenu national), marchés intérieur et international faibles, pénurie de charbon, pas de secteur de pointe entraînant les autres. « La croissance à l'anglaise est impossible. Mais l'industrie française trouve une voie originale. Elle s'adosse à un énorme et passif marché rural [...] qui ne connaît pas de brutales variations » (p. 113). La main-d'œuvre y est abondante, bon marché, bien répartie sur le territoire. L'intégration par l'aval, qui avait fait la prospérité de beaucoup d'entrepreneurs anglais, est remplacée par l'intégration des productions d'amont (lainiers de Roubaix passant du tissage à la filature et au peignage, manufacturiers de Mulhouse de l'impression au tissage, puis à la filature). Sur le rôle des entrepreneurs français, deux thèses s'opposent : Landes parle de faiblesse de l'esprit d'entreprise due au caractère familial des entreprises, à la conception de l'économie particulière à ces industriels, à la prégnance des modèles aristocratiques, tandis que Cameron (cité par Valade, *in* Boudon 1992, p. 334) exalte au contraire la rapidité d'adoption des nouvelles techniques par les industriels. L'État aurait joué un rôle assez faible, la taille des firmes, jugées petites, n'intervient guère, le chemin de fer aurait eu un rôle commercial et financier plus qu'industriel. Finalement, le processus d'industrialisation de la France apparaît comme très original par rapport à celui de ses voisins, sans doute en raison des vieilles traditions de pays rural et aristocratique à la fois.

L'Allemagne

Elle a connu aussi une grande souplesse d'adaptation aux réalités nationales. La constitution d'un marché national a été lente. Elle a lieu au XIXe seulement, lorsque s'estompe le morcellement politique – l'événement est le Zollverein, en 1834. Au XVIIIe, seules les activités minières s'étaient vraiment développées. Par la suite, au XIXe, on assiste à une utilisation et assimilation rapides des techniques anglaises et françaises (alors que les spécialistes allemands de l'industrie minière étaient invités en Grande-Bretagne au XVIIIe, voire dès le XVIIe). A cette période, le développement de l'Allemagne se fait par concentration des techniques, ententes, lien entre recherches universitaires et industrielles (sans doute le facteur le plus original), utilisation de méthodes commerciales nouvelles, politique hardie du crédit malgré l'étroitesse des capitaux, appui de l'État, découvertes techniques immédiatement exploitées. Le cas du développement des universités allemandes est caractéristique. Leur fondateur, von Humboldt, avait comme idéal des universités scientifiques très élitistes. C'est ainsi qu'il conçut l'École supérieure de Berlin, sur le modèle de l'École polytechnique française, au service de la recherche scientifique de haut niveau et de l'enseignement. Ce modèle évolua assez rapidement vers des écoles beaucoup plus liées à l'industrie, où une certaine mobilité entre enseignants et cadres traduisait le souci de recherches plus appliquées. Cette mobilité a été classiquement décrite comme un facteur important de la réussite industrielle de l'Allemagne dès la seconde moitié du XIXe siècle.

Quels éléments faut-il retenir comme les plus importants pour expliquer la RI dans ces trois pays ? Avec ces réserves et en différenciant leur ordre et leur poids pour chaque pays, on aurait :

– *l'accumulation du capital* ;

– *l'innovation-changement* dans les technologies et l'organisation, aussi bien de l'agriculture que de l'industrie ;

– *un ensemble de facteurs matériels* : présence du charbon, acier, minerais divers, situation favorable de l'économie ; trajets courts ;

– *un type particulier de population* : travailleurs qualifiés augmentant l'impact du travail tandis que la croissance de la population apporte une force de travail plus importante pour l'industrie et une croissance de la productivité agricole ; inventivité des entrepreneurs ;

– *laissez-faire* : transformation sur le long terme de la pensée philosophique, religieuse, scientifique, culminant dans le XVIIIe siècle en sécularisme, rationalisme et individualisme économique ; théoriciens de la libre entreprise ; Adam Smith ; mobilité sociale ;

– *expansion du marché* : accroissement du commerce avec l'étranger, de la consommation domestique liée à la croissance de la population et à l'augmentation des revenus réels ; développement des transports avec baisse des coûts et des prix, unification et accroissement du marché ; baisse relative des prix des biens, croissance de la demande ;

– *et, pour finir, l'événement et le reste* : guerre continentale qui favorise la Grande-Bretagne plus que le Continent, « don de Dieu » (bonnes moissons de 1730 à 1750), le « génie anglais », etc.

On en conclura à la combinaison des facteurs dans une articulation spécifique de toutes leurs ressources qui a donné la configuration propre à chaque pays. Le changement a eu lieu sans qu'aucune des variables prises une à une permette de l'expliquer. Il ne suffit pas de les énumérer, de les passer en revue et de tenter de pondérer leur impact. Seule leur combinaison est significative, mais évidemment extrêmement difficile à construire. Cette imbrication de variables dont le poids respectif a été différent dans chaque cas peut être nommée « cadre institutionnel ». Prenant le terme « institutionnel » au sens large, on entend par cette expression le fait que l'équilibre particulier de ces variables a été le facteur déclenchant et que les contextes de l'environnement, parfois les mêmes, ont joué chaque fois différemment. Le cadre est ainsi un construit social, au niveau de l'unité qu'est la nation. L'équilibre s'est fait à un moment donné selon le génie propre à chaque pays, le terme « génie » renvoyant à un inexplicable non maîtrisé, à une interaction entre les hommes, les institutions, les mouvements d'idées et les événements, ces quatre facteurs étant ceux que retient Furet comme titres aux quatre volumes sur la Révolution française.

2. 4. SOCIÉTÉ INDUSTRIELLE ET ENTREPRISE

Dans les *Dix-Huit Leçons sur la société industrielle* (1962), Raymond Aron, cherchant à répondre à la question de la différence entre système capitaliste et système socialiste, est amené à se donner une définition de la société industrielle, puis de l'entreprise. Il écrit dans le contexte des années cinquante-soixante qui est celui de la guerre froide, et où la suprématie d'un modèle sur l'autre est loin d'être tranchée. D'où une description de la société industrielle comme celle où « l'industrie, la grande industrie, serait la forme de production la plus caractéristique [...] Une société industrielle serait celle où la production s'opère dans des entreprises comme celles de Renault ou de Citroën » (p. 97). On voit l'influence de la polémique avec les marxistes sur ce choix de départ : la production dans la grande entreprise industrielle, image emblématique de la société industrielle, conforme à la vulgate marxiste comme d'ailleurs aussi à toute l'économie classique, est privilégiée. Quelles sont les caractéristiques de cette entreprise ? Raymond Aron en retient cinq :

1. L'entreprise est radicalement séparée de la famille.

2. Une entreprise industrielle introduit un mode original de division du travail, c'est-à-dire une division intérieure à l'entreprise – et non une division entre secteurs – appelée division technologique du travail.

3. Une entreprise industrielle suppose une accumulation de capital. Ce n'est pas vrai seulement des sociétés capitalistes, mais de toutes les sociétés industrielles.

4. Cela introduit la notion de calcul rationnel, appelé aussi calcul économique. Ce calcul est différent du calcul technique.

5. Il y a enfin concentration ouvrière et problème de la propriété des moyens de production.

Cette définition, trop strictement phénoménologique bien qu'inspirée de celle de Max Weber, paraît insuffisante à Raymond Aron, car elle a un sens différent à l'intérieur de chaque modèle économique. L'entreprise et les formes que prend l'organisation de la production dépendent de la manière dont est défini le concept d'économie. Celui-ci est le fruit de deux approches différentes et complémentaires. La première réfère aux besoins des individus : « on appelle économique l'activité qui tend à satisfaire les besoins des hommes » (p. 101). Mais cette définition ne lève aucune incertitude, parce que le point de départ à travers les besoins ne permet pas de dire ce qui est économique et ce qui ne l'est pas. La nature humaine a des besoins considérés comme essentiels et d'autres qui le sont moins. D'où la nécessité de définir les besoins non à partir de la nature humaine, mais en termes économiques : est besoin ce qui peut se traduire sur un marché.

L'autre définition se réfère à la signification de l'activité économique, ou encore, « pour employer le langage de Max Weber, au sens que les hommes dans leur conduite donnent à l'économie » *(ibid.)*. L'économie s'intéresse alors à l'administration des ressources rares ou définies comme telles par les hommes et qui sont susceptibles d'usages alternatifs. Elle suppose un accord de la société sur cette gestion des ressources. On est en dehors de la sphère proprement économique. A des questions du genre : « où l'État doit-il investir l'argent que lui donnent les contribuables ? », la réponse est de type politique. Et ce type de réponse est aussi une caractéristique de la société industrielle.

L'entreprise, une des caractéristiques majeures de la société industrielle, se traduit donc par l'apparition et la mise en place d'un nouveau modèle d'organisation sociale. Sa naissance suppose une rupture avec l'ordre social antérieur, l'apparition de formes particulières qui trouvent une légitimité nouvelle. Une de ses composantes fortes, en gestation lors des débuts de la révolution industrielle, qui est apparue au XIXe siècle, est « la séparation radicale des aspects économiques du tissu social et leur construction en un domaine autonome » (Dumont, 1977, p. 15, citant Polanyi 1957). Cette séparation, « innovation sans précédent », rend compte d'un des aspects de la sociologie de l'entreprise. Elle sera présente dans tout cet ouvrage. On va en voir les manifestations à travers un apercu de l'histoire de la création des premières entreprises.

2. 5. NAISSANCE DES PREMIÈRES ENTREPRISES

L'historien américain Chandler (1977) a tenté de caractériser l'entreprise moderne à partir d'une étude de la création et de l'essor des premières grandes entreprises américaines du XIXe siècle. La lecture de ses travaux permet de comprendre pourquoi et comment ce type particulier d'organisation s'est concrètement développé au moment de la croissance de la révolution industrielle. Selon l'auteur, personne n'a tenté d'écrire l'histoire du développement des entreprises et du management, se contentant de celle des entrepreneurs, mais, là aussi, non liée à celle de leurs firmes comme organisations, de leurs relations au marché, de leur organisation interne. Il définit son travail comme celui d'un historien, donnant des indications sur le commencement de l'entreprise moderne *(modern business enterprise)*, suggérant pourquoi « la main visible du management a remplacé la main invisible des mécanismes du marché » (p. 6).

Il prend le contre-pied des thèses liant l'essor des grandes entreprises à la division du travail. Celle-ci n'est pas première. A la source de cet essor, Chandler, à la suite de beaucoup d'autres auteurs (cf. chap. 5), met le phénomène d'économie des coûts de transaction. « L'usine se développa d'abord comme le résultat de l'internalisation de plusieurs process de production et non comme spécialisation ou division du travail à l'intérieur d'un établissement industriel » (p. 72). L'internalisation a précédé la spécialisation et la division du travail.

L'entreprise moderne (*modern business enterprise*, opposée à l'ancienne *single-unit enterprise*) se définit principalement par deux critères : plusieurs unités opérationnelles distinctes, et gouvernement par une hiérarchie de directeurs salariés. Cette entreprise est beaucoup moins soumise au marché que ne l'était l'entreprise traditionnelle possédée par l'entrepreneur individuel, laquelle n'avait pas de managers qui supervisaient le travail d'autres managers. A l'inverse de l'ancienne, l'entreprise moderne est *multi-unit*.

Les principales caractéristiques de ce changement sont :

1. La petite entreprise traditionnelle a été remplacée par l'entreprise moderne *multi-unit business* lorsque la coordination par les bureaux *(administrative coordination)* a permis une plus grande productivité, des coûts plus bas et de plus grands profits que la coordination par les mécanismes du marché. L'accent est mis sur la plus grande facilité des échanges internes permis par cette internalisation.

2. Les avantages procurés par l'internalisation des activités de différentes unités au sein d'une entreprise unique ne peu-

vent se réaliser qu'avec la création d'une hiérarchie managériale. Celle-ci est une autre condition.

3. L'entreprise moderne apparaît quand le volume des activités économiques atteint un niveau où la coordination administrative est plus efficace et plus profitable que la coordination par le marché. Une telle augmentation dans le volume des activités est liée au développement de nouvelles technologies dont une des conséquences est l'expansion du marché.

4. Une fois que la hiérarchie managériale a été mise en place et qu'elle a pris avec succès ses fonctions, elle devient une source de stabilité, de pouvoir et de croissance continuelle.

5. La carrière des managers salariés qui dirigent les hiérarchies administratives est de plus en plus technique et professionnelle, fondée sur la formation, l'expérience et les résultats plus que sur les relations familiales et la fortune. Leurs carrières deviennent plus longues et plus formalisées.

6. La séparation entre le groupe des managers et celui des possédants est de plus en plus accentuée.

7. Les managers préfèrent les décisions en faveur de la stabilité à long terme et de la croissance de leur entreprise à celles favorisant la maximisation du profit à court terme.

La permanence de la petite entreprise aux États-Unis jusqu'au milieu du XIXe est expliquée par un ensemble de facteurs dont la rareté de la main-d'œuvre, l'étroitesse du marché, la contrainte technologique. Les seules branches à avoir développé une production de masse étaient le textile, qui surmonta ses difficultés techniques en utilisant l'énergie des grandes rivières, et les manufactures d'armes, parce que le marché était garanti par l'État.

Une autre analyse historique, menée sur la base concrète du développement d'autres firmes, aboutit à des conclusions nuancées par rapport à Chandler. La raison principale de l'invention de la grande firme industrielle et commerciale est bien la question de l'internalisation-externalisation des coûts. Mais la croissance quasi exclusive par internalisation des process de production et non par division du travail, qui est un des pôles de la thèse de Chandler, n'apparaît pas aussi évidente à Rosenberg

La dynamique de création de l'industrie stéphanoise du cycle est expliquée, entre autres, à travers le système des relations croisées entre patrons. On voit naître, vivre et se développer cette industrie à partir du foisonnement de petites entreprises artisanales dans un système proche de celui que décrivent M. Piore et C. Sabel, la flexibilité, et dont ils font un mode de développement. Le cycle naît d'une double filiation, technique de l'armurerie qui fournit la main-d'œuvre qualifiée, culturelle de la rubanerie dont on prend le modèle social du *putting out system*. L'usine apparaît dans la deuxième moitié du XIXe, par « une rapide prolifération d'ateliers menus faits d'associations souvent précaires d'anciens ouvriers en mal de statut patronal et polyvalents » (p. 127). Une même organisation du travail se reproduit dans les différents secteurs industriels : même division des tâches, spécialisation des entreprises à l'intérieur d'un milieu homogène et qui cultive cette homogénéité. Du coup, il se construit une idéologie de l'atelier familial, exaltant l'unanimité dans l'ordre économique comme dans l'ordre social, valorisant l'atelier au détriment de l'usine. On voit aussi naître les rapports entre filiation technique et culturelle et rapports sociaux. « Les ouvriers montrent une mobilité extraordinaire. Les ouvriers qualifiés cherchent naturellement à valoriser leur qualification et passent d'une entreprise à l'autre, du cycle à l'arme, de l'arme à la mécanique pour revenir au cycle, etc. Mais ce qu'il y a de plus intéressant, c'est qu'il *[sic]* passe du statut

(1976). Selon cet auteur, il n'y avait en 1820 « aucune firme spécialisée dans la construction des machines [...] Les machines étaient construites par leurs utilisateurs » (p. 137). C'est seulement dans la seconde moitié du XIXe siècle qu'apparurent des entreprises spécialisées dans la conception et la construction de machines. Il y a donc eu apparition au sein des entreprises d'ateliers spécialisés fabriquant autre chose (ici, en l'occurrence, des machines textiles). Puis l'expérience des ateliers spécialisés leur permit de se lancer dans la fabrication d'autres machines. « C'est ainsi qu'avec l'introduction de la machine à vapeur dans les années 1830, l'atelier de la firme textile Lowell Machine devint l'un des premiers constructeurs de locomotives. La création et le développement d'entreprises se firent suivant un processus d'autonomisation de certaines fonc-

de salarié à celui de travailleur à domicile, pendant deux ans, puis il redevient salarié pendant trois ans. Ensuite, il s'établit comme patron employant lui-même des salariés pendant trois ans, puis il fait faillite, redevient salarié, et ainsi de suite » (p. 150).

Autre exemple, la création d'une industrie, la conserve, au confluent de trois activités, la pêche, la salaison, la tonnellerie, qui tournent autour d'un même produit, la sardine. On passe de la presse (conservation par salaison) à la stérilisation par ébullition, pour finir avec le fer-blanc, cette inclusion de nombreux métiers donnant naissance à la nouvelle industrie de la conserve.

Le cas des cheminots, depuis les Compagnies jusqu'à la SNCF, fait apparaître des instances particulières, celles des foyers de production culturelle très suggestifs, constituant les « esprits de réseau ». Ces foyers ont été ceux où se diffusait la politique des dirigeants, avec des conceptions patronales diverses (intégration ou non), des milieux et filières de recrutement, de la politique des syndicats, des associations d'agents. Contrairement aux idées reçues, le métier n'en serait un élément constitutif qu'au second degré, non spécifique aux réseaux eux-mêmes (collectif, *Cultures du travail. Identités et savoirs industriels dans la France contemporaine*, Paris, Éd. de la Maison des sciences de l'homme, coll. « Ethnologie de la France », Cahier 4, 1989, p. 124, 142-143, 150).

tions liées à la production » *(ibid.)*. Il a donc fallu une « convergence technologique entre plusieurs firmes (mêmes problèmes techniques à résoudre, même type de travail qualifié et donc de main-d'œuvre à recruter, même type d'activité à organiser...) et une demande assez importante de ce type de biens » *(ibid.)*.

En revanche, ce qui est présent dans ces deux thèses, à savoir la présentation de la petite entreprise comme résidu de la grande, a été vigoureusement mis en cause à travers la critique du dualisme industriel (Piore et Sabel 1984). Celui-ci est défini comme l'attribution du rôle moteur du développement économique essentiellement aux quelques grandes sociétés dominant le marché national et international, les nombreuses entreprises de petite taille ne jouant qu'un rôle d'appoint. Ce qui est la thèse de Chandler et de Rosenberg. Si l'organisation du travail dans les manufactures puis dans les grandes firmes a permis un développement économique important, celui-ci ne s'est pas fait que dans ces grands ensembles industriels utilisant des technologies sophistiquées. L'analyse historique du fonctionnement des régions industrielles les plus développées dément la thèse du dualisme industriel. D'une part, on y trouve des entreprises de petite taille qui exploitaient et exploitent toujours d'ailleurs des technologies de pointe, sans chercher à s'agrandir. D'autre part, on trouve de grandes entreprises utilisant des technologies sophistiquées qui ne produisent pas forcément des biens standardisés (voir encadré p. 62-63).

L'étude du développement de nombreuses régions industrielles aujourd'hui comme au XIXe met en lumière l'existence d'une poussière de petites entreprises, reliées de manière plus ou moins formelle les unes aux autres, produisant de grandes quantités de biens tout en étant capables de les adapter au goût de la clientèle et d'introduire rapidement des changements techniques. Ces entreprises, petites, utilisaient souvent des technologies hautement performantes et s'appuyaient sur des institutions régionales permettant un jeu de concurrence-coopération et encourageant l'innovation. Les technologies étaient flexibles au sens du glissement possible d'un produit à l'autre. Les institutions créent un environnement permettant de recombiner rapidement les spécialités et l'équipement pour produire autre chose. Le modèle que Piore et Sabel ont sous les yeux est, pour le XIXe siècle, celui de districts dans tous les pays industrialisés, en particulier le développement de la « troisième Italie » au XIXe siècle. Leur concept central est la « spécialisation flexible ».

Les districts industriels se caractérisent par :

– *la relation au marché* : il s'y produit de grandes quantités de marchandises hautement différenciées, pour des marchés surtout régionaux, mais parfois nationaux ou internationaux ; le changement des biens en fonction de l'évolution des goûts de la clientèle est rapide ;

– *la petite taille des entreprises et leur pratique d'un usage souple de technologies à productivité croissante* ; ces technologies sont flexibles au sens du glissement possible d'un produit à un autre, au sein d'une famille de produits, et de machines conçues pour permettre le passage rapide d'une famille à une autre ;

– une gestion des rapports inter-entreprise alternant *coopération et concurrence* ;

– *l'existence d'institutions régionales* encourageant l'innovation et favorisant un environnement permettant de recombiner rapidement les spécialités et l'équipement pour produire autre chose. On est donc, si l'on suit ces deux auteurs représentatifs des réflexions qui se font actuellement sur le thème qui nous occupe, en présence d'un changement de modèle, voire de plusieurs nouveaux modèles.

2. 6. CONCLUSION

De ce détour par l'histoire pour la compréhension de l'entreprise aujourd'hui, nous tirons les éléments suivants : chaque pays a créé et trouvé sa voie de développement, en combinant de manière originale ses ressources et ses capacités. Il n'y a pas eu une manière unique de pratiquer la révolution industrielle. La philosophie dominante, les modèles sociaux, le marché, les institutions, la technique, la population, les liens recherche-industrie, les capitaux et le système bancaire, les systèmes de relations, etc., ont constitué un équilibre chaque fois particulier. Il n'y a pas de modèle de développement, ni pour les pays, ni pour les entreprises. Il n'y a pas non plus de variable dominante. Il est impossible de hiérarchiser technologie, marché, finances, institutions, potentiel humain. Dans chaque pays, à chaque époque, l'une joue plus que l'autre un effet d'entraînement.

L'intérêt du détour par l'histoire est donc de montrer qu'il n'existe ni cause déterminante ni modèle reproductible. Chaque changement ou mouvement est une combinaison, toujours nouvelle, jamais imaginée voire imaginable dans ses conséquences. Elle déroute l'analyste, les témoins, elle est, sur une longue période, une pédagogie de la modestie. L'histoire, de plus, stimule au sens où elle ouvre l'imaginaire, emprisonné par l'actualité, à l'ensemble des solutions inventées par ceux qui nous ont précédés. La révolution industrielle, que l'on peut appeler aussi la croissance des sociétés occidentales du XVIIe

au XIXe siècle – à notre niveau de généralisation les deux termes peuvent être considérés comme équivalents –, ne peut être attribuée qu'à un ensemble de causes et à l'interaction de celles-ci entre elles. Tous les spécialistes s'accordent pour ne jamais en isoler une et en faire « la » raison prédominante. Ce qui a marché ici n'a eu aucun effet là. Il n'y a pas de modèles absolus.

3

Des individus à l'entreprise[1]

3. 1. L'ENTREPRISE, SOMME DES INDIVIDUS QUI LA COMPOSENT : LE RÉDUCTIONNISME

Une des premières difficultés sur laquelle bute l'explication sociologique de l'entreprise réside dans la place attribuée aux individus. Le sens commun, en tout cas celui qu'expriment fréquemment les membres d'une entreprise, tend à valoriser le rôle des individus. « L'entreprise est ce que les hommes la font », « Ce qui compte, ce sont les hommes », des formules de ce genre sont couramment entendues. A l'opposé, beaucoup sinon une majorité de sociologues ignorent ou passent sous silence la place de l'individu, attachés qu'ils sont à éclairer le social, les règles, le collectif. Ils sont mal à l'aise avec la psychologie, qu'ils ne connaissent pas ou mal et qu'ils accusent d'avoir des buts d'intégration, voire manipulatoires, éliminant les problèmes de rapports sociaux et de pouvoir. Le procès d'intention est encore plus fort si cette psychologie a des résonances psychanalytiques.

Cette incompréhension a une foule de fondements. Les courants de recherche les plus intéressants qui ont pris comme sujet les rapports entre la psychologie individuelle et les phéno-

1. Je dois beaucoup, pour la rédaction de ce chapitre, à des discussions avec mon collègue Y.-F. Livian, dans le cadre de la collaboration engagée depuis plusieurs années à l'intérieur du groupe APSO. Qu'il en soit remercié ici. Il va de soi que ce texte n'engage que moi-même.

mènes sociaux n'ont pas tenté de ramener ces derniers à la première, mais de voir comment la psyché peut intervenir dans la construction sociale. Dans ce domaine la plus grande prudence s'impose, on le verra dans le premier paragraphe, et, si les névroses de l'entreprise sont un phénomène bien réel, il est difficile de faire la part de la combinaison des psychologies et de celle des situations sociales proprement dites. Il est vrai que l'on ne peut faire abstraction du côté subjectif, des émotions et des capacités mentales des individus, et que tout élément social passe par le corporel et le mental (Moscovici 1988). De plus, l'ensemble des règles que se donne un groupe pour faire face à ses tâches se constitue aussi à partir de mécanismes de défense, face aux situations perçues comme menaçantes ou contraignantes (Chanlat 1990). Cela étant, nous n'avons pas trouvé de travaux interdisciplinaires convaincants permettant de faire la part de la psyché et du social. Il y a mélange des deux.

La confusion entre le psychologisme et l'individualisme est une autre source profonde d'incompréhension. Nous plaidons, dans cet ouvrage, pour une posture proche de l'individualisme méthodologique, c'est-à-dire que nous considérons les faits collectifs comme le produit, la composition, l'agrégation d'un ensemble d'actions individuelles (Paradeise 1990). Cela ne veut pas dire que la psychologie de l'individu serait première, mais que l'on récuse l'idée d'un fait social collectif, imposé du dehors aux individus. La méthode impose de passer par les individus pour accéder au composé qu'est le fait social. Ce n'est donc pas la psychologie individuelle qui est la base de l'analyse. Mais nous ne cesserons, tout au long de cet ouvrage, de plaider pour le fait social comme un construit, c'est-à-dire en restituant sa part à l'agrégation des comportements individuels.

Dans ce domaine, la représentation la plus répandue est celle du réductionnisme (Granovetter 1992, dont on s'inspire librement ici). Cette perspective, qui se veut explicative du comportement humain individuel, postule que l'individu et les comportements individuels sont des éléments suffisants pour rendre compte du fonctionnement humain des entreprises. Celles-ci sont réduites alors, plus ou moins explicitement, à la somme des individus qui les composent. Cette approche tire sa force de ce qu'elle contient une part de vérité qui a l'apparence de l'évidence. Mais elle est profondément choquante en ce sens qu'elle occulte ou nie le système de liens, de règles, de normes, de représentations et de symboles qui définit tout groupe humain. Les individus – ou les sujets –, leur psychisme, leurs traits de personnalité jouent un rôle dont il faut montrer l'importance et les limites. Cependant, à isoler et à majorer ce rôle, le sens commun perd de vue le fait que l'entreprise est une construction sociale, qu'il faut en fonder la connaissance sur la base d'une interprétation interactionniste prenant en compte l'ensemble – individus et contraintes – lié dans un corps social.

Une des raisons de cette assimilation entre l'individu et sa psychologie (s'il s'agit d'un individu, alors il s'agit de psychologie) tient à la difficulté de séparer l'individu et la fonction. Il n'est pas facile, en effet, dans la rencontre de quelqu'un détenant une fonction, de penser que ce qui dicte le comportement de cette personne n'est pas sa psychologie individuelle mais l'exercice de sa fonction. C'est relativement aisé s'il s'agit d'un fonctionnaire en uniforme, représentant la force publique. Il argumente au nom d'un règlement que tout le monde est censé connaître, et il l'applique. Mais combien de fois avons-nous entendu dire que le comportement était une question de psychologie alors que l'interlocuteur argumentait au titre de sa fonction – mais celui qui nous parlait, disant ne voir qu'un individu, en concluait qu'il s'agissait de psychologie. Il est difficile de ne pas assimiler un individu à sa psychologie individuelle, il est encore plus difficile de penser que l'exercice de la fonction détermine le comportement beaucoup plus que les caractéristiques de l'individu.

3. 2. INDIVIDU ET SYSTÈME SOCIAL : LES PIÈGES DU PSYCHOLOGISME

Toutes les sciences sociales s'accordent sur le fait que la place et le rôle de l'individu ne sont compréhensibles qu'en rapport aux systèmes sociaux dans lesquels ils sont insérés. La psychologie elle-même repose sur le principe que la conduite d'un individu n'est pas explicable sans la référer à celle des autres. Le danger du réductionnisme est de laisser croire qu'en se focalisant sur l'individu, sa personne, ses composantes, ce qu'on en connaît, il est possible d'expliquer ses relations sociales. Or tous les théoriciens admettent que celles-ci sont composées de relations entre des individus – pour une part dépendants de leur propre personnalité et pour une autre de la situation d'action dans laquelle eux-mêmes et le groupe sont situés – et du système social que constitue l'entreprise dans laquelle ils sont insérés. De même, il est absurde de penser que l'action d'un acteur, fût-il un acteur clé, soit dépendante exclusivement ou surtout de sa propre personnalité. Celle-ci a une importance, et il est des configurations individuelles plus ou moins bien adaptées à des situations particulières. Mais c'est justement cette adaptation ou ce relationnel qui est le problème à résoudre. Connaître l'individu est important, à condition de ne pas faire dépendre son comportement des seules composantes de sa psyché individuelle. Il s'agit de l'appréhender dans sa relation au groupe dans lequel il agit. Comme tout groupe humain, l'entreprise est un lieu de l'articulation de l'individuel et du social. Hors de cette articulation, il n'y a pas de connaissance de l'entreprise.

« Nous comprenons le mouvement du bûcheron ou l'acte d'épauler un fusil, non seulement actuellement mais dans sa motivation, si nous savons que le bûcheron accomplit son acte soit pour gagner sa vie, soit pour ses besoins personnels [...] ; de même, nous comprenons le geste de la personne qui épaule un fusil si nous savons qu'elle fait cet acte soit pour fusiller quelqu'un sur ordre, soit pour combattre des ennemis (forme rationnelle), ou bien par vengeance (forme affectuelle, et par conséquent irrationnelle en ce sens). [...] Dans tous les cas, nous avons affaire à des *ensembles significatifs* compréhensibles, et nous considérons leur compréhension comme une *explication* du déroulement effectif de l'activité. Pour une science qui s'occupe du sens de l'activité, "expliquer" signifie par conséquent appréhender l'ensemble significatif auquel appartient, selon son sens visé subjectivement, une activité actuellement compréhensible. »

Max Weber, *Wirtschaft und Gesellschaft*, 1922 ; trad. fr., 1971, *Économie et Société*, Paris, Plon, t. I, p. 8 (nous citons dans cette édition).

C'est la raison pour laquelle toute tentative de rendre compte des raisons du comportement en dehors de la situation de l'action est dangereuse. C'est le cas du psychologisme, souvent lié au behaviorisme. Cette thèse revient à fonder la connaissance de l'entreprise sur la psychologie de ses dirigeants, ramenée à des profils psychologiques types. Un bon exemple en est donné dans l'ouvrage de Kets de Vries (1984), qui a un succès certain aux États-Unis et en France. Les auteurs et tenants de cette théorie (mais en est-ce vraiment une ?), s'appuyant sur une vague définition de ce qu'est l'inconscient, bâtissent des catégories, des « styles névrotiques » (paranoïaque, compulsif, théâtral, dépressif, schizoïde), et font de celles-ci l'explication centrale, voire unique, des échecs ou des réussites de certaines entreprises.

Il est vrai qu'il y a une relation entre des processus psychiques individuels et des modes de fonctionnement de l'entreprise, que l'on trouve des correspondances entre certains profils psychologiques et des méthodes de gestion. On a remarqué, par exemple, le lien entre fixation d'objectifs et angoisse. De là à conclure que cet outil de management a comme fonction principale de calmer les angoisses des dirigeants, il y a un pas qu'aucun psychologue sérieux ne franchira. Les dirigeants ou les leaders choisissent, de manière généralement inconsciente, tel ou tel mode de management en fonction de leur propre fonctionnement mental et psychique. On peut en conclure qu'il y a interaction entre les deux domaines, certainement pas qu'il y a détermination du second sur le premier et encore moins qu'il est possible de tirer des lois générales attribuant le succès ou l'échec d'une firme au profil psychologique de ses dirigeants. Il est vraisemblable qu'il y a une correspondance. Nous ne disposons d'aucune étude ou donnée sérieuse permettant d'aller au-delà. C'est l'interaction qu'il faut saisir.

C'est pourquoi nous ne pouvons suivre le raisonnement de Ket de Vries. Dans l'ouvrage cité, après la description des styles de ces dirigeants, les exemples de réussite ou d'échec sont proposés sans analyse sérieuse des entreprises en question, ni de leur fonctionnement et de leur situation concurrentielle. Pire : l'introduction de l'ouvrage commence par une citation extraite des *Pensées* de l'empereur Marc-Aurèle exaltant « cette force cachée, cette force dissimulée au plus profond de nous-mêmes, qui agit sur nos fibres et qui nous manipule ; c'est d'elle qu'émane la voie de la persuasion, en elle se tient le tout de la vie, en elle, osons le dire, est l'homme même » (p. 1). Le lecteur est donc invité, dès l'introduction, à s'identifier à un empereur romain. Cet anachronisme tout à fait incongru est la négation de l'histoire. On affirme de plus que l'essentiel est à chercher dans une profondeur individuelle où est cachée une force irrationnelle dont nous sommes les jouets. Elle dirige les dirigeants à leur insu. Par la suite, on expliquera que c'est elle qui cause les dérèglements de la gestion. Ce genre d'introduction à la psychologie est la pire des manières d'aborder ce problème réel des interrelations entre l'individu et le groupe.

Nous n'aurions pas tant insisté si cet ouvrage n'était pas un des nombreux cas d'une littérature qui, prenant appui sur de vraies questions, conduit le lecteur dans des voies sans issue. Il convient d'y prêter attention, car, si les réponses sont caricaturales, les questions se posent vraiment. La première est le rôle des personnalités individuelles dans l'histoire. Enriquez (1990), qui fait remarquer que les sociologues ont tendance à enterrer cette question, sans doute parce qu'ils valorisent systématiquement les grands déterminants socio-économiques (le système social, ou l'économie, ou les cultures), rappelle que « tout individu naît dans une société qui a instauré, en partie volontairement, en partie inconsciemment, une culture » (p. 118). Il ajoute qu'il est donc impossible d'analyser sa conduite sans la référer à celle des autres, ce qui n'enlèvera pas à cet individu son autonomie. Puis l'auteur montre que même les individus réputés « normaux » ont la capacité d'introduire des ruptures, soit qu'elles naissent d'une accumulation de comportements particuliers, locaux, soit qu'elles proviennent d'individus qui se situent en marge sans faire preuve de comportements pathologiques. Ces derniers, à l'image des cas présentés dans l'ouvrage de Kets de Vries, existent. Mais, quels que soient les profils pathologiques, ce qui compte est la différence entre ceux qu'Enriquez appelle les individus et les sujets. Les premiers, qu'il qualifie de « cohérents », n'ont d'autre projet que de continuer à faire fonctionner la société telle qu'elle est. Les seconds, nommés « consistants », ont un projet existentiel, une certaine dose d'anormalité, et veulent faire advenir autre chose. Pourtant, leur profil importe peu. Ce qui compte est le projet. Réussira-t-il ? Nul ne peut le prédire, tellement les aléas des événements pèsent sur les actions. L'important ici n'est pas tant le repérage des profils plus ou moins pathologiques que le mode d'articulation des personnalités sur le système social dans lequel elles sont insérées. Il y a des profils difficilement compatibles avec des systèmes de fonctionnement, avec des cultures. Il ne faut pas en conclure que les personnalités forgent les cultures. Les entreprises se construisent socialement à travers mythes, symboles et cultures que certains sujets contribuent à forger plus que d'autres. C'est tout à fait juste. Mais sujets normaux ou sujets pathologiques contribuent les uns et les autres à faire advenir le changement.

Ces profils pathologiques peuvent entraîner et entraînent souvent – c'est d'expérience quotidienne – des difficultés relationnelles considérables. Il est donc tout à fait important pour un dirigeant de connaître ces profils, voire de connaître ceux de ses collaborateurs. Quiconque a un minimum de connaissances du fonctionnement non seulement d'une entreprise, mais même simplement d'un groupe humain, ne peut nier ce phénomène. Dans ses travaux sur le leadership dans les petits groupes, Kurt Lewin (1964) a montré qu'un petit groupe était plus inventif, trouvait plus rapidement des solutions plus nombreuses, lorsqu'il avait à faire à un leader de profil démocratique ou laissez-faire. Mais cette grande découverte doit être maniée avec précaution, faute de quoi elle risquerait de donner lieu à d'importantes dérives. Le dirigeant d'un département ou d'un service de recherches ne pourrait évidemment pas en conclure que le profil du directeur du service doit forcément être de ce modèle. Ce profil est un des facteurs à prendre en compte, mais, de loin, pas le seul. Les choses vont dépendre aussi des profils des subordonnés, de l'histoire du service, de ses missions (il peut y avoir intérêt, par exemple, à mettre à la tête un individu qui a plus le profil d'un gestionnaire que d'un chercheur, etc.). Connaître les profils psychologiques ou psychopathologiques est sûrement une chose importante. Mais elle n'a de sens que reliée à un contexte qui est celui des missions et des rapports sociaux de l'entreprise.

3. 3. LE CAS DE LA CRÉATION D'ENTREPRISE

Le cas de la création d'entreprise peut nous permettre d'y voir un peu plus clair. En effet, de nombreuses études ont été faites sur la correspondance entre le profil psychologique du créateur et les résultats des entreprises. Y a-t-il des profils qui assurent un taux probable de réussite plus grand que d'autres ? Un ensemble d'études menées récemment (Livian et Marion 1991) sur les variables influant le succès ou l'échec ont permis d'isoler trois grands domaines : le premier, qui nous concerne directement ici, est celui de la personnalité du dirigeant. Sur ce point, « les recherches conduites pour distinguer un profil type de créateur à fort potentiel de réussite ont souvent eu des résultats limités. Ainsi, des études basées sur l'utilisation de différentes batteries de tests psychologiques ou d'enquêtes établies à partir d'échantillons significatifs ne distinguent que très partiellement les créateurs d'autres populations » (p. 109). Autant dire qu'il n'y a pas de corrélation entre profil psychologique individuel du créateur et résultats de l'entreprise. Tout au plus, notent les auteurs, voit-on un plus fort besoin de se réaliser, une plus grande capacité à prendre des risques, plus de ténacité. Maigres résultats, dont on ne peut rien conclure d'original ni de significatif.

Le second domaine, celui de l'expérience, fait apparaître des résultats beaucoup plus significatifs. Une étude longitudinale a été menée sur trois ans, auprès de près de 3 000 entreprises. « Leurs résultats montrent [...] que les créateurs ayant une expérience professionnelle et des études supérieures ont de meilleurs résultats ; qu'une expérience initiale en management n'est pas corrélée avec une forte probabilité de réussite alors qu'une expérience technique l'est. Ce rôle de l'expérience initiale se retrouve dans beaucoup d'autres études et semble véritablement paraître comme un élément clé » (p. 110). L'expérience semble jouer un rôle plus important sur les probabilités de réussite que les profils psychologiques particuliers.

Sur un troisième point, il existe des recherches essayant de lier types d'entrepreneurs et types d'entreprises, sans que les

Dans le paragraphe « Les choix économiques du chef d'entreprise » du livre intitulé Économie : les règles du jeu *(Paris, Economica), on lit (p. 60) :*

L'efficacité est l'affaire des ingénieurs.

Et, au cas où le lecteur n'aurait pas compris, un peu plus bas :

L'équation du créateur d'entreprise pourrait s'écrire :

			une idée
		+	des clients
RÉUSSITE	=	+	des concurrents
		+	des chiffres
		+	de la chance

Pas un mot, dans ce livre publié dans une collection prestigieuse, vendu comme manuel, sur la capacité à mettre en commun le travail de ceux qui composent l'entreprise, sur la coopération, sur l'organisation. L'entreprise est définie par son chef, son marché, sa gestion comptable et... de la chance.

auteurs en tirent des conclusions claires. En revanche, il existe une relation entre croissance de l'entreprise et réseaux auxquels l'entrepreneur peut avoir accès. D'autres études mettent l'accent sur l'importance de la démarche stratégique et sur la structure du secteur auquel appartient l'entreprise. Une enquête (Arocena 1983) menée dans le contexte français aboutit aux mêmes conclusions. La personnalité du créateur est une condition nécessaire, mais son influence n'est repérable qu'à travers son expérience antérieure, et surtout sa réussite dépend de l'insertion sur un marché et dans un tissu social. Au départ, il y a la personne et son passé, puis sa capacité à s'insérer dans les réseaux, sa démarche et le secteur, mais pas son profil psychologique. Le milieu, c'est-à-dire le réseau de relations, clients, fournisseurs, sous-traitants ou donneurs d'ordres, etc., est aussi une condition nécessaire à la réussite. Le marché est une création sociale. Ces réseaux vont modifier le projet initial du créateur, toujours différent du produit final. Si l'entreprise créée garde très globalement l'idée de départ, la mise en œuvre de cette idée est un processus complexe et relationnel qui oblige à une évolution, voire une transformation du projet. La création est une affaire de réseaux.

Si l'on raisonnait en termes d'individus, la bonne politique d'incitation à la création d'entreprise consisterait, par exemple, pour les pouvoirs publics intéressés, à prospecter et à découvrir des talents individuels. On irait regarder, dans des pays étrangers où les créations d'entreprise sont plus nombreuses que chez nous, les profils individuels des créateurs, et on tenterait de les imiter. L'absurdité de cette solution est flagrante. La question est celle du milieu et de la valorisation sociale. Ce ne sont pas les individus ayant des qualités remarquables qui manquent, il y en a sans doute une quantité équivalente dans des sociétés comparables. Mais ce sont les conditions sociales de la création qui changent selon les pays. Là où la réussite par la création est socialement valorisée, les créateurs sont les plus nombreux.

On en a un bon exemple à partir de la formation à la création d'entreprise. Lorsqu'il s'agit de bâtir et de proposer un programme de formation à la création, que faire ? Donner aux bouillonnants et actifs créateurs les outils – en gestion, comptabilité, commerce, plus rarement outils techniques –, bien sûr. Tous les organismes de formation ont commencé par là. Mais très vite cette mission connaît des limites. En ce domaine, les créateurs peuvent se débrouiller seuls. Ce qui apparaît rapidement essentiel dans la formation à la création d'entreprise, c'est la mise en relation des créateurs potentiels avec les individus ou les institutions qui forment le réseau où ils devront s'insérer. Ces réseaux vont tirer la création en dehors de son cocon, la transformer, la modifier et l'adapter, ou la refuser sous sa forme initiale. Bien plus, même : c'est la rencontre avec une institution ou une personne ayant des demandes et des attentes qui peut donner des idées à des personnes dont le dynamisme et la volonté de créer sont certains, mais les projets flous ou utopiques. Pas de création sans un milieu qui la valorise, l'accepte et pour finir transforme l'idée initiale.

3. 4. LES NÉVROSES DE L'ENTREPRISE

Une importante piste de recherche a été ouverte par les études des névroses des organisations, où l'auteur de référence est le psychologue W. R. Bion (1959). Ici, le principe de l'analyse est que les problèmes névrotiques se traduisent en termes organisationnels, que la psychologie individuelle est fondamentalement une psychologie de groupe, que le travail conscient d'un groupe est profondément influencé par les sentiments inconscients et les émotions de ses participants. Enfin, les problèmes de management sont à la fois des questions de personne et de relations interpersonnelles. Bion en dégagea des structurations de base, configurations relationnelles que l'on retrouve régulièrement dans tous les groupes. Il s'agit de la dépendance, du couplage, de l'attaque-fuite. Ces trois configurations que l'on retrouve partout ne sont pas fondées sur la réalité de la tâche à accomplir par le groupe, mais sont des modèles relationnels créés par le groupe en raison de ses fantasmes. Pour éviter une régression, Bion travaillait non sur les individus, mais sur le groupe, lui faisant prendre conscience des mécanismes inconscients sur lesquels il fonctionnait et qui le paralysaient. Ce n'est pas l'individu qui créait la névrose du groupe, mais les interactions à l'intérieur du groupe lui-même. Ce qui doit rendre attentif aux comportements et aux interactions des groupes. Les leaders ont une influence certaine sur ces névroses. On ne peut tirer de conclusions qu'en observant les interactions dans les groupes, le passé et le rôle des individus qui les composent. Ce qui rend attentif aux structures névrotiques qui se développent dans certains groupes.

Dans une perspective proche et également selon une inspiration de type psychanalytique, Pagès (1979) a tenté de montrer les correspondances entre l'organisation et les structures inconscientes. Il présente la genèse sociale de ces structures, soutenant la thèse de l'oppression par ces structures. Mais on ne trouve guère de travaux de recherche significatifs sur l'influence directe de la personnalité des dirigeants sur les structures. Morgan (1986) a présenté des images de l'organisation, sans les mettre en relation directement avec la personnalité des dirigeants.

Le behaviorisme est un autre secteur du réductionnisme. Ce courant théorique, très en vogue aux États-Unis dans les années quarante, se donne comme objet l'étude des comportements objectivement observables, considérés comme des réactions aux pressions ou sollicitations venant de l'extérieur. Le modèle classique de représentation du behaviorisme est celui de stimulus-réponse. Connaître les bons stimuli permettrait de savoir comment agir sur les individus et les motiver. Encore une fois, c'est faire bon marché de la capacité d'autonomie et de réflexion de chacun. Cette théorie trouve aujourd'hui un champ d'application important dans le domaine de la communication. La question pratique peut alors se formuler ainsi : peut-on former ou manipuler les opinions ? Les critiques sur la manipulation politique des médias par les partis au pouvoir montrent les limites de la théorie. Il est sûr que ces partis, lorsqu'ils sont au gouvernement, influencent, pour ne pas dire manipulent, les informations. Les a-t-on vus demeurer au pouvoir plus longtemps qu'avant la naissance des médias ?

Ces différentes analyses permettent de rejeter l'hypothèse simplificatrice de l'influence directe d'un responsable sur la constitution de son groupe, sur ses règles, sur sa culture, éventuellement sur sa pathologie. Il reste cependant d'observation courante que l'action d'un leader peut modifier le comportement d'un groupe. Comment se passent alors les choses ? Dans quelles limites se jouent ces influences ?

3. 5. LE RÔLE DE L'ACTEUR CLÉ

L'entreprise dépendante de son manager ou profondément modifiée par lui est une image fortement ancrée, et qui correspond pour une part à la réalité. On appellera cet acteur central *l'acteur clé*, le définissant provisoirement comme étant celui qui possède un pouvoir, une autorité ou une influence suffisants pour être en mesure de prendre des décisions importantes ou d'influer sur elles pour l'avenir du groupe dans lequel il est inséré, voire de l'entreprise, ou au moins de peser sur ces décisions. On rencontre des acteurs de ce type, souvent à des postes de responsabilité. Les grands capitaines d'industrie, les fondateurs d'entreprise, des patrons comme Antoine Riboud sont des acteurs clés, qu'ils naissent patrons ou qu'ils le deviennent. De nombreuses observations font état d'individus qui ont rétabli une situation ou l'ont modifiée sans qu'aucun autre changement ne soit intervenu que leur propre arrivée au pouvoir. Le fonctionnement défectueux d'ateliers ou de services, la quasi-faillite d'une entreprise ont été transformés en succès par l'arrivée d'un responsable. Ces expériences quotidiennes sont résumées dans des phrases du genre : « On change le responsable, on change la performance du service. » Déduire de ces observations des généralisations du genre : « Aujourd'hui plus que jamais, ce sont les hommes qui font la différence », ou bien : « Ce qui compte avant tout, c'est la sélection des meilleurs », est une simplification abusive, pourtant couramment relevée dans la littérature et les discours sur l'entreprise. De l'observation du rôle central d'individus, que nous appelons acteurs clés, à la conclusion que l'entreprise peut se réduire à une collection d'individus ou d'individus de ce type, il y a un pas qu'un peu de rigueur intellectuelle devrait empêcher de franchir. L'entreprise moderne est à la recherche d'individus un peu « miracles » dont la présence fait changer une situation, soit pour les éliminer s'ils dérangent, soit au contraire pour les promouvoir. Cette recherche fait le bonheur de publications managériales dont la rigueur et le sérieux ne sont pas toujours les qualités dominantes (cf. encadrés, p. 75 et 99).

Ce thème de l'acteur clé et de son rôle un peu miraculeux se fonde en effet sur une expérience qui correspond à celle de tout être humain qui a eu la capacité d'expérimenter sa propre autonomie, de jouir de sa liberté individuelle, expérience limitée donc à ceux qui ont eu cette expérience. Dans l'entreprise, cette représentation fondée sur une expérience est celle de ceux qui ont assumé un rôle central et qui ont pu s'identifier à ce rôle, c'est-à-dire le groupe des managers ou des leaders, acteurs clés dont l'arrivée dans un atelier, dans un service, dans une usine ou un syndicat a changé les données du problème, fait évoluer ou rétabli une situation. Cette représentation est partagée par les individus et les groupes qui ont assisté aux transformations. « Ça a changé depuis que monsieur X est là », ou bien : « C'est monsieur Y qui a fait bouger les choses. » C'est bien un individu, acteur clé, qui a initié, permis ou accéléré un changement. Dans ces situations, cet acteur apparaît comme un élément incontournable. Cette représentation est partagée.

Peut-on, pour autant, réduire le changement à l'action de quelques acteurs clés, qui, au bon moment, savent entraîner et faire adhérer à leurs idées comme à leurs actions ? Cette thèse supposerait que la relation du leader au groupe est à sens unique, excluant le retour ou l'attente des membres du groupe. Or les thèses classiques (cf. par exemple Lewin, Homans, Bales) montrent qu'un leader se définit par référence au groupe, qu'il n'est leader que dans la mesure où ses idées sont acceptées par le groupe, qu'il réussit d'autant mieux qu'il y a consensus sur celles-ci. La référence théorique est ici celle du concept wébérien de *légitimité*, c'est-à-dire l'acceptation par un ou des individus ou des groupes de la domination (même à travers un leadership) d'un autre, notion incluant à la fois le pouvoir, l'autorité et l'influence. Un leader réussit dans la mesure où son orientation correspond aux aspirations du groupe, et non à son charisme individuel seulement. C'est cette correspondance qui fait sa légitimité et c'est à ce moment que le groupe accepte sa domination. De même, un acteur clé ne l'est que dans la mesure de sa légitimité, qui peut être technique par exemple (« le chef, il sait tout faire »), et c'est ensuite que le groupe reconnaît sa domination et l'accepte. Premier constat donc, cet acteur clé n'est pas indépendant du groupe dont il est leader. Il ne s'agit pas tant de se focaliser sur la personnalité intrinsèque de cet acteur que sur son lien au groupe. On connaît de nombreux cas où celui qui avait réussi dans telle situation auprès de tel groupe a échoué dans une situation et un groupe différents. Pour agir sur le groupe, le leader doit comprendre les attentes, les exprimer et les traduire. Bien entendu, il les infléchira à sa manière, selon ses propres objectifs, ses logiques d'action, sa psychologie personnelle.

Elias, dans *La Société des individus*, soutient que, si le rôle des individus est indéniable, (« l'action d'un individu unique sur les autres, son importance pour les autres, peuvent être particulièrement grandes – mais les lois propres à la constellation humaine au sein de laquelle il agit sont et demeurent incomparablement plus puissantes que lui » p. 96), il joue à l'intérieur d'une marge de liberté définie par son interdépendance avec les autres. « Les différentes voies possibles entre lesquelles il opte lui sont prescrites par la constitution de son cercle d'action et ses rapports d'interdépendance. Et le poids de ces liens d'interdépendance joue, de lui-même, selon sa décision pour ou contre lui » (p. 95).

Il prend l'histoire des États-Unis comme exemple (p. 92-93). Ceux-ci ont connu de très violentes tensions entre forces centrifuges et forces centripètes, du même type que celles qu'avait connu l'Empire germanique au Moyen Âge. Aux États-Unis, il s'agissait des luttes entre différents états et autorités fédérales, banques et monopoles privés contre banque fédérale centrale, occupation passagère de positions centrales par les représentants des intérêts centrifuges, etc. Et, « c'est toujours la violence spécifique de ces tensions au sein de leur société qui a dicté aux hommes d'État américains la règle de leur action » (p. 93). Bien entendu, « il n'y a pas de formule générale permettant précisément de calculer (...) la largeur de la marge individuelle » (id.).

Quelles sont les possibilités pour un acteur clé de changer l'organisation et de faire évoluer une entreprise ? Sa capacité d'agir est incontestable, mais limitée. Tout d'abord, un acteur clé, s'il est en situation hiérarchique, peut *nommer des individus* à des postes de responsabilité, peut en déplacer d'autres, plus ou moins facilement, mais il est dans ses attributions de le faire. Ce faisant, il peut leur *assigner de nouvelles missions*, en s'assurant qu'ils les acceptent et agiront en conséquence. En principe, il les a choisis pour leur adaptation supposée à leur nouvelle fonction, leurs qualités personnelles étant censées permettre cette adaptation. La réflexion sur la mission est indispensable. Changer des individus sans changer leur mission, c'est les laisser dans la même situation fonctionnelle, donc faire l'hypothèse que leur personnalité sera suffisante pour modifier la relation. Or celle-ci est en grande partie dépendante de la définition de la fonction et du rôle. Changer les individus sans modifier leur définition de fonction, c'est les laisser dans une relation identique et faire l'hypothèse que les tempéraments individuels suffiront à provoquer un changement. Ce qui contredit l'expérience quotidienne. Les qualités individuelles ne peuvent parvenir à aplanir des situations conflictuelles. Que l'on définisse ces positions en termes de rôles – correspondant à des attentes sociales – ou en termes d'intérêt, le résultat est le même. La relation est définie par la fonction. L'acteur peut modifier cette fonction. Mais l'influence de son tempérament et de ses qualités personnelles est faible par rapport au poids de cette fonction.

Si deux services ou deux ateliers communiquent mal ou de manière régulièrement conflictuelle, il ne sert pas à grand-chose de ne changer que les responsables. Si on le fait, il faut en même temps redéfinir leurs rôles et les attentes réciproques de ces rôles, les mettre donc dans une situation d'action nouvelle, par exemple en modifiant les frontières de ces deux services, en les impliquant différemment avec les services voisins, et en leur donnant des moyens adaptés à ces nouvelles missions. On a vu ainsi se diluer les conflits traditionnels entre fabrication et entretien lorsqu'une partie des membres des services d'entretien ont été nommés dans les ateliers de fabrication. Les missions étaient légèrement modifiées, mais surtout la relation quotidienne et de proximité avec les services de fabrication – la relation d'action – rendait possible un comportement plus proche des attentes et des demandes de la fabrication.

On touche ici à la notion – usée à force d'avoir été utilisée dans tous les sens – de participation. Comment faire participer des individus ou des groupes à l'action ? La meilleure réponse est donnée à travers le concept d'enrôlement (cf. *infra* la théorie de la traduction, chap. 6) : sont actifs les individus ou les groupes auxquels l'organisation donne un rôle véritable et qui peuvent donc participer, c'est-à-dire s'impliquer dans l'action. Cela suppose que ce rôle permette une véritable capacité d'agir, qu'ils puissent donner leur opinion sur cette action, modifier éventuellement le projet ou au moins le discuter. Telles sont les conditions de la participation : non seulement s'exprimer, mais jouer un rôle et avoir son mot à dire sur la construction de ce rôle, dans l'environnement le plus proche des acteurs.

Assigner de nouvelles missions consiste donc à *modifier certaines règles formelles*. Ce qui est du ressort de l'acteur investi d'une autorité dans l'entreprise. Il peut, par exemple, modifier les critères de l'avancement ou de la promotion. Il peut décider, dans un centre de recherche, de valoriser et récompenser les fonctions de gestion du groupe, fonctions jusque-là abandonnées au bénévolat et qui, en tout cas, ne figuraient pas parmi les critères de reconnaissance du « bon » chercheur. Celui-ci était auparavant jugé sur les résultats (production d'articles, communications, brevets, etc.) de la recherche proprement dite. La fonction de gestion demande beaucoup de temps et mobilise beaucoup d'énergie en gestion du fonctionnement quotidien, orientation des recherches ou du moins infléchissement des thèmes, résolution des conflits, etc. Valoriser cette fonction en termes de récompenses est un changement important. Le changement des règles formelles n'entraîne cependant pas celui des règles informelles. Le dirigeant doit veiller à l'adéquation des deux, faute de quoi il croit gouverner à l'aide de circulaires. L'acteur clé peut donc transformer en partie la culture de l'entreprise à travers la gestion des ressources humaines (Pelletier 1994).

Dans un registre un peu différent, l'acteur clé peut agir en modifiant les *projets*, c'est-à-dire pas seulement les objectifs assignés à un groupe mais les *mythes* qui permettront de mobiliser les individus et les groupes (Enriquez 1992, chap. 1). L'instance mythique est essentielle pour comprendre le fonctionnement d'un groupe, et les leaders ont une position clé qui leur permet non de créer les mythes mais de les influencer. Pourquoi ce rôle du mythe ? D'abord parce que « toute société exige, pour s'instaurer et se perpétuer, de se référer à un *ordre* (en italique dans le texte) légitimant son existence » (*ibid.*, p. 43). Cet ordre est créateur d'individus sociaux, il investit les consciences, régit les inconsciences et se déploie dans un récit fondateur. Pas de société sans récit fondateur, sans mythes auxquels s'identifier, et ceux-ci peuvent prendre la forme de personnes, de fondateurs. L'acteur clé peut développer certaines images, sa place lui confère la possibilité d'orienter et de renforcer certains mythes. Il ne peut toutefois le faire que si ceux-ci correspondent aux images et aux attentes du groupe. Il ne peut créer un mythe de toutes pièces. La multiplication des projets d'entreprise, leurs réussites et leurs échecs (cf. encadré, p. 85-87), montrent aussi les limites du jeu de l'acteur clé dans la refondation des règles de l'entreprise.

3. 6. LES PROJETS D'ENTREPRISE

Le terme de projet d'entreprise – qu'il faut distinguer du pilotage de l'entreprise par projets, dont on dira un mot plus bas –, d'apparition relativement récente, est très à la mode aujourd'hui. Ce fait est en lui-même révélateur d'un malaise important. Qu'une entreprise lance l'idée d'un projet d'entreprise signifierait qu'elle vivait sans projet. Ce qui est pour le moins paradoxal. Derrière cette mode du projet, il semble que se trouve une double évolution. Tout d'abord, une mutation de la conception de l'entreprise et du poste de travail. Dans une représentation bureaucratique (par les règles), traditionnelle (par l'exécution du travail), l'ouvrier et l'employé non qualifiés attendent un poste de travail et des consignes précises pour l'exécution de la tâche. S'il s'agit de professionnels, la détention d'une qualification réfère à un métier, dont le groupe d'appartenance est au-delà de l'entreprise. Dans l'un et l'autre cas, le projet professionnel n'est pas lié à l'entreprise, soit que le salarié non qualifié n'ait pas de projet, soit qu'il se situe dans une communauté de métier en dehors de l'usine. L'entreprise ne fournit pas le projet ou tout au moins, s'il en existe un, il se développe dans le même cadre sans grands changements.

Il conviendrait d'opérer ici une distinction portant sur la taille de l'entreprise et le mode d'identification de ses salariés. D'un côté, la grande entreprise paternaliste qui fournit non un projet professionnel mais d'abord une identification à l'usine elle-même et au créateur. Ce modèle de la grande usine du XIXe siècle est fondé sur la fixation de l'ouvrier à l'usine par des liens extra-usiniers, c'est-à-dire sur un mode de gestion de la force de travail. D'autre part, pour les ouvriers de la petite entreprise, la mobilité est plus grande (Lequin 1983), le projet, professionnel ou non, n'est pas celui d'une entreprise particulière. Il existe bien entendu d'autres modes d'identification, dont le mode bureaucratique n'est pas le dernier, et pas seulement dans le service public. Même dans les cas où existe une forte identification à l'entreprise, par sa capacité à créer un fort sentiment d'appartenance ou par identification à la personne

La direction d'un centre administratif régional a récemment lancé un projet de changement :

« Notre centre a vécu longtemps sur un système d'organisation, de culture et de valeurs, hérité de l'après-guerre, qui reflétait les normes dominantes du monde du travail administratif, à peine ébranlées par Mai 1968 :
– segmentation du travail ;
– cloisonnement des services ;
– la hiérarchie pense, les autres exécutent… ;
– la seule voie de progrès est la technologie ;
– les rapports de travail ont une fatalité conflictuelle ;
– les idées de « la base » s'expriment sous forme de revendications que les instances habilitées ont mission de présenter à la Direction.
Cette culture et ce « pacte social » qui prévalaient réduisaient à la portion congrue l'initiative individuelle, la responsabilité de groupe, la décentralisation, la sollicitation de l'intelligence de tout un chacun.
Ce schéma n'étant plus acceptable, j'ai décidé d'engager la construction d'un nouveau Centre, tous ensemble à partir d'une ossature reposant sur quatre piliers maîtres :
– être mieux ;
– faire mieux ;
– gérer mieux ;
– connaître et se connaître mieux ;
et une assise solide : l'adhésion à des valeurs communes se déclinant à partir de deux objectifs indissociables :
– offrir la meilleure qualité possible de service à nos usagers ;
– permettre le meilleur épanouissement possible du personnel en créant les conditions d'une « nouvelle citoyenneté au travail », car je crois à la richesse humaine, que toute femme et tout homme – chacun de vous – est capable de faire progresser le Centre dans l'intérêt de tous : le personnel et nos familles allocataires.
[…]
Maîtriser son avenir est une dynamique motivante de pilotage de sa situation.
Maîtriser son avenir, en contexte concurrentiel croissant, est une exigence individuelle et collective d'efficacité et d'adaptation aux évolutions.
Par rapport à nos pratiques traditionnelles, c'est un changement radical d'appréhension de nos responsabilités qui implique un changement des mentalités.

Chacun de nous est invité à travailler à l'émergence d'un nouvel état d'esprit, non suspicieux, à un nouveau rapport entre adultes responsables et réalistes se respectant les uns les autres, et échangeant leur confiance pour signer le nouveau contrat social du Centre.
Ce nouveau Contrat social, que nous pourrons dénommer aussi charte d'entreprise, je souhaite qu'il satisfasse les objectifs finalisés et porteurs d'espoir que je vous confirme en conclusion :
– épanouir sa personnalité ;
– pouvoir exprimer et réaliser son potentiel professionnel ;
– participer activement à la prise de décision ;
– se sentir co-responsable des petits groupes de travail autonomes que nous dessinerons de concert ;
– collaborer à la gestation d'une nouvelle culture d'entreprise, à la recherche de nouvelles valeurs. On pourra alors espérer une nouvelle harmonie pour le Centre et un peu plus de bonheur pour chacun.

Le document qui vous est aujourd'hui proposé, fondé pour l'essentiel sur le résultat de votre contribution aux groupes de travail, constitue la base de ce nouveau contrat social que nous pourrions appeler également : « nouveau contrat pour entreprendre ensemble ».
Ce texte devient dorénavant la référence interne pour toutes les personnes qui ont contribué à son élaboration, il sera aussi, désormais, la condition d'insertion de tout nouvel embauché.
La maîtrise de l'avenir de notre Centre dépend de l'énergie intelligemment libérée par tous les hommes et les femmes qui le constituent.
Je compte que les signataires de cette charte s'engagent dans ce challenge avec enthousiasme et efficacité. Le Projet d'Entreprise est le « grand dessein » dans lequel chacun de nous doit se reconnaître. Je vous invite à une « mobilisation générale » qui nous permettra de beaucoup progresser si chacun apporte sa pierre à l'édification de notre nouveau Centre.
Soyez ambitieux, à la hauteur de vos qualités humaines et professionnelles. Soyez réalistes en préparant votre avenir en toute honnêteté intellectuelle.
Soyez enthousiastes – alors nous réussirons. »

L'analyse contenue dans ce texte est sans doute juste, il a été élaboré après une large consultation, et il a été un… échec cuisant. Le personnel l'a rejeté au motif qu'il s'agissait d'une décision unilatérale de la direction, sans préparation sérieuse

> *d'outils de sa mise en place, alors que le directeur emploie des termes comme : « J'ai décidé... tous ensemble », parce qu'un contentieux existe entre direction et personnel, donc que le passé n'est pas pris en compte.*
> *L'enfer est pavé de bonnes intentions... les stratégies sont au centre de tout construit social.*

du dirigeant, le projet est celui du travail sur un poste contenant une description aussi précise que possible du travail à effectuer ou de la fonction à exercer, avec des règles bien codifiées. De plus, la fidélité maison est une valeur récompensée (la médaille du travail récompense les salariés qui ont plus de vingt ans dans la même entreprise).

A ce modèle s'en substitue un autre aujourd'hui, où, comme on l'a vu au chapitre précédent, la description du travail est moins précise, où il est attendu de chaque salarié un effort d'intégration et d'imagination, aboutissant partiellement à créer une fonction. L'entreprise moderne, sommée en permanence par l'environnement (autant commercial et concurrentiel que technique, culturel, légal, éducatif, etc.) de se renouveler, attend autre chose de ses salariés qu'une obéissance passive et le recours à des règles de fonctionnement. On passe du poste et du métier à la mission. Il faut donc un nouveau projet.

La seconde raison de l'impulsion des projets par le management des entreprises correspond à la mobilité des entreprises elles-mêmes. Les OPA, rachats, vente et revente des entreprises, les changements de dénomination, voire de nationalité, contribuent à rendre floue l'image de l'entreprise pour ses salariés. « On ne sait plus qui est notre patron » est une phrase souvent entendue. Or un groupe humain comme celui que compose l'entreprise existe aussi à travers une identification. Dans l'entreprise, comme dans toute société, existe une instance symbolique, se traduisant par la référence à une origine fondatrice, qui s'exprime à travers un mythe. Celui-ci, comme récit, essaie de souder la communauté en créant un lien social, chacun pouvant s'identifier aux autres. « Le mythe est, dans cette vision, créateur du lien social [...] Il signifie que la seule nécessité du travail en commun et de la lutte contre la rareté ne pourrait aboutir à l'instauration du social » (Enriquez 1992, p. 44).

En même temps que cette fonction affective, le mythe remplit aussi une fonction intellectuelle, permettant de penser de manière cohérente la nature et la société. Nous lisons la mode des projets d'entreprise comme cette tentative de rétablissement d'une parole cohérente, d'un récit fondant une communauté. C'est pourquoi la légèreté avec laquelle des directions bâclent des projets et la fréquente pauvreté de contenu de ceux-ci laissent confondus (cf. encadré). On ne peut remplacer le poids d'une histoire par un texte. Au moins faudrait-il prendre le temps de rédiger celui-ci de manière solide et durable.

Autre raison de la multiplication des projets d'entreprise, le besoin de mobiliser les salariés. Si le modèle de la bureaucratie est remplacé par un autre plus participatif, si la mobilité des entreprises elles-mêmes rend plus difficile l'identification des salariés avec elles et par là même leur mobilisation, le nouveau modèle requiert de rendre celle-ci possible. On ne se mobilise pas au service d'un inconnu, d'un étranger, sauf si celui-ci est capable de rendre tangible aux salariés un projet commun qui vaille la peine. Dans un modèle classique, où la tâche est clairement définie et où le salarié doit appliquer des consignes et des règles, point n'est besoin de définir un projet. Il suffit de demander au salarié d'agir désormais d'une nouvelle manière. Mais si le changement consiste dans la multiplication de zones d'autonomie où les individus ont à créer leurs propres règles, à forger leur propre langage, à inventer des fonctions, ils ont besoin d'orientations générales à partir desquelles ils devront s'approprier leurs propres espaces. Le passage d'un modèle d'organisation à un autre suppose un changement de la manière de définir l'entreprise et sa fonction symbolique. Idéalement, le projet remplirait cette fonction. Mais il le fait de manière palliative, souvent manipulatoire, et, dans les faits, rares sont les projets qui permettent de mobiliser les salariés.

Une des raisons de ces difficultés réside dans l'ambiguïté du projet lui-même. Il aurait, dans sa visée, la prétention de changer l'entreprise. Est-ce réaliste ? Les projets sont impulsés par les groupes de direction, les managers. Ceux-ci peuvent-ils changer les règles du jeu, la culture d'une entreprise ? Une culture, on le verra plus bas, se définit, entre autres, par le système de règles existant à un instant donné dans un groupe. Pour une part ces règles sont impulsées par les directions –

ce sont les régulations de contrôle –, pour une part elles sont le fait des salariés qui les ont construites souvent contre les règles officielles – ce sont les régulations autonomes (Reynaud 1988). Dans cette perspective, la culture d'entreprise naît en partie des règles édictées par les directions, en partie aussi des interactions entre les individus qui poursuivent eux-mêmes des objectifs propres à l'intérieur de ceux de l'entreprise, en partie enfin des influences de l'environnement sous toutes ses formes. Les directions, en élaborant des projets, peuvent donc influencer la culture. Mais celle-ci ne dépend évidemment pas que de ces impulsions des directions, quand elle ne s'érige pas contre ces directives, ce qui arrive si les projets s'opposent trop directement aux manières de faire, aux règles nées de la régulation antérieure. Il s'agit de faire évoluer ces dernières, non de les nier ou de chercher à les supprimer. Donc de s'appuyer sur la légitimité accordée à ces régulations conjointes par les salariés (cf. l'exemple du *tea break*, chap. 6).

Le projet d'entreprise s'appuie à la fois sur le système des règles et sur la symbolique de la vie de l'entreprise. Le système des règles est insuffisant à définir une organisation, pas plus qu'une entreprise. L'identification est un des éléments de fonctionnement de tout groupe humain. C'est une des composantes de l'identité.

Le responsable d'un service ou d'un atelier, en redonnant confiance, en proposant d'autres règles du jeu, en définissant des objectifs clairs et acceptés par le groupe, peut arriver à en changer le fonctionnement. Son succès tient à la réussite des stratégies qu'il impulse – succès qui ne dépend pas que de ces stratégies, bien entendu. Un événement est toujours lié à d'autres événements, aux acteurs, aux idéologies ou aux logiques dominantes. Mais un individu peut pressentir les liens les plus forts, découvrir la variable pertinente, celle qui (hasard ou calcul ?) influera plus que les autres, et finalement obtenir le résultat escompté. La réussite est un élément de la légitimité, mais celle-ci dépend d'abord de la correspondance entre les attentes du groupe et les objectifs donnés par le leader. Celui-ci, acteur clé, celui qui « fait la différence », est celui qui fait réussir un groupe en s'appuyant sur le groupe lui-même. Le social – reconnaissance du leader – s'explique par le social – les attentes du groupe.

L'entreprise moderne réunit des individus ayant des connaissances, des pratiques et des métiers différents. Elle est fondée sur la division du travail, au sens large, et donc oblige ceux qui la composent à communiquer. La coopération est un des enjeux fondamentaux de l'entreprise moderne. Définir cette dernière exclusivement à partir des individus est tout à fait insuffisant, ou alors il convient de les voir non à travers leurs qualités intrinsèques mais dans leur capacité à repérer les lieux de la légitimité, à s'appuyer sur eux pour proposer des règles nouvelles et à les communiquer, c'est-à-dire à les traduire dans les langages des différents acteurs. La capacité d'action de l'individu tient à son aptitude à repérer les articulations des différents modèles entre eux. Si l'entreprise est un lieu de coordination, l'individu clé est celui qui connaît les points de coopération à mettre en valeur et qui a la capacité de mettre en relation les acteurs agissant sur ces points. On est dans le modèle de la traduction (cf. *infra*). L'acteur clé réussit d'abord dans la mesure où il a repéré les lieux forts du fonctionnement du système social. Il faut ensuite, bien entendu, qu'il ait les moyens d'agir. Ce que nous voulons souligner ici est que ce n'est pas seulement un individu qui réussit, mais un individu qui a réussi à comprendre le système social dans lequel il est inséré.

3. 7. DEUX CAS DE CHANGEMENT DANS UNE USINE D'ÉLECTROMÉNAGER

Un bon exemple est donné dans l'étude du changement introduit dans un établissement de montage de petits appareils électroménagers (Sarnin 1993). Un certain nombre de produits y avaient été lancés dans les années 1985-1990, quelques-uns avec succès tandis que d'autres ont connu un échec complet. Dans le cas de la réussite, l'auteur observe que l'acteur clé est...

> un technicien d'études passé en production pour l'industrialisation de l'épileur. Dans les modes de fonctionnement précédents, plusieurs sphères d'action devaient s'articuler de

> manière plutôt séquentielle : études, méthodes, fabrication, commercial, gestion de production (dans un établissement de 350 salariés environ). En faisant porter à un individu ce travail d'articulation, les sphères autrefois différenciées tendent en quelque sorte à s'articuler dans la tête de ce technicien : à partir de l'objectif général de mise en production rapide de cet épileur, il construit et articule lui-même la congruence entre des logiques d'action aux temporalités et aux objectifs décalés. [...] Il est vain de rechercher qui joue alors le rôle d'un organe de coordination. [...] C'est plutôt une autre distribution des groupes sociaux liés à l'action qui s'est construite, n'ajoutant pas de nouveaux systèmes de coordination mais au contraire annulant le besoin de coordination sociale sur plusieurs enjeux (p. 307-308).

L'échec d'un autre produit, la « fontaine à café », vient de ce que, pour sa mise en place...

> les responsabilités d'ensemble se répartissent entre le directeur de produits pour les premières phases et le directeur industriel pour les suivantes. [...] Le travail se fait de manière séquentielle et la continuité du projet n'est associée que par un contact peu formalisé entre les « leaders » amont et aval de chaque phase. La réalité de ce type de conduite de projets s'est révélée être l'absence de maîtrise de la continuité des projets, ayant deux types de conséquences : 1) la dérive dans le temps de chaque étape alors que le calendrier était maintenu ; 2) la mauvaise articulation des contraintes et des solutions techniques et commerciales augmentant le nombre de problèmes à résoudre (p. 302).

L'échec de ce second produit est imputable à des erreurs de temporalité, le produit ayant été commercialisé avant d'être au point pour raison de lancement à une date importante pour cette commercialisation, alors que de nombreux problèmes techniques demeuraient non maîtrisés. 5 200 produits avaient pu être fabriqués au moment du lancement alors qu'il en était prévu 60 000, leur qualité était médiocre. Le résultat a été un retour massif de ces produits, l'abandon de la commercialisation et le retrait du produit. Personne ne peut cependant affirmer que ce produit n'avait pas une place sur le marché. L'échec ne vient pas de là, mais du fait que le lancement a été mal préparé, par défaut de coordination entre les groupes. Un acteur ayant réussi à repérer les points clés de l'articulation entre les groupes importants a permis la réussite du premier produit.

Autre exemple, toujours dans le même établissement. Le PDG de cette entreprise a changé en 1989 et la situation a été rétablie de manière brillante. Son succès est décrit dans les termes suivants :

> Il pourrait être interprété dans une première approche comme le rééquilibrage d'une logique commercial-marketing vers une logique de recherche et développement et d'industrialisation de nouveaux produits. Dans le vocabulaire des *Économies de la grandeur* (Boltanski et Thévenot 1991 – cf. chap. 6), on pourrait parler d'un déplacement entre les « grandeurs » marchandes et industrielles. Cependant, ce serait donner à ce PDG plus de poids qu'il ne peut en avoir sur le fonctionnement concret et sur les logiques des différentes sphères qui composent l'entreprise. [...] Il n'a pas affaibli le service marketing ou donné des moyens nettement supérieurs à la recherche. Son rôle est en fait plus celui d'un acteur intégrateur de logiques différentes à partir du contact direct avec quelques dizaines de représentants (pas forcément hiérarchiques) de services traditionnellement en conflit. Les comités de produits permettent alors de faire éclater ces conflits à une échelle maîtrisable et non pas à l'échelle de l'entreprise à travers des dysfonctionnements majeurs. [...] Son action a essentiellement consisté à « bousculer » les différentes sphères d'action et leurs logiques en partie contradictoires (p. 314-315).

Le rôle du chef a consisté ici en une détection des lieux de blocage, un repérage des orientations nouvelles où il fallait s'engager et la création d'un lien nouveau entre les différentes logiques d'action. Il s'agissait de mettre à jour d'anciennes règles de fonctionnement en décalage avec les transformations de l'entreprise et de l'environnement. Il a fallu expliquer cette mise à jour et légitimer ainsi les changements auprès des différents acteurs.

Le problème central du changement, qui peut partiellement s'expliquer à partir de celui des individus qui occupent une place de pouvoir importante, devient difficilement explicable dans l'entreprise si l'on adopte une perspective strictement individualiste, sauf à penser que le changement consiste en la conversion de chacun des membres de l'entreprise. Que certains individus, placés à la tête d'un groupe, fassent évoluer celui-ci, c'est un fait incontestable. Non moins indiscutable est le fait que ces individus rencontrent leurs vraies difficultés lorsqu'ils doivent faire évoluer le groupe en question. Relevons avec tous les psychologues le poids du groupe, en particulier pour obtenir un changement d'attitude ou de comportement.

3. 8. LA MOTIVATION : UN CONCEPT CONFUS

Toujours dans une approche « spontanée », une autre catégorie de raisons poussant au réductionnisme vient de la catégorie de la *motivation*. On peut résumer ainsi ces raisons : l'entreprise a besoin d'individus motivés ; or la motivation est un phénomène individuel ; donc il faut agir sur les individus pour les motiver. « Motivons, motivons, et tout ira mieux », étant entendu que, puisque la motivation concerne les individus, elle passe par une action sur les individus. On va voir ci-dessous les ambiguïtés de ce concept et de ce mode de raisonnement.

La motivation est un concept d'origine psychosociologique. En première approximation, on peut dire qu'il désigne à la fois les raisons que les individus se donnent pour agir et la mobilisation de leur énergie individuelle pour atteindre ces buts. Tout individu qui agit est motivé, sauf dans le cas des actes machinaux non réfléchis. Il peut l'être plus ou moins, et, dans la perspective de l'entreprise, la recherche de la motivation consciente des individus est associée à l'idée de mobilisation intense pour obtenir des comportements très actifs.

Mais l'usage du terme est difficile et prête à beaucoup de confusions. C'est un peu un concept chewing-gum dont on ne sait plus trop ce qu'il signifie. Commençons par les difficultés.

Tout d'abord, la motivation n'est pas une réalité ponctuelle et ne suit pas un schéma de causalité linéaire du type stimulus-réponse, comme voudrait le faire croire le behaviorisme. La motivation s'inscrit dans des configurations multiples et il serait plus juste de parler de « champ motivationnel » (Louart 1993 –

dont nous nous inspirons dans le paragraphe ci-dessous). Il y a bien des objets motivants, on va le voir, mais ils s'inscrivent dans des schèmes complexes de comportement. Une augmentation de salaire peut aussi bien motiver un salarié (si elle est perçue comme une récompense incitant à faire davantage) que le démotiver (s'il la perçoit comme une aumône en se comparant à d'autres, ou en la liant au sentiment d'arbitraire). Ce champ motivationnel est lié à l'évolution des individus, il évolue donc aussi, n'a pas forcément de cohérence globale, est contingent de l'histoire de chacun (le même objet peut être motivant à une certaine période, démotivant à une autre). On ne peut donc pas le rendre opérationnel sans une relation d'échange avec les personnes concernées. On ne doit donc pas dire que l'on cherche à motiver quelqu'un ; c'est la personne qui se motive elle-même. Tout au plus peut-on essayer d'agir sur ce que l'on sait de son champ motivationnel.

Il est bon de se rappeler que l'idée de motivation a été initiée dans une perspective psychanalytique d'écoute. Autrui ne peut intervenir que de façon indirecte et limitée dans la construction de la motivation. La perspective comportementale dans laquelle est le plus souvent utilisée la motivation tend à en faire un instrument d'intrusion et de manipulation, substitut de la notion de pouvoir et de coercition. Cette perspective éloigne d'une vision globale, la seule adéquate à l'idée de motivation. L'homme y est réduit à un individu et la réalité sociale aux réactions de satisfaction et à l'efficacité de ces réactions.

Les théories de la motivation ne sont jamais placées dans un cadre global, politique, historique et sociologique. Nées dans les écoles de gestion américaine où elles se sont développées, elles portent la marque de l'individualisme comportemental de ces écoles, sans recul sur les réalités plus larges du monde du travail, de son histoire, de la situation du monde des salariés. Elles tombent sous le coup des critiques faites à l'école des relations humaines et à l'enquête de Mayo à la Western Electric où le contexte sociopolitique de la société américaine n'est pas pris en compte (cf. Desmarez 1986).

Sievers (1990) développe la thèse selon laquelle « la motivation n'est devenue une question importante […] que lorsque le sens du travail a disparu ; que cette perte de sens est étroitement liée à la montée de la différenciation et de la fragmentation des tâches, à la façon dont le travail a été organisé et l'est encore dans la plupart des sociétés occidentales » (p. 340). Le sens se serait perdu avec la division du travail. Et l'auteur tire cette thèse dans une perspective philosophique : le travail ne peut avoir de sens que par rapport au sujet, comme élément de son existence. Il aurait pu citer G. Friedmann (*Où va le travail humain ?* est le titre de son ouvrage publié en 1950 ; dans l'avant-propos de la troisième édition [1960, p. 25], il aurait aimé suggérer à son éditeur de faire suivre, sur une bande publicitaire, la réponse : « ...à sa perte »), il cite Simone Weil et Bruno Bettelheim. Puis il précise que la relation au sens peut apparaître sous quatre formes différentes : celle qui est liée à l'emplacement de travail, à la tâche, au groupe ; celle qui dépasse le groupe immédiat et concerne l'interrelation entre les groupes ; celle qui relie à l'environnement global, à la culture et au produit ; celle qui relie au contexte plus large de l'organisation, clients, politique, marché (p. 354).

On pense à l'article déjà ancien de M. Seeman sur l'aliénation (1967), aux typologies qu'il y présente et au débat paru dans le même numéro de *Sociologie du travail*, en particulier à la réaction d'Alain Touraine. Celui-ci montre que l'aliénation ne peut être prise en dehors du sens que l'acteur donne à son action, qu'il faut partir des demandes que l'acteur pose à la situation (une professionnalisation, ou la progression dans un métier, en tout état de cause la correspondance à un projet), des contradictions que le système impose à cet acteur (le travail à la chaîne, par exemple, heurte les attentes professionnelles des ouvriers et ne s'impose que grâce à des gratifications non intégrées à la personnalité, dont le salaire), enfin le sentiment d'être manipulé, c'est-à-dire l'absence de perception d'un lien entre une contribution et une rétribution.

La première conclusion à tirer de ce débat autour du concept de motivation est que celui-ci doit toujours être relié au sens que l'acteur donne à sa conduite. L'individu ne se mobilise que pour une action qui a pour lui un sens important. C'est tomber dans le piège du réductionnisme que d'analyser la motivation comme une réponse individuelle à un besoin lui-même considéré comme individuel, dans un modèle stimulus-réponse. La motivation est une construction de l'individu liée au sens qu'il attribue à l'action qu'il entreprend. Le sens est lui-même dépendant des représentations des individus, de leur maturité affective et cognitive, de leurs expériences sociales et de leur situation de travail. Il est donc évolutif, fonction des individus eux-mêmes, de leur histoire personnelle, des groupes où ils ont évolué et évoluent actuellement, de la manière dont ils se représentent leur situation de travail. Le sens est social. La motivation ne répond pas à des besoins fondamentaux et universels mais à des constructions sociales s'enracinant dans des individus et des groupes complexes et évolutifs.

Concrètement, cela signifie qu'un sens nouveau et motivant ne peut être suggéré que si la situation de travail a changé, d'abord aux niveaux énumérés par Sievers : le travail et le groupe de travail, les interrelations entre groupes (en particulier la situation relative des groupes, celui qui semble dominer et celui qui se sent dominé), l'organisation et la culture, et au-delà. Il faut au moins commencer par les premiers. De plus, il n'y a pas de motivation sans rapport au projet de l'individu, projet professionnel ou non. Enfin, l'individu se motive si sa situation sociale relative, son identité professionnelle, c'est-à-dire ici la manière dont il se sent regardé par les autres, évolue dans un sens favorable à ses yeux, c'est-à-dire s'il se sent valorisé et reconnu dans sa fonction.

Dans une enquête sur la sécurité dans une usine, les interviews individuelles avaient fait ressortir « l'existence d'un facteur général ressenti comme s'opposant aux motivations de sécurité : la pression du temps sur les agents » (Mendel 1992, p. 24-25). Constat banal, relevé dans beaucoup d'enquêtes similaires. Ce facteur est apparemment objectivable, mesurable. Or la suite de l'enquête fait apparaître que « la pression du temps dépend à la fois des conditions objectives du travail et du système de valeurs, de la morale professionnelle de l'agent ». Il existe un lien entre les attitudes au travail et la sécurité. Si ces attitudes sont négatives, si l'ouvrier ne trouve pas dans son travail des satisfactions et un sens qui lui paraissent suffisants, il rejettera les consignes de sécurité. Tout se passe comme s'il se disait plus ou moins consciemment : « Ils (l'entreprise, la hiérarchie) me font suer, donc je ne mets pas mon casque. » Ce qui n'a apparemment aucun rapport objectif. Mais ce qui montre qu'une politique de sécurité n'a de chances d'être suivie d'effets que si elle s'intègre dans une vision globale de l'entreprise, dans le sens que les salariés donnent à leur place, à la relation qu'ils imaginent (on est dans des représentations) entre eux-mêmes et l'environnement humain. Pas de motivation à la sécurité sans prise en compte de ce sens.

Pour G. Mendel, au centre de la psychologie sociale du sujet se trouve un processus psychique fondateur, « le mouvement d'appropriation de l'acte ». Tout individu connaît une incitation « à "s'approprier" l'acte volontaire et conscient qu'il accomplit, l'activité, l'action qu'il développe. Ce mouvement vise deux objectifs : l'appropriation du contrôle du processus de l'acte, l'appropriation des effets de l'acte » (p. 15). Sans recourir à ces concepts anthropologiques et sans être compétent pour en vérifier le bien-fondé, nous avons nous-même observé ce mouvement d'appropriation de l'acte de travail (Bernoux 1983). Mendel pose ce mouvement comme fondateur, condition indispensable à la compréhension de l'individu au travail. Il semble en effet que l'appropriation, entendue comme « un contrôle sur le processus de travail, impliquant formation, information et responsabilité véritable ; une participation psychologique à l'ensemble de l'activité collective par des médiations adéquates » (Mendel, p. 38), recouvre le contenu donné plus haut à la notion de sens, que Mendel traduit dans ces termes anthropologiques.

Un dernier mot enfin : la motivation est souvent liée à la satisfaction. Les deux sont présentées comme des évidences premières, car elles renvoient dans ce même contexte d'évidence aux individus. Il faut rappeler ici qu'il n'y a aucune relation entre satisfaction et productivité. Pour une raison simple, c'est que l'on ne sait pas ce que mesure un indice de satisfaction. De nombreuses études l'ont montré, on n'y reviendra pas (cf. Bernoux 1985/1999). L'inverse cependant est vrai : une mauvaise satisfaction engendre des comportements non productifs.

3. 9. LES FONDEMENTS THÉORIQUES DU RÉDUCTIONNISME

A l'origine du réductionnisme, on pourrait penser trouver l'individualisme dont il est de bon ton d'affirmer la progression dans les sociétés modernes. L'individu y aurait, plus que dans d'autres, la propriété d'être « considéré comme une unité de référence fondamentale » (Boudon et Bourricaud 1982, p. 281). Mais cette affirmation repose sur la distinction entre sociétés traditionnelles et sociétés dites modernes, distinction très contestable dans la mesure où elle lierait l'individualisme à un type de société, alors que toutes les sociétés ont connu des formes d'individualisme. Selon Dumont (1991), « l'individualisme est incapable de remplacer complètement le holisme et de régner sur toute la société [...] de plus, il n'a jamais été capable de fonctionner sans que le holisme contribue à sa vie de façon inaperçue et en quelque sorte clandestine » (p. 21). Attribuer la majoration de la place de l'individu dans l'entreprise aujourd'hui à l'individualisme des sociétés modernes paraît bien exagéré.

Cette majoration vient sans doute d'un implicite collectif, probablement issu de courants différents, que l'on ne peut que mentionner ici :

– le premier, comme on l'a vu, prend ses racines dans une conception behavioriste ou comportementaliste, développée surtout en psychologie ;

– dans une vision philosophique de la société, on aurait toute une théorie du contrat social inspirée du *Léviathan* de Thomas Hobbes, de Jean-Jacques Rousseau ;

– enfin, le réductionnisme est une des bases de l'économie classique, fondée sur le comportement des individus dans un modèle de recherche d'intérêt individuel et de rationalité, et postulant l'universalité de ces mobiles (l'intérêt) et de ces modes opératoires (la rationalité).

Il y a cependant à distinguer. L'individualisme dont on vient de parler dans les pages qui précèdent est un individualisme « spontané ». Il tend à majorer la place des individus en présentant de l'entreprise une image qui, en gros, n'en fait qu'une addition d'individus. On a essayé de montrer la fausseté de cette image en même temps que les impasses où elle aboutit en termes d'action.

Il existe cependant un courant théorique, central pour l'expli-

> *Sous le titre « L'activité économique », on peut lire dans* La Lettre du manager, *n° 198, datée du 21 août 1992 :*
>
> « Les ménages, les entreprises, les institutions financières, l'État, etc. : ce sont les "agents économiques" – ou "unités institutionnelles", comme on dit maintenant – constitutifs du système économique général.
> *L'entreprise joue dans cet édifice un rôle essentiel* qu'il faut bien saisir si l'on veut comprendre le fonctionnement de la machine économique et en admettre les contraintes.
> Il faut tout d'abord partir d'un postulat évident mais qui n'est pas toujours clairement admis : *l'activité économique n'a pas d'autres objectifs que la satisfaction des besoins des individus.*
> Il faut également comprendre que : *les seuls véritables acteurs de la vie économique sont les individus.*
> Ceux-ci, certes, sont amenés à se regrouper au sein des agents économiques dont on a parlé plus haut, mais ils ne le font que dans le but d'atteindre une meilleure efficacité globale. *Ce sont donc les individus, et eux seuls, qui assument les trois fonctions économiques de base : travail, consommation et épargne.*
> […]
> A mesure que se sont développés ses compétences et ses besoins, *l'homme s'est spécialisé*, chacun consacrant ses talents à la satisfaction de certains des besoins de ses semblables. C'était la première apparition de l'entreprise… »
>
> *On demeure confondu devant tant de suffisance et d'ignorance, étalée à la fin du* XX*e siècle. En dehors des individus, de leurs besoins, de leur spécialisation, l'auteur ne connaît rien. Il ignore ce que l'histoire, l'économie et la sociologie ne cessent de nous répéter, à savoir que les besoins sont sociaux, c'est-à-dire définis par la société, que l'entreprise est née, non de la spécialisation, mais de l'internalisation des coûts de transaction, que le travail est une activité sociale, etc.*

cation sociologique, l'individualisme méthodologique. Bien compris, il ne peut prêter à aucune confusion avec le réductionnisme individualiste. Son principal postulat s'énonce ainsi : « expliquer un phénomène social, c'est, dans tous les cas, le ramener aux actions individuelles élémentaires qui le composent » (Boudon 1983, p. 1). C'est-à-dire que ce sont bien les individus qui prennent des décisions qui, par effet d'agrégation, produisent des phénomènes sociaux. Mais tout aussitôt, il convient de préciser que « le moment microsociologique d'une analyse sociologique consiste en résumé à faire apparaître le caractère adaptatif d'un comportement, ou d'un type de comportement, par rapport à une situation » (Boudon 1984, p. 61). Il s'agit bien de « ramener les phénomènes qu'on se charge d'expliquer aux comportements individuels dont ils sont formés » (Valade 1992, p. 327-328), mais cela « ne revient nullement à "psychologiser" le problème du changement social » *(ibid.)*. On est dans un modèle interactionniste, qui vise à rendre compte de changements dans des ensembles restreints. Celui-ci tente de rendre compte de la tension entre deux éléments : la contrainte des structures, l'individualisation des comportements. L'agrégation des seconds ne se fait jamais en dehors des premières.

R. Boudon (1983) donne un exemple de méthode et d'explication :

> Pourquoi, se demande Sombart au début du XXe siècle, les idéologies socialistes n'ont-elles jamais pu prendre pied aux États-Unis ? Parce que, répond-il, les États-Unis ont été pendant longtemps, et plus longtemps encore ont été perçus par les citoyens américains, comme un pays de frontière. Il s'y est en conséquence développé une puissante idéologie de la mobilité individuelle. L'individu non satisfait de la situation présente a tendance à utiliser des stratégies de défection plutôt que de protestation. Plutôt que de militer pour l'amélioration de la condition du groupe auquel il appartient, il cherchera à changer de situation (stratégie individuelle). A l'inverse, dans les sociétés où les barrières entre les classes sociales sont pour des raisons historiques plus visibles et réputées plus difficiles à franchir, il y a toutes les chances que les individus soient attirés par les idéologies prônant la promotion collective des groupes défavorisés. A des structures et traditions historiques différentes correspondent ainsi des représentations, stratégies et actions différentes de la part des individus (p. 2).

L'intérêt de cet exemple à nos yeux est de bien montrer comment se construit un phénomène social à partir de décisions individuelles, mais dépendantes de conditions sociologiques générales qui dépassent les seuls individus. L'autre idée qu'il souligne bien, c'est que les mêmes intérêts ne produisent jamais les mêmes réponses des individus. On n'est pas, avec cet exemple, dans une explication réductionniste.

3. 10. CONCLUSION

L'entreprise moderne réunit des individus ayant des connaissances, des pratiques et des métiers différents. C'est une des caractéristiques qu'Émile Durkheim, Max Weber et Raymond Aron donnent de la société industrielle et du type d'entreprises qui la caractérisent. Elle est fondée sur la division du travail, au sens large, et donc oblige ceux qui la composent à coopérer. Définir l'entreprise exclusivement à partir des individus – même s'il est évidemment souhaitable que ceux-ci soient compétents – est limitatif. On sait que le profil psychologique des dirigeants – à distinguer de leur personnalité et de leur jugement – ne joue qu'un rôle extrêmement faible sur les résultats des entreprises ou des groupes qu'ils dirigent. On sait qu'ils peuvent, plus que d'autres membres, marquer les orientations d'un groupe. Surtout, on a appris qu'un individu n'agit jamais seul sur un groupe mais interagit avec lui, que l'action de l'individu si elle n'est pas reliée à celle du groupe est vouée à l'échec, que la manière de savoir si un leader a des compétences pour mener un groupe est de connaître ses expériences. Un groupe est un construit social.

4

L'entreprise comme modèle rationnel

4. 1. INTRODUCTION : RATIONALITÉ ET RÉUSSITE DE L'ENTREPRISE

La première description sociologique de l'entreprise, proposée par Max Weber, l'a été dans les termes d'une bureaucratie rationnelle. Ce qui paraît étrange, voire provoquant aujourd'hui, tant les réalités évoquées par ces deux termes sont opposées : une entreprise bureaucratique et rationnelle à la fois ! On croit rêver, car la bureaucratie évoque pesanteur, incapacité à réagir, repli sur soi, l'inverse de l'entreprise qui se veut aujourd'hui rationnelle, souple, réactive, ouverte. L'entreprise qui se bureaucratise apparaît comme un modèle complètement en dehors de l'actualité, donc irrationnel.

Cette première approche sociologique converge curieusement sur plusieurs points avec la théorie économique classique, qui s'est constituée, elle, sur une période de temps beaucoup plus étendue – un des premiers ouvrages d'économie des plus célèbres, la *Recherche sur la nature et les causes de la richesse des nations* d'Adam Smith, date de 1776. La théorie économique que l'on appellera par la suite « théorie standard » (TS, cf. Favereau, 1989) s'appuie sur le modèle de la rationalité, qu'elle soit celle des choix des individus ou celle de la main invisible du marché. Les économistes ne verront pendant longtemps dans l'entreprise qu'un lieu de production directement tributaire du marché, en attribuant le modèle de rationalité à l'individu, entrepreneur ou salarié, guidé par le marché et entraîné par ses choix individuels, rationnels, face à ce marché. Même aujourd'hui, elle est définie dans un des manuels les plus classiques, et qui sert toujours de base à l'enseignement, comme « toute activité qui aboutit à vendre un produit ou un service sur le marché des biens de consommation ou de production » (Albertini 1960, p. 37), quasiment à égalité avec les ménages, échangeant sur un marché. Elle est donc un lieu marchand et un lieu de production, soumis au mécanisme des prix et à la loi du profit.

Mais très vite ces définitions paraîtront insuffisantes. Prix et profit, rationalité et bureaucratie ne disent pas comment se fonde, se constitue, se structure l'entreprise, les raisons de sa naissance, de son existence, ni celles de ses choix stratégiques. Pourquoi les comportements de coopération ou de conflit ? Sur quelles images ou mythes ou identités vivent les salariés ? Le rapport entre décisions stratégiques et situation du marché est-il immédiat ou médiatisé par le système social de l'entreprise ? Le marché est-il structuré ? Etc. Si un bilan est mauvais, que faut-il faire ? Changer de marché, de produit, déposer le bilan, tenter de mobiliser les salariés, continuer à investir, se laisser racheter, etc. ? De multiples choix sont possibles, qui ne sont pas éclairés par la seule recherche du profit immédiat ni de la rationalité. Il faudra donc construire une explication à partir d'une prise en compte de l'organisation comme construit face au marché. Pas plus la TS que la première explication sociologique ne permettent de comprendre le fonctionnement concret de l'entreprise. On est dans un modèle « macro », dont les observations « micro » montreront les limites.

Reste qu'au départ de la théorie de l'entreprise, il y a donc l'idée d'un modèle de rationalité qui pour les sociologues se conjugue avec bureaucratie, pour les économistes avec individu et marché. Ce rapprochement entre sociologues et économistes est-il si étrange ? Pas vraiment, si l'on en croit les théoriciens de l'individualisme méthodologique (Boudon et Bourricaud 1982, art. « individualisme »). Selon eux, « le principe de l'individualisme méthodologique fait l'objet d'un large consensus en économie » [tandis] « qu'il n'est pas difficile de montrer que la plupart des sociologues classiques, qu'il s'agisse de

Weber, de Marx ou de Tocqueville, en ont reconnu l'importance » (*ibid.*, p. 287). Ce principe consiste à expliquer un phénomène social comme « la conséquence du comportement des individus appartenant au système social dans lequel le phénomène est observé » (*ibid.*, p. 286). Si, par exemple, on explique la mobilité sociale par le développement économique, on peut comparer deux pays qui ont un niveau de mobilité différent. Mais alors l'explication vient de la comparaison des deux pays et non de celle des comportements proprement individuels. Max Weber, expliquant que la sociologie est la science du sens que l'acteur donne à son action, utilise une argumentation d'individualisme méthodologique. Ce qui compte est bien le sens que chacun donne à ses actes, même si l'accumulation de ces actes constitue le phénomène social étudié. Pas plus le rapprochement effectué par les sociologues entre rationalité/bureaucratie/individu que celui qui a soutenu la théorie économique, rationalité/individu/marché, n'ont fait problème au début, au contraire. On verra qu'ils posent question aujourd'hui.

Pour les sociologues, ils ont curieusement, après Max Weber, négligé l'entreprise. Ce sont ou bien les structures sociales générales qui ont inspiré leur réflexion, ou bien des champs particuliers, comme le travail, l'éducation, la famille, etc. En France, le manuel d'Henri Mendras, *Éléments de sociologie* (1967), n'y consacre pas de chapitre ou de paragraphe, et ne contient pas le mot « entreprise » dans son index, pas plus que le *Dictionnaire critique de la sociologie* (1982) de Boudon et Bourricaud. *Sociologie contemporaine* de Durand et Weil (1989), qui se veut manuel de sociologie contemporaine, a de nombreuses références au mot. La principale, « sociologie de l'entreprise » renvoie à une partie du chapitre « La sociologie du travail » et à tout le chapitre « La sociologie des organisations ». La sociologie de l'entreprise est une des composantes de deux autres concepts. Il a fallu attendre une date récente (1986) pour que la revue *Sociologie du travail*, fondée en 1959, publie son premier numéro sur l'entreprise. Quant aux économistes, ce n'est que depuis peu qu'ils redécouvrent l'entreprise comme organisation interne d'allocations de ressources.

Ce chapitre sera consacré à l'enracinement de la première

théorie de l'entreprise dans ce double regard, économique et sociologique, que nous venons d'évoquer. Étant sociologue, nous insisterons davantage sur la bureaucratie et le modèle rationnel et les critiques qui lui ont été adressées. On essaiera aussi de montrer en quoi les racines de ce modèle lui permettent non seulement de se perpétuer mais de garder une partie de sa pertinence aujourd'hui.

4.2. LE PREMIER MODÈLE ÉCONOMIQUE DE LA FIRME : INDIVIDU ET MARCHÉ

La théorie dite « classique », ou encore théorie standard (TS – ce paragraphe s'inspire largement des clarifications apportées par Favereau 1989), fonde l'action économique sur le comportement de l'individu rationnel, rationalité étant entendue au sens de recherche de son intérêt, ce dernier devant être mesurable en monnaie, équivalent universel. Elle repose sur un modèle économique mettant en œuvre deux éléments : d'une part, des agents qui agissent rationnellement, possèdent toutes les informations nécessaires pour le faire – celles-ci circulent donc librement, chacun peut se les procurer quand et comme il veut ; d'autre part, un espace de référence, le marché de la concurrence pure et parfaite, lieu où se forment de manière quasi « naturelle » les prix, par confrontation ouverte entre l'offre et la demande. Sur ce marché, l'acteur central – l'entrepreneur capitaliste dans le cas de la firme, aussi bien acheteur que vendeur, l'artisan, mais le salarié aussi – est autonome, c'est-à-dire qu'il fixe librement ses choix. Il est rationnel, c'est-à-dire qu'il a des objectifs clairs, précis et bien fixés (il veut acheter au meilleur prix). Il est calculateur et hédoniste, c'est-à-dire d'une part que ses objectifs sont fixés par leur fonction d'utilité, d'autre part, comme le suggère Commons (1934), qu'il privilégie les rapports de l'homme à la nature sur les rapports des hommes entre eux dans la recherche de la satisfaction.

« Le modèle néoclassique est fondé sur deux concepts dont la nature diffère considérablement.
Le premier est la notion d'agent économique individuel, au comportement régi par un critère d'optimisation sous contraintes, lesquelles sont soit des données propres à l'agent (par exemple, la fonction de production), soit des termes de l'échange avec le système économique global.
Le second est le marché : ici est pris en compte l'agrégat des décisions individuelles, et les termes de l'échange seront ajustés jusqu'à ce que les décisions des individus soient mutuellement compatibles, globalement.
[...] L'optimisation des agents individuels représente quelque chose de concret [...]. Le marché, en revanche, est une construction beaucoup plus idéalisée : à qui, au juste, revient la tâche d'équilibrer l'offre et la demande ? »

K. J. Arrow, « Limited knowledge and economic analysis », *American Economic Review*, mars 1974, p. 1-3, cité par O. Favereau, « Marchés internes, marchés externes », in *Revue économique*, numéro sur *L'Économie des conventions*, vol. XL, n° 2, mars 1989, p. 276-277.

La TS se fonde donc sur les idées d'universalisme et de rationalité. Il s'agit d'un modèle théorique. Les situations où l'on peut rencontrer ce modèle économique standard ne sont pas très nombreuses. On en donne habituellement quelques exemples. Celui du marché, imaginé par Karl Marx, est celui où il y a équivalence entre un habit et des mètres de toile. Cette équivalence fonde la théorie de la marchandise, de la valeur et de la plus-value. La valeur d'usage, concept théorique, correspond à des situations où chaque chose utile (pour son possesseur) possède « un ensemble de propriétés diverses et peut par conséquent être utile par différents côtés » (Marx, 1972, t. I, p. 562). Il y a donc une multitude de valeurs d'usage. La « valeur d'échange reste immuable » (*ibid.*, p. 563). Le référent de Marx est celui de la théorie standard, les deux valeurs étant des concepts abstraits. Sur ce point, son analyse sera soumise aux mêmes critiques que celles qui seront adressées à la TS.

Le marché boursier est une autre situation fréquemment citée en exemple (le commissaire walrassien). Mais chacun sait qu'il ne fonctionne pas que sur la recherche de l'intérêt et que des concepts comme la confiance et les conventions (cf. *infra*, chap. 6) y jouent un rôle fondamental. Or ces concepts ne sont pas pris en compte dans la TS. Autre exemple de marché parfait :

> ...un marché à la criée, par exemple celui de l'arrivage de poissons dans un port de pêche. Pour chaque catégorie de poissons, isolée dans des bacs au contenu homogène, un personnage centralisateur – le « commissaire-priseur » dans le langage de l'analyse générale des marchés – recense les propositions d'achat et retient le plus offrant. C'est la concurrence qui joue entre les acheteurs mais aussi entre les offreurs, puisque, si la pêche est abondante, ils ne pourront l'écouler qu'en acceptant des prix plus bas. Telle est la situation de marché concurrentielle la plus simple, centralisée, où chacun subit la loi du marché et ne vend ou n'achète des produits qu'au prix fixé collectivement et où, tous ensemble, les participants fixent les conditions du marché (Gazier 1991, p. 101-102).

Dans la TS, les acteurs indépendants, seules sources de leur propres décisions, ont à appliquer non pas leur raison mais la raison universelle : « L'acteur est simultanément infiniment libre (dans ses préférences) et infiniment contraint (par sa raison) » (Paradeise 1993). Le prix fixé par le marché est le moyen par lequel les acteurs communiquent. La somme des décisions individuelles construit l'ordre collectif, celui du marché auquel chacun se soumet. « La composition des décisions individuelles apporte une solution unique, déterminée, à la question de l'ordre collectif, et optimale en ce qu'elle assure la meilleure allocation possible des ressources matérielles. Le modèle concilie donc la liberté individuelle, la communication entre les êtres, et la construction de l'ordre collectif » (Paradeise 1994, p. 194).

Vue dans une perspective macro-économique, l'entreprise est expliquée comme une manière particulière d'allocation de ressources entre différents usages, guidée et contrainte par le mécanisme du marché. S'il apparaît à un individu que l'achat de machines et l'embauche de quelques ouvriers lui donnent des chances de produire et de vendre un produit nouveau, correspondant à un besoin non encore satisfait, ou de produire à un moindre coût que ses concurrents, il créera infailliblement une entreprise. Celle-ci est le résultat d'un calcul de prix sur un marché donné.

Le rôle du chef d'entreprise « consiste à réformer ou à révolutionner la routine de production en exploitant une invention ou, plus généralement, une possibilité technique inédite (production d'une marchandise nouvelle, ou nouvelle méthode de production d'une marchandise ancienne, ou exploitation d'une nouvelle source de matières premières ou d'un nouveau débouché, ou réorganisation d'une branche industrielle, et ainsi de suite) » (Schumpeter 1942, p. 186). La fonction de l'entrepreneur et celle de la firme sont essentiellement articulées sur la fonction de production, par changement des conditions de mise en œuvre des techniques.

La manière dont la TS articule les concepts qu'elle utilise – individu et rationalité, prix et marché, production – est longtemps apparue suffisante pour expliquer le développement de la firme et son fonctionnement. Elle correspondait à la théorie sociologique en vigueur. On verra plus bas comment cette théorie s'est trouvée remise en cause par les économistes dès lors qu'ils se sont mis à considérer l'entreprise comme une organisation. Il reste que la TS véhicule et justifie le discours de l'homme de la rue ou du manager analysant spontanément sa situation, à savoir que l'économie mène le monde et que finalement tout est question d'argent et conséquence du marché. Dans ce contexte, l'action de l'entrepreneur qui réussit ou qui échoue est justifiée soit par des connaissances insuffisantes, soit par le recours à un au-delà qui échappe aux prévisions humaines. C'est la faute au génie individuel ou au marché, ou à ceux qui faussent le marché : l'État, les concurrents peu intelligents ou déloyaux, les Japonais qui travaillent davantage que nos ouvriers, les Allemands qui paient moins d'impôts et sont plus disciplinés, etc.

Ce paragraphe consacré à la TS permet donc de questionner ces lieux communs que l'on vient d'énumérer et qui nourrissent les pré-notions, chères à Durkheim. C'est la raison pour laquelle il a paru utile de débuter ce chapitre sur la bureaucratie dans un livre sur la sociologie de l'entreprise par la critique de la théorie économique standard. En effet, l'entreprise qui cherche à vendre un produit sur un marché, celle dont il est principalement question, ne peut se suffire d'une description reposant sur un modèle économique comme celui de la TS. Même s'il est évident que l'entreprise est insérée dans un circuit économique et que ses résultats se mesurent en termes économiques, il faut admettre aussi que mesure ne veut pas dire causalité. Elle n'est pas un marché, mais un système contingent de règles et de relations entre acteurs. L'hypothèse sociologique centrale soutenue ici est que ses résultats sont le fruit des relations créées dans cette entreprise et au dehors, de leur structuration, de leur continuité, bref d'un construit social. Celui-ci n'est en aucun cas réductible aux principes de la TS, à une somme d'individus rationnels cherchant un intérêt en termes de prix et de monnaie. Ce qui est premier, ce sont les rapports des hommes entre eux, non leur rapport aux marchandises et aux biens. Le construit social ne peut pas davantage être ramené au premier modèle qui en a été bâti par les sociologues, celui de la bureaucratie que l'on va exposer maintenant. Les premiers théoriciens, économistes et sociologues, ont dû construire des schémas simplifiés, qui n'ont pas entièrement perdu leur raison d'être, mais auxquels il ne faut pas rester accroché. Il est sûr que l'entreprise est composée d'individus et qu'elle a besoin d'une structure formelle. Mais elle n'est pas que cela.

4. 3. LE PREMIER MODÈLE SOCIOLOGIQUE : RATIONALITÉ ET BUREAUCRATIE

L'analyse sociologique de l'entreprise, en utilisant de tout autres catégories et en partant d'un point de vue complètement différent de celui des économistes de la TS, converge avec eux dans sa prise en considération du modèle rationnel. Les premiers sociologues, appliquant ce modèle à l'entreprise, réduisent celle-ci à une organisation sous son aspect le plus formel, et leurs premières analyses ne s'intéressent quasi exclusivement qu'à cet aspect. L'entreprise devient un objet structuré par un système de règles posées *a priori*.

Le modèle wébérien

Max Weber n'a pas cherché à faire une théorie de la firme ou de l'entreprise. Il s'en défend, écrivant qu'il n'a « pas l'intention d'élaborer une théorie économique mais de définir quelques termes » (1922/1971, p. 61) dont il fera un usage fréquent. L'objet principal de sa recherche est plus large. Il veut tenter de comprendre le sens que représente l'action rationnelle pour les acteurs du modèle qui s'est imposé en Occident, à la fin du XIXe siècle. A ses yeux, en effet, l'action rationnelle est la caractéristique, l'originalité du capitalisme. Elle s'incarne dans un modèle particulier de fonctionnement, la bureaucratie. Celle-ci, informée par l'action rationnelle, a permis le développement de la société industrielle : « A aucune autre époque ni dans aucune autre contrée (que l'Occident des temps modernes), on n'aura éprouvé à ce point combien l'existence sociale tout entière, sous ses aspects politiques, techniques, économiques, dépend inévitablement, totalement, d'une organisation de bureaucrates spécialisés et compétents » (Weber 1920/1964, p. 14). La théorie est celle de l'action rationnelle. Elle permet de poser les principes généraux définissant l'entreprise à travers une description de la bureaucratie, modèle correspondant au type de domination capitaliste.

L'entreprise capitaliste rationnelle est la forme d'organisation de l'activité économique qui a une signification et une valeur universelles. Elle a permis le triomphe de la civilisation européenne. La rationalité fait la différence avec tout ce qui a existé auparavant : entreprise capitaliste et entrepreneur capitaliste sont répandus dans le monde depuis longtemps, bien avant la fin du XIXe. Il y a toujours eu, à toutes les époques, des marchands, des banquiers, des associations et sociétés en commandite, des crédits de fonctionnement finançant « des guerres, la piraterie, des opérations immobilières [...] ils ont joué le rôle d'entrepreneurs coloniaux, de planteurs possesseurs d'esclaves, utilisant le travail forcé... ». « Mais dans les temps modernes, l'Occident a connu en propre une autre forme de capitalisme : l'organisation rationnelle capitaliste du travail (formellement) libre » (1920, p. 18-19).

> « Soudain, à un moment donné, cette vie tranquille prit fin ; le plus souvent aucune transformation essentielle dans la *forme* de l'organisation, telle que le passage à l'entreprise fermée, l'utilisation du métier mécanique, etc., n'était survenue. Il s'était produit tout simplement ceci : un jeune homme d'une famille d'entrepreneurs s'était rendu à la campagne ; il y sélectionne avec soin les tisserands qu'il voulait employer ; il aggrave leur dépendance et augmente la rigueur du contrôle de leurs produits, les transformant ainsi de paysans en ouvriers. D'autre part, il change les méthodes de vente en entrant le plus possible en contact direct avec les consommateurs. Il prend entièrement en main le commerce de détail et sollicite lui-même les clients ; il les visite régulièrement chaque année, et surtout, il adapte la qualité des produits aux goûts et aux besoins de la clientèle. En même temps, il agit selon le principe : réduire les prix, augmenter le chiffre d'affaires. La conséquence habituelle d'un tel processus de rationalisation n'a pas tardé à se manifester : ceux qui n'emboîtaient pas le pas étaient éliminés. L'idylle s'effondrait sous les premiers coups de la concurrence ; des fortunes considérables s'édifiaient qui n'étaient pas placées à intérêt, mais réinvesties dans l'entreprise. L'ancien mode de vie, confortable et sans façons, lâchait pied devant la dure sobriété de quelques-uns [...].
> En général, cette révolution ne dépend pas d'un afflux d'argent frais – je connais des cas où il a suffi de quelques milliers de marks empruntés à des parents – mais d'un *esprit* nouveau : l'"esprit du capitalisme" est entré en action. Le problème majeur de l'expansion du capitalisme moderne n'est pas celui de l'origine du capital, c'est celui du développement de l'esprit du capitalisme. »
>
> Max Weber, *L'Éthique protestante et l'Esprit du capitalisme*, Paris, Plon, 1964, p. 71-72.

L'entreprise, lieu de cette organisation rationnelle capitaliste du travail, se caractérise par :

– le lien « aux prévisions d'un marché régulier et non aux occasions irrationnelles ou politiques de spéculer » *(ibid.)* ; il s'agit donc d'une action économique non spéculative, ou non uniquement spéculative, orientée sur un marché régulier où le calcul rationnel et la prévisibilité sont possibles ;

– la séparation du ménage et de l'entreprise ;
– la comptabilité rationnelle ;
– l'organisation rationnelle du travail *(ibid.)*.

La nouveauté est « le développement du capitalisme d'entreprise bourgeois, avec son organisation rationnelle du travail libre » (*ibid.*, p. 22). Dans le texte de Weber, cette définition de l'entreprise trouve sa place au moment de l'explication de l'innovation la plus remarquable, celle qui donne les traits distinctifs de la civilisation occidentale, à savoir l'adoption de conduites rationnelles pratiques dans la gestion des affaires. Si l'entreprise capitaliste a toujours existé, l'entreprise capitaliste rationnelle serait, selon Max Weber, l'invention majeure de l'Occident. Et il va montrer à quel point il est fondamental de distinguer l'une de l'autre (cf. encadré p. 112).

La description de la bureaucratie trouve place dans le chapitre d'*Économie et Société* consacré à la domination et à la légitimité. Max Weber l'introduit à cet endroit car son objectif est d'analyser non pas d'abord les formes de l'organisation sociale, mais le sens que l'individu donne à son action. Les formes découlent du sens, non l'inverse. (Cf. *supra*, le paragraphe sur les motivations, chap. 3.) La bureaucratie est une des manières de résoudre, dans une société donnée, le problème de la domination définie « comme la chance, pour des ordres spécifiques..., de trouver obéissance de la part d'un groupe déterminé » (1922, p. 219).

Pour montrer l'importance de la bureaucratie, Max Weber s'appuie sur la célèbre typologie des trois types de domination, traditionnelle, charismatique et rationnelle. Pourquoi ? Parce que, selon lui, toute société est structurée par des relations de domination et donc d'obéissance. Il est alors extrêmement important de savoir quel type de domination entraîne quel type d'adhésion, la légitimité étant fondée sur « le caractère propre de la motivation qui commande l'obéissance » (Aron 1967, p. 556-557). Les deux premiers types de légitimité ont caractérisé les sociétés non capitalistes. « Est traditionnelle la domination fondée sur la croyance au caractère sacré des traditions anciennes et à la légitimité de ceux qui ont été appelés par la tradition à exercer l'autorité. Est charismatique la domination fondée sur un dévouement hors du quotidien et justifiée par le caractère sacré ou la force héroïque d'une personne et de l'ordre révélé ou créé par elle. »

Au mode d'action de la société capitaliste correspond le mode de légitimité rationnel-légal. « Est rationnelle la domination fondée sur la croyance à la légalité des ordonnances comme à la légalité des titres de ceux qui exercent la domination. » La légitimité de type légal-rationnel caractérise la société industrielle. L'autorité s'y impose « en vertu de la légalité, en vertu de la croyance en la validité d'un statut légal et d'une compétence positive fondés sur des règles établies rationnellement » (Weber 1959, p. 102). L'administration bureaucratique signifie la domination en vertu du savoir : c'est son caractère fondamental spécifiquement rationnel. Or la société industrielle capitaliste s'appuie davantage que celles qui l'ont précédée sur le savoir spécialisé, qui donne donc à son détenteur une très grande position de puissance.

La place de la notion de légitimité n'a peut-être pas été assez soulignée dans l'œuvre de Weber. Elle lui permet de rendre compte de l'ordre dans les sociétés et de souligner que cet ordre ne peut venir que de l'acceptation par ceux qui obéissent. Il n'y a pas de relation de pouvoir ni de modèle d'autorité qui fonctionne de manière mécanique. En même temps, cependant, l'universalisme du modèle rationnel-légal a laissé entendre que la bureaucratie pourrait fonctionner sans légitimité, ce qui est étranger à la pensée wébérienne.

Au type de légitimité rationnel-légal correspond une forme d'organisation que Max Weber appelle bureaucratie et qui se caractérise par les éléments suivants (la description de Max Weber, un peu compliquée, comprend dix points, bien résumés par H. Mendras (1967, p. 188), dont nous nous inspirons) :

1. L'individu n'est pas propriétaire de sa fonction et il ne peut la transmettre ; il y a suppression de l'hérédité.

2. La bureaucratie fonctionne selon les règles et refuse toute acception de personne comme tout cas particulier ; les pouvoirs sont limités par les règles impersonnelles ; les règles sont écrites.

3. Les postes sont rigoureusement définis.

4. A la définition des postes correspond la spécialisation des fonctions et des compétences de l'individu qui les remplit.

5. Une organisation bureaucratique est structurée comme

> « Nous appelons sociologie une science qui se propose de comprendre par interprétation l'activité sociale et par là d'expliquer causalement son déroulement et ses effets. Nous entendons par "activité" un comportement humain (peu importe qu'il s'agisse d'un acte extérieur ou intime, d'une omission ou d'une tolérance), quand et pour autant que l'agent ou les agents lui communiquent un *sens* subjectif. Et par activité "sociale" l'activité qui, d'après son sens visé par l'agent ou les agents, se rapporte au comportement d'*autrui*, par rapport auquel s'oriente son déroulement.
>
> La notion de "sens" veut dire ici ou bien *(a)* le sens *visé* subjectivement en réalité, *x)* par un agent dans un cas historiquement donné, *y)* en moyenne ou approximativement par des agents dans une masse donnée de cas, ou bien *(b)* ce même sens visé subjectivement dans un *pur* type construit conceptuellement par l'agent ou les agents *conçus* comme des types.
>
> La frontière entre une activité significative et un comportement simplement réactionnel, parce que non associé à un sens visé subjectivement, est absolument flottante. Une part très considérable de l'ensemble des comportements sociologiquement importants, en particulier l'activité purement traditionnelle, se situe aux limites des deux. »
>
> Max Weber, *Wirtschaft und Gesellschaft*, 1922 ; trad. fr., *Économie et Société*, Paris, Plon, 1971, t. I, p. 4 (nous citons dans cette édition).

une hiérarchie ; celle-ci est chargée du contrôle des opérations faites dans l'organisation et dont la régularité est une condition de la reproductibilité.

6. Une bureaucratie emploie des fonctionnaires, c'est-à-dire des spécialistes à plein temps et qui y font carrière ; ce qui assure la continuité de l'organisation.

Rationalité et bureaucratie : ces concepts liés expliquent et caractérisent pour Weber le développement des sociétés industrialisées. Il « désire montrer jusqu'à quel point l'organisation bureaucratique est une solution rationnelle à la complexité des problèmes modernes » (March et Simon 1971, p. 36). Un des aspects majeurs de cette rationalité est la notion de prévisibilité, assurée par la bureaucratie mieux que dans un autre système à travers l'ensemble que constituent les règles, postes, fonctions, la prise en compte de la spécialisation et l'équilibre de l'ensemble.

La sociologie des organisations est née de cette conceptualisation qui rattache les structures à une certaine vision du monde et à un système de valeurs. Max Weber n'a pas découvert la rationalisation : tout le XIXe siècle est marqué par l'idée d'un stade nouveau du développement de l'humanité, stade positif et industriel comme l'avait annoncé Auguste Comte, stade réifié si l'on en croit, entre autres, les critiques de Jürgen Habermas (1978), pour lequel la raison n'a pas qu'une dimension instrumentale, c'est-à-dire technique et scientifique. L'originalité de l'apport wébérien réside dans l'application concrète de cette idée de la rationalisation au fonctionnement des organisations et dans la relation déterminante à leur efficacité.

Pouvoir, science et légitimité

La réflexion sur la légitimité du pouvoir, menée par Max Weber, renvoie directement à la question de la raison pour laquelle un supérieur obtient l'obéissance de ceux qu'il commande. Il montre que la relation d'autorité – entendue au sens de place dans une hiérarchie et de détention d'un élément de contrainte – est un élément essentiel dans une organisation, que cette relation n'existe que par adhésion à la domination, elle-même fondée sur la légitimité. Il ne s'agit pas pour le supérieur ou le leader de chercher directement à motiver ceux qui doivent le suivre. Il s'agit d'abord qu'il s'interroge sur les fondements de sa légitimité aux yeux de ceux qui le suivent. La motivation viendra ensuite. Cette vision nuance considérablement la place donnée au concept de pouvoir : il n'y a pas de pouvoir sans légitimité, c'est-à-dire sans acceptation par l'exécutant de la domination exercée par l'autorité investie du pouvoir formel. Il est tout à fait étonnant que cet aspect si central de ce concept soit aussi peu présent dans la plupart des ouvrages analysant la relation de pouvoir. Il n'y a pas d'exercice du pouvoir qui ne s'appuie sur une légitimité.

Dire cela, c'est s'obliger, par exemple, à une autre lecture de l'œuvre de F. W. Taylor que celle qui est faite habituellement.

En la resituant dans son contexte historique, ce qui n'est presque jamais fait par les critiques de Taylor, on s'aperçoit que les principes d'efficacité des organisations industrielles qu'il pose avaient, à son époque, une grande légitimité. La preuve se voit dans le retournement des positions sur le taylorisme, en particulier des positions syndicales. On se rappelle en effet qu'aux États-Unis une commission d'enquête nommée en 1915 avait abouti à une condamnation sans nuances du taylorisme, « une excommunication majeure du système Taylor proprement dit » (Friedmann 1946). En France, de la même manière, dans les années précédant immédiatement la Première Guerre mondiale, certains syndicalistes avaient dénoncé violemment le taylorisme, l'accusant de « dégrader le travail qualifié et de donner congé à l'intelligence ouvrière » (*ibid.*, p. 35). Merrheim, célèbre responsable syndical, l'avait combattu, écrivant : « Comme on le voit, la personnalité, l'intelligence, les désirs mêmes de l'ouvrier sont effacés, bannis, des ateliers et des usines » *(ibid.)*. D'autres, au contraire, approuvaient, avec certaines réserves, le taylorisme. Il y avait débat au sein du monde syndical. Peu d'années après, d'ailleurs, le même Merrheim nuançait son jugement : « Nous sommes arrivés à un stade de l'évolution industrielle qui nécessite des méthodes nouvelles de production et de travail. [...] Le mérite de Taylor est d'avoir compris qu'il fallait adapter [à cette nouvelle étape de l'industrie] des méthodes nouvelles » (*ibid.*, p. 262). A la même époque, un autre militant de Roanne, Ravaté, avait protesté contre les attaques de ses camarades contre Taylor : « Les syndicalistes ne peuvent pas être contre une meilleure utilisation de l'énergie humaine dans la production. Au contraire. Alors pourquoi partir en guerre contre certains principes ? Autant renoncer à la machine ; toute l'argumentation contre le système Taylor servirait et a déjà servi contre le machinisme lors de son apparition, et mon idéal syndical n'est pas un retour à la nature » *(ibid.)*. Et Friedmann ajoute : « Ravaté rappelait que la société actuelle abuse du machinisme : mais celui-ci, pris en lui-même, n'en est pas responsable et il ne faut pas le répudier pour cela » *(ibid.)*.

Le rapprochement des réflexions de Weber et de Taylor n'est pas aussi paradoxal qu'il y paraît : bien que venant d'horizons intellectuels radicalement différents, bien que ne s'étant pas connus, ils sont l'un et l'autre les héritiers du XIXe siècle rationalisateur, voient à leur niveau le développement des entreprises industrielles et cherchent à l'expliquer par la notion de prévisibilité obtenue par standardisation. Même si la pensée de Taylor, ingénieur autodidacte, n'a pas du tout la même dimension d'analyse que celle de Weber, son œuvre est d'abord une tentative d'introduction d'un modèle rationalisateur dans les activités d'exécution de l'entreprise, modèle appelé par la suite *scientific management*. Les critiques à la mode aujourd'hui mettent le taylorisme en accusation dans la mesure où il aurait prêché une division radicale du travail, division inhumaine dans son principe et qui, à terme, ferait éclater la communauté d'entreprise. Accusation en partie vraie, mais qui passe à côté du plus important, à notre sens, de l'apport taylorien. Taylor a d'abord voulu rationaliser le fonctionnement de l'entreprise. Pour y parvenir, il a posé le principe de l'étude préalable des tâches, étude qui devait se substituer à l'empirisme marquant la période précédente, celle de l'ouvrier professionnel de métier. Celui-ci possédait, durant cette période, l'exclusivité de la préparation des tâches en même temps que celle de leur exécution. Cette situation de pouvoir permettait difficilement de développer une production de masse, qui sera exécutée par la suite par des travailleurs sans qualification. Pour toutes ces raisons, Taylor veut créer une science du travail et une organisation scientifique des ateliers.

D'où viennent les fondements de cette science ? Elle est constituée par le rassemblement « de la grande masse de connaissances traditionnelles qui, dans le passé, se trouvait dans la tête des ouvriers [...] leur enregistrement, leur classement et la transformation de ces connaissances en lois scientifiques » (*La Direction scientifique des entreprises*, 1957, p. 80). Ces lois seront ensuite appliquées au travail dans l'atelier. C'est ainsi que, sous la plume de Taylor, la direction des ateliers est promue à l'état de science. Celle-ci consiste en l'observation des connaissances et des pratiques existantes, leur classification, leur analyse par des techniciens spécialement formés et la déduction de lois. On est en présence d'une démarche scientifique en effet, sous réserve que le passage par le stade de l'hypothèse est gommé, les seuls stades enregistrement – classification – généralisation suffisant à donner le statut de loi. La science taylorienne ignore la question et l'hypothèse. Elle rejette donc le doute. Ce modèle d'une rationalité que l'on qualifierait aujourd'hui de limitée tient ses limites d'une représentation de la science qui se veut sans faille. C'est de là que vient l'idée du *one best way* et de la division radicale du travail, tant critiquées, à juste titre même s'ils ne sont que des conséquences d'une conception erronée de la science.

Du coup, le problème du pouvoir, de la domination et de la légitimité est évacué par Taylor alors qu'il avait été bien vu par Max Weber. Taylor ignore tout d'une sociologie du sens, celle que l'acteur donne à son action. Comme l'ont fait les économistes de la TS, il se débarrasse du sens en réduisant l'action à son aspect instrumental, le salaire. Les sources de légitimité retenues sont celles de la réussite de l'entreprise à travers le modèle rationnel. Reconnaissons que ces deux sources continuent à fonder la légitimité de l'entrepreneur et de l'entreprise aujourd'hui. Taylor y a ajouté des mises en œuvre tout à fait illégitimes, du type division forcenée du travail, vision de l'*homo oeconomicus* dont l'intérêt au travail n'est que de type instrumental, appropriation de la science par le seul monde des ingénieurs et des techniciens hors de la production, etc. Ce sont ces derniers principes qui sont remis en cause aujourd'hui. Mais l'idée de rationalité, appliquée de manière à permettre le développement de la firme, reste source de légitimité.

Les économistes de la TS, le sociologue Max Weber, l'ingénieur Frederick Winslow Taylor développent leur argumentation dans un schéma fondé sur l'individualisme et la rationalité universelle. Ils croient y voir le succès économique. N'y aurait-il qu'un seul modèle de développement de l'entreprise ?

4. 4. LES MISES EN CAUSE DU MODÈLE WÉBÉRIEN

L'image positive de la bureaucratie donnée par Weber s'est beaucoup ternie par la suite et le débat s'est engagé sur l'universalisme du modèle wébérien appliqué aux entreprises. Dans les textes de Weber, le fonctionnaire apparaît comme l'agent de la modernisation capitaliste. Or l'image traditionnelle du fonctionnaire, la représentation commune de sa fonction, est au contraire celle d'une incapacité à être agent de changement [1]. Derrière son guichet, le fonctionnaire, peu attentif aux demandes du public, se centre davantage sur les problèmes internes du fonctionnement du service, quand ce n'est pas sur ses propres problèmes d'avancement et de carrière. Fonctionnaire est synonyme de refus de changement, d'application tatillonne du règlement, d'usage de la protection accordée par le statut dans un sens de passivité. Les fonctionnaires ont mauvaise presse aujourd'hui et ne sont sûrement pas assimilés au dynamisme des entreprises modernes du système capitaliste.

La source de cette image est dans un dysfonctionnement, au moins apparent, des organisations bureaucratiques. Le modèle wébérien a vu se produire un certain nombre d'effets inattendus.

Weber notait déjà :

> La domination bureaucratique signifie :
> – la tendance au nivellement, dans l'intérêt du recrutement universel, de ceux qui sont les plus qualifiés dans leur spécialité ;
> – la tendance à la ploutocratisation, dans l'intérêt de la formation la plus longue possible ;
> - la domination de l'impersonnalité la plus formaliste : sans haine et sans passion, de là sans « amour » et sans « enthousiasme », sous la pression des simples concepts du devoir, le fonctionnaire remplit sa fonction « sans considération de personne » [...]
> – normalement, l'esprit de la bureaucratie rationnelle s'exprime par [...] le formalisme, réclamé par tous ceux qui sont intéressés de quelque façon que ce soit à la sécurité des chances personnelles de vie – parce que sinon l'arbitraire en résulterait [...]
> – l'inclination des fonctionnaires à traiter dans un sens matériel et utilitaire les tâches d'administration qui sont les leurs au service du bonheur des administrés (1922, p. 231).

On qualifierait sans doute aujourd'hui ces traits de négatifs. Ils permettaient à l'époque de Weber d'écarter ceux qui voulaient tenir leur pouvoir de leur position sociale et non de leurs compétences, de même que ceux qui voulaient posséder une

1. Cette image est en train de changer, sous l'influence d'études récentes, entre autres sur les organisations publiques. Cf. Eymard-Duvernay et Marchal 1994, Dupuy 1991.

« Aucune des cinq fonctions précédentes n'est chargée de dresser le programme général d'action de l'entreprise, de constituer le corps social, de coordonner les efforts, d'harmoniser les actes. Ces opérations ne font point partie des attributions de la fonction technique, non plus que celles des fonctions commerciale, financière, de sécurité ou de comptabilité. Elles constituent une autre fonction que l'on désigne habituellement sous le nom d'*administration* [en italique dans le texte] et dont les attibutions et les limites sont assez mal définies.
La *prévoyance*, l'*organisation*, la *coordination* et le *contrôle* font, sans conteste, partie de l'administration comme on l'entend couramment.
Administrer, c'est prévoir, organiser ; commander, coordonner et contrôler ;
Prévoir, c'est-à-dire scruter l'avenir et dresser le programme d'action ;
Organiser, c'est-à-dire constituer le double organisme, matériel et social, de l'entreprise ;
Commander, c'est-à-dire faire fonctionner le personnel ;
Coordonner, c'est-à-dire relier, unir, harmoniser tous les actes et tous les efforts ;
Contrôler, c'est-à-dire veiller à ce que tout se passe conformément aux règles établies et aux ordres donnés. »

Henri Fayol, *Administration industrielle et générale*, 1918 ; Paris, Dunod, 1981, p. 4-5.

On comprend tout à fait le souci de structurer l'entreprise et de définir les fonctions, dans un contexte de rationalisation paraissant nécessaire aux contemporains des premières grandes entreprises, en particulier industrielles. On voit aussi la dérive qui a pu se produire par la suite. La délimitation si rigoureuse des champs et des fonctions correspond à une situation du marché et des techniques relativement stable, dans un environnement où la chaîne hiérarchique est assez forte, et où le modèle est celui d'une rigoureuse division du travail. Dans un contexte changé, celui d'une entreprise plus souple, plus malléable, en réseau, la coordination devient centrale. Elle ne peut plus être la fonction spécialisée d'un service particulier. Le modèle bureaucratico-hiérarchique s'effondre aujourd'hui sous nos yeux.

fonction en propre et la faire jouer à leur avantage personnel. Dans le contexte de l'Allemagne de la fin du XIXe siècle, où beaucoup de fonctions étaient soit héréditaires, soit vénales, ces traits négatifs apparaissaient mineurs par rapport au progrès que constituait la bureaucratie. On évitait d'avoir dans les administrations comme dans les entreprises des médiocres qui, au minimum, bloquaient les places qui auraient pu être prises par des gens de talent, ayant passé des examens ou des concours, leur valeur ayant été certifiée par les diplômes acquis selon des règles où la concurrence était claire. La domination traditionnelle, devenant patriarcale et patrimoniale, se transforme en gérontocratie, abandonnant complètement l'idée de rationalité.

Le modèle bureaucratique (ou le détenteur du pouvoir se servant de celui-ci) contient potentiellement une tendance à l'accroissement de la puissance, par le savoir né de la pratique du service, c'est-à-dire les connaissances de fait ou « issues des dossiers ». Le concept spécifiquement bureaucratique du « secret de la fonction » – plus ou moins comparable, dans ses rapports avec le savoir spécialisé, au secret de l'activité commerciale au regard du secret de l'activité technique – provient de cette dérive.

Un ensemble de critiques ont été adressées à la bureaucratie, remettant en cause son efficacité. La première a été présentée surtout par Merton (1957, cité par March et Simon). Elle porte sur les conséquences de l'exigence de contrôle venant de la hiérarchie. Cette exigence entraîne une insistance sur la régularité des comportements : la hiérarchie a « besoin d'avoir une certitude à l'égard des comportements et d'être à même de les prévoir » (March et Simon, 1958/1971, p. 38 ; nous nous appuyons beaucoup sur ce passage dans ce paragraphe). « Les techniques de contrôle employées pour s'assurer cette garantie se fondent sur [...] le schéma “mécaniste” de la conduite humaine. On institue des programmes types d'exécution et le contrôle consiste surtout à vérifier que ces programmes sont suivis dans la réalité » *(ibid.)*. Le résultat en est :

– un amoindrissement des relations individualisées : la bureaucratie devient un ensemble de relations entre fonctions et rôles ; le fonctionnaire ne réagit plus face aux autres comme à des individus, mais comme à des représentants de ces fonctions (exemple : l'avancement à l'ancienneté) ;

– l'intériorisation des règles fait que les règlements acquièrent une valeur intrinsèque qui devient indépendante des objectifs de l'organisation ;
– l'utilisation des règles comme technique de prise de décision aboutit à amoindrir la recherche de solutions alternatives.

Ces trois points se combinent pour rendre de plus en plus prévisible les comportements, aboutissant à un accroissement de la rigidité des conduites et facilitant le développement d'un esprit de corps, où les objectifs ne sont plus partagés. Les exigences de régularité sont satisfaites, la défense de l'activité individuelle facilitée, mais l'adaptation à des exigences particulières, venant de la clientèle, n'est plus considérée comme un enjeu. Le système s'adapte mal à des situations changeantes et/ou individualisées. Le problème des relations à la clientèle devient majeur.

La seconde critique, venue de Selznick dans *TVA end the Grass Roots*, porte sur les conséquences imprévues qu'entraîne la délégation d'autorité. Son but est de faciliter l'exercice du contrôle et elle consiste à autoriser le subordonné à accomplir de manière habituelle certains actes. Elle entraîne une recherche de prévisibilité (quels actes peut-on autoriser telle personne à accomplir ?), renforce l'exercice de compétences spécialisées, donc augmente l'expérience et réduit la distance entre objectifs et réalisations dans les domaines qui ont été, au préalable, délimités et spécialisés. Ceci est positif pour Selznick. Toutefois, la délégation induit la départementalisation dont un effet pervers est la divergence d'intérêts entre les sous-groupes et l'organisation. « Le besoin de conservation des sous-groupes leur impose de privilégier leurs propres objectifs par rapport au programme total de l'organisation » (p. 41). Ceci augmente les conflits entre les sous-groupes spécialisés et l'organisation. La conséquence en est que « le contenu des décisions (…) dépend de façon croissante de considérations de stratégie interne, surtout s'il existe une faible intériorisation des objectifs de l'organisation par les participants » (id.).

Le conflit entre sous-groupes se renforce de ce que chacun d'eux produit sa propre idéologie et intériorise ses objectifs, qui sont subalternes pour l'organisation, mais premiers pour les individus. Cette intériorisation est renforcée par les décisions quotidiennes, qui créent des précédents, installent des logiques non traduisibles aux autres sous-groupes. La délégation a ainsi des conséquences positives en ce qu'elle permet un contrôle tout en renforçant l'autonomie et en motivant les individus, mis dans une situation où leur action prend un sens et où ses conséquences sont visibles. Mais elle a aussi des conséquences dysfonctionnelles car elle déforme les objectifs de l'organisation et renforce l'idéologie des sous-groupes. L'intériorisation d'objectifs subalternes devient première. En d'autres termes, créer de l'identité de groupe par autonomisation ne peut être acceptable pour une organisation que si des mécanismes compensateurs maintiennent présents, dans les sous-groupes rendus autonomes, les objectifs généraux et les valeurs de l'organisation.

Cette divergence des intérêts est une conséquence, pour les sous-groupes, du besoin de privilégier leur conservation. Elle se traduit par la mise en œuvre de logiques particulières exprimant la défense de leur survie, tout autant que leur manière de faire, leur savoir-faire et leurs logiques. On est en présence de problèmes d'identité des groupes, de définition de leurs frontières autant que d'arbitrages entre des solutions techniques.

La critique de Norbert Elias dans *Qu'est-ce que la sociologie ?*, porte sur la rationalité des comportements : « En ce qui concerne les appareils administratifs, la bureaucratie, il n'est peut-être pas faux de dire – et Max Weber semblait le penser – que leur structure et le comportement des bureaucrates eux-mêmes sont devenus plus rationnels, si l'on songe à ce qu'ils étaient aux siècles précédents ; mais il ne convient guère de dire – comme Max Weber l'a effectivement formulé – que la bureaucratie contemporaine est une forme d'organisation rationnelle, et que le comportement des bureaucrates *est* un comportement rationnel » (p. 31). Pourquoi ? Parce que la spécialisation, la hiérarchie et la domination de groupes « dont la pensée ne se hasarde jamais au delà de leur propre champ de domination », relève d'une forme d'organisation traditionnelle et irrationnelle.

Le problème central du fonctionnement d'une organisation bureaucratique devient ainsi celui de la coordination des activités de ses membres. Il faudra du temps pour théoriser ce qui n'est pas encore une évidence.

4. 5. LA BUREAUCRATIE SELON MICHEL CROZIER

Les premières études de Crozier ont porté sur des grandes entreprises que l'on peut qualifier de bureaucratiques. Son premier ouvrage sur le thème *Petits Fonctionnaires au travail* paraît en 1956, puis *Le Phénomène bureaucratique* en 1963 et enfin *Le Monde des employés de bureau* en 1965. Après cette date, il abandonnera les recherches empiriques dans ce domaine, ou du moins ne publiera plus directement sur ce thème.

La célébrité du *Phénomène bureaucratique* est attribuable à une double raison. La première est que, à travers des descriptions minutieuses et de grande qualité qui servirent à l'époque et servent toujours aujourd'hui de modèles d'analyse, Michel Crozier mettait en cause le principe de l'efficacité bureaucratique. Les auteurs américains l'avaient fait avant lui, on l'a vu plus haut. Mais c'était de manière plus théorique et moins appliquée à des situations concrètes. Ils n'avaient pas produit des analyses aussi détaillées que celles du monopole industriel et de l'agence comptable. A travers une synthèse qui apparaissait comme un modèle d'analyse empirique, on voyait enfin vivre un système.

La seconde raison du succès de l'ouvrage, à notre avis la plus faible, tient à l'application des conclusions du *Phénomène bureaucratique* à l'administration française et à sa généralisation à un modèle de fonctionnement de la société française. Il ne fallut pas longtemps pour que des journalistes et des politiques, peu soucieux de rigueur scientifique, utilisent cet ouvrage pour justifier les difficultés de fonctionnement de l'administration et l'incapacité des politiques à entreprendre des réformes durables. (Un exemple de cette utilisation abusive est donné dans l'ouvrage d'Alain Peyrefitte, *Le Mal français*, 1976.) On avait enfin trouvé le modèle de fonctionnement « à la française », couvrant à la fois l'administration et les entreprises. Le défaut le plus évident de cette manière d'expliquer les dysfonctionnements est qu'elle ne rend absolument pas compte des réussites de la bureaucratie « à la française » – cf., par exemple, la planification que le monde entier nous enviait –, ni, plus généralement, de l'économie de notre pays (les « trente glorieuses »). Il vaut mieux limiter les explications contenues dans *Le Phénomène bureaucratique* aux cas étudiés et l'appliquer comme un idéal type. Utilisé comme il l'a été, cet ouvrage apparaît comme empreint de déterminisme culturel, ce qui n'était pas, en tout cas pas clairement, l'idée de Michel Crozier.

Comment fonctionnent les organisations étudiées ? Dans les deux cas, l'observation empirique révèle des tensions, un malaise général. Dans l'agence comptable, ce malaise se manifeste par de nombreux départs, une intégration nulle dans l'entreprise, une attitude critique et très amère à l'égard de l'organisation, en même temps qu'un isolement social considérable. Et pourtant, la satisfaction au travail est bonne. Cette réaction positive est due au statut social d'employé, considéré comme une promotion sociale, plus qu'au contenu de la tâche ou aux relations dans le travail. On constate, en revanche, un isolement des différentes strates et un manque général de communications. Par exemple, les chefs de section, pour se montrer sous le jour le plus favorable et se neutraliser entre eux, faussent systématiquement toutes les informations communiquées à leurs supérieurs ; ceux-ci, le sachant, ne peuvent rien faire d'autre que de renforcer une pression impersonnelle qui renforce elle-même le manque de communications directes. On a l'amorce d'un cercle vicieux. Si, finalement, il n'y a pas de conflits graves entre niveaux hiérarchiques proches, c'est qu'il y a absence de possibilités d'action. Le système renforce ainsi la centralisation des responsabilités. Les décisions sont prises par des supérieurs qui n'ont une connaissance directe ni du terrain sur lequel doit s'exercer leur action, ni des variables qui peuvent l'affecter. Ils se reposent sur des informations données par des subordonnés qui ont intérêt à leur mentir. Le pouvoir de décision se concentre donc aux endroits où l'on n'est pas en mesure de connaître efficacement les variables sur lesquelles les décisions vont porter. Ceux qui connaissent ne décident pas. Ceux qui décident ne connaissent pas. Que fait un supérieur qui a une décision à prendre ? Il s'appuie sur la routine. Il cherche à trouver une règle impersonnelle ou au moins un précédent sur lequel il pourra s'appuyer. Il évitera tout changement. Toute décision ira dans le sens d'une généralisation de la concentration et de l'impersonnalité des règles.

Quels sont les traits généraux du phénomène bureaucratique

reconstitué à partir de ces deux études de cas ? Trois principes régissent un tel système :

– un principe égalitaire, correspondant ici à l'application du règlement d'ancienneté ;

– un principe hiérarchique de cloisonnement ; les catégories du personnel sont tranchées et peu changeantes ;

– un principe d'impersonnalité des règles et des procédures, permettant d'éliminer le plus possible l'arbitraire dans le commandement.

Le dysfonctionnement principal, c'est-à-dire l'ensemble des conséquences inattendues et contraires aux principes et aux objectifs de l'organisation, est considéré comme celui qui vient des relations de pouvoir. Il a sa source :

1) dans le développement d'un ensemble de règles impersonnelles définissant les fonctions, prescrivant les conduites à tenir, présidant au choix des personnes, assurant une grande indépendance et sécurité au fonctionnaire mais enlevant tout pouvoir au hiérarchique ;

2) dans la pression en faveur de l'impersonnalité qui pousse à une très grande centralisation des décisions mettant supérieurs et subordonnés à l'abri de toute pression personnelle, les abritant de l'arbitraire ;

3) cette absence de pressions hiérarchiques suppose un grand isolement des différentes catégories hiérarchiques. Isolé dans des strates qui communiquent très peu entre elles, l'individu est soumis à une pression d'autant plus forte du groupe, créant un très grand conformisme.

Faiblesse du pouvoir central, isolement de l'individu, peur des relations face à face sont les dysfonctionnements caractéristiques de ce modèle.

Comme il subsiste toujours un certain nombre de zones d'incertitude, c'est-à-dire des problèmes dont la solution n'est pas prévue par le règlement, c'est autour d'elles que vont se développer des relations de pouvoir parallèles où ceux qui disposent de ressources particulières (position stratégique dominante venant d'une compétence particulière, de la maîtrise de communications, de la connaissance du fonctionnement de l'ensemble) peuvent obtenir un pouvoir sans rapport avec leur position hiérarchique réelle. Face à ces dysfonctionnements, le renforcement de l'impersonnalité et une centralisation accrue sont les seules méthodes possibles, parce que les seules permises par le système de règles des entreprises, de réduction de ces nouvelles relations de pouvoir. On a ainsi le cercle vicieux d'une organisation bureaucratique où les dysfonctions ne se réduisent que par un renforcement de leurs propres causes.

4. 6. CONCLUSION : A QUOI SERT LA BUREAUCRATIE ?

La bureaucratie est le moyen de la domination légale. La domination, rappelons-le, est la chance, pour un ordre donné par un supérieur, de trouver obéissance. L'obéissance est fondée sur la croyance en la légitimité : « L'expérience montre qu'aucune domination ne se contente de fonder sa pérennité sur des motifs ou strictement matériels, ou strictement affectuels *[sic]*, ou strictement rationnels en valeur. Au contraire, toutes les dominations cherchent à éveiller et à entretenir la croyance en leur légitimité » (Weber 1922, p. 220). « Il y a trois types de domination légitime. La validité de cette légitimité peut principalement revêtir un caractère rationnel reposant sur la croyance en la légalité des règlements arrêtés et du droit de donner des directives qu'ont ceux qui sont appelés à exercer la domination par ces moyens » (*ibid.*, p. 222). Le domaine de référence de la domination légale est celui du droit : « Celui qui obéit n'obéit que comme membre du groupe et seulement au droit. » Pour comprendre l'utilité de la bureaucratie, il faut partir du domaine du droit. Et l'on sait combien, en ce qui concerne l'exercice du droit, les citoyens exigent de ceux qui l'appliquent une domination légale. Les traits descriptifs de la bureaucratie s'appliquent toujours aujourd'hui à ceux qui sont investis de la mission de dire et d'appliquer le droit.

Pourquoi Weber applique-t-il la bureaucratie au fonctionnement des entreprises économiques, termes qui apparaissent si antagonistes aujourd'hui ? Parce que la domination légale est la seule, contrairement aux dominations traditionnelles ou charismatiques, qui assure continuité et prescription par des règles non attachées à des personnes. Weber cite, par exemple, le fait d'arriver régulièrement au bureau. C'est « la suite directe de l'injonction qui lui en est faite par une norme juridique dont l'autorité est reconnue dans la pratique ». Notre société vit d'injonctions de ce type, hors desquelles il est impossible à une entreprise de fonctionner. Elles peuvent être insuffisantes pour la dynamiser. Elles sont indispensables pour la faire fonctionner quotidiennement.

Malgré tout ce qui plaide en faveur de l'universalité du modèle rationalisateur-bureaucrate dans les textes de Max Weber, certains passages, en particulier ceux d'*Économie et Société*, tendent à n'appliquer la bureaucratie qu'à – ou surtout à – l'appareil d'État. Le type wébérien décrirait un modèle d'administration d'État, non vraiment généralisable à toute entreprise capitaliste. C'est, en partie, l'interprétation de Boudon et Bourricaud (1982). C'est celle de Michels (1911), selon lequel la bureaucratie permettrait aux hommes politiques de se pérenniser à la tête du pouvoir politique dans les appareils des partis (« loi d'airain de l'oligarchie »). Cette application restreinte de la bureaucratie à un seul domaine est le centre d'un débat sur l'extension du concept wébérien aux entreprises.

La limitation de la bureaucratie aux seuls appareils des partis politiques et le refus de son extension à l'ensemble des entreprises capitalistes paraît cependant trop restrictive. Les textes wébériens penchent vers cette extension, et c'est ainsi que la plupart des sociologues, et ceux des organisations en particulier, ont interprété Weber.

La bureaucratie procure des avantages évidents aux individus. Elle les protège dans leur indépendance et leur sécurité. Elle leur permet de négocier leur participation, celle-ci n'étant acceptable que si l'individu ne s'y sent pas contraint, c'est-à-dire s'il peut la retirer. La réduire à cette défense de l'individu, cependant, c'est ne pas comprendre sa portée pour la construction de la société industrielle.

La bureaucratie serait l'opposé de l'entreprise moderne. Il est en effet de bon ton, aujourd'hui, de mettre en valeur dans les entreprises les catégories de « battant », de « gagnant dans la guerre économique », il faut exiger de l'« enthousiasme », des gens « motivés », etc. Dans cette perspective, attendre du fonctionnaire le respect du formalisme, lui demander de choisir sur des critères universels et transparents, d'avoir un comportement où domine « l'impersonnalité la plus formaliste (sans haine et sans passion, de là sans "amour" et sans "enthousiasme", sous la pression des simples concepts du devoir) », remplir sa fonction « sans considération de personne », développer le formalisme pour éliminer l'arbitraire, etc., ces comportements ne paraissent évidemment pas être ceux qui sont exigés par l'entreprise « managériale ». Ils en demeurent cependant un des fondements. Dans la mesure où la bureaucratie se définit comme un ensemble de moyens, exprimant la volonté d'une organisation de formaliser, de définir des règles, de faire exercer le pouvoir à travers des règlements, d'instaurer une domination légale, elle demeure un fondement de la société industrielle.

On peut ajouter que la légitimité comme ressort de l'action des fonctionnaires, au sens habituel du terme, n'a pas perdu sa place dans notre société. Il suffit de songer aux institutions étatiques, à ce qui est attendu d'un fonctionnaire de la Sécurité sociale, d'un juge, voire d'un professeur d'université estimant les qualités des étudiants et leur attribuant les diplômes. Les principes bureaucratiques fondent ces actions et ils sont à la racine de ce que l'on appelle l'esprit de service public, sans doute plus que jamais nécessaire au fonctionnement des entreprises elles-mêmes et de la société. Écarter ceux qui voudraient tenir leur pouvoir de leur position sociale et non de leurs compétences, rejeter ceux qui voudraient posséder une fonction en propre et la faire jouer à leur avantage personnel, sont des critères applicables quotidiennement à chaque membre de la société industrielle. Le modèle rationnel wébérien prouve ici sa valeur universelle.

Hors de ces critères relevant de la légitimité de la domination, la bureaucratie est-elle une organisation si rationnelle ? On va voir dans le chapitre suivant que les tenants de l'analyse stratégique sont partis de la critique de la bureaucratie pour évoquer autrement les relations réelles au sein de la firme.

5

L'entreprise : un construit par des acteurs

La première représentation de l'entreprise s'est donc faite sous le mode de la rationalité. L'entreprise capitaliste triomphe parce qu'elle est fondée sur un modèle rationnel, défini pour les sociologues dans les termes wébériens ou tayloriens, pour les économistes dans les termes de l'individu et du marché. Ces modèles, cependant, ne définissent pas des acteurs au sens plein du terme. La rationalité est unique. Weber, même s'il définit l'acteur par le sens qu'il donne à son action, ne s'intéresse pas à dire qui est à l'origine de la construction de cette rationalité. Taylor l'attribue à ceux qui détiennent le monopole de la science, les bureaux où l'on pense. Pour les économistes, il s'agit d'une loi invisible, celle du marché. Pour que l'entreprise et les individus qui la composent appliquent le modèle rationnel, il suffit que celui-ci soit clairement énoncé ou connu de tous. Ce qui veut dire que l'entreprise ne connaît pas d'acteurs autonomes susceptibles de choix. L'image de l'entreprise est celle d'un système où l'important est le rationnel formalisé dans la définition des fonctions, où la cohérence est assurée par la hiérarchie. L'autorité de celle-ci ne paraît pas être un problème important, sans doute en raison de l'époque, la fin du XIXe et le début du XXe, où, dans les sociétés qui s'industrialisent, le modèle hiérarchique est très prégnant.

Par la suite, en sociologie, la théorie des relations humaines (que nous ne présenterons pas ici, la supposant connue) mettra en lumière l'existence de comportements inattendus, que ses auteurs appelleront informels. Ces comportements ne mettent pas vraiment en question l'idée de la rationalité de l'entreprise. Ils égratignent le modèle de l'*homo oeconomicus* (« donner à l'ouvrier ce qu'il désire le plus – des salaires élevés », Taylor 1957, p. 20), ils sont considérés comme une réaction humaine qui finalement donne des indications pour aménager le « bon » modèle. La théorie des relations humaines ne met pas en cause le modèle rationnel de l'entreprise, à peine celui de comportements dictés par le seul intérêt individuel.

Vers la fin des années trente, un ensemble d'auteurs, économistes et sociologues, réfléchissant sur le fonctionnement de l'entreprise, attirent l'attention sur la tension majeure qui naît de la double contrainte de la division du travail et de la coopération. Le problème avait déjà été vu par Durkheim, mais comme une question adressée aux sociétés. Des auteurs comme Coase, Barnard et d'autres vont la poser au niveau de l'entreprise. Ils feront remarquer que, plus la division est importante, plus la coopération devient difficile à mettre en œuvre, et que c'est là le problème central de la firme. Par la suite, mais à partir de cette réflexion et comme une de ses conséquences majeures, surgira une image de l'entreprise en tension entre des acteurs différents, dont la coordination passe par les jeux de pouvoir. La réflexion sur les contraintes de l'action collective et la difficulté de les mettre en œuvre commence lorsque celle-ci pose problème parce qu'il apparaît que la division du travail ne crée pas forcément la coopération.

5. 1. L'ENTREPRISE ENTRE DIVISION DU TRAVAIL ET COOPÉRATION

Une des contraintes fortes de l'entreprise considérée comme système productif est en effet d'être fondée sur la double exigence de la division du travail et de la coordination des activités. Historiquement, l'accent a d'abord été mis sur la constitution de la division du travail. Mais il est apparu par la suite que la coordination, qui suppose une définition des objectifs ou des buts, n'allait pas de soi. Le modèle rationnel est apparu susceptible d'interprétations diverses. Il y avait des choix à faire, donc des acteurs et donc aussi des jeux de pouvoir. A partir des années soixante et soixante-dix, la problématique s'est complètement renouvelée, même si auparavant des penseurs avaient déjà noté ces difficultés [1].

Une des premières réflexions sur l'articulation division/coopération est celle de Durkheim (1893). Selon lui, l'histoire montre l'existence de deux modèles de société, l'un fondé sur la solidarité mécanique, l'autre sur la solidarité organique. Les sociétés fondées sur la solidarité mécanique sont celles où la solidarité dérive des similitudes entre les individus. L'appartenance au groupe y est fortement valorisée et elle se fait sous forme d'une fusion des individus dans le tout social. Une trop forte individualisation contredirait ce modèle fusionnel. La solidarité naît « de ce qu'un certain nombre d'états de conscience sont communs à tous les membres de la société » (*ibid.*, p. 78). On le voit en analysant le droit et le système de sanctions créés dans ce type de société où la rupture entre les individus est qualifiée de crime, car elle froisse des états forts de la conscience collective. Toute différenciation sociale est exclue, en dehors de la participation à la vie religieuse qui assigne des statuts (les religieux et ceux qui ne le sont pas).

Les sociétés fondées sur la solidarité organique connaissent une division du travail forte, dont la fonction n'est pas seulement d'augmenter la production et donc le bien-être, mais qui apparaît comme une condition de cohésion, donc d'existence de ces sociétés. Lorsque la différenciation des activités est admise comme légitime, les fonctions de coordination deviennent centrales, les échanges se multiplient et avec eux les risques de conflits. La société a alors besoin d'une organisation et doit être placée sous la surveillance d'une autorité. Les éléments sociaux composant cette société sont « coordonnés et subordonnés les uns aux autres autour d'un même organe central qui exerce sur

1. On étudiera ici division du travail, coopération et relations de pouvoir exclusivement à l'intérieur de l'entreprise, rejetant volontairement de ce champ les rapports de domination dans l'entreprise nés d'une prise en compte des rapports de domination dans la société. Les problèmes de l'antériorité de la société sur l'entreprise, ceux du lien entre rapports de pouvoir dans les organisations et rapports de forces dans la société ne seront donc pas abordés ici.

le reste de l'organisme une action modératrice » (*ibid.*, p. 157). Il y a besoin de coordination. Elle est assurée par une autorité, dans la réciprocité. Le statut donné au droit rend visibles les différences entre ces sociétés. Dans celle qui est fondée sur la solidarité mécanique, le droit est de type répressif, car toute faute est considérée comme une rupture de la similitude et de l'identité qu'il s'agit de punir. Dans les autres sociétés, la sanction est de type restitutif. Il ne s'agit pas d'expier mais de remettre en état. Le but de la législation est, après un manquement, de restituer le lien social dans un état satisfaisant puis de continuer à le faire vivre, non de condamner des fautes.

A ces difficultés de coordination dans une société où la division du travail est un fait, donc dans nos sociétés qui vivent dans le contexte d'une solidarité organique, Durkheim voit une réponse. Il faut reconstituer le lien social détruit, retrouver la cohésion sociale, la maintenir, dans cette société qui a mis à mal la solidarité mécanique, fusionnelle. Notons au passage combien cette question a des accents modernes, dans l'actualité de nos sociétés industrielles de la fin du XXe siècle, où le lien social semble en pleine rupture. La réponse donnée par Durkheim est en revanche des plus discutables : par le renforcement des groupes qui, en raison de leur proximité, sont susceptibles d'encadrer l'individu, à savoir les corporations. Ce sont des groupes professionnels de proximité, donc les plus propres à défendre l'individu contre le suicide égoïste (cette solution est proposée dans l'étude sur *Le Suicide*), des groupes cohésifs dans lesquels les individus ont des intérêts solidaires, des groupes capables de constituer un milieu moral.

Quoi qu'il en soit de cette solution, dont l'histoire a montré les ambiguïtés (les corporations ont le plus souvent été liées à des régimes politiques autoritaires), l'apport de Durkheim réside dans l'importance attachée aux rapports entre division du travail et coopération et à la manière d'en souligner les difficultés.

Burns et Stalker (1966), reprenant la distinction mécanique/organique, l'appliquent à l'entreprise pour présenter deux modèles opposés de management. Ils s'appuient sur des considérations liées à l'environnement au sens large. Le modèle mécanique est adapté à un environnement stable. Il a une structure de communication et de pouvoir centralisée, les informations y sont l'apanage exclusif du sommet, l'interaction valorisée est de type vertical entre la base et le sommet. Le modèle organique au contraire est adapté à des conditions changeantes, les problèmes se renouvellent souvent, contraignant à des exigences nouvelles et à des solutions qui n'ont pu être ni prévues ni planifiées auparavant. La structure de contrôle, de pouvoir et de communication y est en réseau. Informations et connaissances ne sont pas considérées comme l'apanage du sommet, elles peuvent être réparties n'importe où dans le réseau. Leur localisation définit des centres de pouvoir qui ne sont pas systématiquement au sommet de l'organigramme, les communications sont orientées plutôt horizontalement que verticalement. Burns et Stalker ne hiérarchisent pas leurs modèles : l'un n'est pas en soi préférable à l'autre, mais chacun est adapté à un environnement particulier. Ce regard sur les rapports de coopération nés de l'environnement est potentiellement très riche. Il est une source de ce qui sera appelé la théorie de la contingence, selon laquelle les structures de l'entreprise sont appréhendables à partir des contraintes nées de l'environnement, comme le montre par exemple Mintzberg (1982 – nous ne développerons pas ici ces théories, plus managériales et gestionnaires que proprement sociologiques ; elles sont reprises par les écoles de management).

Bien avant Burns et Stalker, un économiste américain, Richard Coase (1937), avait publié un article qui allait devenir célèbre. Selon lui, l'entreprise (la firme) se définit à partir de l'analyse des coûts de transaction. Il y critique la thèse de la coordination par le mécanisme des prix, l'explication de l'entreprise sur ces bases et, plus généralement, les thèses de ce que l'on appellera par la suite la théorie économique standard (TES). Coase commence par rejeter un certain nombre de ces thèses : d'abord, celle qui soutient qu'un système économique marche tout seul *(works itself)*. Ensuite, celle selon laquelle « la société s'apparente non pas à une organisation mais à un organisme ». Enfin et surtout, celle qui fait dépendre l'allocation des ressources dans une société du seul mécanisme des prix.

L'essentiel de son article consiste à montrer que l'accès au marché a un coût, et qu'il peut être intéressant pour la firme de s'en passer. La coordination de l'activité économique par le marché est remplacée, dans les firmes, par l'activité interne de coordination. L'entrepreneur, en coordonnant la production, crée un substitut aux transactions compliquées du marché. La firme se définit alors comme une alternative à la coordination par le marché. En son sein, celui-ci est remplacé par l'organisation. L'entrepreneur fait ce remplacement en organisant lui-même l'allocation des facteurs de production. Il ne supprime pas la consommation de cette production, qui demeure, elle, régulée par le marché.

La marque distinctive de la firme est donc le remplacement du marché et du mécanisme des prix par une organisation interne. En effet, marché et prix ont un coût : connaître le prix pertinent, négocier et conclure une multitude de contrats, supprimer en partie l'incertitude planant sur les contrats à long terme sont des contraintes et des incertitudes que l'entrepreneur pense supprimer en gérant lui-même l'allocation des ressources à l'intérieur de la firme. « En dehors de la firme, les mouvements de prix orientent la production. Celle-ci est coordonnée à travers des séries d'échanges sur le marché. A l'intérieur de la firme, ces échanges de marché sont éliminés. L'entrepreneur-coordinateur oriente la production et se substitue à la structure compliquée du marché. Il est clair que ce sont des méthodes alternatives de coordination de la production » (Coase 1937, p. 388).

On voit quotidiennement cette théorie à l'œuvre. Aujourd'hui, la localisation dans ou la délocalisation hors – ce qu'on appelle internalisation et externalisation – des ateliers d'entretien des grandes usines est un exemple frappant d'application de la théorie des coûts de transaction. Pendant longtemps, les responsables d'entreprises industrielles d'une certaine taille ont expliqué que le cœur, sinon de l'entreprise, du moins de la fabrication, résidait dans les services d'entretien. Les ouvriers de ces services connaissaient bien les machines. Ils étaient même les seuls à bien les connaître car ils en avaient l'expérience, étant des ouvriers qualifiés, expérimentés, spécialisés dans ces types de machines. « L'entretien, ici, c'est sacré », me suis-je entendu dire lorsque, jeune chercheur, je visitais des entreprises et cherchais à en comprendre les principes de fonctionnement. L'usine tournait grâce à l'expérience et à la qualification des ouvriers d'entretien. Que voit-on aujourd'hui ? La multiplication et le renouvellement rapide de machines ou d'ensembles techniques très pointus nécessitent des entretiens tellement particuliers que les entreprises commencent massivement à externaliser ces services et à les confier à des entreprises très spécialisées. Là où le discours était à la valorisation de l'entretien-usine parce qu'il fallait une expérience-usine, on voit des entreprises extérieures assurer aujourd'hui cet entretien-maintenance. La coordination ne se fait plus à l'intérieur de l'usine par l'entrepreneur coordinateur. Il préfère s'en remettre à la coordination par le marché. Il le fait également pour d'autres raisons, en particulier pour la gestion de la main-d'œuvre. La thèse des coûts de transaction s'applique aussi à ce problème.

Coase tire de son analyse théorique, entre autres, des considérations sur la taille optimale de la firme. Celle-ci est atteinte lorsque les coûts de l'organisation interne sont plus lourds que ceux de la régulation par le marché. Il ajoute que l'incertitude et donc la maîtrise de cette incertitude sont des facteurs fondamentaux de naissance de la firme. Prévision et contrôle : il y a des accents wébériens chez cet économiste américain.

Dans son fonctionnement interne, la firme se définit comme un système de relations où l'allocation des ressources est dépendante de l'entrepreneur. Celui-ci doit se centrer sur l'organisation interne qui doit être plus performante que les mécanismes du marché. Il faut ajouter que ce dernier n'est que rarement le lieu de la concurrence pure et parfaite et que les acteurs n'y agissent pas selon le modèle de rationalité proposé dans la théorie économique classique.

L'analyse de Coase oblige à poser les problèmes de l'organisation interne, des réseaux, de la confiance et de l'échange économique. Celui-ci n'est plus strictement fondé sur les termes marchands et sur le mécanisme des prix, qu'ils soient internes ou externes. D'autres éléments, sociaux ceux-là, expliquent le fonctionnement des marchés.

On ne peut cependant se contenter d'opposer l'interne à l'externe, la transaction au marché. D'autres auteurs (cf. Pelletier 1994) ont développé l'idée que les transactions sont régulées à l'intérieur de l'entreprise par le marché, la bureaucratie ou la culture. Ces trois types de régulation supposent à la fois équité et réciprocité comme principe de mesure de l'échange, le coût du marché ne pouvant être évalué pour chacune de ces transactions, car, entre autres, la détermination de la valeur est alors difficile. Elle suppose, de plus, l'introduction d'un paramètre particulier, celui de la confiance, que les théories de l'acteur n'abordent pas (cf. *infra*, chapitre suivant). Équité et réciprocité ne sont possibles, en effet, que si le partenaire rend ou a rendu ses comportements prévisibles et donc si l'autre accepte son jugement, au moins comme base de négociation. On est dans un modèle quasi contractuel. La question non résolue dans ce cadre est celle de la transparence de l'organisation, qui permettrait de rendre la situation équivalente à celle du marché, donc avec une mesure commune des transactions.

Aoki dans *Information, Incentives, and Bargaining in the Japanese Economy* (1988) reprend la théorie des deux modèles d'une manière assez proche de celle de Burns et Stalker. Il schématise deux modèles. Dans le premier, le modèle « A », comme américain, proche du modèle mécanique, les ajustements des objectifs en réponse aux changements brutaux (Aoki utilise le mot *shocks*) et les ajustements dans le processus de production en réponse à ces *shocks* sont décidés et dirigés d'en haut, par le service central de planification (p. 26-35). Les hiérarchiques de chaque service ont un pouvoir discrétionnaire pour décider les adaptations locales. Les informations concernant les changements à effectuer sont utilisées périodiquement par le service central de planification de la production pour revoir les plannings de production. A l'origine de ce type d'organisation, il y a une accentuation de la spécialisation ouvrière et de la différenciation des tâches, spécifique sans doute à l'industrie américaine si on la compare à la japonaise (Aoki note qu'il existe 20 000 titres dans le répertoire américain des qualifications). A l'inverse, le modèle « J » repose sur le principe de la coopération horizontale entre fonctions, sur celui du partage des informations, sur une redéfinition fréquente des pouvoirs et des responsabilités de chacun en fonction non seulement des changements venus de l'extérieur, mais des interactions entre individus. Cela suppose une définition très évolutive des pouvoirs de chacun. De plus, chaque problème est traité au niveau le plus proche de son exécution, sans recours à l'extérieur. Les classifications sont plus larges, les affectations aux postes plus flexibles, ce qui permet à chacun de développer une qualification plus grande. Au lieu de chercher à atteindre à l'efficacité à travers une fine spécialisation des individus et une forte démarcation entre les postes, la firme « J » développe les capacités des groupes de travail à régler les urgences de manière autonome à travers l'apprentissage par le faire et le partage des connaissances au niveau de l'atelier. Pour prévenir les urgences, les tâches d'identification et recherche des solutions sont séparées de celles des réparations dans la firme « A », elles sont intégrées dans la firme « J ». Le fameux slogan *« the right man in the right place »* est proposé par Aoki comme un exemple induisant une organisation statique du travail. Il est représentatif de la firme « A », et l'ouvrier est engagé à rester à sa place, à être l'homme le plus compétent à la bonne place, donc à ne pas en bouger. Si un problème se pose, il doit faire venir un autre *« right man in the right place »*. Dans le modèle « J », l'équipe va essayer de se débrouiller pour résoudre le problème.

Cette rapide présentation des principales problématiques rendant compte de la division/coordination dans les entreprises permet de comprendre comment, progressivement, les théories de l'entreprise, fondées sur l'évolution de celle-ci, vont être amenées à postuler acteurs et jeux de pouvoir là où il n'y avait que rationalité. On assiste à un changement radical. L'ajustement devient le problème principal. Au fur et à mesure que vont se développer les études théoriques et empiriques sur l'organisation en même temps que se développent d'autres modèles d'entreprise, les questions de la coordination des acteurs, donc de leur existence comme entités autonomes mais liées dans l'entreprise, vont devenir centrales. Ce n'est plus « naturellement » que le chef coordonne des acteurs auxquels on reconnaît de l'autonomie. Mais alors, comment le fait-il ?

5. 2. L'ANALYSE STRATÉGIQUE ET LE PROBLÈME DU POUVOIR

L'analyse stratégique apparaît comme théorie explicative à partir du moment où les modèles de type déterministe sont remis en cause. Aujourd'hui, elle est exposée de la manière la plus claire par Crozier et Friedberg (1977), puis par Friedberg

(1993), eux-mêmes inspirés d'auteurs américains comme March et Simon (1971) qui se placent dans un courant appelé parfois néorationaliste. Crozier et Friedberg critiquent les théories classiques de l'organisation (bureaucratie, taylorisme, psychologisme, structures formelles) en raison soit du postulat du *one best way*, postulat qui conduit à penser que pour tout problème il y a une bonne solution et une seule, soit du déterminisme latent qu'elles contiennent. Ils pensent aussi que la question de la coordination a été mal posée dans ces théories. Le *one best way* suggère que l'appel à l'expert est suffisant. Or, celui-ci, lorsqu'il dit ce qu'il faut faire, le fait indépendamment du groupe qui a à exécuter les décisions d'une part, du système de relations existant dans l'organisation d'autre part, et donc sans prendre en compte la coordination telle qu'elle se fait ou ne se fait pas. Le taylorisme est écarté enfin en raison d'une conception trop étroite du travailleur, supposé n'être mû que par l'intérêt économique. Il repose sur un *homo oeconomicus* (rationnel et déterminé) qui n'existe pas dans la réalité. L'observation montre au contraire qu'il se comporte en acteur capable de faire des choix qui n'ont pas qu'un fondement d'intérêt économique, au sens traditionnel du terme.

Pour les mêmes motifs, les théories des relations humaines, des besoins et des motivations sont critiquées parce que, postulant une nature, elles aboutissent à des comportements se déroulant « dans le vide », comme le dit joliment Friedberg (1972), c'est-à-dire indépendamment du contexte et des situations de travail. Elles présupposent que les situations n'influent pas sur les choix que peuvent faire les individus. Elles donnent de l'individu une image passive, comme s'il répondait quasi mécaniquement et toujours de la même manière aux stimuli. Or, l'expérience et les théories sociologiques de l'organisation ont montré que ce n'est pas une nature humaine abstraite, définie en termes généraux, qui dicte leur conduite aux individus. L'explication doit prendre en compte les situations qui expliquent le sens que ces individus donnent à l'action qu'ils entreprennent.

Enfin et surtout, l'analyse stratégique se démarque des thèses structuralo-fonctionnalistes (Parsons, Merton, Selznick) en remettant en cause d'une part l'aspect rationnel des rôles et d'autre part la conformité quasi naturelle des occupants d'un rôle aux attentes de leurs partenaires (cette critique vise aussi l'école interactionniste du type de celle de Goffman par exemple).

Présentation générale

L'analyse stratégique[1] telle qu'elle est présentée par Michel Crozier et Erhard Friedberg (1977) se fonde sur quatre postulats :

• L'organisation est un construit, en aucun cas une réponse aux contraintes. Ce sont les acteurs qui construisent ensemble les réponses à ces contraintes. Il s'agira d'expliquer comment se fait cette construction.

• Les hommes n'acceptent jamais d'être traités comme des moyens au service des buts des organisateurs Chacun a ses buts, ses objectifs propres.

• L'accent est mis sur la liberté de l'acteur et sur son autonomie. Ici, le rôle n'est pas présenté, selon la manière classique en sociologie, comme une attente de comportements dans des positions définies socialement. Il est vu sous l'aspect de la liberté d'interprétation de l'acteur qui en modifie toujours définition et contenu.

• Les stratégies des acteurs – on retient le terme d'acteur, éliminant celui d'individu et/ou de groupe – sont toujours rationnelles, mais d'une rationalité limitée et contingente. Il ne s'agit pas seulement de limites venant des imperfections des connaissances et de l'information. Mais plutôt d'un phénomène lié aux représentations et aux capacités cognitives : chacun voit l'organisation sous l'aspect de ses objectifs (les commerciaux valorisent leur fonction contre les gens de production qui font de même, etc.). Chaque acteur a un champ de compétence particulier et des connaissances limitées par ce champ. Chacun ne peut pas ne pas défendre son domaine et le fait d'autant plus ardemment qu'il puise ses convictions dans sa pratique quotidienne, dans sa logique.

1. J'en ai présenté l'essentiel dans *La Sociologie des organisations*, Paris, Éd. du Seuil, coll. « Points Essais », 4e éd., 1993.

Le concept de stratégie est donc central. Mais à condition de ne pas le réifier : l'acteur n'a que rarement des objectifs clairs ni des projets cohérents. Son comportement est actif, rationnel, mais sa rationalité se définit plus par rapport aux opportunités que lui offre l'organisation et aux comportements des autres acteurs que par rapport à des objectifs ou des projets cohérents. Il ne choisit jamais la solution optimale, mais « il décide de façon séquentielle et choisit pour chaque problème qu'il a à résoudre la première solution qui correspond pour lui à un seuil minimal de satisfaction » (*ibid.*, p. 46). Il peut être offensif, cherchant des opportunités pour améliorer sa situation, ou défensif, maintenant sa marge de liberté et sa capacité à agir. Enfin, la stratégie d'un acteur s'appréhende à travers les régularités de ses comportements.

L'analyse stratégique introduit donc le concept d'acteur. Au sens théâtral de l'interprétation des rôles. Mais sans éliminer le contexte créé par l'organisation, sans se contenter de partir de l'acteur, de ses objectifs et de la logique de son action, indépendamment de ce contexte. On aboutirait à des impasses comparables – mais inversées – à celles des modèles antérieurs en raisonnant sur un acteur coupé de son environnement et défini alors de façon abstraite. L'acteur comme l'organisation ne peut s'analyser indépendamment de son environnement. Celui-ci se manifeste à travers des réseaux et des relais, comme « les fournisseurs, les banquiers, les sous-traitants, les agences de placement de la main-d'œuvre, voire les syndicats ouvriers, les réseaux de représentants [...]. Ce peuvent être des associations de parents d'élèves [...], des élus politiques... » (*ibid.*, p. 142). Ces relais ont un double rôle : ils informent l'organisation et ils la représentent. Ils jouent le rôle de réducteurs d'incertitude, élargissant les systèmes et sous-systèmes de jeux qui structurent les organisations.

Les mêmes prémisses – raisonner sur l'acteur indépendamment de l'organisation – aboutissent à d'autres simplifications vigoureusement dénoncées par nos auteurs (*ibid.*, chap. 1). La première est celle qui cherche à expliquer les relations entre l'individu et l'organisation à partir de besoins, matériels ou psychologiques, des individus. Les dysfonctionnements de l'organisation seraient alors expliqués par la non-satisfaction, l'absence de « congruence » (*ibid.*, p. 41, citant Argyris 1965) entre les besoins des individus et les structures de l'organisation. Rappelons ici que la satisfaction des « besoins » des individus comme principe d'analyse de l'entreprise – même si ceux-ci en tirent un salaire, un intérêt au travail, etc. – n'a aucun intérêt pour la compréhension du fonctionnement d'une organisation. D'abord parce que les besoins sont infinis, que tout le monde y est assujetti, et qu'alors ils ne jouent plus le rôle de variables, mais de constantes. Ensuite, parce que la valorisation de tel besoin est du ressort de chaque individu, donc qu'ils ne peuvent être hiérarchisés pour un ensemble. Enfin, parce que dans tout groupe, donc dans l'entreprise aussi, ils sont transformés en enjeux et que c'est ceux-ci qui doivent être l'objet de l'analyse.

L'autre simplification dénaturant le raisonnement à partir de l'acteur est celle qui repose sur l'analyse en termes de marché. La relation entre l'individu et l'organisation se nouerait selon un modèle d'équivalence du type contribution-rétribution. L'individu ou acteur attend des rétributions de l'organisation et ne s'impliquera dans sa contribution que si les rétributions le satisfont. Raisonner ainsi, c'est simplifier les critères du comportement de l'acteur en ne les rapportant qu'à lui-même. Dans ce modèle, l'individu ne raisonne qu'en tenant compte de son cadre individuel de référence, de son milieu d'appartenance et du milieu vers lequel il aspire. Son environnement organisationnel ne joue aucun rôle. Or, dans les faits, s'il est vrai que l'individu prend en compte ses aspirations et ses projets, il les redéfinit en fonction des opportunités que lui offre la situation d'action dans laquelle il est engagé. Chacun peut aspirer à tel poste ou telle fonction pour une infinité de raisons. Celles qu'il se donne à lui-même – se valoriser, avoir du pouvoir, briller dans son entourage, gagner plus d'argent, etc. – ne permettent pas de mieux comprendre le fonctionnement de l'entreprise. Aspirations et projets changent en fonction des opportunités qui lui sont fournies. Il est donc indispensable de partir non des aspirations ou besoins – on serait dans un modèle individualiste-déterministe, besoins et aspirations dictant la conduite –, mais des opportunités. La théorie qui guide l'analyse ici n'est pas l'individualisme, mais l'individualisme méthodologique où les actes individuels, orientés par le contexte d'action, sont la source des comportements.

Le pouvoir

Des trois concepts de l'analyse stratégique, le pouvoir est sans doute le plus important[1]. La manière dont il est présenté et sa fonction s'enracinent dans un des deux grands courants philosophiques à l'origine de la conception des rapports sociaux et donc des rapports de pouvoir. Le premier est représenté, entre autres, par Hobbes (1651). Dans le *Léviathan*, le pacte social est destiné à policer une société où l'homme est un loup pour l'homme, où celui-ci désire sans répit acquérir pouvoir sur pouvoir, où la fonction du souverain est de réguler ces passions en assumant le contrôle social de ses sujets. Dans cette perspective, le pouvoir a essentiellement pour fonction le contrôle. Tout autre est la perspective de Locke (1689), pour lequel le rôle du souverain est de protéger la liberté et la propriété, la société étant fondée sur l'accord des citoyens. Il définit le pouvoir à partir de ce que Weber appellera ensuite la légitimité, et il n'y aurait ainsi de pouvoir que référé à l'approbation des citoyens. Ceux-ci n'obéissent que dans la mesure où ils approuvent. Hobbes et Locke présentent deux modèles de société qui fondent deux représentations du pouvoir, de sa fonction et de son exercice. Dans l'un de ces modèles, c'est au souverain qu'incombe la charge de définir le bien commun et d'en contrôler l'exercice ; dans l'autre, ce qui est commun l'est à partir du consensus entre les citoyens.

En partant de ces deux courants de pensée, il est possible de décrire deux familles d'esprit qui ont théorisé les relations division/coopération. Dans la première, l'exigence de coordination est pensée à partir du sommet. On peut prendre pour exemple les textes de Fayol (1918) qui définit l'autorité comme « le droit de commander et le pouvoir de se faire obéir »

1. Même si, pour des raisons pédagogiques, j'ai renoncé à l'évoquer en premier dans une présentation plus générale de l'analyse stratégique. Encore une fois, il est facile de croire que l'on a compris le fonctionnement de l'entreprise à partir de la description du « combat des chefs ». C'est ridicule, mais ce travers est constamment répété, lorsqu'on laisse faire des analyses en situation de formation notamment. Cf. la grille d'analyse in *La Sociologie des organisations*, *op. cit.*

(p. 21). Le chef détient une autorité statutaire de par sa fonction. Il est de plus, bien entendu, souhaitable qu'elle s'appuie sur une autorité personnelle faite d'intelligence, de savoir, de don, etc. Mais, si ces deux modes d'exercice de l'autorité sont indispensables, la seconde n'a, aux yeux de Fayol, de sens qu'à partir de la première. On trouve cette vision de l'autorité et du pouvoir dans les modèles qualifiés habituellement de tayloriens. Et cela se comprend aisément si l'on se rappelle que, dans le modèle taylorien, la science, en particulier celle de la direction, appartient en propre aux membres de la direction, non à ceux qui exécutent. Cette division, la plus significative du taylorisme, renvoie directement à une organisation fondée sur un modèle d'exercice hiérarchique et autoritaire du pouvoir.

A l'opposé, un ensemble d'auteurs, pensant que la coordination ne peut se faire efficacement que de manière horizontale, mettent l'accent, dans la relation de pouvoir et d'autorité, sur la nécessaire approbation par les exécutants des ordres reçus. Un des plus connus est Chester I. Barnard (1938) selon lequel…

> l'autorité c'est, dans une organisation, le caractère d'une communication (ordre) formelle en vertu duquel un collaborateur ou un « membre » de l'organisation accepte qu'elle dirige son action, c'est-à-dire qu'elle dirige ou détermine ce qu'il fait ou ce qu'il ne doit pas faire, pour autant que l'organisation soit concernée. Selon cette définition, la notion d'autorité revêt deux aspects : premièrement, un aspect subjectif et personnel, *l'acceptation* [en italiques dans le texte] d'une communication faisant autorité […] ; et deuxièmement, un aspect objectif, le caractère en vertu duquel elle est acceptée, c'est-à-dire *le système de coordination*… (p. 161-184).

Barnard ajoute que, si celui qui reçoit l'ordre l'accepte, l'autorité de celui qui l'a donné est renforcée. Autrement dit, ce sont les personnes qui reçoivent l'ordre qui décident si cet ordre fait autorité ou non, et non pas « les personnes en position d'autorité », ou celles qui émettent cet ordre. Et Barnard d'expliquer longuement que cette thèse est tout à fait contraire à l'opinion la plus répandue à son époque. Il ajoute :

> L'autorité est une autre façon de parler du consentement et de la capacité des individus de se soumettre aux nécessités des systèmes coopératifs. L'autorité provient des limites techno-

> logiques et sociales des systèmes coopératifs d'une part, et des individus d'autre part. En conséquence, le statut de l'autorité dans une société constitue en quelque sorte une mesure à la fois du développement des individus et des conditions technologiques qui prévalent dans cette société à un moment donné *(ibid.)*.

Quand ils construisent et utilisent le concept de pouvoir, Crozier (1963) puis Crozier et Friedberg (1977) rappellent qu'ils s'appuient sur des observations empiriques des comportements des acteurs et sur celles du fonctionnement de l'organisation. Dans le cas du monopole industriel, ils montrent que le jeu autour de la relation de pouvoir explique les attitudes et les comportements des acteurs d'une part, structure le fonctionnement de l'ensemble d'autre part. Les chefs d'atelier, démunis, « n'ont aucun moyen d'exercer réellement l'autorité hiérarchique que leur confère l'organigramme » (1977, p. 52). L'agressivité de l'autre acteur, les ouvriers d'entretien, s'explique par la situation usurpée de pouvoir que leur donne la maîtrise de la zone d'incertitude pertinente, à savoir les pannes. Ils détiennent un pouvoir formellement non légitime. Nos auteurs partent donc du vécu de la relation de pouvoir par les ouvriers d'entretien et de l'agressivité qu'ils développent dans ce modèle hiérarchique. Comme tout acteur, ces ouvriers mènent des stratégies pour augmenter leur allocation de ressources, pour maintenir à distance et dans un état d'infériorité les autres acteurs, en particulier leurs hiérarchiques. Ils se donnent ainsi le maximum de chances de faire triompher leur rationalité sur celle des autres. Le pouvoir peut alors se définir comme la capacité d'un acteur, dans sa relation à l'autre, de faire en sorte que les termes de l'échange lui soient favorables. Il s'agit de mobiliser des ressources dans une relation qui, dans une organisation, est toujours une contrainte majeure. Les acteurs ne peuvent éviter de rentrer en relation car c'est le système de relations qui construit la coopération. La relation de pouvoir est vue ici sous l'aspect où elle construit l'organisation, non sous celui où elle la détruit. Le pouvoir n'est pas la guerre, ni même forcément le conflit. Crozier et surtout Friedberg (1993) le regardent comme une relation de construction de l'organisation.

La question est de savoir quel modèle permet de rendre compte de l'ajustement des volontés des acteurs. Dans un modèle de type coopératif, cet ajustement suppose que le fondement de la relation de travail soit défini à travers une volonté de coopération où des acteurs, possédant des spécialités différentes, s'associent pour exécuter ensemble la même tâche. On est dans un modèle contractuel du même genre que celui que les juristes appellent institutionnel (Camerlynck et Lyon-Caen 1975, p. 344). Le pouvoir a un rôle de coordination entre des rationalités différentes portées par des spécialités diverses. Chacun a intérêt à privilégier une manière de faire qui lui paraît plus intéressante que l'autre et qui, en définitive, lui donne des avantages. Par exemple, un chef de chantier ayant à coordonner les activités de corps de métier différents sait qu'il doit obtenir une coopération qui ne va jamais de soi. Il a affaire à des acteurs qui ont des ressources techniques fortes, qui cherchent à maximiser leurs avantages, le rôle du responsable étant alors de garder un équilibre entre ces entités diverses, de comprendre et de respecter leurs logiques, et de favoriser les coopérations.

Les volontés des acteurs peuvent aussi s'ajuster à travers l'autre type de modèle, le hiérarchique, qui aurait été – cette thèse classique a été récemment controversée – celui des premiers temps de l'industrialisation. Il correspondait au modèle rationnel-légal wébérien et sans doute au modèle présent dans l'environnement, dans les modèles véhiculés par la société dans son ensemble, là où l'influence de l'absolutisme royal était encore présent, en France par exemple. Ce modèle hiérarchique est lié à la perspective juridique traditionnelle, classique et individualiste, de définition de l'entreprise. Selon cette perspective, « la vie de l'entreprise se ramène à l'exercice par l'entrepreneur des droits qu'il tient de la propriété et du contrat » (*ibid.*, p. 343). A partir de là, le lien qui lie le salarié à l'employeur est défini à travers le contrat de travail, et décrit comme un lien de subordination. C'est-à-dire que le contrat a un caractère personnel par lequel le travailleur se met à la disposition d'autrui. Ce qui est premier ici est la subordination du travailleur qui attend du chef d'entreprise la définition de sa tâche, et en particulier de ses activités de coopération. Dans ce cas de figure, il est logique d'affecter la tâche de la coopération à la direction, comme l'écrit Fayol. La fonction du pouvoir est donc non pas seulement de s'assurer de la coopération, comme dans le modèle coopératif, mais de la créer. La définition de la relation de travail à travers le lien de subordination aboutit à ne pas affecter comme tâche aux travailleurs la création et la gestion de liens de coopération. Ils ont à faire leur travail et à se taire. L'atelier taylorien est un atelier qui pourrait théoriquement fonctionner sans que les ouvriers se parlent.

On raconte l'histoire suivante :

« Quelques grandes sociétés françaises ont pris l'habitude de faire disputer une compétition d'aviron (quatre avec barreur) en interentreprises. Les équipes sont composées de salariés de chacune des entreprises. Les directions, souhaitant ainsi stimuler l'esprit d'équipe des salariés, suivent l'affaire de loin et ne se pencheraient de près sur la question que si l'image de l'entreprise apparaissait mise en cause dans cette amicale compétition sportive. Or voilà qu'une direction s'aperçoit que son équipe, depuis quelques années, arrive toujours la dernière. Émotion, enquête, mais, devant la difficulté d'en connaître les raisons, on paie un expert, consultant sportif, pour comprendre ce qui se passe. L'expert fait une enquête de plusieurs semaines au bout desquelles il remet sa conclusion : il semble que les raisons des échecs répétés soient dues à ce que, dans le bateau, il y a quatre barreurs et un seul rameur. Embarras de la direction qui se sent incompétente pour traiter ce problème très particulier. Elle demande à un nouveau consultant-expert de la conseiller. Celui-ci remet son rapport au bout de quelques semaines. L'essentiel tient dans cette conclusion : "Il faut motiver le rameur..." »

Tout rapprochement avec quelque entreprise que ce soit serait naturellement de pure coïncidence. Pourtant, on ne peut s'empêcher de penser à quelques sociétés connues et à quelques débats entendus sur le thème de la motivation. Avant de chercher les ressorts de l'âme humaine, peut-être serait-il bon d'analyser les situations et de regarder si ce qu'on appelle un problème de motivation n'est pas d'abord une question d'organisation du travail. Après quoi, on pourra commencer à chercher des solutions.

Dans les entreprises, c'est bien la coopération qui pose problème de nos jours. Si la hiérarchie a seule la mission de l'assurer, elle a du mal à y parvenir. A certaines périodes, ce lien a pu être assuré par des structures intermédiaires classiques, comme par exemple les corps de métier. Aujourd'hui, le modèle hiérarchique ne permet pas, ou mal, d'assurer la coopération qui se fait à travers un jeu complexe de pouvoir.

Le pouvoir apparaît comme une relation incluant réciprocité et négociation. Cette relation fonctionne comme un échange qui modifie la place respective des acteurs. Au lieu de donner à voir les individus dans un modèle hiérarchique formel où chacun a son statut et le garde, cette manière de lire la relation de pouvoir permet de comprendre qu'elle peut servir à une redistribution des ressources affectant le niveau relatif de capacité stratégique des acteurs. Même si la relation de pouvoir est déséquilibrée, elle tire ses ressources d'une légitimité dont chaque acteur peut être porteur et dont aucun exercice de l'autorité ne peut se passer. En utilisant le concept wébérien de légitimité, l'analyse stratégique reprend à son compte l'idée que la connaissance du sens que l'acteur donne à son action permet de comprendre la construction des relations. L'efficacité de la relation hiérarchique est liée à son acceptation.

Friedberg (1993) insiste sur cet aspect structurant des relations de pouvoir. Il définit ce dernier comme « l'échange déséquilibré de possibilités d'action, c'est-à-dire de comportements entre un ensemble d'acteurs individuels et/ou collectifs » (p. 113). Le pouvoir est donc inséparable de la relation, il est intransitif : la relation est personnalisée et s'exerce à travers un ensemble de médiations. Le supérieur investi de l'autorité hiérarchique doit toujours reconstruire avec chacun de ses subordonnés la relation de pouvoir. La relation d'autorité, définie comme la relation formelle existant dans une chaîne hiérarchique, est transitive : dans une chaîne hiérarchique, du fait de sa position, A a de l'autorité sur B, C et D. Mais il faut se rappeler que le lien entre pouvoir et coopération est : « On entre dans une relation de pouvoir parce que l'on doit obtenir la coopération d'autres personnes pour la réalisation d'un projet » (*ibid.*, p. 115). Friedberg se place donc dans une perspective d'action, s'intéressant aux mécanismes par lesquels le pouvoir peut être mobilisé et transformé en résultats concrets. D'où le désintérêt pour les définitions et typologies en termes d'influence et de domination. Cette position privilégie l'action et fait équivaloir domination, influence et pouvoir à travers les effets relationnels et les mécanismes de mobilisation.

Incertitude et système d'action

Le second concept central de l'analyse stratégique est celui d'incertitude. Il permet de comprendre la place accordée au pouvoir. Beaucoup d'auteurs ont souligné le fait que les organisations sont soumises à des incertitudes et qu'il s'agit d'un problème fondamental. Mais, dans l'analyse stratégique, l'incertitude ne désigne pas seulement les turbulences imprévues, internes ou externes, auxquelles toute organisation est soumise. Elle est définie aussi comme une interaction, dans le cadre du jeu entre les acteurs, elle est celle que chaque joueur utilise pour que les autres, partenaires-adversaires, ne puissent deviner ni percer son jeu. A partir du moment où les rôles sont moins contraignants, les tenants de l'analyse stratégique, fidèles à leur critique du fonctionnalisme, inversent la thèse des attentes de rôles. Les fonctionnalistes insistaient sur l'ajustement des rôles et la conformité des attentes, là où chacun se comporte en fonction de ce qu'il pense de ce que les autres attendent de lui. Ici, au contraire, l'accent est mis sur l'imprévisibilité que chacun laisse planer sur la manière dont il remplira son rôle, imprévisibilité qui a pour objectif d'élargir sa marge de liberté et d'arbitraire, tout en contrôlant celle de l'autre. Si l'incertitude vient des conditions relationnelles de fonctionnement, si elle n'est pas réductible même dans les secteurs les plus automatisés, cela signifie que l'entreprise doit assurer aux exécutants une autonomie suffisante pour qu'ils puissent faire face à toutes les incertitudes qu'ils rencontreront (de Terssac 1992, p. 34).

Le troisième concept central de l'analyse stratégique est celui de système d'action concret. Il désigne la manière dont les acteurs régulent leurs relations, les règles qu'ils se donnent (formellement ou non, cette dichotomie est dépassée ici) pour faire fonctionner – selon leurs propres logiques, avec les conflits dans lesquels ils entrent et les incohérences qu'ils engendrent – l'organisation, les alliances qu'ils nouent. Le système d'action renvoie donc à l'idée de stabilité des jeux, de coordination plus ou moins facile des actions et, finalement à l'équilibre entre le changement des structures et leur maintien. Le concept de système d'action, mettant l'accent sur la relation, prend son sens par sa liaison avec celui de pouvoir.

Pouvoir, incertitude, système d'action sont les outils d'analyse du fonctionnement des organisations dans le cadre de l'analyse stratégique. S'inscrivant dans une sociologie de l'acteur, ils rendent compte des stratégies menées par ces acteurs, permettent de les comprendre et de les anticiper. L'analyse stratégique a fait entrer dans l'entreprise le concept de sujet-acteur, opposé à celui d'objet-agi. Du coup, elle a permis de mieux comprendre les composantes de la décision. Dans les organisations et les entreprises, où chaque acteur est confronté quotidiennement à une multitude de décisions, elle est un outil de compréhension de leur construction. Elle permet d'avoir un guide pour prévoir les stratégies des acteurs, donc pour organiser l'action en fonction de ce que l'on sait de leurs logiques, de faire entrer en entreprise l'idée de rationalités différentes. Elle aide à penser, par exemple, le fait que les services des méthodes ne sont pas seuls à dire le rationnel lors de changements comme l'implantation de nouvelles technologies. Les gens de fabrication et les opérateurs ont une rationalité qui est aussi à prendre en compte, et qui l'est de plus en plus, si l'on en croit les descriptions des évolutions de l'entreprise.

Les tenants de l'analyse stratégique étaient partis de la critique de la bureaucratie pour définir le pouvoir et l'incertitude comme éléments structurant les relations de travail. Ils le faisaient dans un contexte où dominaient les grandes organisations et où leur succès paraissait « une des caractéristiques sinon la caractéristique essentielle des sociétés modernes » (Crozier, préface à la traduction de March et Simon 1971, p. v). Les grandes organisations étaient les lieux où se forgeaient les succès économiques des sociétés industrielles. Cette analyse est-elle toujours valable aujourd'hui ? D'une part, beaucoup d'auteurs contestent que le modèle des grandes organisations demeure le modèle principal. Ces grandes organisations ne sont-elles pas des « fossiles » dans une société dont le dynamisme repose davantage sur les petites ou moyennes firmes, les réseaux, les districts industriels, etc. ? Bref, l'entreprise aurait changé et les théories qui en rendaient compte devraient être abandonnées. C'est un premier argument brandi contre l'analyse stratégique.

Il lui est reproché aussi de réduire l'organisation à un jeu de pouvoirs à l'intérieur d'un système. Elle ramènerait la manière dont les individus rentrent en relation et font vivre et durer l'univers professionnel à un système de jeux. La prise en compte de ce qui fait tenir ensemble les individus rassemblés par le travail dans l'entreprise serait insuffisante. Est-il vrai de dire que les individus et les groupes, les acteurs, possèdent une si grande marge de liberté lorsque, par exemple, on regarde la ressemblance entre les entreprises d'une même branche ou d'un même secteur ? Un hôpital, une banque, une aciérie, un service informatique influent sur les manières d'être de leurs membres au point que l'on peut reconnaître ceux-ci physiquement, de loin, à leur tenue ou à leurs attitudes, et que, réciproquement, les individus qui les composent se sentent liés à ces groupes en s'identifiant à eux. Les stratégies autonomes par rapport aux objectifs affichés de l'organisation, les jeux de pouvoir et la domination sont une manière de définir la coopération, mais cette autonomie existe dans un cadre plus limité que ne le disent les auteurs de l'analyse stratégique. Ceux-ci auraient poussé trop loin le principe de liberté. Les contraintes de l'action collective (sous-titre de *L'Acteur et le Système*), lorsqu'elles sont vues à travers les stratégies des acteurs, ne disent pas tout du construit social qu'est l'entreprise. On va le voir maintenant.

5.3. LA STRUCTURATION PAR LA CONSTRUCTION DES RÈGLES [1]

La structuration des jeux d'acteurs se conçoit mieux à partir de la construction des règles dans l'ensemble organisé qu'est l'entreprise, selon la théorie de la régulation conjointe

1. Je m'inspire ici du chapitre que j'ai rédigé dans le livre *Variations autour de la régulation sociale*, 1994, Paris, Presses de l'École normale supérieure.

de J.-D. Reynaud (1989). Au point de départ de son analyse se trouve le même constat que dans les travaux de Crozier et Friedberg, à savoir la difficulté de construction de l'action collective. Contre les apparences, la convergence des intérêts individuels ne suffit pas à l'expliquer. Ce n'est pas, par exemple, parce que les ouvriers de même métier ont intérêt à défendre leur capital professionnel et à faire augmenter leurs salaires qu'ils s'uniront pour déclencher des grèves. L'entrée par la construction des règles aide à mieux comprendre que la société n'existe pas spontanément, que le contrat social n'est pas naturel, qu'il n'est pas évident que la conscience collective transcende les consciences individuelles, pas plus qu'il ne faut admettre facilement que les règles soient fondées sur des valeurs générales qui forment les principes et donnent les grandes orientations d'un code social. Au contraire, les règles sont le fruit d'une longue construction, elles sont des régulations à reconstruire sans cesse. Toute action collective suppose un arbitrage entre contrainte collective et liberté individuelle. Avec Durkheim, J.-D. Reynaud admet l'idée de la contrainte collective. Contre Durkheim et dans le courant de l'individualisme méthodologique, il en fait le résultat d'une négociation entre les groupes, d'une élaboration conjointe (*ibid.*, p. 32). Ce faisant, il donne à comprendre que la construction des règles est, dans toute société, un enjeu social central. Tout système de relations dans les entreprises se ramène à la construction d'un ensemble de règles, laquelle ne peut se faire qu'à travers une succession de compromis. Par exemple, l'élaboration des classifications, ou celle du règlement d'ancienneté, est le résultat de négociations pour aboutir à la construction des règles qui géreront les relations entre les acteurs sociaux. Ces relations sont donc encadrées par le système de règles construites dans la négociation.

Cela suppose que soit reconnue une place centrale à la négociation, à la construction du compromis et, finalement, à celle des règles. Il convient cependant ici de se garder d'une confusion et d'une conception réductrice que le seul énoncé du titre choisi par l'auteur, *Les Règles du jeu*, pourrait laisser entendre. Dans l'acception habituelle du terme « jeu », les règles sont données d'avance, les joueurs le savent, ils les connaissent. Le jeu est enserré dans des règles construites avant que la partie ne commence. Aucun joueur d'échecs, par exemple, ne commence à jouer sans connaître les règles qui commandent le déplacement de chacune des pièces. De ce point de vue des règles, au départ, il s'agit d'un jeu fermé. Telle n'est pas la conception du jeu présente ici, où le jeu est au contraire ouvert, où les règles ne sont pas données, où elles se construisent et se reconstruisent en permanence. Il y aura lieu de voir comment la construction s'articule sur la permanence, comment les règles sont à la fois nouvelles et ne le sont pas vraiment, comment elles s'inscrivent dans une tradition et la créent, comment se résout le problème du changement, toujours en tension entre permanence et continuité.

La théorie des règles du jeu est essentielle pour comprendre comment, concrètement, dans l'activité de travail, se construisent les règles, comment un groupe social se structure et devient capable d'action collective. La méthode suppose comme point de départ l'analyse des situations concrètes de travail. En cela, elle est fidèle à la démarche de l'observation concrète. Et c'est d'une grande importance. Tout observateur de l'entreprise ne peut qu'être frappé des différences de connaissance que les acteurs ont les uns des autres et des fonctionnements concrets. Dirigeants, syndicalistes, sociologues donnent des descriptions de la réalité des attitudes et des relations dans leurs ateliers ou services qui sont rarement convergentes. Parce que l'observation concrète des situations est toujours dépendante aussi de la situation de l'observateur. Depuis de longues années que nous faisons des recherches dans les entreprises, nous avons toujours constaté un écart, souvent important, entre les descriptions des dirigeants et ce que nous avons pu observer. Il convient donc de rappeler avec force le premier principe de la théorie sociologique de la régulation, à savoir l'observation attentive, au microscope, des situations de travail.

Les règles sont de deux types : celles qui sont produites par les groupes d'exécutants, et c'est la régulation autonome ; celles qui viennent de la direction, qui descendent du sommet vers la base, et c'est la régulation de contrôle. La première n'est pas le fruit de l'intelligence des exécutants que les dirigeants auraient oublié de consulter, thèse souvent soutenue dans les discours antitayloriens à la mode. Elle est une stratégie destinée à conquérir des positions de pouvoir. Les nouvelles formes de management participatif comme les cercles de qualité, ne peuvent fonctionner efficacement que s'il y a redistribution du pouvoir. On aboutit alors à une régulation conjointe, née de négociations de groupe à groupe (Reynaud 1988).

Les règles se reconstruisent toujours dans un système existant antérieurement et dont les acteurs ne peuvent pas ne pas tenir compte dans la négociation et les compromis. Elles se situent entre innovation et continuité. Mais comment expliquer la permanence des règles du jeu, lorsqu'on met l'accent sur la liberté et la construction ? Pas en recourant aux valeurs d'une société qui assureraient cette permanence. Par exemple, comment rendre compte de la différence et de la permanence entre des systèmes nationaux de relations professionnelles ? La comparaison entre la France et l'Allemagne (Maurice *et al.* 1982 – cf. *infra*, paragraphe sur la culture) aboutissait à attribuer la permanence de certains traits caractéristiques, par exemple la « continuité » de la qualification professionnelle en Allemagne, à l'accord sur une conception de l'apprentissage, sur sa place centrale dans le système d'éducation, donc sur la continuité d'un espace professionnel, accord et place venant d'une communauté de valeurs entre contremaîtres et salariés, communauté qui tient de la culture commune et des valeurs professionnelles partagées. Ce qui permet moins d'encadrement, puisque culture et valeurs sont partagées par les deux parties, ce qui n'est pas le cas dans le système français.

Mais d'où vient cette culture commune ? Sa source se trouve, selon l'auteur des *Règles du jeu*, dans la théorie de la régulation conjointe, du compromis négocié. « On a inventé une morale, efficace pour la production, acceptable pour les deux parties [...] L'essentiel est donc la création de cette zone de consensus dans la production » (Reynaud 1988, p. 374). Il ne s'agit donc pas d'un accord sur un système de valeurs et la compatibilité de ces valeurs, car on serait alors dans un système social réglé par des normes et des valeurs, dont on ne connaît pas l'origine. Les règles sont le résultat des effets de la consultation et de la négociation, de « légitimités fragmentaires, locales, spécifiques » (*ibid.*, p. 376). On ne peut appréhender ces constructions qu'à travers l'étude des formes concrètes de légitimité qui créent les régulations conjointes, qui sont à la source de la construction des règles de détail.

Pour comprendre la création de régulations conjointes, il faut aller chercher concrètement l'invention des formes concrètes de légitimité.

Le cas présenté par Michel Liu (1981 – repris dans Amblard *et al.* 1996) fera mieux comprendre cette démarche. Un groupe d'ouvrières non qualifiées a inventé un ensemble de règles qui leur sont propres et qui leur donnent leur identité collective. Ces ouvrières, non qualifiées, travaillent dans un contexte très dur physiquement, sur des presses où des accidents graves (coupures profondes, amputation de phalanges, voire de doigts) ne sont pas rares. Un contexte « à la Zola ». Deux actions sont analysées : la stratégie mise au point pour l'accueil des nouvelles, stratégie dure, de mise à l'écart, d'observation en sourdine et de vexations, dont la fonction est de faire comprendre à la nouvelle la dureté des conditions de travail de l'atelier. Ici, l'explication instrumentale et fonctionnelle est explicative. Les ouvrières se comportent ainsi pour envoyer un message clair à la nouvelle : « Attention ! Le travail ici est extrêmement dur. Si tu supportes l'épreuve que nous t'infligeons, tu pourras rester. »

Un autre comportement consiste à continuer à travailler sur des machines déréglées, ce qui aboutit à de graves accidents de travail. La direction enjoignait régulièrement aux ouvrières d'arrêter de travailler sur ces machines. Elles continuaient à le faire, conscientes qu'elles risquaient l'accident. Les ouvrières obéissaient à deux règles très profondément intériorisées : d'une part, une ouvrière doit toujours travailler ; d'autre part, il est normal que le régleur n'arrête pas son travail pour faire une mise au point. La représentation des rapports masculin-féminin dans le travail se combinait à ces deux premières règles. Et sans doute existe-t-il une instance psychanalytique du rapport au corps et à la souffrance – mais nous n'aborderons pas ce thème. La combinaison de ces règles créait les probabilités d'accident. Peut-on, dans ce cas, dire que la règle est instrumentale ? Oui, à condition d'ajouter qu'il s'agit de créer les conditions d'une identité collective plutôt que celles d'une action collective. Les règles sont donc à la fois instrumentales en même temps qu'elles servent à la constitution d'un acteur collectif. « Elles constituent son identité. Elles fixent aussi ses frontières » (*ibid.*, p. 75). Peut-on isoler la construction de ces règles de celles de l'ensemble de la société ? A l'évidence, les ouvrières, on l'a dit, obéissent à une image des rapports hommes-femmes (le régleur est toujours un homme) venue de la société et pas seulement de l'entreprise, à celle de la condition ouvrière dans une société industrielle (une ouvrière ne doit jamais s'arrêter de travailler), à celle de la fatalité au travail (il est normal que des accidents se produisent dans l'atelier). Comprendre la construction des règles ne peut se faire sans un recours à des « super-règles » venant de la société qui y trouve un principe de cohérence. L'intérêt de l'évitement du terme de culture est d'obliger à préciser la méthode d'approche des règles. Mais la construction de celles-ci oblige à une référence aux règles intériorisées, venant de l'éducation, des rapports de travail, plus largement même d'une représentation des rapports de sexe dans la société industrielle.

Le comportement des ouvrières s'explique par le recours aux règles qu'elles ont construites. On voit ici la faible valeur explicative du concept de pouvoir. Même s'il est présent dans la relation au régleur, les ouvrières contrevenaient au pouvoir de la direction qui leur enjoignait d'arrêter les machines quand elle se déréglaient. Plus pertinent est l'appel aux trois règles – fatalité de l'accident, faute de ne pas travailler, soumission au régleur – construites par les ouvrières.

La construction des régulations peut être décrite comme une appropriation (Bernoux 1982). Dans l'atelier d'usine où j'ai travaillé plusieurs mois sous forme d'observation participante, j'ai tenté d'interpréter les comportements d'appropriation de mes camarades en recherchant le sens qu'ils donnaient à ces comportements. Il s'agissait de la recherche permanente de la maîtrise des décisions et de la conduite des objets dans lesquelles est enfermée, coincée, la vie de l'OS. Ces comportements d'appropriation sont des régulations autonomes. Pourquoi ces règles ? On peut répondre en termes utilitaristes : avoir prise sur les événements de la vie quotidienne. Par exemple, au moment de la prise de poste, les nouveaux ne savent pas sur quelle machine ils vont travailler toute la journée. Situation difficile, lorsque l'on sait que la pénibilité peut considérablement varier d'une machine à une autre. Les individus et les groupes vont donc construire des règles pour maîtriser cette source d'incertitude et de conflits qui rendrait insupportables

les relations quotidiennes entre camarades de travail. Les règles ont cet aspect d'utilité immédiate. Mais l'acharnement à reprendre la maîtrise de l'environnement le plus proche, les multiples stratégies de maîtrise de l'affectation, d'autres signes comme certaines stratégies de négociation, en particulier le recul au moment où l'accord paraissait en vue, le déclenchement d'actions apparemment gratuites, laissent entendre que la création du système de règles trouve sa finalité dans un équilibre entre confort matériel, action collective et définition par le groupe de sa propre identité. Au-delà de la fatigue physique et des avantages matériels, c'est un comportement de reconnaissance de soi qui est en cause. Cette hypothèse, qui est au cœur de la théorie de la règle comme de celle de l'appropriation, permet de comprendre l'ensemble des événements qui entouraient, dans cet atelier, la création des règles. Les anciens, par exemple, s'étaient battus pour obtenir de n'être affectés que sur certains postes. Pour eux, être affecté ailleurs aurait passé pour un signe de non-reconnaissance par le chef d'équipe, qui savait qu'il ne devait pas les déplacer, ou alors après beaucoup de précautions, des explications, des négociations. Ces ouvriers y tenaient comme signe de leur identité, comme définition sociale d'eux-mêmes. La construction de la règle a une fonction identitaire.

Cette construction commence évidemment par une négociation, de même que toute négociation est construction de règle. Si, pour simplifier, on divise les deux groupes entre celui des ouvriers et celui de la hiérarchie, chacun va bien entendu tenter d'imposer ses propres règles. Au départ, chaque camp doit donc connaître ses ressources et le prix que chacun de ses membres acceptera de payer pour obtenir les règles les plus favorables. Au moment de la négociation à l'intérieur de chaque camp, celui ou ceux qui négocient cherchent à avoir une bonne connaissance des enjeux de chacun et de ce que le système autorise ou interdit. Réciproquement, chaque négociateur doit avoir reçu la confiance de ceux qu'il représente plus ou moins formellement. La réciprocité de la connaissance et de la confiance entre les membres du groupe est une condition de la négociation. Une négociation réussie renforce ces liens de connaissance et de confiance à l'intérieur du groupe. Celui-ci se sentira conforté si ses mandants ont, dans la négociation avec les autres puis dans l'explication des stratégies menées au cours de la négociation, renforcé ces liens. Le rôle de construction du groupe par la création de règles semble premier. Si les règles du jeu servent à construire l'action collective, elles sont aussi le signe de l'existence du groupe et ont comme fonction de le définir et de le faire exister. La règle commune à deux groupes antagonistes (patrons et ouvriers), qui n'est pas réduction de l'altérité et construction d'un « nous », comporte toujours une face de compromis et d'accommodation. Mais l'étude de la négociation, le fait que l'action collective n'aille pas de soi et suppose des compromis et des négociations, la focalisation sur ceux-ci, doit en même temps intégrer l'aspect identitaire de l'action collective.

L'approche par la régulation suppose une observation minutieuse des situations de travail, de la construction des régulations autonomes, de leur combinaison avec les régulations de contrôle pour donner les régulations conjointes. Elle rend compte de la manière dont les acteurs agencent les contraintes pour construire leurs propres règles. En ce sens, elle ouvre la voie aux approches identitaires et culturelles. Surtout, il faut consacrer du temps et des observations minutieuses pour en tirer profit, c'est-à-dire pour aborder la construction des régulations. Mais elle est une condition de véritable connaissance de l'entreprise.

5.4. LA THÉORIE DE LA TRADUCTION ET L'INNOVATION

Dans ce chapitre consacré aux approches de l'entreprise à travers sa construction par des acteurs, la place de la théorie de la traduction demande quelques explications. Cette théorie s'est en effet constituée à partir d'études sur la constitution de la science, plus précisément encore sur les conditions de production de la science. La question des auteurs (Callon 1989 et Latour 1992, essentiellement) est celle de la construction du discours scientifique. Leurs études empiriques sont consacrées aux innovations dans le domaine des sciences et des techniques. En ce sens, la théorie de la traduction pourrait paraître hors sujet ici, où nous cherchons à comprendre le système des règles qui constituent l'entreprise. De plus, ces auteurs se rattachent aux théoriciens des conventions, ou se sentent proches d'eux (cf. *infra*, chap. 6), à travers leur manière d'aborder la construction de ce qu'ils appellent un bien commun, puis des compromis. Or, nous n'aborderons les théoriciens des conventions que dans le chapitre suivant, alors qu'il y a incontestablement parenté entre les deux ensembles théoriques.

Pourtant, c'est dans ce chapitre qu'est présentée la théorie de la traduction. La raison en est son rattachement à l'analyse stratégique à travers son choix du paradigme de l'acteur et de ses enjeux. Dans ce chapitre consacré à l'entreprise comme ensemble d'acteurs, la théorie de la traduction, fondée sur l'interaction entre acteurs, individus et groupes, voire objets techniques, appelés actants, trouve place. Elle est particulièrement pertinente dans l'explication des comportements des acteurs de l'entreprise au moment de l'implantation des innovations et donc aux situations de changement.

On présentera d'abord deux cas célèbres qui servent de base à la théorie.

Le cas des coquilles Saint-Jacques

Au début des années soixante-dix, on s'aperçoit d'un phénomène nouveau, celui de la raréfaction des coquilles Saint-Jacques (CSJ) dans la baie de Saint-Brieuc. Elles ont déjà disparu de celle de Saint-Malo. Les marins pêcheurs subissent cette raréfaction comme une fatalité. Au cours de la même période, des chercheurs d'un laboratoire public situé à Brest commencent à s'intéresser, pour des raisons scientifiques, aux CSJ. De leur côté, les pouvoirs publics locaux s'émeuvent, ils se sentent tenus de faire quelque chose, mais ils ne savent pas trop quoi. Les consommateurs, eux, veulent continuer à manger la précieuse CSJ d'où qu'elle vienne, avec cependant une préférence pour la française qui est coraillée, à la différence de ses concurrentes américaines ou japonaises. Quant aux coquilles, on ne sait pas très bien quelles sont leurs mœurs, en particulier comment elles se déplacent et se reproduisent. Mais beaucoup les font parler.

Les pouvoirs publics décident de convoquer un colloque pour étudier le problème. Mais les pêcheurs traînent les pieds, craignant d'avoir à changer leurs pratiques et redoutant un contingentement et une réglementation de leur pêche. Les chercheurs n'ont guère de connaissances sur le sujet, les consommateurs ne veulent pas réduire leur consommation, et les poissons continuent à manger les larves de CSJ, les empêchant de proliférer. La situation n'est pas brillante...

Pourtant, elle va être renversée en une dizaine d'années et, à partir de 1986, les CSJ de la baie de Saint-Brieuc sont de nouveau abondamment présentes sur nos tables.

Les chercheurs, dont on peut penser qu'ils ont été stimulés à la fois par l'enjeu scientifique (des connaissances originales à produire), économique et humain, se mettent au travail en impliquant les différents acteurs concernés. Il s'agit au départ de produire des connaissances, et pour cela de faire agir ensemble ces acteurs. Ou, pour le dire autrement, les connaissances n'existeront qu'avec la participation, voire avec l'aide de ces acteurs. Comment donc relier les pêcheurs, les CSJ et les chercheurs, acteurs les plus concernés au départ, puis les pouvoirs publics et les consommateurs ? Il faut trouver un point de passage obligé où tout ce monde se retrouve. Si l'interdiction de pêcher, dans un premier temps, pourrait apparaître comme la solution la plus logique, un ordre de ce type apparaît vite comme irréaliste, les acteurs traîneraient les pieds pour l'exécuter.

La question des conditions à réunir pour que la CSJ se fixe dans la baie de Saint-Brieuc est évidemment celle à laquelle on doit finir par donner une réponse. Cette question trop globale produit cependant une unanimité suffisante pour poser une question intermédiaire, plus opérationnelle : quels moyens mettre en œuvre pour observer le processus de reproduction ?

Cette question, première étape de la constitution d'un réseau, a permis de définir un bien commun provisoire entre tous les acteurs. Chacun se sent concerné parce qu'il se voit confier un rôle dans la recherche de la réponse. Il est enrôlé au sens propre du terme. On ne cherche pas à motiver les acteurs, mais, en leur donnant un rôle, on les implique et les fait agir. Chaque acteur, représenté par un porte-parole reconnu légitime par ses pairs, sera concrètement associé à la recherche de solutions.

Pour concrétiser davantange les choses, un bien commun sera créé. Ce sera un laboratoire, espace découpé en mer, où les marins pêcheurs auront mission d'observer les mouvements des CSJ, surtout des larves, et de prélever des échantillons. Ils doivent aussi contrôler que personne ne vienne pêcher dans ce secteur, et l'engagement sera respecté car ce sont les marins pêcheurs eux-mêmes, par l'intermédiaire de certains des leurs – les porte-parole – délégués à cet effet, qui se sont engagés. Cependant, les autres acteurs qui ne participent pas au recueil d'informations du laboratoire devront y être intéressés.

L'existence d'un dispositif matériel ouvert à tous les acteurs, le laboratoire, travaillant dans la transparence, ne suffit donc pas. Il faut alors faire un travail de diffusion, appuyé sur des supports matériels (textes, mais aussi rencontres), produisant et diffusant les informations. Partagées par les acteurs qui constituent un collectif, ces informations lient les membres de ce collectif et les font participer à cette production de connaissances. Du coup s'est constitué un réseau. Il faudra encore le consolider, le rendre irréversible, l'étendre à des acteurs influents qui ont pour misssion de le solidifier, comme, par exemple, le ministère de la Recherche, celui du Commerce extérieur, les instances régionales, etc.

A ce stade, la légitimité des acteurs et la solidité des réseaux est telle qu'il peut y avoir accord sur le système de reproduction des CSJ. Suffisamment d'éléments d'observation de celles-ci ont été obtenus pour comprendre leur système de reproduction, les défendre contre certains dangers, et finalement passer à une pratique de la pêche qui soit plus rationnelle qu'elle ne l'était auparavant, en fonction de ces nouveaux critères de production. Le rôle des marins se trouve redéfini : devenus chercheurs durant le temps de la recherche, ils deviendront par la suite éleveurs, limitant leurs sorties de pêche, ciblant certaines zones, coordonnant globalement leur activité. Tout cela se faisant dans beaucoup de transparence. Toute l'affaire a failli capoter, d'ailleurs, quand les chercheurs, soupçonnant les pêcheurs de transgresser les règles concernant le laboratoire, ne trouvèrent rien de mieux que de les faire observer par hélicoptère. La réponse ne tarda pas : une nuit de Saint-Sylvestre, toute la flotte appareilla et ramassa toutes les coquilles dans le périmètre protégé. Il fallut recommencer l'ensemble de l'opération…

Mais on avait créé un modèle de traduction, impliquant tous les acteurs dans leur propre logique, langage que chacun pouvait comprendre et s'approprier.

Le cas Aramis

Plus récent, Aramis (Agencement en rames automatisées de modules indépendants dans les stations) est un projet né en 1969, date où la DATAR approche la société Automatisme et Technique, et mort en 1987, annonce de l'arrêt du projet. De l'enthousiasmante innovation des débuts à la fin de sa carrière (titre du dernier chapitre du livre : « Aramis est au point, mais au point mort »), Aramis a paru faisable à plusieurs périodes. Des prototypes ont circulé sur deux pistes construites spécialement à cet effet, l'une aux alentours d'Orly, l'autre boulevard Victor, près du quai de Javel. Le projet a paru près de réussir, puis d'être abandonné dans les années soixante-dix, puis de nouveau sur le point d'aboutir, relancé début 1980, en 1987, et finalement abandonné la même année.

Après dix-huit années de travaux et des sommes considérables englouties dans le projet, ses commanditaires ont estimé qu'une étude *post mortem* permettrait peut-être d'en dégager quelques conclusions utiles, dont voici les principales, qui sont un autre élément dans la construction de la théorie de la traduction. Dans le cas d'une innovation technique de pointe, il n'est pas vrai que la technique seule, même la plus remarquable, se suffise à elle-même. L'innovation technique ne s'impose pas d'elle-même. Toute invention suppose une chaîne d'acteurs, depuis le concepteur jusqu'à celui qui exécute puis celui qui utilise ou consomme. En plus de ceux – s'il y en a – qui portent le projet, qui en ont explicitement la charge, tous ces acteurs doivent être convaincus de la nécessité de réalisation. La moindre défaillance dans cette chaîne, le maillon le plus fragile qui lâche, et l'invention technique est radicalement mise en cause, ruinée. Pour convaincre ces acteurs, il faut « traduire » le projet dans leur langage, c'est-à-dire dans leurs préoccupations et leurs représentations. Un projet, même parfait, ne s'impose pas de lui-même.

Dans le dernier chapitre intitulé : « Aramis, le mal-aimé », l'auteur fait parler Aramis comme s'il s'adressait à ses concepteurs, ceux qui devaient lui donner vie, tous les ingénieurs, techniciens, participants de son histoire (de Matra, de la RATP, de la région Ile-de-France, des instituts de recherche, des ministères, des commanditaires, etc.). Il leur reproche, à tous, de ne pas l'avoir assez aimé. Il était faible et fragile, comme toute innovation ou invention, et vous l'avez laissé se débrouiller seul, pour passer en force. « Vous avez cru en l'autonomie des techniques » est l'accusation centrale. « Vous vivez parmi les choses et croyez rester entre vous. » Il fallait aimer Aramis comme un humain, lui faire une place, la négocier avec les autres et les convaincre de l'importance de donner la vie à Aramis.

L'innovation a supposé une traduction entre différents domaines. Au point de départ, un ingénieur spécialisé dans la cinématique, dans le transport en continu de bouteilles et boîtes dans les entreprises. Il se trouve par hasard amené à réfléchir à un problème de transport urbain dans une ville, Paris, dont on dit qu'elle est au bord de l'asphyxie. Entre les deux domaines, apparemment pas de lien. L'ingénieur fait ce lien par une opération de traduction. Il va « considérer le transport discontinu de gens, que personne ne sait améliorer, comme un cas particulier de transfert continu de choses » (p. 35), que lui, l'ingénieur, sait améliorer. « Une chaîne de traduction : pas de solution aux problèmes de la ville sans innovation dans les transports, pas d'innovation dans les transports sans la cinématique, pas de cinématique sans la compagnie "Automatisme et Technique" ; et, bien sûr, pas d'Automatisme et Technique sans X (l'ingénieur en question) » *(ibid.)*. Il faudra un long travail, que Latour appelle « travail d'intéressement », pour construire ces chaînes de raisons. L'intéressement est celui des acteurs, de tous les acteurs, qui ont à faire au projet.

Bien entendu, toute traduction comporte une part de trahison. Pour les acteurs qui entrent progressivement en scène, le projet ne correspond pas du tout, ou pas entièrement, à ce qu'ils attendent. Dans le cas d'Aramis, par exemple, les responsables de l'Aéroport de Paris, un des premiers « clients », sont intéressés non par le problème de la ville et de son asphyxie, mais par un problème de transport beaucoup plus modeste : celui du déplacement des voyageurs sur quelques centaines de mètres, dans les aérogares, les parkings, etc. Pas de rivalité avec le métro, la voiture ou le train. De plus, ce qu'on appellerait leur motivation est beaucoup plus faible. Ils ne sont pas enthousiasmés par l'idée d'un moyen de transport qui révolutionnerait la ville au XXIe siècle. Ils s'y engagent en second, pour voir. Et pourtant, c'est dans des champs autour d'Orly qu'en 1973 sera expérimentée pour la première fois une rame de trois véhicules ; la même année, le projet sera présenté à un colloque sur les transports aux États-Unis.

A ce moment, il a été déjà profondément modifié. Ce n'est plus vraiment le même que celui de l'ingénieur qui l'a originellement conçu, ni de Matra qui lui a acheté le brevet. « Or, c'est justement ainsi qu'un projet peut espérer venir à la réalité. Il n'y a pas d'essence d'un projet. Il n'y a d'essence que des projets finis. Pour la technique aussi, "l'existence précède l'essence". S'il fallait que tous les acteurs s'accordent sans ambiguïté sur la définition de ce qu'il faut faire, alors la probabilité de réalisation serait très faible... C'est seulement en fin de parcours et localement que l'essence viendra au projet » (p. 47). A ce moment-là seulement, tous les acteurs le définiront dans les mêmes termes. Au début, ils n'en voient que des aspects partiels, ceux qui correspondent à leurs objectifs. Il est bon à ce moment que le projet leur apparaisse dans un certain flou sur lequel ils pourront retrouver leur demande particulière. Au début un projet n'est pas un projet, au sens d'une unité. Il évolue. On a du mal à compter ses états successifs, car des éléments présents ne sont pas encore visibles (le froid qui a fait exploser la navette spatiale à Cap Kennedy), des acteurs qui ne se manifesteront qu'ensuite existent déjà (les ouvriers d'entretien, éléments qui apparaîtront à la fin comme centraux).

Ensuite, le problème est celui des acteurs et de leur taille. Elle change. Or le moindre de ces acteurs, étant un élément de la chaîne, peut tout faire capoter. Il est donc indispensable de fixer d'une manière ou d'une autre leurs engagements. Pour cela, l'écrit est un précieux recours. D'une part, parce qu'il contient un élément de formalisation qui permet de donner une définition de ce qui a été échangé avec plus ou moins de précision, définition sur laquelle il sera difficile ensuite de revenir. L'écrit fixe des choses qui avaient pu être dites avec imprécision ou sans conviction. D'autre part, parce que les acteurs individuels peuvent changer, soit en tant que personnes physiques, soit parce que, dans leur esprit, leur appréciation verbale a pu être donnée sans qu'ils se soient sentis engagés.

La marché est un acteur, comme les autres. Avant la mise en route d'Aramis, personne ne sait si les consommateurs seront séduits ou bouderont. On ne sait pas encore si Aramis correspond à un vrai besoin. De quoi va dépendre cet intérêt des consommateurs ? En fait, « de la confiance que l'on peut faire aux *porte-parole* (souligné dans le texte) de tous ces besoins et de tous ces intérêts » (p. 44). Ces porte-parole lancent des affirmations, disant qu'ils parlent au nom des utilisateurs de la ville, de l'automobile, au nom des pouvoirs publics, de l'entreprise, etc. Leurs mandants se rassemblent au nom d'Aramis, même s'ils ont des intérêts divergents. Le projet va gagner de la crédibilité au sortir de leurs discussions. Mais marché et besoins n'existent qu'en fonction de la conviction de leurs mandants.

Ceux-ci devront négocier, non pas sur un projet conçu *a priori* et ficelé à l'avance – ce serait le modèle linéaire ou de diffusion –, mais sur une idée un peu vague, floue, mal ficelée, faible et un peu irréelle. Il faudrait un truc pour que les grandes villes soient un peu désengorgées et que les gens circulent mieux. C'est aussi précis que cela. Le second point est qu'il faut trouver les gens susceptibles de s'y intéresser et qui vont lui donner vie. Comment vont-ils s'y intéresser ? Troisième point, par une opération de traduction des intérêts de ces groupes, dans un autre langage. Mais alors, quatrième point, ces groupes vont modifier le projet, le transformer, d'autant plus qu'ils s'y intéressent davantage. Dernier point, le projet, devenu réel, porte les caractéristiques que l'on attribue à l'invention, mais que l'on attribue après coup. Ceci suppose que certains acteurs portent le projet sur toute la période qui précède sa mise au monde, portent quelque chose qui, lorsqu'il a abouti, lorsqu'il existe en réalité, est généralement très loin de ce qui a été imaginé au tout début.

Il n'y a pas d'objet.

> Donc, l'objet, le véritable, la chose active, n'existe qu'à la condition de tenir ensemble et continûment des humains et des non-humains. Légèrement décalé, il ne réside ni dans le

> social – il est fait de puces, d'articulations, de pare-chocs et de doublets –, ni dans les techniques – il est fait de passions, de gens transportés, d'argent, de ministres communistes et de logiciels. D'un côté, on peut dire qu'il tient les hommes ensemble, mais de l'autre, ce sont les hommes qui le tiennent rassemblé... La chose que nous cherchons n'est rien d'humain et rien d'inhumain. Elle offre plutôt un passage continu, un commerce, un échangeur entre ce que les humains inscrivent en lui et ce qu'il prescrit aux humains. Il traduit l'un dans l'autre (p. 174).

Innovation, traduction et communication

L'innovation est présentée habituellement dans le modèle de la diffusion, critiqué par Callon et auquel il oppose celui de la traduction. Le premier correspond à l'idée selon laquelle des objets techniques achevés et complets n'auraient plus qu'à se trouver des clients. On est dans une vision linéaire qui part du savant, passe à l'ingénieur, aux services de développement, aux services de marketing et finalement à la fabrication. Le client, lui, n'a plus qu'à s'adapter, qu'il soit à l'extérieur de l'entreprise ou même qu'il en fasse partie. Par exemple, récemment, dans telle usine de mécanique d'un grand groupe, le directeur s'est plaint d'avoir été informé, environ deux mois à l'avance, qu'il allait recevoir un ensemble de quarante robots de soudure destinés à équiper une chaîne de fabrication nouvelle. Quelles marges d'adaptation, de formation, de qualification, etc., avait-il ? Il lui fut demandé de se... débrouiller pour que ça marche. Inutile de dire que les difficultés d'adaptation existent encore plusieurs années après. Ce modèle est proche de ce que l'on entend souvent par communication : une « bonne » information doit être reçue si le canal est « bon ». Toute la réalité du fonctionnement des entreprises démontre le contraire : le message est reçu non en fonction de ses qualités intrinsèques mais des stratégies des récepteurs. Si le message n'a pas été traduit, c'est-à-dire s'il n'est pas devenu un enjeu pour les récepteurs, il n'a aucune chance de réception.

Le modèle de traduction « offre une vision tourbillonnaire » de l'innovation. L'image proposée est celle du jeu de

« scrabble ». L'innovateur va du tableau au jeu, aux lettres, aux coups des concurrents. Impossible de dire à l'avance où sera l'essentiel de l'innovation, dans la découverte fondamentale, dans l'application technique, dans la généralisation, dans l'usage à d'autres fins que celles prévues, etc. Dans ce modèle, on est toujours en modifications et changements. On ignore si les groupes sociaux concernés seront ouverts ou fermés, ou, dans la durée, ouverts un moment donné à une partie de l'innovation, fermés aux autres, etc.

Par exemple, en informatique de gestion, comment faire pour introduire un nouveau logiciel de décision dans l'entreprise ? Une étude de cas (cas Secobat, Bernoux 1985) montre comment un modèle obéissant à la logique de la diffusion a complètement échoué, tout en coûtant de plus une fortune à l'entreprise. A l'évidence, le modèle de la traduction aurait été mieux adapté. Il supposait une adaptation peut-être plus longue que celle qui a été mise en place, adaptation qui pouvait aboutir à une transformation profonde, sans doute de type « tourbillonnaire » avec un aller-retour à des acteurs, etc. Ce modèle pouvait au point de départ apparaître plus lourd. En réalité, il était le seul efficace.

On montrera ci-dessous, dans la présentation du cas Siphon, comment cette théorie de la traduction peut trouver une application aisée à la résolution du problème de l'introduction d'un ensemble technique. On est en présence d'une théorie dont la pertinence explicative est forte. Dans une séance de présentation des nouvelles théories sociologiques à des cadres d'entreprise, un collègue avait décidé de présenter directement le cas des coquilles Saint-Jacques à ce public, avant même de développer la théorie de la traduction. Le thème paraissait tellement éloigné des préoccupations quotidiennes des participants que les autres animateurs en étaient inquiets, craignant de fortes critiques. C'est l'inverse qui se produisit. A la fin de l'exposé, un directeur d'usine déclara : « C'est exactement ce qui vient de se passer dans mon usine. »

Il n'y a pas de plus bel hommage à la qualité d'une théorie.

Le cœur de la théorie de la traduction est constitué par l'idée qu'un fait, fût-il génial comme telle invention technique, n'a pas d'intérêt intrinsèque en lui-même, qu'il ne porte de force que dans la mesure où il est mis en chaîne ou en réseau avec un ensemble d'éléments, des acteurs/actants, et que ce sont ceux-ci qui vont lui donner vie. L'essentiel est la relation entre ces actants. Réciproquement, on ne peut comprendre la solidité d'une idée qu'en prenant en compte tous les actants qu'elle concerne et qu'elle met en chaîne. Aucune machine ne porte évidence en elle-même. Elle a un caractère contingent et n'existera que lorsque le réseau la portera.

Les auteurs insistent sur l'égalité entre acteurs (humains) et actants (non humains). Pour bien le montrer, ils ne parlent que d'actants (humains et non humains). Les CSJ, Aramis, sont des actants comme les chercheurs, les marins pêcheurs, les techniciens de Matra, etc. Il convient de les traiter à égalité. Ce qui peut paraître paradoxal, mais permet de réduire la force apparente du raisonnement technique et scientifique. Personne ne peut dire : « La machine peut faire ceci ou cela, elle a telles propriétés, etc. » si la machine est acteur à égalité avec l'ingénieur ou le technicien qui parle en son nom. Cependant, cette égalité est aussi une faiblesse, car elle élimine la question du sens. Elle oblige à se limiter à l'analyse des stratégies et des intérêts.

Comment se constitue un réseau, permettant une traduction et finalement la mise en œuvre d'une innovation ? En s'appuyant sur le cas des coquilles Saint-Jacques, on peut en résumer les étapes comme suit.

D'abord, un temps de contextualisation. Il y a des acteurs ou des actants, il faut en dresser la liste et en même temps celle de leurs enjeux, car ce sont eux qui constitueront les éléments de base du réseau. Il y a les chercheurs : leurs enjeux sont de l'ordre de la renommée, ils veulent faire des publications, découvrir des éléments théoriques nouveaux. Puis les pêcheurs : ils veulent garder le type d'emploi qu'ils ont appris, continuer à pêcher. Les coquilles Saint-Jacques ; leur nom savant est *Pecten Maximus* ; les chercheurs les font parler, ils sont leurs porte-parole. Les consommateurs : ils veulent continuer à trouver des coquilles Saint-Jacques, les mêmes, coraillées si possible. Les pouvoirs publics : garder les coquilles qui font la renommée de la baie, les emplois des marins pêcheurs, que l'on parle d'eux positivement.

Acteurs/actants et enjeux étant établis, le moment de la traduction proprement dite peut commencer. Pour le faire, il faut parler un langage recevable par tous les acteurs. Par exemple, on ne peut dire aux marins pêcheurs « il faut » (préserver les coquilles, ou autre chose...). La question qu'ils peuvent entendre est du genre : « Comment les coquilles se fixent-elles ? », que l'on peut transformer en question positive : « Comment parvenir à les fixer ? » L'idée, à ce moment, n'est pas d'arriver à un résultat mais de construire ensemble.

Au stade suivant, il faudra définir puis matérialiser un bien, commun à tous les actants. Ce sera un laboratoire, *in situ*, dans la baie. Il a fallu le négocier, puis enrôler ces actants. C'est-à-dire donner un rôle et non obtenir une adhésion. Aucun ne doit se sentir être un faire-valoir, une potiche. Par exemple, les marins pêcheurs auront la mission de collecter des matériaux, puis d'animer certaines réunions. Chacun doit être coproducteur de la démarche.

A ce stade, il convient aussi de définir des porte-parole, reconnus légitimes par chacun des actants. Dans le micro-réseau qui se constitue, cette fonction est importante. Personne ne doit avoir l'impression qu'il peut parler quand et comme il veut à n'importe qui. Réciproquement, chacun doit pouvoir s'adresser à des responsables dont il sait qu'ils sont qualifiés par leurs pairs pour parler et qui répercuteront les avis ou décisions des autres.

Rapidement, des intermédiaires, c'est-à-dire tout ce qui peut lier entre eux les actants, devront être produits. Ces intermédiaires sont des investissements de forme : réunions où se donnent, voire se produisent, des informations, des textes dont la procédure de production aura été élaborée au vu de tous ou au moins avec l'accord de tous ; petits collectifs (du genre groupes de réunions, cercles de qualité), etc., fonctionnant de la même manière ouverte ; etc.

Viennent ensuite un ensemble d'éléments comme la solidification des réseaux en prolongeant chacun des actants. Par exemple, au moment de la production des premiers résultats, les chercheurs peuvent impliquer des instances supérieures de la recherche pour se garantir contre un changement de direction qui impliquerait un changement de politique. Puis il convient de mettre des vigies en place contre les ennemis possibles qui chercheraient à nuire au réseau, les concurrents par exemple, et de rester transparents aux autres membres du réseau. La confiance...

Après cela, on peut espérer que les actants se mobiliseront dans un réseau où chacun, impliqué, se sentira mobilisé, où régnera une transparence suffisante, etc. La théorie de la traduction prouve sa validité par sa capacité explicative. Cet outil sera testé plus bas, entre autres dans les cas n° 2 et n° 4.

5. 5. CONCLUSION

On vient de voir un ensemble de théories fondées sur une analyse en termes d'acteurs, sur leurs jeux et enjeux, les règles qu'ils construisent pour parvenir à une action collective commune. L'approche par l'acteur est indispensable pour penser l'entreprise, à travers l'action collective, la règle et la traduction, comme un construit contingent, pour avoir un point de départ permettant d'écarter les déterminismes de toute sorte qui guettent en permanence l'explication. Les acteurs rassemblés dans l'entreprise ont des logiques différentes, rendues légitimes parce que, justement, ils sont acteurs.

Mais on peut aussi comprendre sociologiquement l'entreprise en dehors des jeux des acteurs, en prenant le construit comme un fait accompli et en regardant plutôt les identités, les cultures et les compromis. Il s'agit là d'un tournant dans l'approche de l'entreprise. Il ne s'agit plus de mettre l'accent sur le jeu des acteurs, mais sur ce qui lie ceux-ci entre eux, sur le lien social en dehors duquel il n'est pas de groupe. A condition, bien sûr, de ne pas chercher un unanimisme là où les stratégies ou les logiques différentes s'affrontent.

Ces approches ne sont pas antagonistes, ne s'excluent pas l'une l'autre. Il y a place à la fois pour une sociologie de l'acteur, qui permet de comprendre comment l'action individuelle, portée par des acteurs/actants, est à la source des faits collectifs, et, en même temps, pour une sociologie que nous avons regroupée sous le terme de sociologie du lien social, qui permet d'appréhender le fait collectif à travers les phénomènes d'identité, de culture et d'accords.

6

L'entreprise comme système de liens sociaux

6. 1. INTRODUCTION

L'intérêt de l'approche à travers le jeu des acteurs, l'analyse stratégique, les règles et la traduction, telle qu'elle a été présentée au chapitre précédent, est de focaliser le regard sur l'acte de construction de l'entreprise par les acteurs, plus précisément encore au moment de sa construction ou reconstruction. On y voit les acteurs qui construisent un système, des règles, un réseau, et la manière dont ils s'y prennent. On les voit agir. L'utilité de cette manière de regarder a été consacrée par le succès des outils que sont l'analyse stratégique, la théorie de la règle et, plus récemment, la théorie de la traduction. Ces théories présentent aux membres de l'entreprise une manière de décrypter le fonctionnement de celle-ci, les jeux et les stratégies, de comprendre comment sont prises les décisions autrement qu'à travers une rationalité à base strictement technicienne ou économique. Non que les contraintes soient exclues. Mais les théories les réintègrent à travers les jeux des acteurs, les systèmes de règles et les traductions.

Pour autant, cet ensemble conceptuel ne permet pas de répondre avec assez de précision à la question de ce qui, au-delà des stratégies, des règles et des traductions, fait coopérer et tenir ensemble les acteurs. Ces théories donnent à voir la construction en termes de pouvoir, de système, de règles, de réseau, de bien commun. Ce sont ces éléments qui permettront de comprendre la manière dont se bâtit et se structure la coopération. Cependant, si celle-ci et le système de relations ne vont pas de soi entre des acteurs aux logiques et aux rationalités différentes, comment se maintiennent-ils sur la durée ? Paradoxalement, le thème de la permanence de la coopération, dont on a vu plus haut l'importance, ne semble pas avoir été approfondi dans ces théories alors qu'elles l'avaient initié. Dans leurs perspectives, l'ensemble se construit par des régulations, fonctionne à travers des relations de pouvoir, innove par un phénomène de traduction. Mais, dans cet ensemble théorique, la reconnaissance d'acteurs autonomes n'implique pas assez clairement celle de la coopération. L'accent est mis sur le moment de la construction plus que sur celui qui fonde la permanence des accords, même si ceux-ci ne peuvent vivre qu'en se renouvelant. Cette absence vient de ce que ces théories ont été construites en réaction contre une vision générale où l'unité était donnée *a priori*, soit à partir de la définition des fonctions, soit à partir des intérêts des individus, où une entreprise était censée marcher d'elle-même à condition que le cadre formel soit correctement défini, ou bien que les individus qui la composent soient estimés de qualité correspondante aux exigences des situations. Contre cette perspective s'est construite une théorie de l'acteur.

Mais cette théorie ne souligne pas assez la permanence des liens. La théorie économique standard ignorait, voire récusait, leur existence : dans la relation marchande, rationalité de l'individu et transparence du marché suffisent à décrire le système, ce que le courant institutionnaliste remet en cause pour le marché. A plus forte raison, le fait organisationnel ne peut se comprendre sans l'existence de liens entre les acteurs contraints à une coopération qui ne peut se réduire à un échange marchand.

Autre question que posent les ensembles théoriques que l'on va voir : l'identification des acteurs est-elle nécessaire pour appréhender la construction de la coopération ? Ou bien faut-il ne prendre en compte cette construction qu'en termes de confiance, d'identité, de culture, d'accords, sans recourir aux jeux des acteurs ? Il est possible de fonder les accords sans considérer les jeux, comme le fait l'école des conventions. Pour comprendre ce qu'est un groupe humain comme celui qui compose une entreprise, on peut partir de son histoire, de ses acteurs, du construit. Mais on peut aussi partir du langage, des manières de faire, des règles instituées, bref de l'ensemble comme d'un acquis. Le regard se concentre alors sur les mécanismes de fonctionnement qui apparaîtront pour ainsi dire préréglés, sur les manières de faire qui s'imposent d'elles-mêmes, ou encore sur les accords si prégnants qu'il n'est pas besoin de faire appel aux jeux d'acteurs identifiables, mais qui se fondent sur la manière dont les relations ont été définies indépendamment des stratégies et des enjeux actuels.

Il ne s'agit pas pour autant d'un retour au structuralisme, qui voulait rendre compte des ensembles structurés comme les organisations ou les entreprises à travers le poids des structures, qu'elles soient sociopolitiques ou économiques. Il n'est pas question non plus d'un fonctionnalisme qui expliquerait l'existence des ensembles productifs à partir des fonctions définies *a priori*. Les théories que l'on va présenter partent toujours de l'observation du système des liens forgés par les acteurs. Seulement, elles les appréhendent au moment où ces liens, pris comme existant et non dans leur construction, se traduisent dans des ensembles fonctionnant déjà. La question est alors non plus : « Comment ça se crée ? », mais : « Comment ça tient ? »

> « En réalité, pour que les hommes se reconnaissent et se garantissent mutuellement des droits, il faut d'abord qu'ils s'aiment, que, pour une raison quelconque, ils tiennent les uns aux autres et à une même société dont ils fassent partie. La justice est pleine de charité, ou, pour reprendre nos expressions, la solidarité négative n'est qu'une émanation d'une autre solidarité de nature positive : c'est la répercussion, dans la sphère des droits réels, de sentiments sociaux qui viennent d'une autre source. Elle n'a donc rien de spécifique, mais c'est l'accompagnement nécessaire de toute espèce de solidarité. Elle se rencontre forcément partout où les hommes vivent d'une vie commune, que celle-ci résulte de la division du travail social ou de l'attrait du semblable pour le semblable. »
>
> Émile Durkheim, *De la division du travail social*, 1893 ; Paris, PUF, coll. « Bibliothèque de philosophie contemporaine », 1960, p. 90-91 (nous citons dans cette édition).

Dernier point de l'introduction à ce chapitre : intitulé « L'entreprise comme système de liens sociaux », il est consacré à une nouvelle manière d'aborder le système des relations dans l'entreprise, manière que nous nommons le lien social. On y présentera des théories aussi différentes que celles de la confiance, de l'identité, de la culture et des conventions. Ce rassemblement peut paraître arbitraire aux yeux des théoriciens qui ont promu ces théories. Nous ne le pensons pas. La manière d'aborder cet ensemble qu'est l'entreprise en renvoyant aux acteurs situés dans des tensions et des conflits oblige à partir de ces acteurs. C'est ce qu'on a vu au chapitre précédent. Une autre manière de regarder cet ensemble met l'accent sur les accords implicites ou explicites, sur la manière dont se créent des relations de confiance, des identités, des accords. Cette deuxième manière fait ressortir des points différents et mobilise des outils qui ne sont pas les mêmes. Aucune de ces démarches n'est excluante de l'autre. Le lien social, sans doute mis en cause comme jamais dans les sociétés industriellement développées, constitue un ensemble théorique indispensable pour comprendre l'entreprise aujourd'hui. Il est complémentaire d'une théorie de l'acteur.

6. 2. CONFIANCE ET LIEN SOCIAL[1]

On commencera par présenter un thème qui devient à la mode aujourd'hui, même dans les milieux intellectuels, celui de la confiance. La mode est un phénomène intéressant, car elle indique souvent l'existence d'éléments peu ou mal pris en compte dans les théories antérieures. C'est pourquoi il faut être dans une vigilance critique par rapport à elle.

Quelle signification donner à l'émergence de ce thème ? Sans doute, que l'accent mis sur la coopération a été jusqu'ici insuffisamment ou mal traité. Sociologues et économistes,

1. Certains éléments de ce paragraphe ont été présentés à une séance du séminaire du Centre Walras, Maison Rhône-Alpes des Sciences de l'Homme, Lyon, 1993-1994, intitulé « La Confiance ».

après avoir découvert ou redécouvert l'organisation comme jeu d'acteurs, ont été amenés à approfondir les concepts de coopération et de régulation, en particulier à partir de celui de l'échange. Si l'entreprise est un système de coopération, comment, à quelles conditions, celle-ci est-elle mise en œuvre ? On sait qu'elle rend possible l'action collective. Que l'on soit dans le contexte de la théorie institutionnelle et/ou dans celui de l'économie des organisations pour les économistes ou dans celui des théories sociologiques des organisations que nous avons vues, que l'on se place dans le cadre juridique de la théorie du contrat ou dans celui historique de la construction du changement, par exemple celui de la révolution industrielle, le problème central de l'entreprise est la coopération. Du côté des économistes, on ne peut plus se contenter de modèles « bâtis sur des "agents représentatifs" aussi vagues que le "producteur" ou le "consommateur" » (Ménard 1990, p. 7), ni non plus seulement sur une théorie globale des coûts de transaction. Pour les sociologues, la détermination des comportements seulement à partir des stratégies des acteurs ne permet pas d'appréhender avec suffisamment de précision la création ou l'acceptation de la coopération. D'où aussi la question du lien social, qui passe par celle de la confiance.

La relation d'échange reste, dans cette perspective, centrale pour comprendre la coopération. Si les relations entre les consomnateurs sont réglées par le marché, peut-on comparer les relations dans l'entreprise à des échanges de type marchand ?

Pour répondre à cette question, on utilisera la théorie de l'échange formulée par les anthropologues. La référence classique en ce domaine est celle de *L'Essai sur le don* de Marcel Mauss (1923). Cet anthropologue a longuement étudié les documents anthropologiques et ethnographiques rapportant coutumes et pratiques de nombreuses tribus vivant dans des sociétés de type archaïque, Polynésie et Mélanésie (les bords du Pacifique), mais aussi Afrique, Nord-Ouest américain, etc. La question dont il part est celle des formes archaïques du contrat, fondement du système socio-économique d'échanges sur lequel vivent ces sociétés. Plus précisément encore, il s'attache à la question de l'obligation de réciprocité qui fait que, dans l'échange, « le présent reçu est obligatoirement rendu ? Quelle force y a-t-il dans la chose qu'on donne qui fait que le donataire la rend ? » (p. 148). Où est la règle de droit qui rend ce type d'échange obligatoire ? La réponse est donnée sous la forme de la célèbre théorie du potlatch, système des dons échangés. Dans la transaction entre tribus, ce ne sont pas des biens qui s'échangent, ce sont des politesses, des festins « dont le marché n'est qu'un des moments et où la circulation des richesses n'est qu'un des termes d'un contrat beaucoup plus général et beaucoup plus permanent » (p. 151). Ce système est appelé « système des prestations totales ». Cet effort, coûteux pour les individus et les groupes, vise à créer un lien social qui peut se traduire dans la question : pourquoi la réciprocité dans la relation ?

Parce que, dit Mauss, l'échange ne se limite pas à l'échange, mais englobe la totalité de la vie économique et civile. C'est un système de droit et d'économie remplaçant « par des dons faits ou rendus, le système des achats et des ventes » (p. 193). La constitution du droit dans ces civilisations a buté sur l'incapacité d'abstraire les concepts économiques et juridiques de la relation de commerce, de dissocier ces actes les uns des autres. De plus – et ceci est particulièrement important pour une théorie institutionnelle de l'économie ou pour une théorie sociologique de l'organisation –, « la permanence d'influence des choses échangées ne fait que traduire assez directement la manière dont les sous-groupes de ces sociétés segmentées, de type archaïque, sont constamment imbriqués les uns dans les autres et se doivent tout » (p. 194). La triple obligation dégagée par M. Mauss, celle de donner, qui est l'essence du potlatch, fondée sur le maintien de l'autorité du chef et de son rang, celle de recevoir et celle de rendre, constitue l'ensemble appelé potlatch. Elle renvoie à cette imbrication totale dont on ne peut se défaire.

L'une des originalités et l'un des intérêts de cette étude célèbre réside dans la construction du concept de phénomène social total se réalisant à travers l'échange et le don dans une situation d'imbrication totale. C'est lui qui rend la coopération possible. Les actes économiques ne relèvent ni de la prestation libre et gratuite, ni de la production et de l'échange intéressé, mais sont une sorte d'hybride, parce que les faits économiques sont, dans cette situation, considérés comme des faits sociaux totaux. Ce qui est l'inverse d'une conception isolant les notions d'intérêt et d'utilité du reste de la vie sociale, et amène Mauss à critiquer celle d'*homo oeconomicus*.

Appliquons cette théorie à l'entreprise. Dans ce système, les acteurs sont en interrelations durables, et leurs relations sont incluses dans un phénomène global. L'échange marchand ne peut être isolé de l'ensemble des autres relations. Cette séparation est rendue impossible en raison de la réciprocité, elle-même liée à la permanence, tout acte prenant place dans un système où l'acte de donner et celui de rendre sont des obligations.

L'ouvrage se termine par une critique de la société marchande, du moins sous l'aspect où elle se définit en isolant les actes économiques de l'ensemble des autres prestations. Mauss rejoint les théoriciens qui rejettent la thèse de l'isolement des actes économiques (cf., par exemple, Hirschman 1986), insistant sur le fait que le système relationnel des entreprises n'est pas analogue au système marchand de la TES, parce qu'il est incapable de rendre compte des relations qui se nouent entre les agents. La description que donnent ces théoriciens du système relationnel de l'entreprise est proche du phénomène de l'échange perçu dans *L'Essai sur le don*. Il s'apparente au phénomène social total.

Toute relation s'inscrit dans un système de rôles qui consiste en ce que, dans toute société, les situations sociales des individus sont plus ou moins clairement définies et assorties d'attentes de rôles. Rôle est pris ici au sens de comportement attendu de la part de la société. Cette attente est tellement forte qu'elle est une des sources de la constitution du droit, dans la définition, par exemple, de la gestion de son bien, gestion dite de « père de famille ». Ici, le rôle social de père de famille est assorti d'une attente de la société pour un type de gestion dont les juges ont une idée assez claire, même si elle peut être variable, et sur lequel ils vont fonder leur jugement. L'exemple du système scolaire ou bien celui de la famille est souvent utilisé par les sociologues. Dans l'un et l'autre système, « lorsque l'acteur A entre en interaction avec l'acteur B, l'un et l'autre s'attendent à ce que l'autre agisse dans le cadre normatif que définit son rôle » (Boudon et Bourricaud 1982, p. 471). Le rôle ne se définit donc pas sans attente de rôle, ce qui suppose réciprocité. De plus, dans une organisation, les porteurs de rôle étant en contacts fréquents attendent des comportements s'inscrivant dans la temporalité.

Finalement, donc, la transposition du fait social total, des échanges intertribaux décrits par Mauss, aux relations à l'intérieur d'une entreprise rend compte de la pleine dimension de celles-ci. Non pas pour ressusciter un quelconque exotisme, mais pour intégrer le fait que, dans ce type de groupe, les actions sont inscrites dans la temporalité, la réciprocité et la dépendance mutuelle, et impliquent donc un contrôle mutuel. Ce point est une des limites de l'analyse stratégique, où chacun cherche à gagner et tente de rendre son comportement le moins prévisible possible : « Dans le jeu des relations de pouvoir, en effet, être en mesure de s'écarter des attentes et normes associées à son "rôle" est un atout et une source de pouvoir ouvrant la possibilité de marchandage. A l'inverse, être enfermé dans son rôle constitue une évidente infériorité pour l'acteur qui, devenu parfaitement prévisible, n'a plus rien à marchander » (Crozier et Friedberg 1977, p. 85).

Peut-on faire de l'imprévisibilité et de la méfiance une loi de fonctionnement des organisations ? A l'évidence, la réponse doit être nuancée. Le modèle stratégique, fondé sur l'autonomie de l'acteur et sa recherche de conquête de pouvoir, constitue l'une des règles de fonctionnement des entreprises. Il y aura toujours des jeux, et les auteurs de l'analyse stratégique ont raison de ne pas se priver d'y insister : « La régulation ne s'opère, en fait, ni par l'exercice d'une contrainte même inconsciente, ni non plus par des mécanismes d'ajustement mutuel, elle s'opère par des mécanismes de jeux à travers lesquels les calculs rationnels "stratégiques" des acteurs se trouvent intégrés en fonction d'un modèle structuré » (*ibid.*, p. 244).

Or, justement, la question est celle des conditions d'existence et de permanence de ce modèle structuré. La permanence de la relation, la réciprocité, le contrôle mutuel nécessaire ne peuvent se fonder que sur les calculs rationnels. Pour en rendre compte, il faut introduire une autre notion, celle de confiance, non dans le sens d'une interaction psychologisante, mais comme respect des règles. Faire confiance revient à dire que chaque joueur est certain que, dans une temporalité certes limitée mais assurée, l'autre respectera les règles du jeu connues des deux. Dans l'analyse stratégique, il existe l'affirmation que « le jeu concilie la contrainte et la liberté » (*ibid.*, p. 97). Oui, à condition d'ajouter que cette conciliation a lieu et n'a lieu que dans la mesure où chacun sait que l'autre respectera les règles. Leur transgression rendrait le jeu impossible et, finalement aussi, cette transgression serait coûteuse à chacun des acteurs. C'est dans cette certitude de chaque acteur vis-à-vis du respect par l'autre des règles que se place la confiance. Il en est de même dans l'entreprise, où les acteurs ne sont pas isolés, peuvent communiquer, doivent se côtoyer et se revoir, sont autonomes. S'ils combinent des stratégies où un certain nombre de coups sont permis, tous cependant ne le sont pas. Les règles sont bâties sur un fort contrôle mutuel. Il y a intérêt à le clarifier et à y intégrer la réciprocité, la temporalité, l'interdiction de certaines transgressions. Le rejet des règles et de la régulation exclut celui qui se rendrait coupable de cette transgression. Les acteurs ne peuvent briser les régulations qui assurent les coopérations, et ils savent qu'ils ne peuvent le faire. Ce type de respect de règles est ce que nous nommons la confiance. Même si la confiance ne résulte pas d'un calcul aussi net.

On peut ajouter que, dans la forme de plus en plus fréquente que prend le fonctionnement de certaines entreprises en réseau, les liens de coordination ne peuvent être que des liens de confiance. Un exemple en est donné dans le cas de certains produits traditionnels laitiers cherchant à obtenir le label de qualité. Une étude a été faite récemment (Letablier 1994) sur les produits laitiers, essentiellement des fromages, cherchant à obtenir le label AOC (appellation d'origine contrôlée). Ce secteur représente 15 % de la production française de fromages affinés, 20 % de son chiffre d'affaires, environ 10 % des emplois du secteur, et il est en nette croissance. Son fonctionnement et son dynamisme font apparaître que la qualité, mettant en relations un ensemble d'acteurs relativement autonomes mais dont la référence au local est importante, ne peut exister qu'avec des relations de confiance. Celle-ci est nécessaire pour assurer la réputation et asseoir la tradition. Ce sont les liens de coordination et de confiance qui font tenir les structures locales et assurent la promotion et la réussite des entreprises promouvant les labels de qualité AOC.

La théorie de l'apprentissage organisationnel rend compte du changement, comme on le verra plus bas (chap. 7). Pour les auteurs de l'analyse stratégique, « l'apprentissage de nouveaux jeux doit passer d'abord, nous semble-t-il, par la reconnaissance par chacun de sa liberté et de sa capacité à jouer autrement que selon les stratégies routinières dans lesquelles il se croit enlisé » (1977, p. 358). Lorsque cette reconnaissance a lieu, les acteurs sont prêts à mettre sur le tapis les régulations les plus cachées, « leurs arrangements les plus secrets » (*ibid.*, p. 359) pour en créer de nouveaux. Mettre au grand jour les régulations cachées jusque-là, c'est accepter de se dévoiler, de faire taire la méfiance qui structurait les relations. Le changement suppose donc que tombe momentanément ce qui est un des rouages essentiels de l'analyse stratégique, la capacité à cacher son jeu pour maîtriser les zones d'incertitude pertinentes. Il suppose une transparence, un moment de confiance pour engager des relations sur un autre mode.

La confiance n'est pas encore un concept clairement établi. La question de la confiance, elle, est au cœur du renouvellement des théories de l'entreprise à travers la prise en compte de la coopération, de la cohésion et des structures interactionnelles cohésives (Granovetter 1985). Ce renouvellement est lié à celui des formes de l'entreprise, plus souples aujourd'hui, aux frontières moins claires que celles des grandes organisations qui avaient servi de point d'appui à la sociologie des organisations. Tout un ensemble de courants théoriques part de cette question et porte alors un regard nouveau sur l'entreprise, regard différent de celui que portaient les théories antérieures.

6. 3. L'IDENTITÉ COMME PROCESSUS DE CONSTRUCTION DU LIEN SOCIAL

Une des manières d'intégrer la coopération, de rendre compte des racines du vouloir vivre ensemble et de sa permanence, s'exprime dans le concept d'identité. Le développement récent du courant identitaire et culturel répond probablement à un point que l'analyse stratégique avait sans doute vu, mais minoré.

C'est d'abord du côté de la socialisation que l'on doit chercher la source de la construction des identités. Claude Dubar (1991) fait remarquer que la socialisation, étape nécessaire de la construction de la personnalité, « est un processus d'identification, de construction d'identité, c'est-à-dire d'appartenance et de relations » (p. 27). Se socialiser, c'est assumer son appartenance à des groupes (d'appartenance ou de référence), c'est-à-dire « prendre personnellement en charge ses attitudes au point qu'elles guideront largement sa conduite sans même qu'on s'en rende compte » (A. Percheron, cité p. 27). Le signe décisif d'appartenance au groupe, c'est l'acquisition du « savoir intuitif » du groupe, désigné par la formule « commencer à penser avec les autres » (Halbwachs, cité *ibid.*). Ce savoir implique la prise en charge, au moins partielle, du passé, du présent et du projet du goupe « tels qu'ils s'expriment dans le code symbolique commun qui fonde la relation entre les membres » *(ibid.)*. L'identité, dans cette perspective, permet de rendre compte de ce lien subtil, savoir intuitif, s'enracinant dans le passé, le présent et le futur, essentiel pour rendre des groupes cohésifs. On verra plus bas que ce lien subtil peut être regardé comme constitutif de ce que nous appellerons la culture.

Il y a deux manières de comprendre l'identité. La première consiste en son attribution par les autres. Toute société utilise des catégories pour définir autrui (appellations officielles, ethniques, régionales, professionnelles). C'est une définition de soi en fonction des autres à travers ce qu'ils nomment autrui, quelque chose de proche du rôle. Le second processus est celui par lequel les individus s'attribuent, par un acte d'appartenance, l'expression de ce qu'ils sont. Eux-mêmes se définissent. Il y a une identité pour autrui et une identité pour soi. « Je me vois dans le regard de l'autre » est une définition acceptable qui mêle le regard d'autrui à sa propre construction. Ce double enracinement de l'identité permet de comprendre ce qui se joue dans les entreprises. La formation, par exemple, peut être définie selon un profil de formation exclusivement construit par l'entreprise. Dans ce cas de figure, les salariés, pour réussir, doivent s'identifier à ce profil, où, la réussite de l'entreprise et la leur étant étroitement liées, ils évoluent en même temps qu'elle. Leur identité est construite par l'entreprise. Il peut alors arriver qu'ils suivent cette formation sans s'impliquer vraiment. Mais il peut y avoir aussi des formations qui valorisent les choix faits par les salariés, pour lesquels la formation est un élément de constitution de leur trajectoire à l'intérieur de l'entreprise. Ce sont eux qui définissent la trajectoire, qui traduit alors leur propre acte d'appartenance. Dans ce cas, la formation est à la disposition des salariés pour s'intégrer.

L'identité se définit aussi au sens quasi psychanalytique du terme. Un groupe, une entreprise, une organisation se constitue et ne peut pas exister sans un lien libidinal, incluant les concepts freudiens d'amour-rejet, de narcissisme et d'identification (Enriquez 1983, 1992). Ce type d'approche répond à la question de la création de l'attachement, voire de la complicité, de l'affectif présent dans toute relation et qui permet à toute organisation de tenir et de durer. Ou, si l'on veut, la question peut être posée à l'inverse : comment, par quels mécanismes, l'organisation crée-t-elle des maladies, des haines, un certain type de névrose pouvant aller jusqu'à la folie, etc. ?

Cette approche de l'identité en termes psychanalytiques est différente d'une approche psychologique. La psychanalyse est la science « des interactions entre différents autrui et des processus d'identification, de projection, de culpabilisation et de formation des phantasmes qui se mettent en œuvre dans ces interrelations [...] Elle est donc une science sociale ayant comme caractéristique de postuler que l'autre scène (celle de l'imaginaire, de l'inconscient) est au moins aussi intéressante et opérante (sinon plus) que celle du visible » (Enriquez 1992, p. 17). Ce type d'approche est insuffisamment développé pour avoir donné lieu à un corpus appliqué à l'entreprise. Mais il est assez clairement repéré pour laisser entrevoir l'importance qu'il y aurait à développer des analyses dans ce secteur. De même, l'opposition entre psychologie individuelle et psychologie sociale est-elle peu pertinente car, « dans la vie psychique de l'individu pris isolément, l'autre intervient très régulièrement en tant que modèle, objet, soutien et adversaire... » (*ibid.*, p. 17, citation de Freud). Isoler le psychisme de l'individu revient à le décontextualiser.

Le concept d'identité peut être construit à partir de la vie de travail proprement dite. Renaud Sainsaulieu (1972, 1977) a mis en lumière l'influence des rapports de pouvoir et des situations de travail sur la constitution de ce que, dans un premier temps, il appelle les modèles culturels. Plus que de l'exercice d'un métier ou du maniement d'une technique, ceux-ci dépendent des normes de relations aux autres, en particulier chefs et subordonnés, et de la manière dont l'individu peut penser ou non un projet professionnel. Ainsi, par exemple, le modèle de retrait ou d'unanimisme domine chez les ouvriers non qualifiés, celui d'intégration pour les agents de maîtrise, de stratégie pour les cadres, etc. Ces modèles, formés dans le jeu des relations de pouvoir comme ceux de l'interprétation des règles ou du contrôle de l'information, se traduisent en normes de relation.

Ces normes à leur tour se traduisent en logiques d'acteur au travail, à travers la reconnaissance de soi dans les rapports de travail et la mise en cause des identités individuelles par les contraintes sociales. Dans cette perspective, le principe constitutif des attitudes et des comportements dans les organisations est fondé d'une part sur la recherche d'une reconnaissance par les autres, d'autre part sur l'acceptation par l'acteur d'être modelé par les contraintes que les autres font peser sur lui (les deux identités vues plus haut).

Cette analyse débouche sur une théorie de l'apprentissage et du changement. L'apprentissage de nouvelles normes de comportement est possible lorsque évoluent les rapports de pouvoir dans des situations de travail, permettant une autre forme de reconnaissance de soi par les autres et de sa propre identité. La perspective théorique de Sainsaulieu lie ainsi les thèmes de l'identité et de la culture, dans un cadre proche de celui de l'analyse stratégique et dans une perspective de changement par apprentissage de nouvelles logiques d'acteurs.

R. Sainsaulieu insiste sur le lien entre reconnaissance et identité. Son analyse organisationnelle inclut le point de vue psychanalytique. Et cela l'amène à souligner l'importance du désir de reconnaissance de soi pour accéder à l'identité. L'individu et le groupe cherchent, en permanence, à obtenir une reconnaissance par les autres, et celle-ci entre en conflit avec la volonté de se faire reconnaître pour exister. Le concept d'identité permet de lier ce double désir.

> Le concept d'identité est alors très précieux pour désigner cette part du système du sujet qui réagit en permanence à la structure du système social. L'identité exprime cette quête de force que l'on retrouve dans les ressources sociales pour arriver à la possibilité de se faire reconnaître comme détenteur d'un désir propre [...] Désireux d'être, le sujet ne trouve cette plénitude que dans les moyens sociaux de codifier cette expérience (p. 332, 1re éd.).

L'existence d'une règle commune définit une identité, donc un type de lien. Le directeur des relations humaines d'une grande entreprise multinationale raconte l'histoire suivante :

« Nous avons récemment racheté une usine anglaise. L'analyse de son fonctionnement nous a montré qu'il y avait une importante différence de productivité entre cette usine et les autres usines de notre groupe, qu'elles soient situées en France ou dans d'autres pays étrangers. Il fallait agir pour augmenter la productivité des Anglais et la ramener à un niveau compatible avec l'état du marché. Nous examinons le fonctionnement de l'usine et constatons que, entre autres, existe une tradition d'une pause pour le thé, *tea-break*, d'environ trois quarts d'heure dans la journée. Nous nous disons : là, il y a un gain facile de productivité à faire. Et ils comprendront bien : trois quarts d'heure pour une tasse de thé, c'est invraisemblable. Pour ne pas brusquer les choses, cependant, nous leur proposons de partager les bénéfices de la réduction du temps : la pause sera ramenée à 15 minutes, 15 seront gagnées en productivité et les salariés termineront la journée de travail 15 minutes plus tôt. Résultat : on s'est payé une grève de six semaines qui nous a coûté une fortune. Au bout de quatre semaines, on a relancé la négociation. Notre argument était fort, mais difficile à présenter. On avait calculé qu'il fallait licencier environ 800 salariés sur 2 000. On leur a dit : "Arrêtez la grève pour le *tea-break*. Ce qui est en cause, d'après nos calculs, c'est le licenciement du tiers des salariés, et si vous continuez il y en aura plus." Ils ont répondu : "Si vos calculs montrent qu'il faut licencier le tiers des salariés, allez-y s'il le faut. On négociera. Mais ne touchez pas à la pause *tea-break*." L'important, à leurs yeux, était la pause. Les contraintes économiques présentées par la direction étaient ressenties comme une fatalité par les représentants des salariés. On pouvait les négocier, mais il ne fallait pas toucher à la pause du thé. Finalement, la direction a laissé tomber la pause et a négocié des licenciements. La grève a cessé. »

La logique d'acteur est utilisée pour expliquer certaines réactions collectives de différents groupes sociaux de l'entreprise créant ou défendant leur identité en son sein. Elle rend compte de l'origine des attitudes collectives et durables de ces groupes, attitudes découvertes dans la collectivité de travail et confirmées par des enquêtes approfondies (Sainsaulieu 1972). L'origine de ces attitudes se trouve dans « la multiplicité des positions d'accès au pouvoir en organisation [...] une des conséquences majeures de la période de croissance économique et de bouleversement technologique dans les entreprises des vingt dernières années » (1977, p. 423). Cette multiplicité des accès au pouvoir dans l'entreprise actuelle s'oppose « au panorama initial d'une lointaine époque industrielle fondée sur la juxtaposition de privilèges issus de la fortune, du savoir et du métier » *(ibid.)*. Dans cette perspective, l'organisation industrielle est tiraillée entre des acteurs qui ont des rationalités différentes. Ces rationalités ou logiques organisationnelles différentes sont issues de courants organisateurs (professionnel, organisation scientifique du travail, relationnel et gestionnaire, démocratique), chacun étant porteur d'une idéologie rationalisatrice. Mais celle-ci est, en même temps, productrice de systèmes de représentations et de cultures, dont l'origine se trouve dans les catégories socioprofessionnelles, essentiellement ouvriers, employés, techniciens et cadres, qui produisent des modèles culturels particuliers. Là-dessus se greffent les apprentissages culturels au travail, à travers les phénomènes d'identification et de groupe incluant le « développement des capacités stratégiques par le biais de l'expérience quotidienne des rapports de pouvoir au travail » (Sainsaulieu 1987, p. 183). Toutes ces rationalités d'origine diverse se confrontent dans l'entreprise et expliquent le comportement des acteurs. Les logiques d'acteur sont des attitudes de groupes sociaux fondées sur un triple paradigme explicatif : les idéologies rationalisatrices des groupes socioprofessionnels, une culture née de la pratique du travail et des relations de travail, l'expérience stratégique des rapports de pouvoir.

Ces logiques ont deux caractéristiques. D'abord, ce sont des logiques collectives. Elles ne se définissent pas seulement par un intérêt commun, mais par un capital, un passé, une définition acceptée en groupe, une culture commune vue dans une perspective dynamique, à savoir un apprentissage culturel. La culture est définie comme une « articulation entre les normes de relations, les valeurs de l'action et les orientations idéologiques en fonction des processus d'apprentissage de capacités stratégiques en organisation » (Sainsaulieu 1977, p. 350). La culture antérieure, traitée comme un donné lorsque l'individu entre au travail, est modifiée en fonction de la situation de travail proprement dite et des relations de pouvoir particulières. Elle devient alors capacité d'évolution et de changement à travers l'expérience des rapports de travail.

La seconde caractéristique des logiques d'acteur est que, dans leur rapport à la culture, elles désignent des cohérences qui ne sont pas seulement globales. Il y a négociation des acteurs les uns avec les autres, mise en commun, accord, et finalement rationalité commune mais partielle dans un jeu collectif. Chacun essaie d'imposer sa rationalité à l'autre, c'est-à-dire les règles du jeu qu'il est capable de jouer. Chaque groupe d'acteurs de l'entreprise se verra définir un modèle de relations, d'action collective, de logique d'acteur. Ce qui explique la présentation successive selon leur cadre d'action des ouvriers d'atelier puis de réparation, des employés, des techniciens, des ingénieurs, des cadres, etc.

Cette perspective est extrêmement féconde en ce qu'elle met le doigt sur la structuration des rationalités et des logiques différentes, source de confrontations dans l'entreprise. Le travail de R. Sainsaulieu permet de clarifier l'origine des logiques organisationnelles. Chaque courant, chaque culture, chaque expérience stratégique est porteur d'une idéologie rationalisatrice et va chercher à imposer sa domination en affirmant sa rationalité spécifique. Il y a là une analyse très fine des sources de l'équilibre et en même temps des conflits dans les entreprises et les organisations, analyse que nous nuancerons cependant en préférant le concept de logiques d'action à celui de logiques d'acteur (cf. chap. 8).

6.4. LA PERMANENCE A TRAVERS LES RÈGLES : LA CULTURE [1]

Une manière traditionnelle de rendre compte de la dimension de permanence existant dans tout groupe est l'appel au

1. J'utilise ici des éléments de l'ouvrage, *Les Nouvelles Approches sociologiques des organisations*, rédigé en collaboration avec H. Amblard, G. Herreros, Y.-F. Livian, 1996, Paris, Seuil.

concept de culture. Comme celui de confiance, ce concept est à la mode aujourd'hui. Cette mode est l'expression du problème de l'intégration, dont la représentation est forte dans la société actuelle. Elle l'a sans doute toujours été. A notre époque, caractérisée entre autres par un desserrement des contraintes sociales traditionnelles, la question se pose dans les termes suivants : comment créer ou recréer une unité dans des entreprises, unité que ce desserrement tend à faire éclater ? Le concept fourre-tout de culture permettrait de synthétiser des éléments de l'organisation liés à son histoire, ses contraintes propres, son système d'action concret, ses acteurs dominants, hier et aujourd'hui, ses choix, ses conflits, ses valeurs particulières, etc. S'il convient de se méfier d'un mot mal défini, force est de reconnaître que le concept de culture comble un manque, celui d'éléments de synthèse pour comprendre cet aspect de l'entreprise qu'est la permanence.

L'émergence du mot « culture » aujourd'hui viendrait aussi, entre autres, d'une des conséquences de la crise du taylorisme : l'accent mis sur l'existence des comportements informels et leur importance pour le fonctionnement des entreprises. Il s'agit d'une vieille découverte, qu'Elton Mayo avait déjà faite dans les années trente. Mais la conclusion qu'il en avait tirée était plus humaniste qu'organisationnelle. L'activité informelle n'était vue que du côté de l'individu, comme moyen de le sauver de la monotonie et du désintérêt du travail. Les directions ne la prenaient au sérieux que pour aider l'individu. Le jour où il apparut que l'entreprise ne pouvait fonctionner sans ces ajustements informels, que ceux-ci étaient indispensables à la production, on se mit à la prendre en compte. Au lieu de nier l'importance de ces comportements ou de les déconsidérer, comme on l'avait fait jusqu'alors, il fallait les valoriser. On repéra les manières de faire informelles, les savoir-faire qui se transmettaient de manière clandestine. En cas de regroupements ou de fusions, ils constituaient un des éléments définissant l'entreprise. Celle-ci est aujourd'hui dans un autre modèle d'organisation que le taylorisme. Dans le milieu de l'entreprise, on nomme habituellement cette évolution « changement de culture ».

Traditionnellement, la culture se définit à trois niveaux : d'une part un cadre de pensée (définition utilisée par les anthropologues), d'autre part un système de valeurs, enfin un système de règles. Pour les sociologues, à un extrême d'une échelle qui irait du plus au moins englobant, on appellera culturalisme (Boudon et Bourricaud 1983) le système de valeurs d'une société constituant un ensemble original et cohérent caractérisé par certaines valeurs dominantes formant un ensemble. Ces valeurs influencent la personnalité des individus, elles sont les éléments d'un style de vie et d'un modèle de comportement à l'intérieur d'un pays, par exemple celui du Français moyen, de l'Américain moyen, etc. C'est une définition de la culture au sens du culturalisme, cadre de pensée et représentation d'une société, en usage auprès des anthropologues. C'est à cette conception de la culture que s'opposent Crozier et Friedberg :

> La culture n'est plus ici cet univers de valeurs et de normes incarnées et intouchables qui, en dernière instance, guident, ordonnent les comportements observés [...] Valeurs, normes et attitudes sont partie de cet ensemble, mais elles changent de statut. Elles ne sont ici que des éléments structurant les capacités des individus et des groupes et qui, par là, conditionnent mais ne déterminent jamais les stratégies individuelles et collectives (Crozier 1977).

A l'autre extrême, sous son aspect « micro », on assimilera la culture au système de règles régissant les relations dans des groupes, dont les entreprises. Culture serait pris alors au sens que Crozier et Friedberg donnent au système d'action concret, ensemble de régulations des relations. Par exemple, la manière dont différents services font appel au service qualité et l'importance qu'ils lui accordent, ou bien l'application différente des normes de sécurité, font partie de la culture de l'entreprise. Michel Liu a inventé le concept de microculture d'atelier pour rendre compte de ces différences.

La plupart des définitions de la culture véhiculées dans le monde des entreprises sont proches de la deuxième définition. La culture est présentée comme un ensemble de modes d'action et de pensée, inventé par un groupe pour faire face à ses problèmes et qui a assez bien marché pour être validé, partagé et enseigné. L'auteur américain E. Schein précise cette définition en ajoutant l'idée, un peu fonctionnelle, que la culture sert au groupe à résoudre ses problèmes d'adaptation à l'environnement et d'intégration interne et qu'elle est enseignée aux nouveaux membres comme la manière correcte de penser et d'agir face à ces problèmes (E. Schein 1986).

Cette définition résume bien les points forts de la culture au sens où elle est habituellement entendue dans les entreprises. Ce sont bien des modes de pensée et d'agir, inventés – et ce point de vue intègre la dimension de création par le groupe, donc du changement possible – par le groupe pour faire face aux problèmes qu'il a rencontrés ou qu'il rencontre aujourd'hui, et donc qui peuvent évoluer en fonction de ces problèmes et de la manière dont le groupe y réagit. Enfin, la culture peut être enseignée et transmise. On verra plus bas que la théorie de l'apprentissage culturel repose sur cette idée d'enseignement et de transmission. Cette approche de la culture est donc pertinente pour notre propos.

Elle appelle cependant quelques réserves. L'adaptation à l'environnement est un concept très fonctionnel. Les entreprises doivent s'adapter, sinon elles meurent, dit-on dans cette perspective. Mais cette affirmation revient à nier leur capacité d'invention et de changement. Si un produit n'est plus adapté à un marché – là, on peut parler d'adaptation parce qu'il s'agit de relations entre des objets –, la vie des entreprises montre quotidiennement qu'elles savent changer, se convertir, faire évoluer le marché. Comment se fait l'intégration ? Dans cette définition se profile une certaine normativité universelle qui fait fi de ce qui caractérise les cultures, à savoir la particularité. Dans certaines entreprises chaque service est constitué en forteresse, dans d'autres existe une culture de la communication. La définition de Schein est finalement acceptable si les critères suivants sont respectés.

1. Elle doit laisser sa place à l'autonomie du construit organisationnel – faute de quoi elle serait destructrice de ce qui constitue l'essence du phénomène culturel.

2. L'organisation, étant un construit, doit bien apparaître comme l'instrument que les acteurs sociaux se sont forgé pour « régler » leurs interactions de façon à obtenir le minimum de coopération nécessaire à la poursuite d'objectifs collectifs. Mais, en même temps, ils maintiennent leur autonomie d'agents relativement libres.

3. Les solutions ne sont pas réponses mécaniques à des contraintes, même si elles sont conditionnées par elles. Elles sont aussi l'expression des capacités relationnelles des individus. On est donc en face d'un élément culturel, fondement de l'autonomie des membres de l'organisation.

4. Pourquoi le choix de telle ou telle solution par tel groupe ? Pour Crozier et Friedberg, ce ne sont pas les valeurs reçues de la société ou d'un univers culturel donné qui sont premières – on aurait dans ce cas un déterminisme culturel évident avec une adaptation passive des individus –, mais le comportement humain est à concevoir comme l'expression d'une stratégie dans un jeu, un ensemble de contraintes à découvrir. Les conditions de l'action – processus actif, non passif, car dans ce cas le changement se ramènerait à un appel à la conversion morale – sont premières et font que les individus utiliseront ensuite les attitudes et les valeurs de la culture de la société. Celles-ci doivent être considérées comme des instruments, servant à construire des stratégies par des individus actifs. Mais ce rejet de la culture a un aspect excessif : à examiner des entreprises comparables de pays différents, voire du même pays, on voit que les solutions apportées à des problèmes identiques ne sont jamais les mêmes, et l'influence de la culture nationale ne peut être écartée.

5. La culture doit être définie comme une capacité. Ce qui fonde la relation, ce n'est pas un modèle culturel imposé de l'extérieur, c'est une stratégie dans une action.

Traditionnellement, les lieux où se forgent les cultures sont les groupes ethniques, donc les cultures nationales, et les lieux de professionnalisation, les métiers ou les branches industrielles. C'est là que naissent les cultures d'entreprise.

Le concept de culture a aussi un enracinement dans le monde des symboles et des mythes. Le groupe humain constituant l'entreprise produit du sens et des significations qui s'expriment à travers cet univers des symboles, lesquels à leur tour interagissent sur lui. Cet univers structure les « pratiques » des acteurs, pour reprendre un concept utilisé par Bourdieu (1980) et par Giddens (1984), au sens où leurs actions sont structurées par les contraintes d'ordre symbolique. Il n'y a pas d'action sans prise en compte de cet univers des mythes et des symboles. La création de cet univers et la manière d'en comprendre la place dans le monde de l'entreprise ouvre des perspectives prometteuses.

La culture nationale

On a des approches plus argumentées sur la construction de ces sous-ensembles que sont les cultures nationales. Ce qui est désigné ici est l'insertion de l'entreprise dans son milieu et la manière dont ce milieu structure les stratégies et contraint les représentations. L'invention des modes de pensée et d'agir est vue du côté où la société qui environne l'entreprise participe à cette construction. Sous quelle forme ? Les approches en termes de cultures nationales ont fait l'objet de polémiques dont l'intérêt est de permettre un affinement des concepts. Les cultures nationales sont l'objet d'une grande attention, chaque membre d'un pays étant attentif à analyser les raisons des succès de ses concurrents étrangers.

L'ouvrage de Maurice, Silvestre et Sellier (1982) a eu un grand retentissement parce que, à partir de la comparaison systématique menée terme à terme entre l'Allemagne et la France, il a renversé la thèse d'un modèle unique ou de modèles similaires de développement dans les pays industrialisés. Partant d'entreprises comparables en tous points, dont celui de la réussite économique, les auteurs sont remontés à un triple sous-système, nommé « rapport », qui compose le modèle national, le rapport éducatif, c'est-à-dire la formation des travailleurs, les hiérarchies et les qualifications, la mobilité, le rapport organisationnel, c'est-à-dire les structures d'emploi, les rapports dans le travail, la hiérarchie et l'encadrement, enfin le rapport industriel, formation des rémunérations, syndicalisme, conflits et négociations.

L'influence du *rapport éducatif* sur le fonctionnement de l'entreprise est visible, en France, parce que, pour les salariés, le niveau des connaissances se définit en termes de formation générale (certificat d'enseignement primaire, brevet, second cycle de l'enseignement secondaire, niveau enseignement supérieur – 25 % environ ont le certificat d'aptitude professionnel, 4,5 % ont un diplôme professionnel supérieur), tandis qu'en Allemagne 75 % des actifs ont reçu une formation professionnelle dont la moitié ont un diplôme de base d'ouvrier qualifié. En France, les filières de formation générale de type secondaire ont une grande importance (55 % des élèves sortis du primaire). L'enseignement professionnel élémentaire (CAP, apprentissage) est peu valorisé et, du coup, le développement des diplômes techniques limité. Ceux-ci deviennent résiduels, tandis que se développe la compétition pour les autres filières.

Le système de *division et d'organisation du travail* favorise dans les entreprises allemandes une forte autonomie professionnelle des ouvriers et employés d'exécution. Il y a une moindre dépendance par rapport au poste précis occupé et une plus grande part de polyvalence. L'encadrement est plus professionnel que de commandement (tâche et légitimité), ce qui favorise plus de coopération entre ateliers et services. Dans les entreprises françaises, une grande importance est accordée aux règles impersonnelles de gestion comme le rôle de l'ancienneté, le système de classification des emplois, l'accent mis sur le poste plutôt que sur le travailleur et sa qualification personnelle. Les critères hiérarchiques ou d'autorité semblent plus importants que les critères fonctionnels ou professionnels. La qualification ouvrière est marquée par une plus grande dépendance par rapport à la hiérarchie (ce qui donne une forte spécialisation ou une polyvalence sans contenu professionnel), par une gestion du personnel centralisée et séparée de la mise en œuvre concrète des savoir-faire techniques. L'autorité professionnelle appartient plus aux cadres supérieurs grandes écoles ou aux techniciens qu'à la maîtrise.

Le système des *relations professionnelles et de travail* différencie encore plus les deux pays. L'entreprise allemande est en moyenne plus puissante par sa taille et son prestige, les valeurs développées – en particulier les valeurs d'efficacité – sont plus reconnues et légitimées, ce qui a pour résultat que l'entreprise est plus intégrée au tissu social qu'elle ne l'est en France. Cette intégration se manifeste en particulier par la coopération traditionnelle entre l'école et l'industrie dans le domaine de la formation, par l'ancienneté de l'obligation faite à la plupart des entreprises d'instituer d'une part un système de direction collégiale, d'autre part un système de codécision, qui limitent plus qu'en France les prérogatives patronales dans ce domaine. Il faut aussi mettre l'accent sur la puissance, la reconnaissance et la légitimité des organisations ouvrières – syndicats et conseils ouvriers d'établissement –, puissance fondée sur le nombre des adhérents et la force de la conscience ouvrière pour les premiers, sur les prérogatives légales pour les seconds. Non seulement l'importance des valeurs techniciennes et professionnelles mais aussi la reconnaissance mutuelle de leur force par les protagonistes semblent être les traits spécifiques de la situation allemande. Il en résulte un certain partage de valeurs communes qui, sans empêcher les conflits, tend à en faire craindre le déchaînement, ce qui mettrait en cause les valeurs mêmes d'efficacité et l'image prestigieuse de l'industrie sur lesquelles repose la force des acteurs. Dans le cas de la France, les directions d'entreprise et les travailleurs ne sont pas arrivés à un stade de reconnaissance et de légitimation mutuelle suffisantes pour fonder des formes stables de coopération et de lutte. Le syndicalisme ouvrier est faible et non reconnu. Il conteste la capacité du patronat à mener un développement économique harmonieux et juste.

Ce résumé des thèses contenues dans cet ouvrage, imprimé en 1981, veut montrer que les cohérences sociétales particulières des deux pays naissent de la conjugaison de ce triple rapport et permettent de comprendre les différences constatées dans les entreprises. Ce triple rapport fonde, pour les auteurs de la comparaison France-Allemagne, une définition de la culture.

Selon une tout autre conception, Philippe d'Iribarne (1989) a tenté de construire une sociologie culturelle de l'entreprise, indépendante des régulations organisationnelles et institutionnelles. Il l'a fait en comparant des établissements semblables de la même entreprise dans trois pays – France, États-Unis, Pays-Bas – et s'est proposé d'attribuer les singularités observées au domaine de l'histoire, à celui de philosophies particulières de la vie en société, aux règles relationnelles que l'on ne semble pas pouvoir attribuer directement à des utilités ou à des institutions. Il a cherché chez des auteurs anciens (par exemple Montesquieu, *L'Esprit des lois*) et il a cru trouver. En France, la primauté est attribuée à la logique de l'honneur ; il faut avant tout tenir son rang. Les États-Unis sont hantés par l'image du contrat. Les relations aux Pays-Bas sont modelées par la conciliation et la recherche de consensualité. Parti de l'analyse de la gestion, l'auteur dit s'être attaché à saisir le sens que les acteurs donnent à leurs conduites.

On voit la différence avec les auteurs de la comparaison France-Allemagne. Ils utilisent le terme d'effet sociétal, récusant explicitement le concept de culture, au titre de son flou, de son recours à des valeurs dont l'usage cache mal les raisons de l'émergence. Selon eux, les valeurs sont les produits des rapports sociaux spécifiques d'une société, rapports éducatifs, organisationnels, industriels. Ce sont eux qui fondent une idéologie, non l'inverse. *A contrario*, d'Iribarne tente de démontrer l'intérêt du recours à la notion de culture. Telle qu'il l'entend. Par exemple, le rôle du « rang » et des « états » dans la société française expliquerait la place de la double hiérarchie dans l'entreprise, celle des cloisonnements entre services, la manière dont se déroulent les négociations, les particularités du système de relations industrielles. Une partie de la cohérence des institutions provient des principes ancrés dans l'histoire qui a présidé à leur conception. Elles ont un enracinement dans des représentations héritées de l'histoire. La culture permet de comprendre la formation de l'identité des acteurs et les particularités nationales des rapports sociaux.

Naturellement, les auteurs de l'« effet sociétal » ont réagi. Ils récusent l'argumentation de D'Iribarne, la qualifiant d'essentialisme et de contingence. Essentialisme, qui courrait à la recherche d'un principe unificateur, un social global qui se trouverait dans l'histoire. Contingence, qui serait l'adaptation de ce principe fondateur aux formes sociales concrètes. L'homologie entre le lien social trouvé dans les entreprises par d'Iribarne et la société globale est une catégorie de l'analyse trop lâche pour pouvoir prétendre à un statut véritablement explicatif. Le sociétal, pour les trois auteurs, est à construire sur les bases de l'entreprise, de la division et de l'organisation du travail, de la qualification, de la mobilité, de la valorisation des personnes et des formes de conflit. Finalement, l'approche culturelle éloignerait d'une analyse en termes d'interdépendance concrète des hommes dans les sociétés dans lesquelles ils vivent, au profit d'un recours vague au passé et d'une insaisissable globalité.

On ne tranchera pas entre ces deux manières d'appréhender les cultures d'entreprise.

Le débat est fécond, s'il fait émerger les multiples lignes de force d'une appréhension de la culture.

La culture de métier et des catégories professionnelles

Traditionnellement, le métier est apparu comme source de culture particulière, mêlant valeurs et normes sociales. Par exemple, on a cru expliquer le système relationnel du mineur de fond par le type de travail physiquement dur et où le danger physique rôde en permanence, par la vie hors travail dans des habitats groupés et où la femme ne travaillait que rarement. Ce modèle a longtemps été célébré comme un système culturel mêlant la vie au travail et hors travail. On voit bien le fonctionnalisme de cette explication : ce sont le travail et en particulier les conditions de travail qui, sans plus, rendent compte d'un modèle relationnel. Où est le construit social ? Il y a fort à parier que des études attentives montreraient que ce modèle n'est pas fondé que sur le métier, mais sur l'histoire, les variables de l'effet sociétal, qu'il est différent d'un pays à un autre, etc. Au-delà d'une description souvent épique, de symboles forts (la mine, les hauts-fourneaux, les verreries, etc.), le retentissement du métier sur les normes sociales est difficile à préciser.

Il est cependant évident que l'exercice d'un métier comme l'appartenance à des catégories socioprofessionnelles se traduisent par des traits apparents qui distinguent leurs membres. Un groupe de mineurs de fond ne se confond pas avec un groupe d'ouvriers du textile, aujourd'hui les informaticiens dans une entreprise se perçoivent de loin lorsqu'ils sont dans un atelier de production, les médecins se différencient visuellement des infirmiers dans un hôpital, etc. Mais que disent ces traits d'une véritable culture ?

On peut tenter d'énumérer les constituants de ce que serait une culture de métier :

– la culture antérieure (hommes ou femmes, ruraux ou citadins, origine ethnique, etc.) ;

– le travail proprement dit : type de travail, ses symboles – l'eau, le feu, la mécanique ;

– la manière dont les professions et catégories socioprofessionnelles sont découpées ;

– l'organisation technique de la production (chaîne ou process) ;

– le système des relations de travail (système de salaire, de promotions, de formation, syndicalisme…) ;

– la situation stratégique dans les relations de pouvoir.

Cet ensemble de variables est souvent retenu pour reconstituer ce qui, pour un groupe social exerçant un métier, correspondrait à une culture.

Il a été approfondi par les travaux de Dubar déjà cités (1991), à propos de la construction de l'identité. Comme Maurice *et al.*, Dubar évite le concept de culture, mais pour des raisons différentes. Il trouve ce concept dans l'anthropologie culturelle, dans des études faites auprès de sociétés traditionnelles, il le prend aussi dans les travaux de Parsons. Il s'en méfie, parce que dans ce type d'approche la formation (ici de l'enfant) tend à être abordée comme un « conditionnement » où sont assimilés précocement et de manière inconsciente des schèmes corporels et des attitudes culturelles, parce que « la culture y est considérée comme un tout, une efficacité *sui generis* sur les individus qu'elle modèle ou qu'elle imprègne de manière généralement inconsciente » (p. 63-64). On comprend cette méfiance pour cette raison. Toutefois, l'auteur va bâtir des modèles, présents dans la vie professionnelle, aboutissant à des identités professionnelles proches de la notion de culture telle que nous la présentons. Dans notre perspective, la différence entre identité professionnelle et culture vient du point de vue où l'on se place : dans un cas, on observe la manière dont l'individu constitue sa propre personnalité. Dans l'autre, on s'intéresse aux construits sociaux sous l'aspect de leur permanence, même si celle-ci n'exclut pas des reconstructions. On est donc attentif à rejeter toute trace de déterminisme dans la culture. Sur la base de ses enquêtes, Dubar constitue quatre modèles identitaires (troisième partie, p. 201-257) à partir du monde vécu du travail et des relations dans le travail, de la trajectoire professionnelle et d'emploi, du rapport des salariés à la formation et de leur orientation par rapport à elle. Il s'agit de l'identité d'exécutant stable menacé allant du retrait à l'exclusion, de l'identité bloquée de l'ouvrier de métier au nouveau professionnel, du modèle carriériste et du modèle affinitaire. Comme on l'a vu plus haut, ces identités sont produites par l'articulation de l'identité attribuée par autrui à celle « pour soi », construite à travers la trajectoire antérieure.

R. Sainsaulieu (1972), à partir d'une observation participante dans une entreprise, a tenté une typologie des groupes socio-professionnels, donc des groupes de statut et non de métier. Les OS auraient des comportements du type « en retrait » si leur implication est faible, du type « unanimisme » si leur implication est forte. Les OP seraient en « solidarité démocratique » s'ils sont dans des techniques classiques et s'ils côtoient des OS, les agents de maîtrise sont généralement dans un modèle de l'« intégration », privilégiant et justifiant leur position hiérarchique, les cadres, confrontés au problème de l'autorité, de la résistance dans l'organisation, joueraient de façon individualisée des « stratégies » personnelles. L'intérêt de cette typologie réside dans la manière dont elle est construite, entre autres à partir des atouts de pouvoir dont disposent les individus et de leurs projets possibles. La méthode est pertinente, montrant que la culture est un construit social dépendant de la situation de travail, non de variables extérieures à cette situation. Il serait cependant dangereux de l'appliquer telle quelle. Chaque culture est un construit particulier.

Un mot encore sur le problème des comparaisons internationales. Après avoir parcouru l'approche comparative entre deux pays industrialisés, on s'interrogera sur la méthodologie de la comparaison. Trois types d'approche peuvent être retenus (Maurice 1989). La première est l'*approche fonctionnaliste ou cross-national*. Ici, le cadre national n'a pas de statut clairement établi – d'où l'expression de *cross-national*. L'hypothèse sous-jacente est que les mêmes phénomènes peuvent être comparés terme à terme dans les entreprises de chaque pays. Cette démarche est supposée possible car la même rationalité est à l'œuvre dans les entreprises quel que soit le cadre national. L'explication du changement d'un modèle national se trouve dans l'importation de ce qui a réussi dans un autre modèle national. Un exemple classique est celui des cercles de qualité. Dans un premier moment de leur introduction en France, ils ont été recopiés du modèle japonais. L'hypothèse sous-jacente était que leurs effets devaient être les mêmes. Mais sans regard sur l'état des relations entre les services, ou sur celui des rapports hiérarchiques ou des relations professionnelles. Du coup, les résultats ont été différents, plutôt décevants en France. Les modèles n'ont pas atteint les résultats escomptés et les CQ français se sont essoufflés. Il a fallu chercher des applications plus adaptées de ce modèle. L'idée sous-jacente aux approches *cross-national* est celle de la contingence structurelle, c'est-à-dire que l'organisation de l'entreprise est modelée essentiellement par l'état des techniques, le marché, la concurrence, les données objectives des firmes. La culture particulière à chaque pays, l'état du système relationnel ne jouent qu'un rôle mineur. L'expérience prouve la faiblesse de ce type d'approche, qui est pourtant de très loin la plus couramment pratiquée.

Tout autre est le point de départ des *approches culturalistes ou cross-cultural*. L'accent y est mis sur la continuité entre les cultures nationales et les phénomènes étudiés, indépendamment du contexte spécifique des entreprises. On postule non l'universalisme de la rationalité mais le particularisme du fonctionnement des entreprises. Par exemple, on étendra à l'ensemble du fonctionnement des entreprises françaises le modèle analysé dans *Le Phénomène bureaucratique* (1963) de Michel Crozier : difficultés du face-à-face dans les rapports sociaux, centralisation des décisions, non-communication entre les strates hiérarchiques. Ou encore, dans *La Logique de l'honneur* (1989) de Philippe d'Iribarne, les différences entre trois établissements d'une même entreprise dans des contextes nationaux différents sont attribuées exclusivement à ces contextes nationaux. Ce sont les cultures nationales qui commandent l'organisation de l'entreprise, et la technique ou la branche ne disent pas grand-chose du phénomène.

L'*approche sociétale (inter-national)* semble à M. Maurice la plus pertinente. Il ne s'agit pas de comparer les entreprises terme à terme, mais de restituer les éléments de la comparaison dans des ensembles nationaux où leur fonctionnement apparaît interdépendant en raison de cohérences nationales propres à chaque pays. Ce type de comparaison a été mené dans le travail sur l'organisation industrielle France-Allemagne présenté plus haut. Il s'agit bien de comparer des entreprises définies dans des branches, utilisant des techniques particulières, et d'expliquer les différences dans les contextes particuliers des différents sous-systèmes de chaque pays.

« Ce qui est arrivé au cours de ce conflit (entre journaliers peintres, décorateurs et sculpteurs, de décembre 1784 à début 1786) ne dépendait pas seulement du fait que ces journaliers travaillaient dans un atelier pour un salaire, mais aussi de la manière dont ils percevaient leur statut légal. Ce qui dépendait aussi de – et affectait – leur situation matérielle [p. 88]. Ceux qui avaient déclenché le conflit étaient des journaliers itinérants. Le maître voulait payer 22 sous alors que ces itinérants estimaient que ce niveau de salaire les forcerait à quitter Paris, où ils estimaient ne pouvoir vivre à moins de 30 sous. Tous, itinérants et Parisiens, soutinrent le mouvement. Ce conflit est relié à ce qu'ils pensaient être, à une image d'eux-mêmes. Elle était liée à la perception *[the sense]* de l'identité civique confirmée légalement. Le concept de culture populaire n'est pas seulement à comprendre comme le comportement ou les croyances des artisans. La culture est composée *[informed]* de la reconnaissance *[recognition]* incluse dans des conventions légales et politiques de la vie publique. Pour comprendre les mouvements de protestation, il est nécessaire d'avoir une idée de ce que sont ces conventions [p. 90]. »

M. Sonenscher, « Journeymen, the Courts and the French Trades, 1781-1791 », *Past and Present*, n° 114, 1987, p. 77-109.

La culture est un élément important de l'analyse de l'entreprise. Elle doit être cependant abordée avec beaucoup de précautions. Si elle met en lumière de nombreux éléments expliquant la pérennité, les éléments de permanence, on ne peut l'aborder que comme un construit, faute de quoi on réintroduit subtilement des déterminismes dans le comportement des groupes, on leur dénie implicitement l'existence comme acteurs, rendant compte des différences à partir d'éléments non humains. C'est la raison pour laquelle de nombreux auteurs, on l'a vu, récusent ce concept. Son usage, largement répandu, fait que nous pensons pouvoir l'utiliser, avec les précautions signalées, pour exprimer un des aspects de ce que nous nommons le lien social.

6. 5. L'ENTREPRISE COMME SYSTÈME DE CONVENTIONS ET D'ACCORDS

On l'a dit en introduction : toute théorie part de la perception, par ses auteurs, de certains problèmes fondamentaux qui n'auraient pas reçu de solution ou de réponse satisfaisante. Ce sont des questions que l'on croit posées par l'actualité, ou de vieilles question qui resurgissent, quelquefois à travers le vécu des théoriciens, et auxquelles ils pensent qu'il est urgent de répondre, et de le faire en termes concrets. Les théoriciens de l'école des conventions que nous présentons maintenant cherchent à répondre à une question peu ou mal traitée jusqu'ici à leurs yeux, celle de la juxtaposition de principes hétérogènes pour expliquer le fonctionnement d'un groupe humain, société ou entreprise, « ce qui fait tenir ». Ils insèrent leur problématique dans la volonté « d'aborder la question générale de la coordination des actions individuelles afin de comprendre comment se constitue une logique collective et quelles ressources elle doit mobiliser pour se stabiliser » (Orléan 1994, texte de présentation de l'ouvrage). On est donc bien au cœur de la question de la coopération. L'accent sera mis sur la manière dont s'élaborent les compromis et les accords, non à travers les jeux d'acteurs, mais dans les justifications sur lesquelles reposent ces accords.

Les chercheurs de l'économie des conventions rejettent « l'opposition méthodologique (précédente) entre les explications par l'“individuel” et les explications par le “collectif” » (Boltanski et Thévenot 1987, p. 4), qui est au cœur de la sociologie durkheimienne et de l'économie néoclassique. Ils cherchent les voies de construction du social dans le choix de la règle d'accord, de la référence à une forme universelle dépassant les particularités des personnes. Le concept d'accord est utilisé pour répondre à la question de la nécessité, dans toute société, d'accorder les principes différents dont se réclament individus et groupes dans leur action. Plus précisément encore, il s'agit des contraintes nées de ces indispensables accords.

Chacune des explications scientifiques proposées par les disciplines fondatrices démontre « la réalité d'une forme d'accord possible entre les personnes (par le collectif, par le marché) ».

> [Elles ne] peuvent traiter du commerce des hommes en société, ce qui est leur projet, sans prendre en compte les formes d'*accord* [en italique dans le texte] que les hommes ont façonnées. Cependant, chacune des disciplines dont nous sommes partis traite cet accord comme une loi naturelle, de sorte que sa construction devient, du même coup, insaisissable. Cette construction est l'objet dont nous nous proposons l'étude ; elle suppose de prendre au sérieux les exigences d'accord que suppose un ordre social. Nous chercherons à rattacher la régularité des conduites observées, notamment les conduites collectives ou intéressées dont nous sommes partis, non à des lois positives comme celles des faits sociaux (au sens durkheimien) ou des échanges marchands, mais à une contrainte d'accord entre les gens (Boltanski et Thévenot 1987, p. 8).

Du coup, les conventionnalistes vont porter leur attention sur les formes de généralité qui fondent le raisonnement…

> qualifiant ce qui est important et fondant un ordre de *grandeur* (ce que nous avons appelé une *cité*, par référence à la tradition philosophique ; par exemple, la grandeur « industrielle » met l'accent sur la production – grandeur d'efficacité –, fonde une équivalence sur le futur [les objets produits possèdent cette équivalence], pense la standardisation). La spécification de ces mondes passe aussi par l'identification des *objets* qui sont à prendre en compte pour l'action (ce que nous avons appelé une *nature*, pour insister sur l'évidence naturelle attachée à ces objets) (Thévenot 1990, p. 356).

Les natures (Boltanski et Thévenot 1987, chap. 3, p. 97-173)

Les natures sont nommées ainsi parce qu'elles désignent ce qui paraît naturel dans un groupe. Il y en a six : inspirée (la créativité), domestique (l'art des relations familiales, de la tradition), du renom (relations publiques, vedettes, opinion), civique (le fait de tous, l'égalité), marchande (biens convoités par tous, équivalence monétaire), industrielle (impératif de productivité). On va mettre l'accent sur ce qui est reconnu comme allant de soi et équivalent à l'intérieur du groupe humain composant ce qui est appelé la cité. Prenons deux exemples. Dans la nature *civique* (tirée de deux guides syndicaux de la CFDT), le principe supérieur commun se définit comme « l'union de tous dans la formation de la volonté générale ». Ici, le mot central est « tous ». Il équivaut à la volonté générale. Dans cette cité ou nature…

> les êtres s'équivalent en tant qu'en chacun d'eux la *volonté générale* peut se manifester […]. Elle les dépouille des irrégularités qui *divisent*, fait l'union de *tous* (« notre *organisation* est ouverte à *tous* les travailleurs, quelles que soient leurs opinions politiques ou philosophiques, leur nationalité, âge ou sexe ») et, surmontant ce qui en eux est *particulier*, les lie dans une *action collective* (« L'action […] n'est pas une simple addition de *positions* ou d'*initiatives individuelles*, mais une *action collective* ») (p. 155).

Suit une liste de mots désignant ce qui est valorisé, qui est appelé l'« état de grand », à savoir : Collectif (commun, instance, masse de), Unité (unitaire, unifié), National, Confédéral, Légal (législatif, réglementaire), Public (officiel, personnalité civile), Représentatif, Capacité électorale (éligibilité), Autorisé (avoir autorité pour), Reconnaissance (juridique), Qualité (pour), Pouvoir (capacité à exercer son), Titulaire, Vocation (avoir vocation pour, validité, mission), Dignité, Libre (libérateur), Indépendance (du jugement). Et les auteurs commentent :

> Dans la nature civique, les êtres sont grands lorsque, faits *de masse*, ils visent à *unifier*, à *rompre l'isolement*, *à libérer* (« développer la mission libératrice du mouvement syndical ») et qu'ils *expriment* dans une conception *unitaire* les problèmes *communs à tous* […]. Un être peut encore se voir qualifié de grand s'il est *reconnu* comme *représentatif* (qualité qui, dans la nature, désigne la façon de comprendre les autres et le rapport de grandeur entre les êtres) (p. 155).

Après les mots, vient un répertoire des objets et des dispositifs qui, un peu comme dans la théorie de la traduction, confortent et matérialisent le bien commun. Ce répertoire comprend les termes de Droits, Législation, Forme juridique, Identité,

Définition, Circonscription électorale, Programme, Campagne électorale, Expression, Siège. Les relations naturelles entre les êtres se traduiront à travers des formules de rassemblement pour une action collective (termes : unifier, adhérer, débattre, informer, codifier, action collective). Un état de petit ou de déchéance se dit : Divisé, Individualisme, Catégoriel, Irrégulier (arbitraire, fraude).

Dans la nature *industrielle*, le principe supérieur commun est l'*efficacité*. Les auteurs commentent :

> La relation d'équivalence entre les êtres de la nature *industrielle* est fondée sur l'*efficacité*, la *performance*, la *capacité* à répondre aux *besoins*, à assurer une *fonction* : « Le *responsable* a besoin d'*outils* et de méthodes simples et *efficaces* qui lui permettront d'être *performant*. » Cette capacité est ce qui assure l'*avenir*. Inversement, *demain* suppose toujours une plus grande *efficacité*, celle des *« machines de demain »*, de *« l'ouvrier de demain »* [...], de *« l'organisation de demain »* (p. 166).

L'état de grand est désigné par les mots : Performant (efficace, fonctionnel, opérationnel, positif, professionnel, qualifié, qualité de), Dynamique (évolution en, expansion en, novateur), Fiable (prévisibilité, stabilisé, sûr), Normal (correct), Cohérent (structuré), Réaliste (faisable, vraisemblable), Rationnel (logique, scientifique), Objectif (mesurable, bien défini, homogène, modélisable, significatif), Fondamental (de fond, général, global).

> La grandeur des êtres de la nature industrielle, l'efficacité de leur fonctionnement normal, leur performance, leur qualification, leur qualité fonctionnelle ou professionnelle supposent toujours une assurance sur l'avenir caractérisé par leur prévisibilité, leur fiabilité, leur stabilité. Les êtres grands sont réels et objectifs, dans les limites de leur faisabilité : les projets doivent être à la fois novateurs, manifester une évolution, une expansion, et être réalisables [...], réalistes, opérationnels, sûrs ou vraisemblables (p. 166).

Le répertoire des objets comporte les termes de : Moyen, Calendrier, Atelier, Environnement, Tâche, Ligne directrice, Objectif, Stratégie, Contrainte, Facteur, Critère, Liste, Hypothèse, Norme, Ensemble, Niveau, Moyenne. Les relations naturelles entre les êtres de la cité industrielle se traduisent par les termes : utiliser, implanter, améliorer, adapter, stabiliser, standardiser, optimiser, analyser, prévoir, communiquer, contrôler, définir, exiger, manager, cohésion, complexe, correspondre, avoir besoin. Un état de petit et de déchéance dans la cité se traduit en : Absent (chômeur, déqualifié, handicapé, improductif, inactif, inadapté), Détérioré (panne, dysfonctionnement), Gâchis, Inefficace, Peu Évolué, Aléatoire, Subjectif.

Les natures se comprennent aussi à travers les dénonciations, qui sont la manière dont s'exprime l'affrontement entre les natures différentes. Le mot de conflit est banni de l'ensemble conceptuel, car ce qui intéresse les conventionnalistes n'est pas l'affrontement entre des acteurs mais la manière dont s'expriment puis se résolvent les désaccords. Dans les deux natures présentées, la dénonciation de la nature industrielle depuis la nature civique se fait à travers la critique de la technocratie. Par exemple, la formation donnée dans la cité industrielle, c'est-à-dire appuyée sur le principe supérieur commun de cette nature, à savoir l'efficacité, est dénoncée dans la nature civique comme coupée de la vie, mutilante parce que rapportée seulement à l'efficacité, sous forme scolaire. La formation syndicale en revanche est considérée comme ayant peu de chose à voir avec la pratique scolaire habituelle. Dans celle-ci, on ingurgite des connaissances qui sont sciemment coupées de la vie et qui s'adressent à des individus pour leur promotion individuelle. Au contraire, la formation syndicale n'a de sens que si elle est conçue comme un enrichissement collectif. De même est dénoncée la bureaucratie qui qualifie les compromis industriels, à laquelle est opposée l'image du fonctionnement collectif, du jeu des adhérents, du contact permanent avec le syndicat, de la pyramide de responsabilités assurant un fonctionnement démocratique.

Après les dénonciations viennent les compromis. Entre natures industrielle et civique, ils se font à travers les droits des travailleurs, sont équipés par le syndicalisme et par les dispositifs qualifiés de sociaux. Les dispositifs écrits sont les accords d'entreprise, les conventions, la négociation contractuelle, les concessions, les compromis, la politique sociale, les réunions paritaires.

Pour donner un autre exemple, L. Thévenot (1985) analyse le taylorisme en mettant l'accent sur la *mise en état* (en italique dans le texte) des ouvriers pour leur faire épouser les formes générales sur lesquelles repose le modèle taylorien. Celui-ci se caractérise par une *forme d'accord imposé*, visible par exemple à travers l'insistance de Taylor sur l'exclusion des ententes que les ouvriers auraient pu ou auraient été tentés de faire. C'est cela qui est original dans le taylorisme, dans lequel il ne faut pas voir d'abord, comme on le fait souvent, l'oppression de l'ouvrier, ou le contrôle social, ou encore la valeur marchande extorquée par le patron. L'essence du taylorisme se perçoit dans l'*étude des instruments* sur lesquels est basé le modèle, instruments divers (de la collaboration intime entre la direction et le personnel en passant par le chronomètre, la prime et l'éducation de l'ouvrier) que l'on rapportera à un même ensemble, le considérant comme une forme. Analyse qui n'est ni purement économique ni sociologique, mais qui tend à dépasser les explications données par ces deux disciplines pour en proposer une autre par l'accord qui sous-tend tout modèle.

Il ne faudrait pas, disent les auteurs, interpréter notre effort de théorisation du social dans la perspective d'une théorie du consensus ou d'une théorie fonctionnaliste. C'est plutôt une analyse et une classification des points critiques de la vie sociale et de la manière de les résoudre : comment comprendre le conflit et la négociation dans une société, sinon en légitimant son action à partir de principes généraux ? Ils ont cherché à classer (c'est le propre de toute science) et donc à donner un principe d'intelligibilité.

Dans un autre domaine que celui de la construction des natures, les conventionnalistes ont tenu à se situer par rapport à l'*analyse économique classique*. Ils réfutent les postulats et les hypothèses de l'école néoclassique en proposant des contre-hypothèses :

• 1re hypothèse : « Les relations marchandes et les contrats d'échange entre les personnes les affranchissent de toute référence extérieure dépassant la rencontre de leurs volontés » (J.-P. Dupuy *et al.*, *Revue Éco*, 1989, p. 142). – La contre-hypothèse des conventionnalistes est que « l'accord entre des individus, même lorsqu'il se limite au contrat d'un échange marchand, n'est pas possible sans un cadre commun, sans une convention constitutive » *(ibid.)*.

• 2e hypothèse : « Le cadre néoclassique peut s'étendre continûment à l'analyse de relations non strictement marchandes (notamment les relations organisées au sein de l'entreprise) [...] en gardant intactes les définitions de la rationalité et du calcul d'optimisation » (*ibid.*, p. 143). – La contre-hypothèse des conventionnalistes est que cette continuité est factice car il faut ajouter sans cesse des notions qui ne relèvent pas de ce cadre. Par exemple, il existe des ressources qui ne peuvent trouver de prix sur un marché. Ou encore, la notion de « coût de transaction » désigne des coûts qui grèvent les relations marchandes (l'incertitude sur les prix ou les fournitures – aujourd'hui les relations donneurs d'ordres – sous-traitants) et qui font préférer des actions régies par d'autres formes de coordination (c'est la thèse de la création de l'entreprise moderne de Chandler, cf. chap. 2). Ou encore, la prise en considération d'une incertitude relative à la quantité de biens échangés. Par exemple, les néoclassiques sont amenés à recourir à des institutions extérieures au marché pour garantir la qualité des biens.

La *convention* occupe une grande place dans cette théorie, au point de lui avoir donné son nom. « Une convention, c'est un ensemble d'éléments qui à tout instant, pour les participants à la convention, vont ensemble et sur lesquels, par conséquent, ils partagent un commun accord [...] Une convention est un système d'attentes réciproques sur les compétences et les comportements, conçus comme allant de soi et pour aller de soi. C'est par là même qu'une convention est efficace » (Favereau 1984). « Les comportements attendus n'ont pas besoin d'être conçus à l'avance, écrits puis ordonnés pour être obtenus » (Salais 1989, p. 213). Il n'est pas sûr que l'auteur serait d'accord pour dire que cette définition de la convention est proche de celle des rôles dans les termes classiques de la sociologie, mais il décrit bien des comportements attendus auxquels se conforment les individus. Le terme « convention » vient de *convenire*, venir ensemble, être d'accord. Le terme « contrat » de *contrahere*, resserrer, borner et mettre à leur place. « La convention est [...] une forme qui permet de coordonner des intérêts contradictoires qui relèvent de logiques opposées, mais qui ont besoin d'être ensemble pour pouvoir être satisfaits » *(ibid.)*. On voit tout l'intérêt de cette approche

> « Les sociétés ont progressé dans la mesure où elles-mêmes, leurs sous-groupes et enfin leurs individus ont su stabiliser leurs rapports, donner, recevoir et enfin rendre. Pour commercer, il fallut d'abord savoir poser les lances. C'est alors qu'on a réussi à échanger les biens et les personnes, non plus seulement de clan à clan, mais de tribus à tribus et de nations à nations et – surtout – d'individus à individus. C'est seulement ensuite que les gens ont su se créer, se satisfaire mutuellement des intérêts, et, enfin, les défendre sans avoir à recourir aux armes. C'est ainsi que le clan, la tribu, les peuples ont su – et c'est ainsi que demain, dans notre monde dit civilisé, les classes et les nations et aussi les individus doivent savoir – s'opposer sans se massacrer et se donner sans se sacrifier les uns aux autres. C'est là un des secrets permanents de leur sagesse et de leur solidarité [...] On voit comment on peut étudier, dans certains cas, le comportement humain total, la vie sociale tout entière ; et on voit comment cette étude concrète peut mener non seulement à une science des mœurs, à une science sociale partielle, mais mener à des conclusions de morale [...]. Des études de ce genre permettent en effet d'entrevoir, de mesurer, de balancer les divers mobiles esthétiques, moraux, religieux, économiques, les divers facteurs matériels et démographiques dont l'ensemble fonde la société et constitue la vie en commun, et dont la direction consciente est l'art suprême, la *Politique*, au sens socratique du mot. »
>
> Marcel Mauss, « Essai sur le don », *Année sociologique*, Paris, 1923-1924 ; repris dans *Sociologie et Anthropologie*, Paris, PUF, 1950, p. 279 (nous citons dans cette édition).

en ce qu'elle met en lumière les raisons de ce qui fait les accords implicites sur lesquels repose la vie sociale.

Dans l'entreprise il existe de nombreuses conventions. Un cas intéressant est celui de la relation de travail. Selon la définition classique de l'intérêt, l'entreprise réunit deux intérêts, celui de l'entrepreneur, intéressé par le produit, et celui des travailleurs, intéressés par le salaire. La situation est donc indissolublement conflictuelle et coopérative. Ces deux intérêts ne pouvant faire autrement que de vivre ensemble, ils sont donc susceptibles d'être analysés comme des conventions. « Le principe de la relation de travail échappe au paradigme du marché parce que la relation se déroule dans le temps et parce que l'objet véritable de l'échange – le produit –, n'existant pas encore, n'est pas présent au moment où l'échange doit se faire. Mais en même temps, la relation de travail se déroule dans un cadre général marchand ; le produit du travail verra sa valeur prévue validée ou non par son prix global lors de la vente des produits » (Salais, *L'Économie des conventions*, 1989, p. 199).

Il y a donc contradiction (autre que celle de l'entrepreneur et du travailleur) au moment de l'échange créant l'accord de travail : le produit n'existe pas, il est à venir ; ce qui fait équivalent pour le futur, dans la convention de travail, est le salaire que l'entrepreneur s'engage à verser quel que soit le résultat de la vente du produit. La construction d'une équivalence entre le temps et le salaire sera nommée la *convention de productivité*. Au moment de la vente du produit, on trouve une évaluation *ex post* de la validité de la convention de productivité. La résolution de la contradiction est du domaine de l'ajustement prévisions-réalisations. Cet ajustement est correct si l'entrepreneur a trouvé son intérêt. Il y a donc une incertitude. On l'appellera la *convention de chômage*. On est pris entre deux principes d'équivalence, travail (produit et travail) salaire. La convention de productivité assure un compromis entre ces deux principes d'équivalence.

« Un échange marchand pour être viable doit reposer sur un principe d'équivalence commun » (*ibid.*, p. 202). Or, la relation de travail se crée à partir de « deux opérations successives dans le temps : la passation des contrats de travail lors de l'embauche, la mise en œuvre de la force de travail dans la production » *(ibid.)*. Dans le premier cas, il y a équivalence, temps de travail futur – salaire ; pas dans le deuxième, temps de travail effectué – produit. La première équivalence est d'essence marchande, pas la seconde. On est dans un ordre différent. Il n'y a incertitude que sur la seconde, qui relève de l'ordre de la productivité. L'entrepreneur s'engage au moment de la conclusion du contrat de travail sur la première équivalence, temps de travail futur – salaire. L'incertitude règne sur la seconde, la productivité. Comment réduire cette incertitude ?

Même si la question avait déjà été envisagée, en particulier par les juristes réfléchissant sur la théorie du contrat de travail, la réponse par l'équivalence entre des natures ouvre des voies fécondes à sa résolution. La question, qui est d'importance théorique dans le cadre des économies des conventions, est d'importance pratique pour le fonctionnement concret des entreprises. En effet, si le salaire relève de la nature marchande, la productivité, elle, relève de la nature industrielle ou domestique. Peut-on faire une équivalence entre ces deux natures ? Y a-t-il compatibilité entre une relation marchande et une relation non marchande ? Cette relation sera qualifiée de confiance dans l'ordre domestique, de production dans l'ordre industriel. L'expérience (mais nous sommes ici dans un domaine théorique et l'appel à l'expérience peut alors être – momentanément – réfuté) tend à prouver que le passage d'un ordre à un autre est difficile. Une des sources de cette difficulté est l'incertitude sur la productivité qui est à venir. Cette incertitude a été résolue de différentes manières. Dans le mode d'organisation taylorien, l'entrepreneur a mis en place des méthodes de mesure de la productivité (essentiellement, mesure de la quantité de travail et salaire lié à cette productivité).

Traitant plus directement de l'entreprise, Eymard-Duvernay (1989) développe l'idée qu'il existe plusieurs formes de coordination. Il part du constat qu'en apparence le marché est de plus en plus orienté par les « caprices » des acheteurs, la concurrence faisant que chacun veut un produit correspondant exactement à ses goûts. S'il est vrai que les productions standardisées connaissent des difficultés sur le marché, des activités qui seraient complètement soumises à ses fluctuations n'auraient pas d'assise solide. On ne peut fonder une activité industrielle sur une forme de coordination unique, par exemple le modèle taylorien ou bien celui qui serait inspiré d'une flexibilité totale, et le problème n'est pas d'optimiser telle ou telle forme, comme le rêvent ceux qui proposent de prendre exemple sur des modèles tout faits. La difficulté pour l'entreprise aujourd'hui est d'harmoniser les différents modes de coordination.

Eymard-Duvernay (1989, dont nous nous inspirons ici, en gardant bien entendu la responsabilité de l'interprétation) donne l'exemple des liens entre partenariat et qualité. Traditionnellement, le rapport de sous-traitance s'organisait autour d'une mise en concurrence des entreprises sous-traitantes par le donneur d'ordres. On était dans un modèle de coordination par le marché. Or les donneurs d'ordres connaissent aujourd'hui une industrialisation poussée des modes opératoires, dans une logique industrielle, tandis que les sous-traitants ont des structures plus légères, répondant à leur nature marchande, où la qualité repose sur la valeur de la main-d'œuvre et non sur la standardisation à grande échelle. Il y a donc difficulté à harmoniser ces deux modèles de coordination, internes à chacun des partenaires. Là-dessus se greffe le problème des procédures d'assurance qualité. Dans le modèle du marché, une différence de qualité est traduisible en termes de prix. Mais, si le produit est un élément d'une chaîne de fabrication industrielle, la compensation marchande est alors inadéquate : le sous-traitant ne peut payer la faute sur toute une chaîne. Que fait le donneur d'ordres ? Il assure la qualité par d'autres formes de coordination, comme les procédures liées à l'assurance qualité et comme le partenariat : « La vérification des équipements du sous-traitant, de la fiabilité de son organisation, de la confiance que l'on peut lui accorder, se substituent à l'évaluation des produits » (p. 355). On est donc en présence d'une harmonisation des formes de coordination, le marché ne jouant plus le rôle central qu'il avait lors des procédures d'appels d'offres, mais une forme de coordination industrielle. Ce cas n'est pas généralisable à tous les secteurs d'activité, dont certains connaissent des évolutions inverses. Mais le principe de l'analyse est fécond. Il a été appliqué récemment (Bessy *et al.* 1994) à l'étude des interventions publiques dans les politiques d'emploi où les auteurs montrent que l'efficacité des mesures incitatives à l'embauche prises par les pouvoirs publics ne dépend pas que de leur contenu, mais des principes d'action qui guident les agents locaux dans la mise en œuvre de ces interventions. On est loin d'un effet direct parce que les formes de coordination ont un effet important et peuvent dénaturer les mesures.

Au centre des difficultés de construction des conventions et des règles, il y a le fait que, selon l'heureuse expression d'O. Favereau, « les règles sont là pour résumer un apprentissage, c'est-à-dire l'acquisition de savoirs antérieurs » (1989, p. 290, s'appuyant sur K. Popper). Les règles suivent donc l'acquisition de savoirs. Ce mode d'acquisition pèse sur les rationalités et sur les logiques des comportements d'optimisation. Faisant une critique de la notion de contrainte d'accord, l'auteur note que pour des contraintes comme celle de budget ou de fonction de production, contraintes en apparence très sévères, le statut de règle appliqué à ces fonctions ne doit pas faire perdre de vue que les règles ne sont là que pour permettre un apprentissage, et que parler de règle-contrainte c'est supposer résolu le problème. Il faut parler de la logique de rationalisation des règles avant de parler de leur contractualisation, écrit Favereau, à propos des règles comme dispositifs cognitifs collectifs (p. 294).

On voit tout l'intérêt de cette nouvelle construction théorique. Elle oblige à mettre l'accent sur la manière dont, à l'intérieur des natures qu'il faut définir – qu'est-ce qui est grand à l'intérieur d'une nature, sur quoi est-on spontanément d'accord ? –, les justifications permettent de faire apparaître puis d'objectiver les désaccords et, finalement, de comprendre comment s'élaborent les compromis. Les natures ou cités sont des construits sociaux, et en ce sens les conventionnalistes s'inscrivent dans une ligne de réflexion déjà rencontrée dans les théories de l'acteur. Focaliser l'observation sur les compromis et leur contenu, parce que ceux-ci disent l'essentiel de ce sur quoi tient une entreprise comme une société, est fondamental. Plutôt, par exemple, que de tenir un vague discours sur le changement des mentalités suite aux contraintes économiques et au chômage, il est beaucoup plus rigoureux et donc plus riche de chercher, à travers les dénonciations – au sens des conventionnalistes –, la manière dont se justifient puis se construisent les accords. Il est plus instructif pour comprendre l'évolution des relations dans les entreprises aujourd'hui de voir comment sont justifiés les nouveaux compromis sociaux. On pourrait, par exemple, prendre le changement des outils de la régulation sociale et ce qu'en disent les partenaires sociaux pour connaître l'évolution des lieux de l'accord.

Pour autant, peut-on, sans plus, éliminer les cas où, faute d'être parvenues à un accord, les entreprises ont montré qu'elles étaient mortelles ? Certains théoriciens des conventions semblent ne pas envisager cette « contrainte ». Le rejet du champ du conflit ou des rapports de pouvoir parce qu'ils ne permettent pas de voir « ce qui fait tenir les situations de travail » revient à faire l'impasse sur le fait que, justement, certaines ne tiennent pas (Chateauraynaud, *in* Boltanski et Thévenot 1989, p. 259). Il est tout à fait légitime de vouloir regarder le « ce qui fait tenir ». Mais cette volonté de focaliser son attention sur les contraintes de la mise en relation ne doit pas faire taxer d'illégitimes ou de secondaires les analyses qui observent les stratégies amenant à l'échec. De plus, même si elles ne mènent pas jusqu'à l'échec, ces stratégies inspirées de logiques de rationalité limitée précèdent et sont la matière des accords et de ce qui fait tenir. Nous donnons volontiers acte de ce que l'analyse stratégique, à trop focaliser sur les conflits et le pouvoir, finit par faire perdre de vue le fait que l'entreprise tient par un ensemble de compromis. Mais il est tout aussi arbitraire de traiter comme phénomènes secondaires les « situations de différend durable » et l'« existence de prétentions au pouvoir » (p. 260) au profit des configurations permettant d'éprouver le dispositif des ressources constitutives des situations de travail. La vie quotidienne de l'organisation est composée à la fois de conflits et de difficultés de contractualisation qui, dans certains cas mais pas dans tous, finissent par aboutir à des compromis et à des accords.

De plus, la volonté de ne pas faire intervenir les acteurs ou les actants dans l'analyse des entreprises paraît mutilante. Ou, du moins, c'est ainsi que nous l'interprétons, cette absence empêche de situer, pour l'homme d'entreprise, les enjeux des conflits ou des tensions. A éliminer les jeux des acteurs, on se condamne à ne pas utiliser un outil d'analyse où les logiques qui vont finalement donner lieu à des compromis et à des accords sont détectées avec aisance, puisqu'on peut les identifier facilement. Peut-être la différence entre la théorie des conventions et celle qui part de l'acteur est-elle dans la pratique de l'analyse qui peut en être faite par les acteurs eux-mêmes ?

6. 6. CONCLUSION

Ce chapitre a été consacré à une nouvelle manière d'aborder le système des relations dans l'entreprise, que nous avons nommé le lien social. On en a vu la richesse explicative. Il n'est pas inutile d'ajouter que ce thème émerge au moment où celui des conflits a tendance à s'estomper, en même temps que, dans les entreprises, les conflits sociaux sont beaucoup moins fréquents que par le passé. Il y a sans doute une curiosité des chercheurs qui est liée aux phénomènes émergents dans la société. Le lien social serait alors un champ d'observation privilégié dans une période de relâchement des contraintes sociales, et donc d'un type de lien dans la société. On se contentera ici de noter ce constat.

Pour conclure, on voudrait attirer l'attention sur deux problèmes. Le premier est suggéré par une des ambiguïtés que porte avec lui ce thème tel que nous l'avons exprimé. Il est difficile en effet de parler de lien social dans l'entreprise sans que surgisse, plus ou moins spontanément dans l'esprit du lecteur, l'idée de communauté. Un groupe dont les membres sont liés de la manière dont on l'a décrit, qui ont une identité forte, une culture commune, qui construisent des accords, a une image qui renvoie à une expression souvent employée pour parler de l'entreprise, celle de communauté. Ce rapprochement est-il légitime ?

Constatons d'abord que ce rapprochement est souvent fait. « On est tous sur le même bateau » est une expression fréquemment entendue dans l'entreprise, venant de tous les horizons. Elle évoque l'idée d'une solidarité qui se traduit plus ou moins explicitement en communauté. Il faut opposer à cette expression l'idée que, sur un bateau, un seul commande et qu'il n'y a donc pas l'égalité que suggère plus ou moins la communauté, et que, d'autre part, en cas de naufrage de l'entreprise, il est sûr que tout le monde n'a pas les mêmes chances de s'en sortir. L'image du bateau ne tient pas compte des acteurs et de l'inégalité de leurs ressources. A un niveau d'analyse plus profond, Segrestin (1992) note l'apparition de discours cherchant « à renouer avec une conception franchement communautaire de l'entreprise » (p. 213). Dans les entreprises, le foisonnement de « projets communs » (cf. *supra*, chap. 3), de chartes, les réunions de petits groupes, l'exaltation de l'histoire et des grandes figures de la firme, etc., ont cette même dimension communautaire. Il faut donc une clarification. Elle repose sur le principe de l'autonomie des acteurs que les problématiques exposées ne mettent jamais en cause, même lorsqu'ils ne sont pas désignés en tant que tels. Le lien social, comme problématique commune à ces différentes théories, suppose toujours un construit, des coordinations, des accords. Il ne faut pas le confondre avec l'image molle d'une communauté rassemblant des individus qui s'en remettraient au capitaine pour piloter le navire dans un intérêt supposé commun, mettant en œuvre des décisions sur lesquelles ils n'auraient pas de prise. Le lien social est l'inverse de ce stéréotype.

Dans un champ tout à fait différent, la relation privilégiée qui se construit dans l'échange, à travers les coordinations évoquées plus haut, donne un éclairage tout à fait intéressant au phénomène relativement nouveau de ce qu'on appelle les districts industriels, agrégat d'entreprises liées entre elles. Au point de départ des districts industriels, on trouve l'émergence d'agrégats de ce type dans l'Italie centrale, mise en relief dans le milieu des années soixante-dix. Saglio (1991) fait appel au concept d'identité collective pour caractériser le mode d'échange social qui domine dans ces districts, mode d'échange « plus englobant et plus souple que le seul échange économique » (p. 529). Des régions ont été dynamisées à partir de ce type de gestion particulière de la coopération entre des firmes concurrentes. Il n'y a eu ni concentration industrielle, ni concurrence selon les lois traditionnelles du marché, mais accords au sens des conventionnalistes sur la gestion des carrières et des salaires, sur la mobilité individuelle, sur un mode de conventions, etc. L'ensemble du plastique d'Oyonnax fonctionne aussi sur ce modèle. On n'est plus dans une organisation au sens de l'analyse stratégique, mais dans une configuration qui se fonde sur les systèmes de valeur, les conceptions communes du travail, la confiance entre les partenaires, bref tous les éléments qui composent ce que nous avons appelé le lien social. On en voit l'intérêt au moment où le déclin des grandes entreprises fait émerger l'importance créative des réseaux et des liens entre les entreprises qui en font partie.

7

Le changement : l'entreprise comme lieu d'apprentissage de la coopération

7. 1. INTRODUCTION : LE CHANGEMENT ENTRE PERMANENCE ET NOUVEAUTÉ

La problématique du changement est toujours en tension entre plusieurs pôles. Il y a d'abord l'opposition entre le permanent, l'existant, celui dont on part et dont il restera forcément des traces même si un changement s'accomplit, et de l'autre le nouveau, les manières de faire encore inconnues mais vers lesquelles on s'achemine. Il y a ensuite l'opposition entre l'exogène, celui qui vient de l'extérieur, et l'endogène, où l'évolution naît de l'intérieur, des mouvements propres à une entreprise comme à une société.

Le pôle de la permanence est toujours présent dans tout changement, car il se produit dans un système déjà existant. Une manière de faire n'est jamais entièrement nouvelle. De plus, ceux qui mettent en route une nouvelle machine ou un nouveau procédé ont un passé, des connaissances, des tours de main, ce qu'on appelle souvent des habitudes et qu'il vaudrait mieux nommer des règles ou des systèmes de règles, des représentations, des modèles relationnels, finalement des logiques qui influent sur leurs comportements face à la novation. De plus, ces tours de main ne sont pas que personnels, ils ont le statut de règles, dans une relation non seulement entre hommes, mais entre hommes, machines et matières. De Terssac (1992, p. 210) cite le cas de l'introduction d'un logiciel chargé de la gestion de la production dans un atelier d'une entreprise de l'industrie manufacturière. Ce logiciel devait répartir le travail entre les ateliers, compte tenu des informations que lui fournissaient l'ensemble des acteurs des services. Or de nombreux circuits ou structures parallèles avaient été mis en place entre ces acteurs, commerciaux, clients, agents de maîtrise, opérateurs, aboutissant à un véritable système de planification comprenant ses agents, ses mécanismes de décision et ses systèmes plus ou moins officiels de transmission des informations. Celles-ci n'étaient pas envoyées aux services centraux. Le résultat était que le logiciel servait au mieux de *check-list* des opérations à engager, mais ses prévisions étaient forcément erronées et les décisions qui devaient en découler étaient prises ailleurs. Le changement, dans ce cas, aurait consisté en la construction d'un autre modèle relationnel que le précédent. Le logiciel n'a pas eu l'usage que l'on en attendait et son effet de changement a été modeste, pour ne pas dire nul. Même si son application avait été réussie, elle ne pouvait pas ne pas s'appuyer sur les circuits relationnels et les structures existant antérieurement à son arrivée. Tout changement se définit comme un changement du système des relations existant et même les machines font partie de ce système. Acteurs et actants sont dans une relation complexe dont il faut partir pour la modifier.

On présentera ici le changement dans les organisations, et on ne traitera pas directement du changement social comme phénomène de société. Ce qui ne va pas sans poser la question des relations entre les deux. On le verra plus bas en parlant de l'entreprise comme institution et en insistant sur la difficile séparation entre changement dans l'entreprise et changement dans la société. Partant d'observations dans les entreprises, on essaiera d'identifier les aspects sous lesquels la société influence plus ou moins directement les changements dans ces entreprises. Mais le partage n'est pas facile et renvoie à la question de l'endogène et de l'exogène. Traitant du changement social, Boudon et Bourricaud (1982) notent que « la plupart des processus peuvent être dits exogènes-endogènes si on les observe sur une période longue : en se développant, ils produisent des résultats qui peuvent affecter non seulement les règles de fonctionnement du système dans lequel ils apparaissent, mais aussi l'environnement du système, provoquant des réactions de ce dernier » (p. 67). Nous n'observerons sans doute pas des situations sur une durée aussi longue qu'elle permette de prendre en compte les effets en retour de l'environnement sur le système, mais même sur des périodes plus limitées, les interactions de l'un sur l'autre peuvent être appréhendables, et nous nous efforcerons de le faire (cf. dans la seconde partie le cas ISOAR et l'effet de mode sur la mise en œuvre de changements participatifs).

Importance de l'organisation

Après l'accord entre le Japon et la CEE – juillet 1991 –, au 1er janvier 1999, le marché européen sera totalement ouvert aux voitures japonaises.
« Le répit que les constructeurs européens se voient ainsi accorder ne peut être mis à profit que sur un paramètre essentiel : celui de l'organisation du travail » (*Le Monde*, 6 septembre 1991) – et le glissement de la pensée, passant de l'organisation au social, comme si ce dernier épuisait la première : « En France, les industriels comme les pouvoirs publics ne le cachent pas : l'après-accord, phase dans laquelle ils sont entrés depuis la fin du mois de juillet, sera social. »

Dernier point enfin, dans cette introduction : le rejet d'un point de vue évolutionniste dans l'observation du changement. Le changement n'est jamais orienté, dirigé dans une direction particulière. Rien ne prouve, par exemple, que l'organisation interne des entreprises aille vers plus de démocratie ou de participation ou vers un management participatif. Rien ne prouve non plus que le style de commandement évolue dans une unique direction. Le discours le plus répandu, « on ne peut plus commander comme avant », est sûrement le signe d'un changement. Sur quelle durée ? On a pu noter une évolution sur une durée de quelques années, sur une ou deux décennies. Peut-on en inférer davantage ? Nous ne nous aventurerons pas à prophétiser la naissance d'un nouveau Sujet Historique, tant les évolutions paraissent fragiles et réversibles. Et là, sans doute, l'histoire nous rejoint en montrant les difficultés de la prédiction. Il n'y a de sociologie possible qu'en récusant l'idée de lois de l'évolution sociale. Faut-il pour autant conclure avec le titre de l'ouvrage de Boudon (1984) : la place du désordre, comme critique des théories du changement social ?

Concernant le changement organisationnel proprement dit, deux courants extrêmes (Midler 1991) sont en présence :

> D'un côté, le courant normatif ou visionnaire, très répandu en gestion, dont l'objet est de formaliser les nouveaux modèles d'organisation, les cibles théoriques vers lesquelles les entreprises devraient tendre ; de l'autre, une théorie de la résistance des acteurs, plus classique en sociologie, qui tend à mettre l'accent sur la puissance des forces de rappel sur les équilibres en place. Entre les deux, un *no man's land* du discours théorique sur les problèmes posés par les états de transition, les processus de transformation concrets des formes organisées (p. 12).

Malgré le scepticisme de Midler, c'est ce *no man's land* que nous tenterons d'explorer dans ce chapitre. Notre thèse est que l'entreprise, soumise à des contraintes fortes de changement aujourd'hui, se définit de manière tout à fait nouvelle pour elle, qui avait une vision volontariste de sa gestion, non comme un lieu de contrainte, mais comme un lieu d'apprentissage de la coopération.

7. 2. LE CHANGEMENT DANS LE CADRE DE L'ANALYSE STRATÉGIQUE

Au point de départ de ce chapitre sur le changement, on s'appuiera d'abord sur l'analyse stratégique. La raison de ce qui pourrait paraître paradoxal après le chapitre sur le lien social est que la compréhension des mécanismes d'introduction du changement suppose l'appui sur une théorie de l'acteur. On ne peut montrer concrètement l'introduction des changements sans mettre en jeu les stratégies des acteurs et leurs enjeux, sans montrer les jeux de pouvoir à l'intérieur des systèmes s'appuyant sur des incertitudes, sans l'insistance sur l'autonomie du phénomène organisationnel. Il y a là un ensemble cohérent, un plan que les concepts de l'analyse stratégique éclairent particulièrement bien. A partir de là, on voit se construire les règles, puis se créer des accords et des conventions. Dans une analyse de la construction d'un changement, le point de départ par l'analyse stratégique est incontournable.

Crozier et Friedberg (1977, cinquième partie, p. 325 *sq.*) rejettent la plupart des théories connues du changement car, l'envisageant toujours à l'intérieur d'un modèle cohérent, elles sont soit de type fonctionnaliste et n'expliquent alors en fait que la stabilité (la société reproduit son ordre), soit de type déterministe (les lois de l'histoire), le changement et la direction du changement devenant alors inéluctables. Or il n'y a inéluctabilité ni d'un changement, ni de l'imposition d'un modèle meilleur parce que plus rationnel. De plus, dans les deux cas, les théoriciens sont tous partis à la recherche d'une variable clé, car le système était supposé avoir une grande cohérence. Ces variables pouvaient être le système économique, voire la propriété privée des moyens de production, pour les marxistes, la culture et l'univers des valeurs pour T. Parsons (1937). Enfin, « toutes les théories actuelles sont fondées sur trois types de postulats infirmés par les connaissances dont nous disposons, sinon sur les sociétés dans leur ensemble, du moins sur les organisations et les systèmes d'action : un postulat de cohérence, un postulat de hiérarchie des éléments de la réalité sociale, un postulat de l'homogénéité du champ social » (1977, p. 328). Dans une organisation, la cohérence d'un ensemble n'est que très relative, il y a toujours des contradictions, les mécanismes intégrateurs ne le sont que partiellement, etc. L'interdépendance et la hiérarchisation des éléments d'un ensemble social sont toujours relativisées par l'existence d'autres sous-systèmes dont les entrées sont multiples, l'action sur une variable secondaire pouvant entraîner des changements d'une profondeur inattendue. Enfin, il n'y a jamais homogénéité d'un champ, mais un mécanisme d'un certain type peut coexister avec un mécanisme d'un type complètement opposé.

Le changement à l'intérieur de l'organisation est expliqué

comme un changement des règles et des relations, venant ou non de l'extérieur et poussant ou contraignant les acteurs. Il n'est pas fait mention, par exemple, de l'influence directe des nouvelles technologies ou du marché qui contraindrait les entreprises à améliorer leurs performances. Opter pour l'explication par la contrainte, c'est refuser le postulat selon lequel l'organisation-entreprise est composée d'acteurs autonomes dont les stratégies par rapport au succès et à la réussite ne sont jamais contraintes.

Il ne s'agit pas de nier que les contraintes extérieures poussent au changement. Elles le font, en effet. L'environnement technique, économique, voire culturel, exerce une pression qui crée le changement. Mais ce qui intéresse ici est l'organisation comme système de relations créées par ses propres acteurs. Le changement consiste alors en la modification de ce système.

En se rappelant les postulats, puis les concepts opérationnels de l'analyse stratégique, quatre points sont au principe de l'analyse du changement.

Il s'agit, *premièrement*, de « l'*autonomie du phénomène organisationnel* » (souligné dans le texte, Crozier et Friedberg 1977, p. 167). C'est-à-dire que l'organisation est contingente (elle aurait pu être différente de ce qu'elle est), qu'elle est fondée sur les comportements d'acteurs eux-mêmes autonomes, comportements dont l'ensemble fait système. La survie de l'organisation, vue comme une quasi-nécessité biologique par les fonctionnalistes, est considérée ici comme une hypothèse parmi d'autres. Ce principe positionne l'organisation en dehors de toute contrainte exogène. Les nouvelles technologies, les formes d'organisation du travail plus participatives font l'objet de choix, ne s'imposent pas de la même manière à tous les acteurs, sont finalement contingentes à l'entreprise.

Deuxièmement, ce phénomène organisationnel apparaît en dernière analyse comme un construit. C'est l'instrument que les acteurs sociaux se sont forgé pour « régler » leurs interactions de façon à obtenir le minimum de coopération nécessaire à la poursuite d'objectifs collectifs, tout en maintenant leur autonomie d'agents relativement libres » *(ibid.)*. Il y a donc jeu pour obtenir une coopération, qui peut être minimale ou maximale. Tous les acteurs ont conscience de la nécessité de la coopération, mais à des degrés divers, et en maintenant leur autonomie. Il y a bien conscience des nécessités de la production, mais aussi déviations du type de celles que nous avons rencontrées en parlant de la bureaucratie, c'est-à-dire que la sauvegarde de l'autonomie peut dévier vers une attention majeure accordée aux stratégies internes des groupes. Mais c'est aussi la question des choix, de la décision dans une action collective. Les décisions ne s'imposent jamais comme des évidences techniques, ou économiques, ou financières, mais en fonction des systèmes relationnels existants. Il n'y a pas de bonne solution en soi. Elles sont négociées entre des acteurs relativement autonomes et autour de leurs enjeux. On ne reviendra pas sur la connaissance de l'entreprise comme construit. Mais, dans un chapitre sur le changement, il est important de rappeler que chaque décision est un construit relationnel.

Troisièmement, ces solutions ne sont pas réponses mécaniques à des contraintes, même si elles sont conditionnées par elles, mais sont « l'*expression des capacités relationnelles* » (*ibid.*, p. 168). Ce qui veut dire que chaque groupe est capable d'inventer de nouvelles solutions, mais qu'un ensemble peut se sentir momentanément en difficulté d'invention de nouvelles solutions. Le cas, exposé par Michel Liu, des ouvrières de production qui se disaient trop « bêtes » pour qu'on s'occupe d'elles (cf. *supra*, chap. 5) montre le refus momentané de penser un changement. Mais la suite du cas révèle qu'il s'agissait d'une réaction stratégique et que, par la suite, se sentant dans une autre situation, ces ouvrières inventèrent des solutions. C'est l'exemple souvent donné des ouvriers spécialisés, attelés pendant des années aux mêmes tâches répétitives et qui ne paraissent plus capables d'inventer des solutions face à des problèmes posés dans des termes nouveaux. Mais là aussi, lorsque se présente une nouvelle situation où ils se sentent dans une meilleure position stratégique, ils inventent toujours des solutions. Ajoutons que, dans de nombreuses situations, la capacité inventive des ouvriers non qualifiés a été largement sous-estimée (cf., *infra*, le cas Siphon). Il y aurait beaucoup à dire sur les appréciations globales portées sur ces capacités inventives d'ouvriers non qualifiés – on a envie d'écrire : prétendument non qualifiés –, voire sur les tests de connaissances et leur capacité à évaluer l'inventivité des salariés. Reste qu'un ensemble fermé est un ensemble pauvre et qui peut difficilement faire face au changement. L'entreprise aujourd'hui suppose sans doute de plus grandes capacités relationnelles que l'ancien modèle taylorien. Inventer de nouveaux modèles relationnels est beaucoup plus difficile qu'acheter une machine neuve. On pourrait ajouter que cette invention passe aussi par un travail symbolique, appel à l'imaginaire pour produire des solutions. L'invention suppose toujours un appel à cette dimension.

Quatrièmement : tout changement suppose une *rupture*, toujours difficile, qui se traduit plus ou moins par une crise, mais qui est *favorisée s'il existe du jeu* (au sens de *slack*, du jeu dans les rouages). D'où la difficulté du changement dans des entreprises qui ont une culture et une identité fortes. Culture et identité renvoient à l'idée de permanence, de durée, de poids de la société, de ses valeurs, de règles, sur les comportements des membres de l'organisation. Elles ont un aspect conservateur et déterministe. La réponse de Crozier et Friedberg consiste à refuser l'ordre de la chaîne causale, toujours implicite selon eux derrière l'idée de culture. Ce ne sont pas les valeurs reçues de la société ou d'un univers culturel donné qui sont premières – on aurait dans ce cas un déterminisme culturel évident avec une adaptation passive des individus –, mais le comportement humain est à concevoir comme « l'expression d'une stratégie dans un jeu, un ensemble de contraintes à découvrir » (*ibid.*, p. 175). Les conditions de l'action sont un processus actif, non passif, car dans ce cas le changement pourrait se ramener à un appel à la conversion morale, ce que contiennent de nombreux discours managériaux en termes de motivation, de mobilisation et de participation. Ces conditions sont premières et font que les individus utiliseront ensuite les attitudes et les valeurs de la culture de la société. Elles servent à construire des stratégies par des individus considérés comme capables d'action. Bref, la culture est une capacité. Ce qui fonde la relation, ce n'est pas un modèle culturel imposé de l'extérieur, c'est une stratégie dans une action.

7.3. CHANGEMENT ET CULTURE

On peut penser le changement d'autres manières, en particulier en termes d'adaptation. Le courant fonctionnaliste américain l'a longtemps pensé dans ces termes. Partant des relations de l'organisation à la société, des valeurs de la société que partagent les membres de l'entreprise, ses promoteurs se sont appuyés sur les concepts d'adaptation, de réalisation des buts, d'intégration des différents éléments pour maintenir la cohérence et le système de valeurs dominant. L'entreprise doit s'adapter ou bien elle meurt. Les fonctionnalistes (Merton, Selznick) considèrent l'organisation sur le modèle d'un système fermé (image biologique du corps humain) qui sécrète quasi spontanément des mécanismes de changement. Philip Selznick insiste sur le fait que l'organisation doit toujours chercher à légitimer son action auprès de ses membres et de son environnement. Elle développe en permanence des procédures d'ajustement mutuel et contraint ses membres à se motiver par rapport à ses propres besoins, besoins que les membres sont supposés percevoir. On est dans le modèle organique : « Il faut reconnaître le caractère organique manifeste de l'organisation formelle considérée comme système de coopération. Cela signifie que l'organisation parvient à des décisions, agit et s'ajuste », écrit Selznick (1949, p. 27-28). L'organisation se comporte comme un organisme humain, est sujet de volonté et d'action autorégulatrice. Ce modèle ne permet pas d'analyser le sens que ses membres donnent à leur action, puisque celle-ci par définition s'ajuste quasi nécessairement aux besoins de l'organisation à laquelle ils appartiennent.

On sait aujourd'hui (cf. *supra*, chap. 6), à partir des études menées dans le cadre de recherches comparatives internationales, que l'organisation des entreprises varie d'un pays à l'autre. Elle le fait en fonction d'une « culture » définie de manière large ou bien à partir d'un certain nombre de paramètres. Dans les deux interprétations, la conclusion est claire : « Il est à présent prouvé que le schéma d'organisation rationnelle n'est plus universel, mais qu'il doit s'adapter aux traits spécifiques de contextes nationaux ou même locaux et régionaux » (Sainsaulieu 1987). De même, les théoriciens de la contingence (Lawrence et Lorsch 1967), en cherchant comment analyser l'effet de l'environnement sur les organisations, ont été amenés à les considérer comme des systèmes ouverts dont les membres sont en interrelation. Le comportement d'un individu n'est pas déterminé par ses besoins et motivations, mais par ses relations avec les autres, donc aussi par la nature des tâches, le système de rémunération et de contrôle, par les représentations de ses « bonnes » ou « mauvaises » relations aux autres.

7. 4. LE CHANGEMENT COMME APPRENTISSAGE

Pour pallier les inconvénients d'analyses trop statiques du changement, en particulier celles qui partent du paradigme de la nature humaine et d'une supposée résistance humaine naturelle au changement comme des effets des cultures venues du passé et qui ne sont pas des construits, les théoriciens qui se rattachent au courant de l'analyse stratégique ont mis l'accent sur la relation et l'interaction. Changer, c'est entrer dans une relation différente à l'autre. Cette nouvelle relation est construite. La théorie de l'apprentissage ajoute à l'idée de construit celle d'apprentissage, chacun apprenant à se positionner d'une manière nouvelle par rapport aux autres. Même la relation de pouvoir, on l'a vu, suppose un ajustement mutuel permanent. On est, rappelons-le, dans une vision interactionniste des fonctionnements organisationnels.

Le recours à la théorie de l'apprentissage collectif s'impose aujourd'hui dans le cadre de l'analyse stratégique des organisations pour des raisons conjoncturelles mais aussi à travers son enracinement théorique.

L'apparition de la théorie de l'apprentissage

Les raisons conjoncturelles de son apparition sont de deux ordres (Midler 1991). D'une part, « l'état historique particulier du débat sur l'entreprise » (p. 3) à la fin de la décennie quatre-vingt. Il est caractérisé par un consensus très large sur les finalités globales de l'entreprise, mais par une confusion sur les moyens à mettre en œuvre pour les atteindre. Un de ces moyens est la négociation, entendue comme un simple *bargaining*. Or celle-ci suppose une mise en relation d'intérêts contradictoires et apparaît comme nécessitant une vision claire des objectifs que l'on veut négocier. Les négociateurs ont besoin de savoir avec assez de précision ce dont il faut discuter, les limites des concessions possibles, le maximum souhaitable. A l'inverse de cette définition de la négociation comme *bargaining*, « l'idée d'apprentissage met plutôt l'accent sur la confusion, l'incertitude des objectifs et des représentations que les acteurs mobilisent dans leur pratique et sur le caractère collectif de la formation de ces représentations » (p. 4). En fait, on pourrait dire qu'il s'agit de la négociation au sens large, celle qui n'est pas un simple *bargaining* mais qui met en jeu un processus d'énonciation des règles, donc un changement de celles-ci. S'il y a consensus sur les finalités et non sur les moyens, dans un modèle où l'on n'aime pas préciser ces moyens, la négociation ne portera pas plus sur l'apprentissage que sur le *bargaining* et le changement sera rendu difficile. Il faut un accord sur les deux. Peu de travaux, à notre connaissance, ont porté sur des comparaisons entre les deux modes de changement.

En second lieu, l'intérêt porté à la théorie de l'apprentissage, semble-t-il, vient de la prégnance du modèle japonais. On sait l'importance de celui-ci dans les représentations de la modernité et du succès économique (cf., entre autres, Sainsaulieu 1990). Une des raisons du prestige de ce modèle est sa capacité supposée de renouvellement, en un temps record, des produits et des procédés, voire de l'imitation de ceux qui viennent de l'étranger. Cette capacité d'imitation et de renouvellement – et donc d'apprentissage – dont font preuve les entreprises japonaises est reconnue comme une de leurs principales forces. Le poids donné à la théorie de l'apprentissage vient de ce qu'elle permettrait d'atteindre la compétitivité économique recherchée. Dans le cas du Japon, le poids de l'apprentissage dans le succès économique est contestable dans la mesure où il y a débat sur l'origine de la capacité d'apprentissage de la société japonaise. Est-ce un phénomène d'origine culturelle, remon-

Nouvelles formes d'organisation :

« L'industrie automobile connaît aujourd'hui de profonds bouleversements qui entraînent un changement global de modèle industriel. Après avoir transformé dans les usines la vision de la production, le mouvement atteint depuis des années la conception des nouveaux véhicules. En effet, les projets sont à la fois plus nombreux et plus complexes. Ils sont plus nombreux car le raccourcissement du cycle de vie des produits se traduit par des renouvellements plus fréquents, ce qui augmente le nombre de projets étudiés en parallèle. Ils sont plus complexes car les constructeurs, pour répondre à la pression concurrentielle, diversifient leur offre en augmentant la variété de leurs modèles, si bien qu'un projet correspond plutôt à la notion de gamme (qui se décline suivant de très nombreuses variantes). Les exigences du marché imposent aussi des contraintes accrues en matière de qualité, de coût et de délai.
Du coup, l'organisation traditionnelle de la conception s'est trouvée décalée et en porte-à-faux par rapport à ces nouveaux objectifs. Selon les responsables, cette organisation présentait deux défauts majeurs : la séquentialité et le cloisonnement. En effet, comment se déroulait un projet ? La conception de la nouvelle voiture s'étalait sur environ cinq années. Celles-ci étaient découpées en grandes phases qui correspondaient approximativement à l'intervention des directions fonctionnelles. Le projet passait, comme dans une course de relais, du Marketing au Bureau d'études, puis au Bureau des Méthodes (ou aux Achats s'il s'agissait de pièces sous-traitées à des fournisseurs extérieurs), à la Fabrication, pour aboutir à la Direction commerciale et au réseau. L'avantage des ces interventions échelonnées dans le temps était de faciliter la

tant au modèle paysan de la culture du riz qui implique la gestion commune d'une denrée rare, à savoir l'eau, et même l'eau contenue dans le réservoir communal, comme on l'a vu plus haut (chap. 5 – cf. Aoki 1988, p. 138) ? Dans ce cas, l'apprentissage n'en serait pas vraiment un, car il aurait été appris depuis des générations et trouverait son origine, non dans un système de relations construit et identifiable, mais dans une culture nationale venue de la tradition paysanne. L'argument du modèle japonais est alors complètement fragilisé, car ce

la gestion des projets industriels

coordination en la simplifiant. En revanche, elles présentaient des inconvénients importants. Le risque était grand que les méthodes ou les fabricants remissent en cause tardivement les dessins des Bureaux d'études, s'ils s'apercevaient que ceux-ci étaient infaisables industriellement. A ces faibles possibilités d'anticipations s'ajoutaient des pertes de temps liées à l'enchaînement séquentiel de tâches qui auraient pu être menées largement en parallèle. Une voie de progrès consistait dès lors à faire intervenir très tôt sur le projet ces acteurs de l'"aval", pour que leur avis et leurs contraintes soient pris en compte dès le début de la conception. Ces principes d'ingénierie simultanée renvoient plus à la progression d'une ligne d'avants au rugby qu'à la course relais que nous évoquions tout à l'heure.
On sent bien que l'introduction de ce parallélisme va nécessiter l'intensification de la coordination et de la communication entre les acteurs du projet. Or, précisément, le manque de coordination et l'absence de communication étaient souvent mis en avant pour expliquer les dysfonctionnements du processus de conception. En effet, la diversité des tâches à accomplir et des savoirs mobilisés avait progressivement structuré l'organisation en métiers profondément différenciés, à l'intérieur même des directions fonctionnelles. De plus, chaque direction avait un point de vue différent sur la voiture, qui la conduisait à adopter ses propres principes de découpage. Ainsi, un acteur donné voyait ses interlocuteurs éparpillés dans de multiples services des autres directions. »

J.-C. Moisdon et B. Weil, « L'invention d'une voiture. Un exercice de relations sociales ? », *Gérer et Comprendre*, n° 28, 1992, p. 30-41.

modèle est inimitable pour les pays qui n'ont jamais cultivé le riz. On retrouve ici la thèse de l'impossibilité de transférabilité des modèles. Les raisons de la compétitivité japonaise ont remué managers et consultants qui se sont précipités pour tenter de l'imiter ou de la connaître et d'y trouver les clés du succès. En vain. La force du modèle japonais repose sans doute dans une capacité relationnelle particulière aux habitants du pays du Soleil Levant. Mais, si l'on en croit la thèse du riz et du réservoir, ce modèle ne peut être appris ni imité. On n'apprend pas un modèle étranger, même celui de l'apprentissage.

Au-delà de ces raisons conjoncturelles, il existe une raison théorique au choix du concept d'apprentissage pour rendre compte du changement. Les théoriciens de l'analyse stratégique et de l'apprentissage (cf. Crozier et Friedberg 1977 ; Argyris et Schon 1978 ; Burns et Flam 1987 ; etc.) rejettent la thèse fonctionnaliste de l'adaptation, affirmant qu'il ne s'agit pas de « l'assimilation d'un modèle déjà existant que l'on emprunterait à l'extérieur – dans des sociétés plus avancées – ou que des penseurs novateurs auraient développé de façon intellectuelle ». Les fonctionnalistes pensaient que le modèle de valeur imposé par la société entraînait *ipso facto* une adaptation des individus à leurs rôles ainsi que des structures des entreprises à l'environnement. La théorie de l'apprentissage collectif prend le contre-pied de celle de l'adaptation, affirmant qu'on ne peut apprendre de nouveaux comportements que par « la découverte et l'élaboration par essais-erreurs d'un ensemble nouveau de comportements formant système » (Crozier et Friedberg 1977, p. 341). Il y a à la base de cette affirmation toutes les découvertes des années soixante-dix et quatre-vingt sur la pédagogie de la connaissance (cf. les théories du *learning*, Argyris et Schon 1978, Pugh 1985). L'enfant n'apprend pas par présentation de modèles, mais en découvrant lui-même puis en élaborant de nouveaux systèmes cognitifs, de nouvelles relations et de nouveaux types de comportement.

Les éléments de l'apprentissage

Dans cette théorie de l'apprentissage, l'action individuelle a une base cognitive. Elle repose sur les savoirs. Ces savoirs ne sont pas acquis par transfert, mais par construction, individuelle et collective à la fois. Cette construction se fait dans l'interaction individuelle, fondée sur les normes, les stratégies et les hypothèses que les individus ont créées ou reformulées dans leur système d'interaction. Cette interaction constitue une connaissance, fondée aussi sur les représentations, chacun essayant d'anticiper le comportement des autres en l'imaginant *a priori* à partir de son expérience antérieure. L'apprentissage ne peut donc pas se concevoir en termes de renforcement ou d'extinction de modèles de comportements, mais comme une construction, puis une mise à l'épreuve et enfin une restructuration de connaissances.

Ces termes s'analysent comme :

– une construction, c'est-à-dire que, dans l'action et en fonction de mes connaissances ou de mes représentations, je construis, dans une situation nouvelle, une somme de connaissances ;

– une mise à l'épreuve : le sujet teste, évalue ses comportements et les rectifie ;

– une restructuration : ces connaissances, modifiées dans l'action, sont reformulées jusqu'à trouver une solution moins insatisfaisante, sinon satisfaisante.

L'organisation peut ainsi être imaginée comme un ensemble où chaque partie a une représentation particulière, partielle et d'elle-même et de son contexte, c'est-à-dire des comportements prévisibles des autres. Cette partie se pense en elle-même et dans sa relation à l'autre. Elle se découvre à travers ses pratiques, la somme de celles-ci constituant une connaissance. Ce n'est pas une vision fonctionnalo-déterministe du système, car d'une part chaque cellule doit inventer en fonction de ce qu'elle pense de l'autre, d'autre part elle peut se tromper. Mais, au point de départ, il s'agit bien de représentations.

Argyris et Schon (1978) font une distinction entre théories partagées *(espoused theory)* et théories en pratique (*theories in use* – coutumes en usage). La théorie partagée, proche du concept de régulation de contrôle (cf. chap. 5), se trouve dans les documents officiels. Elle s'oppose souvent à la *theorie in use*, aux coutumes, observables à travers les comportements concrets, proches de la régulation autonome. Ces coutumes demeurent souvent tacites, les gens sachant davantage qu'ils ne peuvent dire et ignorant la théorie partagée. La pratique de ces régulations tacites fonde l'identité organisationnelle et la continuité de l'organisation. La théorie partagée peut changer avec les directeurs. La *theorie in use* a une permanence que l'autre n'a pas. Elle se découvre à travers les pratiques qui, lorsqu'elles sont appropriées, constituent une connaissance.

Concrètement, deux modes d'apprentissage coexistent qu'il convient de repérer et de distinguer. Pour bien les comprendre, il faut se souvenir de la distinction entre apprentissage individuel et apprentissage organisationnel. Les individus peuvent apprendre des choses que les organisations ne savent pas. Par exemple, ceux des comportements informels qui sont limités à l'interaction entre des individus – on s'entend pour faire certains réglages, mais la hiérarchie l'ignore ou ne veut pas le savoir – sont des pratiques concrètes que l'organisation ignore. Si les individus sont déplacés, l'organisation n'aura rien retenu car elle ne s'est pas approprié ces pratiques. Il est donc d'une importance primordiale que l'entreprise retienne ces régulations autonomes et qu'elle en comprenne la signification en se gardant de l'attribuer à une quelconque nature humaine (« le régleur laisse faire les petits réglages par les OS car il est fainéant », dirait l'interprétation par la nature, alors que ce laissez-faire est aussi une stratégie permettant d'atteindre d'autres objectifs).

Une fois que cette distinction est acceptée, il faut distinguer deux concepts de changement auxquels correspondent deux types d'apprentissage collectif. Le changement peut viser…

> un simple réaménagement tendant à rétablir l'équilibre au sein d'un système comme la modification des cadences, ou des formations en fonction des demandes évolutives de la clientèle et de modifications de produits. Le second type de changement va plus loin : il vise une transformation radicale du système touchant à ses règles de fonctionnement et à ses modalités mêmes de traitement du changement. Les transformations concernant la communication, la structure hiérarchique, la participation aux décisions, les modalités de négociation, de recrutement [...] peuvent atteindre à ce niveau de profondeur. C'est en fait ici la constitution de l'entreprise qui est atteinte, autant dans l'espace que dans le temps (Sainsaulieu 1990, p. 179-180).

Au premier type de changement correspond l'*apprentissage en simple boucle (single loop learning)*. C'est le changement par détections d'erreurs, correction et maintien de la coutume. Par exemple, si le service qualité-contrôle détecte un défaut dans un produit, il le signale aux techniciens de la production qui changent les spécifications du produit en question. Il y aura une modification des machines à introduire, des explications à donner et ce que le service qualité-contrôle estime être un défaut aura été réparé. Ou encore, les responsables du marketing observent une baisse inattendue des ventes. Ils font une analyse, en comprennent les raisons selon leur logique et rectifient en développant éventuellement de nouvelles stratégies.

Ce qui veut dire que l'organisation est demeurée stable dans un contexte changeant. Les normes sont restées les mêmes. Les ajustements nécessaires sont faits dans la stabilité. Ce qui veut dire aussi que, dans le langage d'Argyris et Schon, l'organisation – en fait, il faudrait dire les acteurs dans leurs relations aux autres – a quand même appris une petite chose, à communiquer entre ses membres. Mais, si un des services ne communique pas l'information, celui qui a vu ce défaut aura appris quelque chose, pas l'organisation. L'apprentissage individuel est donc une condition nécessaire mais non suffisante de l'apprentissage organisationnel.

Cette théorie laisse ouverte la question du conflit entre acteurs pour le diagnostic de l'erreur. Elle laisse donc ouverte la question du conflit de pouvoirs. Si les acteurs ne sont pas d'accord, il n'y aura aucun apprentissage organisationnel. Il devient nécessaire d'obtenir cet accord entre protagonistes pour qu'ils acceptent de tenter une autre forme de relation. Celle-ci ne peut être imposée de l'extérieur. Pour résoudre le problème du conflit de pouvoir, il est nécessaire de recourir à la théorie de l'accord. Les jeux de pouvoir, puis l'accord, sont deux moments de l'apprentissage et donc de la vie des organisations. Argyris et Schon ont une vision fonctionnaliste de l'organisation, la traitant par moment comme un organisme (« l'organisation apprend… »).

L'*apprentissage en double boucle (double loop learning)*. Si la pression pour le changement est plus radicale, si les acteurs s'accordent pour changer les normes habituelles – nouvelles règles de travail, rapprochant, par exemple, la maintenance de la fabrication par apprentissage des petits réglages et des réparations légères par les opérateurs et donc changement de relations entre les deux services, dans le cas Siphon –, il ne suffit plus d'ajuster avec plus de précision les anciennes règles. Il faut les modifier ou les changer et en établir de nouvelles. La première chose est de reconnaître qu'il faut changer les règles, non de faire mieux avec les anciennes. Il s'agit d'en créer. Ce qui n'ira sans doute pas sans de vrais conflits.

L'action consiste alors :

1) à provoquer des situations d'action nouvelles, poussant individus et groupes à inventer des solutions – petits réglages par opérateurs –, donc à les former et à faire des essais avec eux de ces réglages sur les machines ;

2) de telle manière qu'ils puissent recréer – dans cet espace d'interdépendance qui les relie – de nouvelles règles du jeu. Faire faire un apprentissage de nouvelles relations.

La pression en faveur du changement est donc à attribuer à l'incapacité de la direction comme des coutumes à résoudre le problème. Il s'agit de provoquer l'invention de nouvelles règles, ce qui ne peut se faire qu'en permettant aux individus, mis dans une situation d'action nouvelle et donc dans des relations différentes, de les rejouer à partir d'essais-erreurs. De plus, il s'agira de faire en sorte que les nouvelles règles soient encodées par la mémoire organisationnelle des groupes. Ce qui se fait à deux conditions : que les nouvelles règles aient apporté des réponses suffisantes à la demande des acteurs et aux exigences de la situation d'une part, que l'ensemble des acteurs, et pas seulement ceux qui sont directement en cause, aient utilisé ces règles un nombre de fois suffisant pour qu'elles soient mémorisées d'autre part.

Le changement et l'apprentissage dans la théorie sociologique de la régulation

Toute communauté, c'est-à-dire tout groupe social avec ses normes propres, est un ensemble instable, complexe, hétérogène, rarement cohérent. « Les communautés reposent sur un projet, c'est-à-dire sur un mouvement » (J.-D. Reynaud 1989, p. 81). Hors de l'acceptation ou de l'institution d'une régulation commune, elles n'existent pas et ne sont pas capables d'action collective. Mais alors, comment rendre compte du changement ? En France, mais aussi dans d'autres pays développés, les conflits sociaux de ces dernières années qui ont été menés par des coordinations se sont déclenchés à partir d'un sentiment de malaise diffus. Il a fallu construire pour les négociations de nouveaux acteurs collectifs, créant des régulations qui n'existaient pas avant que se déclenche l'action. Dans la mesure où ces coordinations n'ont pas survécu aux conflits, on ne peut parler de communautés, voire de groupes sociaux. Le lien social se traduit dans la règle, elle-même constitutive de la communauté, car elle articule un ou des projets communs sur des règles. Le projet est premier. Il est créateur d'identité. L'absence du premier aboutit à dissoudre la seconde.

Les raisons de l'évolution des règles dans une société, vues à travers la théorie de la régulation sociale, sont assimilées à un processus cumulatif. La technologie est souvent donnée comme raison du changement. Elle peut conduire à : accentuation de la séparation conception-exécution, contrôle plus grand par les automatismes, voire élimination des tâches d'exécution. Comment ces faits expliquent-ils les évolutions sociales ? Pas par l'effet d'un déterminisme global (« la technologie oblige à un type d'organisation », entend-on souvent dans les entreprises), mais par des choix faits concrètement dans l'organisation et dont on n'est pas sûr qu'ils aillent dans le même sens. Dans un certain nombre d'entreprises, ces faits entraînent délégation, donc marges d'incertitude, donc recours quasi nécessaire à une participation plus grande des exécutants à l'organisation. Quasi-nécessité aussi de penser l'organisation comme un tout pour adopter les nouvelles technologies, donc faire faire des apprentissages collectifs aux membres de l'organisation.

> Les réponses sont de plus en plus claires. [...] une organisation ne peut pas prétendre à éliminer tout imprévu. [...] Elle est donc acculée à déléguer ce traitement, à confier à l'exécution une marge de liberté pour l'assurer. A cette marge est liée une compétence. [...] l'introduction d'une technologie nouvelle exige (peut-être de plus en plus avec la croissance de la complexité) la participation des exécutants. [...] Enfin, l'adoption d'une nouvelle technologie n'est pas un acte isolé et bien découpé. C'est une opération progressive et longue (sinon continue). [...] Les réseaux qui lient le spécialiste interne au concepteur et au fabricant, le service technique et le service, de commande [...] sont interdépendants et la « bonne » solution ne se découvre que peu à peu. [...] L'apprentissage est collectif et il est quasi permanent (Reynaud 1991, p. 16).

Finalement, il y a « dans les règles effectives, le résultat, incertain et fluctuant, de la rencontre (du compromis, de l'affrontement ?) de deux sources de régulation, régulation autonome et régulation de contrôle » (*ibid.*, p. 17). On voit ainsi se créer l'équilibre toujours changeant d'une organisation et le lien entre évolutions technologiques et construction des règles.

Pour la théorie de la régulation, la construction se fait à travers des apprentissages collectifs. « Une grande partie des apprentissages collectifs consistent, pour une communauté déjà existante, à changer de régulation » (Reynaud 1989, p. 95). Excellente définition de ce qu'est le changement, en effet, extrêmement éclairante pour préciser et définir le champ de tous les changements. Comment s'effectuent-ils ? A travers une opération de conversion qui est en même temps une contrainte. Pour les sujets de l'apprentissage collectif, il ne s'agirait pas d'une acquisition progressive, mais d'une « conversion », en même temps que « la plupart des apprentissages collectifs se font sous contrainte extérieure » (*ibid.*, p. 96). Il y a donc pluralité des sources de la régulation, de leur rencontre et de leur combinaison. Le changement se fait à l'intérieur de cadres connus.

Cela rend parfaitement compte de changements à l'intérieur d'un champ resté homogène et a le grand intérêt de ne pas faire dépendre le changement de données exogènes qui suffiraient à le définir. Ce n'est pas parce qu'une entreprise est rachetée par une autre semblable dont les règles de fonctionnement sont différentes, ou parce qu'une direction décide de lancer un projet d'entreprise destiné à proposer de nouveaux objectifs et de nouvelles manières de faire à ses salariés, que les règles changeront. Ceci est vérifié quotidiennement. La théorie de la régulation permet de comprendre comment l'entreprise est un lieu de création de l'identité. Elle parvient à lier les aspects de la continuité et ceux de la rupture. La théorie du changement présentée ici permet d'approcher et de comprendre les ruptures à l'intérieur d'un cadre précis, comme celui d'une entreprise industrielle. Elle s'articule sur la théorie de l'apprentissage organisationnel.

7. 5. LA PLACE DES REPRÉSENTATIONS SOCIALES (RS)

L'apprentissage a une dimension cognitive, on l'a dit plus haut. Ce qui suppose non seulement l'acquisition de nouveaux savoirs par construction, mais l'intégration des représentations sociales dans le modèle de l'apprentissage. Elles sont un passage incontournable pour l'analyse du changement organisationnel. Les représentations sociales, « c'est la façon dont les individus "théorisent" les expériences qu'ils connaissent, en "parlent" et, en outre, la façon dont les "théories" ainsi formées les amènent à construire la réalité et, en dernier ressort, à déterminer leur propre comportement » (Moscovici 1979).

Ces RS ne viennent pas de la société seulement, mais les RS individuelles trouvent leur cohérence dans celles de la société. « L'individu subit la contrainte des représentations dominantes dans la société, et c'est dans leur cadre qu'il pense ou exprime ses sentiments » (Jodelet et Moscovici 1989, p. 67). Mais, pour autant, la société n'impose pas l'ensemble des RS. Elle fournit un cadre, mais les RS se créent dans la coopération et l'interaction (*ibid.*, p. 73). Impossible de penser les RS hors du cadre global – la « culture » d'une société –, ni hors des situations concrètes de l'action où les individus et les groupes se rencontrent, interagissent, ajustent leurs comportements et créent des règles et des normes.

Dans le système de relations que constitue à un instant donné une entreprise, chacun a une représentation relativement stable des comportements de l'autre, de ce qu'il peut attendre de lui et, réciproquement, de ce que l'autre attend qu'il fasse. Mais il y a toujours une marge d'incertitude, due à ce que l'un des deux peut choisir d'agir différemment. Cependant, aucun des deux ne peut se passer d'une anticipation de ce que fera l'autre, anticipation qu'il se représente. Toute situation d'action connaît une part d'incertitude, et cette part génère une représentation anticipatrice du comportement de l'autre, fondée sur les expériences antérieures qui ont été théorisées.

Ces RS sont donc profondément différentes des arguments

objectivables qui président, au moins en théorie et en général en pratique, aux décisions de changement. Introduire un ensemble technique nouveau résulte d'un calcul qui se veut rationnel au regard des critères de gestion habituels et donc au regard des acteurs porteurs de ces critères. Dans la perspective des RS, cette décision sera reçue par les utilisateurs en partie comme le résultat de tout autres calculs. Ceux-ci ne sont pas irrationnels, mais la décision est mise en rapport avec les pratiques quotidiennes des acteurs et leurs enjeux les plus importants. Elle est interprétée dans le cadre des RS des acteurs, différents de celui des émetteurs de la décision. Ce sont les procès d'intention si agaçants pour ceux qui se veulent les porteurs d'une certaine rationalité et affirment que leurs décisions sont guidées par cette rationalité. Mais ils sont inévitables et doivent être, dans la mesure du possible, pris en compte.

Les RS se construisent à partir d'expériences et de pratiques plus ou moins proches des pratiques actuelles. Elles informent la connaissance et les comportements. Ces pratiques donnent naissance à un univers métaphorique d'images, qui se renvoient les unes les autres et rendent compte de la manière dont les acteurs construisent l'univers qui structure leurs comportements et leurs projets. Les représentations de l'usine véhiculées par les syndicats permettent par exemple de comprendre l'image de la situation faite à la classe ouvrière dans la société capitaliste (Thuderoz 1994).

Les résultats d'une étude sur les représentations en économie donnent un éclairage particulier à la place des représentations. Les premières hypothèses de cette étude, pionnière pour les économistes qui l'ont lancée (Albertini 1992), étaient énoncées ainsi : « les représentations en économie dépendaient des pratiques sociales et, par là même, de la place dans les rapports de production […] Nous faisions explicitement l'hypothèse que les représentations des jeunes étaient trop changeantes et mouvementées pour être cernées » (p. 53). Or l'hypothèse se révéla fausse. Les pratiques sociales liées à l'âge, l'école, les loisirs, les rapports familiaux sont toutes aussi importantes – et pas seulement celles liées à la place dans les rapports de production. « Les individus construisent leurs connaissances à partir de leur propre point de vue sur le monde et sur eux-mêmes » (p. 54). Toute vision est fondée sur une expérience personnelle puisée dans *toutes* les catégories des rapports sociaux. Les méconnaissances ne sont pas dues à un manque de structure des informations, mais à leur réinterprétation dans une optique différente de celle que suppose la connaissance enseignée.

Une expérience célèbre illustre aussi à sa manière le poids des représentations (Coch et French 1948, *in* Bernoux 1985). Dans une usine de pyjamas – aux États-Unis, aussitôt après la Seconde Guerre mondiale – faisant travailler une main-d'œuvre féminine, jeune, sans perspective de carrière dans l'usine, avec beaucoup de rotation du personnel, la direction introduisit un changement par participation. Celle-ci était proposée selon deux formes : participation directe et pour tous (toutes les ouvrières participaient à l'élaboration du changement programmé, et introduisaient des modifications dans ce programme), participation indirecte par représentants, plus un groupe témoin sans participation. Le résultat en termes de changements de comportements fut spectaculaire : beaucoup moins d'absentéisme et de turnover dans les groupes à participation, bond en avant de la productivité. Quinze ans après, un des auteurs (French Jr *et al.* 1960) tenta de répéter exactement la même expérience dans un contexte différent : usine norvégienne dans un milieu urbain, hommes de quarante ans en moyenne, type classe ouvrière. Elle échoua complètement, les ouvriers ne modifiant aucunement leurs comportements. Le changement proposé exactement de la même manière qu'aux ouvrières américaines fut refusé. Les ouvriers affirmaient qu'il s'agissait d'une ruse de la direction pour faire augmenter les taux, alors que la direction affirmait vouloir seulement introduire un changement dans les modes de production. Ouvriers et direction, dans leurs négociations, projetèrent les uns sur les autres les représentations qu'ils se faisaient des comportements de l'autre.

7. 6. CONCLUSION

Le changement peut se définir comme un apprentissage de nouvelles règles de relations. L'entreprise gagnerait à être définie de la sorte. Elle est un lieu d'apprentissage de nouveaux modèles relationnels et ne peut être interactive que selon un modèle de ce type, qu'elle soit « traditionnelle », au sens où elle a des frontières bien délimitées, ou qu'il s'agisse d'une entreprise ouverte, en réseau.

Un changement ne peut donc se réduire à une décision hiérarchique. C'est évident. Mais il faut en tirer les conséquences. Le groupe peut entrevoir la possibilité d'un changement s'il a la conviction que le modèle relationnel sur lequel il vit peut être amené à évoluer, et s'il a une idée de ce que devront être ces nouveaux modes de relation. Le changement consiste en la création de nouvelles règles, qui se construisent dans l'action mais aussi en fonction de l'imaginaire du groupe. Changer un mode de rémunération, c'est modifier la manière dont les individus voient leurs perspectives d'avenir ainsi que leur rapport aux autres, la manière dont ils se situent entre eux. C'est donc déclencher un changement dans les relations. Les acteurs vont chercher de nouveaux modèles (comment faire carrière, comment se situer par rapport à l'autre, etc.) et en trouveront. Ou alors, ils rejetteront le nouveau modèle et traîneront les pieds jusqu'à ce que la direction l'enterre. C'est donc tout un nouveau système de relations que le changement d'un système de rémunérations, pour garder cet exemple, contribue à créer, et dont il convient d'anticiper les orientations possibles pour introduire un changement dans quelque groupe que ce soit.

Il n'est pas vrai que, en général, les individus ont peur du changement. Il est vrai, en revanche, que tout acteur qui ne maîtrise pas au moins une partie du changement ne s'y engagera qu'après une analyse stratégique en termes de pouvoir et d'alliances. Il cherche à avoir des assurances pour savoir où il va, craint de perdre, a des enjeux par rapport au changement. Il y a donc un problème de pouvoir : celui qui a des ressources et qui impulse le changement sait à peu près où il risque d'aboutir. Mais il est *a priori* soupçonné par ceux qui en ont moins de chercher à en gagner davantage. Ceux qui en ont peu freinent s'ils ne savent pas où ils vont. Donc, un changement des règles de contrôle n'est acceptable par un groupe que dans la mesure où celui-ci est en situation stratégique favorable pour envisager les conséquences, pour lui, de ce changement. Il construira alors ses règles autonomes et adaptera à sa stratégie la contrainte qui lui est imposée. Avant de proposer un changement de règles de contrôle, le responsable doit s'interroger sur les règles autonomes que le groupe mettra en place pour faire face et s'approprier ces règles de contrôle.

8

Les logiques d'action : une posture méthodologique

Chacune des théories présentées dans les chapitres précédents a une double finalité, commune à toute production scientifique : être un élément d'une théorie du social, construire l'explication de la réalité. Leur objectif, comme celui de toute théorie sociologique, est de donner à voir la constitution des sociétés, c'est-à-dire la création des règles, d'une part, le sens que les acteurs donnent à cette création, d'autre part. Ce qui est la définition de la sociologie. L'institution particulière qu'est l'entreprise a été expliquée d'abord à travers le modèle rationnel, puis par la constitution des acteurs en situation de coopération-conflit, et enfin par l'attention à ce que nous avons appelé le lien social.

8. 1. UNE PRATIQUE DU « TOUT EST BON »

Notre perspective, consistant à passer en revue les ensembles théoriques qui ont l'ambition de rendre compte de l'entreprise, pose deux problèmes. Le premier est celui d'une mise en perspective de ces ensembles, le second celui de leur usage pratique. On a montré que ces théories répondaient à des questions particulières, chaque fois nouvelles et en même temps complémentaires. Même si leurs auteurs ont tendance à s'exclure les uns les autres, chacune d'entre elles cherche à montrer une des nombreuses faces de la réalité, aucune d'elles ne pouvant prétendre à en dire la totalité. Il paraît donc légitime de chercher à les utiliser toutes, étant entendu que leur validité scientifique n'est pas mise en cause par cette attitude pragmatique. Après avoir clairement rejeté certains paradigmes globaux, comme les déterminismes de toutes sortes, le réductionnisme, le psychologisme, puis avoir opté pour un paradigme se situant dans la perspective de l'individualisme méthodologique, il s'agit maintenant de rendre compte de l'entreprise en utilisant tous les concepts présents dans ces théories énumérées plus haut.

L'appréhension du réel, qui n'est jamais qu'une construction de la réalité, passe par ce type de démarche, ce qui veut dire que plusieurs combinaisons sont possibles, et non une seule. C'est ce qui distingue une perspective syncrétique d'une vision qui se voudrait synthétique. C'est dire que la construction de ce point de vue est une affaire d'acteur – ici d'acteur scientifique –, qu'elle peut être discutée par d'autres acteurs et qu'il n'y en a aucun qui puisse se prévaloir d'avoir une vision dominante sur l'entreprise. On peut, par exemple et tout à la fois, dire que celle-ci est un ensemble très rationnel, mais qu'il est composé d'acteurs mettant en œuvre une rationalité limitée. Ceux-ci cherchent à coopérer, mais ils se combattent et orientent leurs actions pour conquérir un pouvoir sur leurs coopérants-adversaires. Ils parlent un langage identique parce qu'ils ont une même culture mais leurs logiques sont antagonistes. Ils créent des accords, mais le conflit est une réalité qu'on ne peut éluder, etc. Chaque fois, l'observateur et/ou l'acteur proposeront des concepts explicatifs tirés de leur vision de l'ensemble. On verra plus bas, par exemple, que l'échec de telle réforme dans une entreprise donnée (cas ISOAR) se comprend en mobilisant prioritairement les concepts d'identité et de culture, alors que la théorie de la traduction trouve une application pertinente dans le cas Siphon, relayée ensuite par celle des conventions. Toute situation d'entreprise relève d'un niveau d'explication chaque fois différent. On adoptera donc une démarche relevant du « tout est bon » de Feyerabend (1979).

Le milieu scientifique français n'y est pas favorable. Ayant, avec notre collègue Gilles Herreros, soumis à la très officielle *Revue française de sociologie* un article présentant les logiques d'action dont il va être question ci-dessous, nous nous sommes fait refuser la publication par le comité de rédaction pour la raison que le syncrétisme ne permettrait pas une réelle avancée théorique. Il est possible que cet argument ait été le paravent d'autres critiques, tenant peut-être aux imperfections de l'article proposé. Sur le fond, cependant, nous pensons exactement le contraire. La connaissance scientifique se construit et ne peut se construire que par recomposition de connaissances à partir de la critique d'ensembles théoriques homogènes antérieurs où elle puise des éléments disjoints. S'interdire ce mouvement, c'est s'interdire toute démarche de connaissance. L'étape suivante, qui consiste à puiser dans tous ces outils pour tester leur valeur explicative en les prenant si nécessaire dans le désordre, fait partie de la démarche scientifique tout autant que la première. Elle fait partie de, et est indispensable à, une démarche des sciences expérimentales, à laquelle est assimilable la démarche sociologique. En présence des faits sociaux qu'il doit interpréter pour les comprendre, le droit de puiser, sans *a priori*, dans l'arsenal théorique est une nécessité pour le sociologue. Cette confrontation multi-théories est une condition d'avancement de la science.

Engager cette démarche expérimentale est le deuxième point à soulever. La question posée est celle de l'usage des différents concepts énoncés plus haut. D'une part, nous affirmons que chacun de ces concepts doit être convoqué, étudié, pour que le chercheur y puise une capacité explicative de telle situation, ce qui est une condition de connaissance. Finalement, chaque concept sera mis en perspective avec un autre en fonction de ce que le théoricien pense qu'il apporte à la compréhension de telle situation particulière. Par exemple, si le recours à la théorie de la traduction permet au chercheur de proposer une explication qui lui paraît plus englobante dans le cas Siphon (cf. *infra*, cas n° 2), les jeux de pouvoir se situent cependant à un moment précis du déroulement de cette action et gardent aussi leur capacité explicative, à condition de les situer relativement à l'ensemble. De même, la compréhension d'autres cas se fera à travers une autre combinaison d'ensembles théoriques. Une même théorie ne peut rendre compte de toutes les situations qu'au prix d'omissions toujours dommageables.

La mobilisation de toutes ces connaissances peut paraître

irréaliste, inapplicable pour l'homme de terrain. Dans quels termes faut-il analyser telle situation d'entreprise ? Faut-il l'aborder en ayant tout cet arsenal théorique en tête avant de décider lequel est le bon ? La démarche du chercheur paraîtra alors abstraite, « dans les nuages », si le recours à telle explication ne peut se faire qu'en passant au crible l'ensemble des autres. C'est une des raisons du recours inconsidéré, mais malheureusement fréquent, des directions d'entreprise à des consultants de type « gourous ». La mauvaise connaissance des ensembles théoriques, la crispation sur des attitudes traditionnelles, en matière de pouvoir hiérarchique par exemple, font que le dirigeant a recours à des consultants dont la faiblesse des bagages théoriques est compensée par de pseudo-évidences. Il faut donner une culture plus solide aux dirigeants et aux responsables de tout niveau.

Le concept de logiques d'action peut y contribuer par sa valeur heuristique et pédagogique. Il relativise, en effet, le recours trop assuré aux différents paradigmes, tout en ouvrant sur eux et sans les exclure. Ajoutons que nous ne l'avons pas inventé. Il a ses lettres d'ancienneté (Karpik 1972), il est de plus en plus fréquemment présent dans les textes de la plupart des auteurs cités plus haut.

Cette actuelle fréquence d'apparition semble correspondre au constat souvent exprimé de la fin de la seule logique productiviste et économiste pour orienter les stratégies dans le monde de la production industrielle et du secteur tertiaire. S'il n'y a pas que la logique technico-économiste à l'œuvre, quel concept inventer pour rendre compte de la fin d'une certaine forme de rationalisation ? L'expression « logiques d'action » permet de sauvegarder l'idée de logique, donc de rationalité, à l'œuvre dans le monde de la production. Mais on en conçoit une pluralité. Il y a donc plusieurs choix possibles et leur multiplicité ne vient pas seulement des limitations des rationalités. En parler en termes de logiques signifie que ces choix ne sont pas dictés seulement par des jeux de pouvoir et qu'on ne peut pas non plus en rendre compte uniquement à travers la construction des compromis. Le paradigme qui part de l'acteur et celui qui s'appuie sur les compromis ne sont pas exclusifs l'un de l'autre. Dans les entreprises, et en particulier dans les périodes de changement, jeux de pouvoir et compromis sont mêlés comme des étapes différentes de construction d'une même réalité. Comprendre et mêler l'un et l'autre suppose l'appel à un concept ouvert. Celui de logiques d'action inclut les jeux de pouvoir et donne à voir l'action collective au même titre qu'il est au cœur des identités, des compromis et des accords. On ne peut comprendre les jeux d'acteur et leurs enjeux, pas plus qu'on ne peut voir se négocier des compromis entre des cités différentes, sans référence aux logiques portées par les acteurs. Parler de logiques d'action, c'est donner ses lettres de créance à l'analyse stratégique, mais en même temps nuancer son apparence trop conflictuelle ou trop orientée par les jeux ou par la conquête du pouvoir. C'est aussi rompre définitivement avec le déterminisme utilitaire technico-économique.

Pour bien nous faire comprendre, nous présenterons une étude de cas réalisée par Henri Rouilleault (ANACT) et Marie-Claire Villeval (ECT)[1], dont nous rendrons compte à travers le concept de logiques d'action. Puis nous en définirons les éléments constitutifs.

8.2. UNE ÉTUDE DE CAS : LA CRÉATION D'UN ÉTABLISSEMENT

Une grande entreprise familiale française, de la branche des matières plastiques, membre d'une holding européenne, en croissance rapide et soutenue depuis une quinzaine d'années, qui possède plusieurs établissements en France et à l'étranger, lance à la fin des années quatre-vingt la construction d'une nouvelle usine. L'implantation doit avoir lieu auprès d'un de ses très gros clients, pour pouvoir satisfaire ses demandes

1. Rouilleault H., Villeval M.-C., (1994), « L'apprentissage de la conduite de projet. La conception de l'usine Manducher de Burnhaupt », *Cahiers de l'ANACT*, n° 3 ; « L'entreprise et ses projets : un apprentissage mutuel », *Gérer et Comprendre*, 1995. Une inattention de rédaction dans la première édition de cet ouvrage laissait croire que cette étude avait été réalisée par nous. Nous utilisons ici cet excellent travail, mais n'avons jamais pensé nous en attribuer la paternité. Que les auteurs veuillent bien accepter nos excuses pour cette erreur.

de fournitures en juste-à-temps, dans un domaine technologique assez complexe. Une des caractéristiques du projet est la volonté d'innovation technique, organisationnelle et sociale. Il se veut aussi innovant dans sa propre conduite, qui doit se faire avec des méthodes nouvelles pour l'entreprise et en s'appuyant sur un partenariat avec les pouvoirs publics.

A un moment où le projet n'est pas encore définitivement bouclé, l'ensemble des acteurs parvient à isoler quatre « pôles » ou logiques du projet autour duquel ils s'affrontent. Ces pôles correspondent soit à ce qui est ressenti comme des contraintes classiques (budget, délais), soit au contenu innovateur du projet (innovation), soit à l'expérience commune des membres de l'entreprise (expérience).

Par ailleurs, les acteurs impliqués dans le projet et dans ce débat autour des pôles sont : le PDG (membre de la famille, ingénieur de formation), le chef de projet ingénieur (neuf ans d'ancienneté dans l'entreprise, directeur d'usine, poste qu'il continue à occuper à mi-temps), le directeur des Affaires sociales (formation sciences humaines, actuel DAS de l'entreprise), l'équipe-projet (mêlant des spécialistes de sept services différents), le cabinet d'ingénierie (qui travaille depuis longtemps avec cette entreprise), la direction logistique, la direction technique, les syndicats représentés dans l'entreprise, des représentants de l'Agence nationale des conditions de travail (ANACT).

Peut-on prévoir la manière dont les acteurs vont investir les quatre pôles, les procédures en fonction desquelles va se prendre la décision ? Qui va défendre plutôt le pôle de l'innovation, celui du budget, des délais, de l'appui sur l'expérience de l'entreprise ?

Poser cette question, légitime pour un sociologue dont les connaissances ont pour utilité d'éclairer et de structurer la réalité, fait apparaître qu'aucune théorie présentée dans cet ouvrage ne peut suffire à elle seule à cet éclairage. La réponse ne peut être donnée ni en termes d'identité seulement (elles sont trop différentes entre les acteurs en présence), ni de culture (peu ont l'habitude de la conduite de projets), ni de règles du jeu (elles sont à créer), ni d'analyse stratégique (les acteurs n'ont pas d'enjeux de pouvoir clairement identifiables), ni de conventions (comment passer des compromis entre natures différentes pour aboutir à un bien commun), ni de traduction (les acteurs connaissent le langage des autres). Chacune de ces théories contient pourtant une part d'explication.

La réponse donnée en termes de logiques d'action a l'intérêt de montrer qu'aucun acteur n'est prédéterminé au choix de telle solution, que tous ont à la construire ensemble, donc en interaction. Ils le feront en fonction des orientations de chacun, variables que l'on pourrait approcher en connaissant le passé de ces acteurs, les orientations qu'ils ont données à leur dernières actions, leur manière de sélectionner les variables les plus pertinentes à leurs yeux. La situation d'action (la construction de l'usine et les interactions avec les autres acteurs) plus les orientations des acteurs (fonction de leur passé, de leurs intérêts, de leur biographie) sont les deux variables principales constituant les logiques d'action.

Le PDG a soutenu les pôles innovation et budget, le chef de projet l'axe délai-innovation, le DAS surtout l'innovation et en partie l'expérience, l'équipe-projet l'expérience, comme les syndicats. Contrairement à ce que l'on aurait pu attendre, le cabinet d'ingénierie a défendu surtout les délais, la direction logistique comme le DAS l'innovation, tandis que la direction technique insistait sur l'expérience et défendait le budget. Enfin, l'ANACT a été attentive à l'axe innovation-expérience. L'usine aujourd'hui est sortie de terre, elle fonctionne apparemment d'une manière qui correspond aux prévisions et satisfait globalement les acteurs.

Les positions de ces acteurs n'étaient prévisibles que par la connaissance des deux éléments suivants : les orientations que les acteurs avaient données jusque-là à leur action, liées à leur situation d'action, les interactions au moment des choix à faire pour la construction de la nouvelle usine. Le PDG, par exemple, aurait pu, *a priori*, mettre l'accent sur chacun des quatre pôles. Une connaissance de ses comportements et choix antérieurs, de son expérience passée, jointe aux enjeux concrets de cette action-là pour lui, donc à la situation d'action et d'interaction, pouvait permettre de comprendre son choix, orienté vers le budget et l'innovation. La reconstruction des logiques qui l'ont conduit à orienter sa décision ne peut se faire qu'à travers le lien entre les actions passées et les enjeux de l'action présente, ce que nous nommons les logiques d'action.

8. 3. LA CONSTRUCTION DES LOGIQUES

Beaucoup d'études d'économistes et de sociologues portent sur les nouvelles technologies et sur la manière dont les entreprises se montrent capables d'absorber ce changement. Or, si toutes ces études admettent qu'il faut passer d'un système à un autre, schématiquement du taylorisme à un modèle de type plus interactif, sans qu'il y ait éclatement de l'ancien, toutes, insistant sur les difficultés qui ont précédé l'entrée de ces technologies, le font en termes de différences de logiques. Tout se passe comme si les conflits, la construction des règles, puis les compromis, la reconstruction des identités, les cultures, étaient l'aboutissement de rencontres de différentes logiques d'acteurs. Impossible de comprendre les premiers sans analyser les secondes. Les comportements d'ajustement ou de non-ajustement sont présentés comme résultats de logiques d'action mises en œuvre par les individus et les groupes.

Une logique d'action naît du sens que l'individu donne à l'action qu'il entreprend, dépendant de la situation d'action. Ce sens n'est pas dépendant seulement de la situation, mais a été créé à travers les représentations, les images actives que les individus se sont forgées avant d'être dans cette situation. Il permet d'expliquer le type de raisonnement qu'ils vont emprunter avant de nouer une relation stratégique, ou de créer un compromis.

Dire cela ne revient pas à opposer l'approche par l'intériorisation à celle par la situation, à donner la priorité à l'individu sur la société. Le débat théorique s'est longtemps focalisé autour de ces deux pôles, les opposant l'un à l'autre, comme on opposerait les déterminismes pesant sur l'individu et qui orientent son action en dehors de toute situation à ceux qui naissent de la situation sociale et des actions à entreprendre, ou comme on opposerait une théorie où l'individu est déterminé à une autre où il est acteur autonome. Si l'individu est autonome, utilitariste, il agit cependant en fonction de ses expériences et représentations. La posture classique de l'approche par l'acteur a été résumée ainsi : « L'analyse de la production du social doit passer par l'étude des processus de composition des actions individuelles en situation et des formes qui en résultent » (Paradeise 1990, p. 34). On ajoutera que dans ce processus de composition interviennent le passé des acteurs, la manière dont ils l'ont intériorisé, leurs représentations, qui contribuent à cette construction de l'action. L'acteur ne construit pas son action que dans la situation. Il la construit en fonction de ses propres expériences et perceptions.

L'avenir éclairé par le passé

A la base de la construction des logiques d'action, sans doute faut-il placer l'histoire, non des individus, mais de leurs activités. Les principes d'explication extérieurs à l'activité des individus dans l'organisation considérée, en particulier tout ce qui pourrait relever de leur culture antérieure, ne sont donc pas premiers, même s'ils servent à construire leur identité. L'idée que la culture « paysanne » ou « rurale » ait marqué un groupe au point que ses comportements seraient liés à cette culture est peu opérante. Dans certains cas, la culture peut paraître peser sur les comportements : elle est toujours médiatisée par une stratégie liée à la situation présente. On constate souvent qu'une main-d'œuvre d'origine rurale a, dans une usine, des comportements particuliers, différents de ceux d'une main-d'œuvre ouvrière. Nous avons montré (Bernoux 1982) que cette origine ethnique avait une valeur explicative bien faible – mais pas entièrement nulle – au regard des projets de mobilité interne dans l'entreprise. De ce point de vue, l'analyse sociologique reste la meilleure garantie contre un discours pseudo-scientifique fondé sur les valeurs culturelles.

L'histoire des activités antérieures renvoie à l'expérience du travail en ce qu'elle détermine des manières d'analyse très typées. Dans une entreprise industrielle, la catégorie des activités antérieures ferait prendre en compte la manière dont les acteurs ont jusqu'ici résolu les problèmes. Dans certains cas, il s'agirait même sans doute de remonter à la formation des techniciens ou des ingénieurs. A quel type de démarche ont-ils été formés ? Comment, par exemple, considèrent-ils un objet technique ? On s'aperçoit que les descriptions d'un même objet par des acteurs ayant des formations initiales différentes et/ou appartenant à des services différents donnent des résultats surprenants. Une machine-outil à commande numérique, un robot ne sont pas des objets identiques pour le technicien qui les a conçus, pour celui qui les installe, pour l'ingénieur qui planifie le fonctionnement futur de son atelier, pour l'ouvrier de production, celui d'entretien, etc. Dans une étude, nous avions demandé à des ouvriers de dessiner leur machine (Bernoux *et al.* 1984). Le résultat était saisissant en ce que la manière d'appréhender, la représentation que les ouvriers se faisaient de leurs machines, était liée à l'histoire individuelle, à la formation, aux activités des individus et des groupes, à leurs projets professionnels et à leur situation d'action. Chaque groupe avait une taxinomie particulière, différente, pour parler des mêmes objets. Cette classification était issue de l'usage actuel des machines tout autant que de la formation, des activités antérieures et des projets. L'un et les autres expliquaient les différences d'appréhension d'objets identiques. L'influence de la possession d'un CAP, la présence ou l'absence d'un projet professionnel, l'expérience pratique individuelle ou bien socialisée par une expérience partagée de professionnels, enfin le type de machines, plus ou moins modernisées, permettait de distinguer deux types principaux de dessins : ceux qui ne présentaient...

> que la partie visible du poste de travail, délaissant l'explication des mécanismes internes de la machine pour mettre en rapport les actes de l'opérateur avec les opérations effectuées [...] s'attachant plus à décrire un rapport de l'homme à sa machine que la machine proprement dite [...] Lorsque l'expérience est de type socialisé, la machine devient un en-soi, objet à décrire dans ses caractéristiques propres. Le dessin [...] intègre au passage les recettes prises à l'école ou dans l'observation de dessins techniques (*ibid.*, p. 36).

Ce qui est en cause ici est le lien entre un mode de connaissance et sa traduction dans un système de relations. Gilbert Simondon (1969) a développé une théorie du mode d'existence des objets techniques dans le but de « susciter une prise de conscience du sens des objets techniques » en montrant, en particulier, que ce qu'il appelle la culture et qui semble pour lui proche du sens commun « ignore dans la réalité technique une réalité humaine et que [...] la culture doit incorporer les êtres techniques sous forme de connaissance et de sens des valeurs » (*ibid.*, p. 9). Cet effort de construction de la technique comme objet vivant l'amène à tenter d'élucider le lien entre l'objet technique et l'être humain. Ce lien, ce rattachement, peut se faire selon un statut de minorité ou de majorité. Le premier est celui où « l'objet technique est avant tout objet d'usage, nécessaire à la vie quotidienne, faisant partie de l'entourage au milieu duquel l'individu humain grandit et se forme [...] Le savoir technique est implicite, non réfléchi, coutumier. Le statut de majorité correspond au contraire à une prise de conscience et à une opération réfléchie de l'adulte libre, qui a à sa disposition les moyens de la connaissance rationnelle élaborée par les sciences : la connaissance de l'apprenti s'oppose ainsi à celle de l'ingénieur » (*ibid.*, p. 85). Distinction assez traditionnelle qui permet de replacer dans un contexte explicatif plus large des observations courantes.

La question posée est celle de la désignation différente d'un même objet, ce que les théoriciens de l'école des conventions appellent les épreuves. Il ne s'agit alors pas seulement de désignation, mais aussi de situations dans lesquelles sont certains acteurs et qui les amènent à qualifier différemment les choses. Du point de vue de la désignation, la question qui se pose dans la pratique est celle de la difficulté, sinon de l'impossibilité, d'un discours commun, et donc finalement d'une absence d'accord.

Si l'activité est sans doute une composante essentielle de la logique d'action, elle l'est, on l'a vu, par un type d'orientation spécifique donnée à la connaissance des objets. Pour cette connaissance, la formation initiale joue un rôle particulièrement important, par proximité avec la connaissance théorique. La volonté de compréhension scientifique se traduisant par l'introduction du calcul dans la connaissance de l'objet naît aussi de la formation initiale. Même si, au fur et à mesure que l'on s'éloigne de l'acquisition de ce type de connaissances, l'appréhension de l'objet se fait au travers d'autres référentiels. L'écart entre ces différents types de connaissance crée des désignations d'objet correspondant à des logiques théoriques. J. Saglio (1972), dans un article déjà ancien, avait largement souligné cet écart : pour nommer les mêmes objets, discours du technicien et discours de l'ouvrier utilisaient des désignations différentes. La source de ce discours était à chercher dans l'usage, appris à l'école, des signes là où le référentiel des autres, non scolarisés, était celui de la matière.

De même, J.-P. Darré (1985), comparant le regard du technicien à celui de l'éleveur à propos de la vache, conclut, à partir des systèmes de classement utilisés par ces deux acteurs, à l'usage de normes différentes incluses dans leur discours et qui les amènent à des façons de raisonner différentes, quoique liées. Dans le cas de la vache, les éleveurs qui ont toujours eu à gérer la pénurie raisonnent dans une logique des possibilités – la possibilité d'affouragement commande –, qui est aussi la logique du sens de l'écoulement du temps : « On récolte et on stocke, avant de donner. Au regard de cette logique, celle du technicien, qui part de l'évaluation des besoins du troupeau, paraît abstraite » (p. 121). Les normes sont issues, pour le technicien, des conditions de production du discours scientifique et donc contiennent en elles-mêmes leur propre justification. Point n'est besoin pour les expliquer de recourir à des conditions externes à la logique de ce discours : « Le discours scientifique peut "s'expliquer" par ses conditions socio-économiques, mais il "s'explique" aussi par les arguments qui le justifient » (p. 116). La perspective choisie est celle de l'économie des conventions. Dans celle de l'analyse stratégique, on dirait que le discours s'explique par des raisons stratégiques, celles du technicien face à l'éleveur. Il reste – et c'est sur quoi insiste l'auteur – qu'il se comprend aussi dans sa logique interne. Les énoncés de l'éleveur, lorsqu'il parle des aliments, renvoient à la culture, à la récolte, au stockage et à la distribution, associant la nature, la quantité des aliments, à la chaîne antérieure. Le technicien part de l'évaluation d'un objectif accessible et calcule ce qu'il faut pour l'atteindre. Il a une logique de calcul et de succession temporelle de ses opérations de calcul et, dans le cas de la production de la vache, part du potentiel laitier du troupeau, tandis que l'éleveur raisonne selon la logique de l'unité de production dans son ensemble en partant de ce que fournit l'exploitation. « Pour le technicien, les phénomènes de digestion des ruminants commencent à la bouche. Pour l'éleveur, ils commencent aux champs » (p. 121).

Les acteurs ont donc des représentations nées du passé, de

l'histoire personnelle, du type de métier exercé, et ils ont transformé ces représentations en guides d'action quotidienne. Par exemple, un homme de production, un agent des méthodes, un informaticien, etc., ont des réactions « typées ». Ils mettent en pratique une logique d'action née de l'exercice concret de leur métier dans telle entreprise, tel service. Cette logique les amène à avoir des regards différents sur des objets apparemment identiques. Ces regards sont évidemment reliés à la situation dans laquelle ils se trouvent, et c'est ce lien qui leur permet d'engager des actions.

Le primat de la situation d'action et l'influence des interactions

Par définition, dans chaque situation d'action, l'acteur tente de mobiliser des ressources à ce qu'il pense être son avantage. Il met donc en œuvre une stratégie dont un des éléments centraux est la construction de la carrière, lorsque celle-ci est un véritable enjeu – comme c'est de plus en plus le cas dans les milieux de techniciens. Les acteurs qui n'ont guère de perspectives, soit qu'ils n'aient pas de ressources suffisantes, soit qu'ils ne se placent pas en position de jouer cette stratégie, mènent des stratégies correspondant à la situation de retrait, ou au profil des « bourlingués » (Bernoux *et al.* 1984). Lorsque l'acteur pense avoir une perspective de carrière et qu'il veut la jouer, le problème de la logique se pose alors en termes de perspectives d'action. Imaginons une entreprise où la perspective de carrière d'un technicien, muni d'un BTS correspondant à un travail de bureau des méthodes, embauché dans ce service d'une entreprise assez grande, peut être de monter les échelons dans ce service et d'y rester – en tout cas, c'est la perspective qu'il envisage à terme de quelques années. Cette perspective ne l'incite pas forcément à se préoccuper des conséquences de son travail dans l'atelier auquel ses travaux s'appliqueront, sauf cas exceptionnel. Son enjeu est de réussir son travail dans le bureau des méthodes, pas l'application de ce travail dans un atelier de production. Le cloisonnement des entreprises et les difficultés de communications entre services trouvent ici une explication. La perspective de carrière, jointe à la faiblesse de la mobilité inter-services, crée une logique qui pousse à ne prendre en compte que le lieu où se jouera l'avenir de l'individu. Or l'entreprise n'atteint un certain niveau de production que si les logiques de ses services ne sont pas trop étrangères, si l'accord qu'il faut bien réaliser ne part pas de positions trop éloignées.

Un autre point fort de la constitution des logiques d'action est celui des fonctions des acteurs. Il n'est que d'évoquer ici les oppositions classiques entre différentes fonctions dans l'entreprise, par exemple recherche, production, commercial. Ces activités correspondent à un partage des tâches accepté, entériné et devenu quasiment normatif. Dans telle entreprise, il paraît normal que le service qualité ou contrôle qualité, par exemple, dépende du service méthodes, tandis que dans une autre il est autonome et que dans une troisième il fait partie de la production. L'analyse stratégique voit à ce partage une explication en termes de pouvoir. Ce qui est vrai, mais n'en épuise pas toute la signification. Avant d'être appréhendé dans ce paradigme stratégique, il l'est plus simplement en termes de logiques d'action, c'est-à-dire de la manière de concevoir différemment le même objet. La qualité n'est pas la même chose pour un technicien des méthodes que pour un agent de production. Comme on l'a vu plus haut, l'un y voit un ensemble de paramètres calculables, la définit comme un objectif accessible, calcule ce qu'il faut pour l'atteindre avec une logique de calcul et de succession temporelle de ses opérations. L'homme de production voit son atelier dans son ensemble et évalue les répercussions d'une modification apparemment mineure mais qui peut ou va perturber la marche générale. Tous les exemples montrent que la différence d'appréhension ne peut se réduire à un jeu de pouvoir mais relève d'un mode de raisonnement fondé sur l'expérience. Les différences de raisonnement tiennent aux logiques qu'il faudra ensuite traduire pour aboutir à une innovation. La connaissance de leur origine est l'objet de ce paragraphe.

La construction des logiques d'action s'explique aussi par l'histoire de l'entreprise. Celle-ci peut avoir connu une période de pénurie, ou au contraire de facilités, dans tel secteur particulier, etc. Cette histoire est vivante dans la mémoire de ses membres. Elle a engendré des représentations, puis un type de fonctionnement qui paraît légitime et qui, en tout cas, apparaît sous une forme normative elle aussi. On pense, par exemple, au cas rapporté par French (cf. *supra*, p. 239), où des ouvriers expliquent leur action de freinage en la rapportant à une action de la direction accomplie deux années plus tôt dans un atelier voisin. Or cette action de changement des temps, attribuée à la direction, n'avait pas eu lieu. Les représentations des ouvriers, nées de leur passé et des images actives du comportement de la direction, s'étaient transformées en certitudes, capables d'orienter l'action. Ces représentations sont un guide de l'action.

Dans un article récent, Claude Dubar (1992) développe le concept de logiques d'action dans une perspective à la fois proche et éloignée de celle qui est présentée ici. Proche par les éléments qui la composent. Selon lui, les logiques d'action relient la vision de l'avenir professionnel, la reconstitution de la trajectoire antérieure, les parcours effectifs et la manière dont on en parle. Il les définit comme des formes de rationalités ayant une cohérence interne, permettant de présenter les pratiques antérieures, de rendre compte de la situation vécue et d'inventorier les possibilités d'avenir. Il leur attribue une fonction de construction de l'identité dans une double transaction, biographique et relationnelle, se construisant par anticipation de l'avenir à partir du passé et en interaction avec les acteurs. Ce qui correspond tout à fait à notre catégorisation. Ce dernier point est tout à fait important, car il enrichit le concept de la capacité à anticiper les comportements des acteurs. Toutefois, Dubar attribue aux logiques d'action une fonction de création de l'identité professionnelle, tandis que de notre point de vue elles permettent de mettre en perspective les différentes théories pour rendre compte des phénomènes sociaux observés.

8. 4. LOGIQUES D'ACTEUR ET LOGIQUES D'ACTION

Le concept de logique d'acteur est développé surtout par Renaud Sainsaulieu (1977), qui l'utilise pour expliquer certaines réactions collectives de différents groupes sociaux de l'entreprise, groupes à base professionnelle, créant ou défendant leur identité dans l'entreprise. La question à laquelle il veut répondre est celle de l'origine des attitudes collectives des groupes sociaux, attitudes découvertes dans la collectivité de travail et confirmées par des enquêtes approfondies (Sainsaulieu 1972). Il voit l'origine de ces attitudes dans « la multiplicité des positions d'accès au pouvoir en organisation [...] une des conséquences majeures de la période de croissance économique et de bouleversement technologique dans les entreprises des vingt dernières années » (1977, p. 423). Cette multiplicité des accès au pouvoir dans l'entreprise actuelle s'oppose « au panorama initial d'une lointaine époque industrielle fondée sur la juxtaposition de privilèges issus de la fortune, du savoir et du métier » *(ibid.)*. Dans sa perspective, l'organisation industrielle est tiraillée entre des acteurs qui ont des logiques différentes nouvelles, fondant leur sociabilité. Celles-ci doivent être prises en compte si l'on veut comprendre leurs comportements. Les logiques d'acteur sont des attitudes de groupes sociaux fondées sur une culture née de la pratique du travail et des relations de travail d'une part, de la difficulté d'accès au pouvoir de l'autre. Double paradigme explicatif donc : culturel, venant d'une pratique et des représentations professionnelles ; stratégique, né de la situation par rapport au pouvoir.

Les logiques d'acteur, dans cette perspective, ont deux caractéristiques. D'abord, ce sont des logiques collectives. Celles-ci ne se définissent pas seulement par un intérêt commun, mais par un capital, un passé, une définition commune acceptée en groupe, une culture commune vue dans une perspective dynamique, à savoir un apprentissage culturel. La culture est définie comme une « articulation entre les normes de relations, les valeurs de l'action et les orientations idéologiques en fonction des processus d'apprentissage de capacités stratégiques en organisation » (Sainsaulieu 1977, p. 350). La culture antérieure, traitée comme un donné lorsque l'individu entre au travail, est modifiée en fonction de la situation de travail proprement dite et des relations de pouvoir particulières. Elle devient alors capacité d'évolution et de changement à travers l'expérience des rapports de travail.

La seconde caractéristique des logiques d'acteur est que, dans leur rapport à la culture, elles ne désignent pas seulement des cohérences globales. Il y a négociation des acteurs les uns avec les autres, mise en commun, accord, et finalement rationalité commune mais partielle dans un jeu collectif. Chacun essaie d'imposer sa rationalité à l'autre, c'est-à-dire les règles du jeu qu'il est capable de jouer. Chaque groupe d'acteurs de l'entreprise se verra définir un modèle de relations, d'action collective, de logique d'acteur. L'auteur présente ainsi successivement selon leur cadre d'action les ouvriers d'atelier de production, les employés, les techniciens, les ingénieurs, les cadres, etc.

Dans cette perspective, cependant, les limites du jeu possible de chaque acteur sont données au départ. Tout se passe comme s'il ne pouvait jouer qu'un seul jeu, comme si ses capacités stratégiques étaient déterminées par la situation de travail particulière. Le résultat en est que cette culture stratégique aboutit à définir des modèles *a priori*, traités sous forme de typologie – fusion, négociation, affinités et retrait –, que l'on trouve énoncés dans la plupart des ouvrages de Sainsaulieu.

Cette analyse nous semble avoir un inconvénient majeur. La logique d'acteur apparaît comme une donnée statique qui rend difficile de penser le changement à partir des groupes eux-mêmes. Ceux-ci sont prisonniers de leur logique d'acteur et ne peuvent en sortir eux-mêmes. Elle apparaît presque comme un attribut, non comme une ressource stratégique dont les acteurs peuvent ou non jouer dans telle ou telle action. Le résultat en est que le changement ne devient possible qu'en faisant appel à des acteurs extérieurs, porteurs quasi exclusifs de la possibilité de changement. La logique d'action ajoute à celle de logique d'acteur le fait de pouvoir être modifiée dans chaque situation d'action particulière. Ce sont des logiques d'acteur construites dans et par l'action. Elles sont bien portées par les acteurs, mais elles sont transformables et évolutives dans et par l'action.

Dans la perspective de Michel Crozier et Erhard Friedberg (1977), le concept de logiques d'acteur est utilisé à la fois en continuité avec l'analyse stratégique et en réaction contre elle. Celle-ci lie de manière quasi exclusive le jeu stratégique au jeu du pouvoir : « La réflexion sur la stratégie de l'acteur constitue le point de départ indispensable de la démarche, car c'est l'acteur seul qui est le porteur et le témoin du construit organisationnel, c'est la réflexion sur le pouvoir qui va nous permettre d'analyser ce construit, car, en tant que mécanisme fondamental de stabilisation du comportement humain, c'est le pouvoir qui est le fondement de l'ensemble des relations qu'il constitue » (*ibid.*, p. 55). Mais, à trop majorer le phénomène – bien réel – du pouvoir et les stratégies de sa conquête, on risque de ne pas voir d'une part que d'autres stratégies que celle du pouvoir sont à l'œuvre dans l'organisation, d'autre part qu'il n'y a pas que le pouvoir comme fondement de l'ensemble des relations. La quête de l'identité, fondamentale pour Sainsaulieu, ne se fonde pas que sur la recherche de pouvoir. L'opposition entre logiques d'action différentes, si elle se traduit ultimement en termes de pouvoir, ne se résume pas à la conquête de ce dernier. Lorsque des services s'opposent pour imposer leur manière de faire, convaincus qu'elle est la meilleure, voire la seule, pour résoudre le problème, ce n'est pas le pouvoir qui est le véritable enjeu du conflit, mais la démonstration que cette pratique est la meilleure.

Le concept de pouvoir est donc critiqué ici pour son insuffisance à expliquer l'ensemble des orientations concrètes des acteurs dans l'entreprise. Pour Crozier et Friedberg, il permet de répondre au problème de la stabilisation des relations dans une organisation (*ibid.*, p. 55) à partir de la question de la construction de l'ensemble humain que constitue une organisation. Comment se construit et – éventuellement – se déstabilise le système de relations qui définit une entreprise ? Réponse : ce système est constitué par un jeu de normes de comportement dont le principe central est le pouvoir, car c'est lui qui régule les échanges quotidiens dans le travail et les rapports de forces collectifs.

Cette interprétation permet d'échapper au modèle structuro-fonctionnaliste trop rationnel. Dans ce modèle, l'organisation est expliquée à partir du concept d'intégration normative de l'action et de celui de rôles où les individus sont façonnés par les normes de leurs rôles et les attentes de leurs partenaires. Crozier et Friedberg ont beau jeu de s'étonner de l'articulation cohérente de ces rôles les uns aux autres et même de l'existence de cette cohérence de l'ensemble. Ils contestent, à juste titre, que « les occupants d'un rôle organisationnel donné se conforment naturellement aux attentes de leur partenaire de rôle. Dans le jeu de relations de pouvoir, en effet, être en mesure de s'écarter des attentes et normes associées à son "rôle" est un atout et une source de pouvoir "ouvrant" sur la possibilité de marchandage » (1977, p. 84-85).

Fort bien, en effet. L'analyse en termes de pouvoir et d'acteurs permet de donner une place non pathologique aux conflits et à la liberté de l'acteur, tout en rendant compte du phénomène de l'intégration. Elle n'explique pas, cependant, l'origine des jeux de pouvoir. L'univers de l'organisation apparaît comme fermé, et les jeux de pouvoir comme gratuits, les acteurs ne pouvant pas ne pas jouer ce jeu et le faisant sans s'interroger sur l'origine de leurs objectifs. Bien entendu, il y a création de règles : le système d'action concret n'est rien d'autre que cela. Mais la création de ces règles permet le maintien du système, non sa transformation. Les incertitudes elles-mêmes sont intégrées comme un atout supplémentaire dans le jeu de celui qui les maîtrise le mieux. Elles ne déstabilisent pas.

Il y a donc problème de communication entre des logiques d'acteur différentes. Or cette communication ne nous paraît possible qu'en allant au-delà des analyses de Crozier parce que leur auteur ne s'intéresse pas vraiment à la question.

Il est exact que les incertitudes sont un atout. Mais, à suivre nos auteurs, elles n'apparaîtraient que sous cette forme, étant un élément dans le jeu du pouvoir. Du coup, par exemple, le problème de l'origine du changement n'a qu'une réponse limitée. Il consiste bien en un éclatement d'un système d'action et en son remplacement par un autre, en un apprentissage de nouveaux modèles relationnels, de nouveaux modes de raisonnement, de nouvelles capacités collectives (*ibid.*, p. 338 *sq.*). Cette manière de définir le changement nous paraît excellente. Mais le paradoxe est que le concept de pouvoir n'y est guère présent. On ne le trouve pas dans l'énumération des raisons du nouvel apprentissage. Pourquoi change-t-on ? Crozier et Friedberg disent qu'ils ne s'intéressent pas directement à cette question, seulement à celle du mode de changement. Il y a changement quand les tensions ne renforcent pas un système mais le font éclater.

On trouve aussi le terme « logiques » dans certains articles publiés dans les travaux des *économistes des conventions*. La question de la cohérence des logiques dans l'entreprise ne paraît pas se poser cependant dans les mêmes termes que ceux présentés ci-dessus. Si la définition de l'accord est au centre de leurs analyses, il s'agit de l'aboutissement d'un compromis entre des natures différentes. Problème central pour une analyse globale, pour la prise au sérieux des « exigences d'accord qu'implique un ordre social » (Boltanski 1987, p. 8), pour comprendre les fondements de la construction d'une société.

Cet apport important ne se place pas entièrement dans notre perspective, plus limitée. Nous n'essayons pas de rendre compte de la manière dont se négocient les accords ou se font les équivalences, mais nous cherchons ailleurs ou « en amont », s'il est possible d'employer cette expression, les raisons de ce qui va devenir un désaccord. Il faudra bien le solutionner par quelque chose qui ressemblera à un accord, c'est vrai. Mais ici, la question est de comprendre comment naît le désaccord. Dans ce cas, le concept de logiques d'action permet d'introduire le passé des acteurs, leur projet d'avenir, les interactions entre eux et la situation d'action, structurant ce qui va devenir des jeux de pouvoir, puis des compromis construisant des natures et des cités. L'impératif de justification est central pour nous aussi, mais le problème que nous cherchons à traiter concrètement n'est pas seulement le compromis. Il est que chaque acteur arrive porteur d'un mode de justification à usage interne, qu'à ce stade il ne s'intéresse pas aux justifications des autres, les ignorant et construisant son identité dans ce rejet. C'est ensuite qu'intervient le compromis, l'accord, et que se font les arrangements.

En amont de la construction des conventions et des règles, il y a le fait déjà noté plus haut (p. 212-213) que les règles sont là pour résumer un apprentissage, c'est-à-dire l'acquisition de savoirs antérieurs. Favereau place cette remarque dans un paragraphe traitant des obstacles relatifs aux règles-contraintes, paragraphe intitulé « Les impasses de la contractualisation ». Faisant une critique de la notion de contrainte d'accord, il note que même pour des contraintes en apparence très sévères, les règles ne sont là que pour permettre un apprentissage, et que parler de règle-contrainte c'est supposer résolu le problème. Notre exemple donne à voir un cas proche, extrêmement fréquent dans l'entreprise industrielle comme dans toute organisation, celui où les règles permettant de parvenir à un accord sont ignorées ou niées *de facto* par les acteurs auxquels elles sont censées s'appliquer en priorité. Elles ont été édictées sans apprentissage et vont à l'encontre d'une logique de congruence d'acteurs à l'intérieur de leurs sphères de règles-contraintes.

8. 5. CONCLUSION : UNE POSTURE HEURISTIQUE

Le concept de logiques d'action nous paraît être aussi un outil pour l'homme d'action. Il s'agit d'abord de casser la prégnance des logiques technologiques, économiques ou gestionnaires, si omniprésente dans les entreprises. Trouver un outil pour faire comprendre l'affrontement des acteurs, nés de perceptions différentes des contraintes et des situations, n'est pas une mince affaire. Puis, il s'est agi de substituer à ces logiques fortes une autre présentation des logiques animant les acteurs. Enfin, au-delà de cette visée heuristique, le concept de logique est présent dans toutes les théories présentées ci-dessus. On a cherché ici à lui rendre une autonomie qui n'apparaissait pas clairement dans ces ensembles.

Il nous semble cependant que l'on doit compléter le tableau, insuffisamment concret, trop loin encore de ce qui constitue le quotidien de l'entreprise. On ne peut se contenter des courants, des cultures et des expériences si l'on veut expliquer les dysfonctionnements. L'outil doit avoir plus de précision, en particulier par l'énumération des ingrédients qui, dans une situation donnée, pour une action précise, composent les logiques, et qui se regroupent chaque fois différemment autour de l'action à entreprendre. Dans le cas Siphon, ce n'est immédiatement ni l'utopie organisationnelle, ni la culture (ou alors il faut la préciser, mais elle ne peut être fondée exclusivement sur la profession : il y avait des ouvriers qualifiés au BE comme dans les ateliers), ni l'accès au pouvoir qui ont déterminé les dysfonctionnements. Ceux-ci sont venus d'un mélange particulier dont on énumérera plus bas le détail. Dans l'analyse de R. Sainsaulieu, les limites du jeu possible de chaque acteur sont données au départ. Tout se passe comme s'il ne pouvait jouer qu'un seul jeu, comme si ses capacités stratégiques étaient déterminées par la culture, la situation de travail particulière, et ne se déployaient pas plutôt dans une action, selon le principe que l'action crée l'acteur. Cette analyse aboutit à créer un modèle, avec ce que ce terme contient d'exemplaire et de définitif, bien que les auteurs (Exiga 1981) s'en défendent.

C'est la raison pour laquelle il semble préférable de parler de logiques d'action, la logique pouvant évoluer en fonction des actions envisagées et non être définie à partir des acteurs pris en eux-mêmes.

CONCLUSION

L'entreprise comme institution : pour un élargissement de la problématique[1]

Le débat sur les rapports entre l'entreprise et la société est un débat ancien mais qui, on l'a vu, se renouvelle sous nos yeux. Pour plusieurs raisons, dont les premières sont d'ordre théorique, et dont les secondes s'enracinent dans l'analyse des rapports socio-économiques actuels entre l'entreprise et la société. On les rappellera rapidement ici. Le premier ensemble de raisons concerne les modèles de l'entreprise. L'entreprise identifiée à un modèle unique, celui de la grande entreprise industrielle, est contestée aujourd'hui où ces grandes entreprises ne tiennent plus la place qu'elles avaient au moment des « trente glorieuses ». Elle peut sans doute se définir à partir d'autres systèmes de relations, de coopération, réseaux de PME, télétravail, etc. Une autre raison du renouvellement du débat tient à la place accordée au modèle rationalisateur accompagnant la naissance et le développement de la société industrielle. Le modèle taylorien, mis en œuvre dans les entreprises, était-il « le » modèle général et résumait-il le rapport de l'entreprise à la société comme un rapport d'étrangeté ? L'entreprise comme lieu de gestion rationnel aurait été dispensée de se référer à la société environnante. Elle

1. L'essentiel de cette conclusion a été présenté au séminaire interdisciplinaire « L'entreprise comme institution », de la Maison Rhône-Alpes des Sciences de l'Homme, Lyon, 1994-1998.

n'aurait donc pas été une institution au sens où nous l'entendrons ci-dessous.

Le second ensemble de raisons tient à la place de l'entreprise industrielle ou du secteur tertiaire dans une société industriellement développée, où la croissance relativement rapide des cinquante dernières années s'accompagnait du plein emploi. Aujourd'hui, le chômage atteint des proportions inconnues jusqu'à maintenant, tandis que la croissance exceptionnelle à laquelle les « trente glorieuses » nous avaient habitués s'essouffle. Le débat entre sociologues, au moins français, sur la place centrale que l'entreprise occuperait dans la société aujourd'hui est, sinon mis à mal, au moins mis en question par le phénomène massif des licenciements et du chômage structurel. L'entreprise est-elle encore un lieu producteur de modèle et de normes pour la société dans la mesure où elle apparaît comme une cause de déstabilisation économique et sociale ? La valeur et la place reconnue au travail s'effondrent sous nos yeux. L'entreprise n'est pas seule responsable, mais comment la considérer comme une institution centrale au moment où elle ne fournit que peu ou mal un travail qui pour beaucoup se faisait dans ses murs ? Réciproquement, les doctrines où le travail était ou avait été glorifié (christianisme et marxisme principalement) tendant à s'effriter, celui-ci est paradoxalement de moins en moins accepté, que ce soit comme obligation ou comme contrainte. Enfin, la société de chômage tend à s'autoreproduire. Il existe des grands ensembles dans certaines banlieues où ceux qui vont quotidiennement travailler tendent à devenir l'exception, où dans les familles seul le jeune qui va à l'école se lève le matin, où les jeunes « rouillent au pied des tours », sans espoir d'intégration par le travail qu'ils finissent par refuser.

La période où les entreprises françaises renouent avec la prospérité économique, en gros celle du milieu des années quatre-vingt, est celle où l'augmentation du chômage le fait apparaître comme un phénomène très difficilement réductible et qui ne le sera pas par le moyen de la réussite économique des firmes. Les scénarios catastrophes, prédisant un chômage en augmentation sans fin (50 % de la population active sont envisagés par les pessimistes) se multiplient au début des années quatre-vingt-dix. En même temps, les entreprises semblent de plus en plus fragiles, jamais à l'abri d'un échec, sinon d'un rachat et d'une fermeture, de délocalisations au profit de régions où l'ensemble des conditions du travail semblent plus favorables. Cette fragilité rend plus ténu le lien qui les relie à leurs salariés. La relation de fidélité et de confiance qui les liait à l'entreprise tend à disparaître. Les différentes formes de travail temporaire fragilisent des populations qui attendaient de l'entreprise protection et stabilité. Le lien social créé par le travail se distend, l'identité de l'entreprise se cherche, ainsi que celle qu'elle conférait à ses salariés.

L'entreprise en changement dont nous avons essayé de dessiner les contours ne peut se limiter à elle-même. S'il est vrai qu'elle définit elle-même son système de fonctionnement, ses manières de faire, il convient de ne pas oublier qu'elle les emprunte largement à la société qui l'environne. Dans son ouvrage sur les systèmes de salaire et les politiques patronales, B. Mottez fait remarquer que « les systèmes de salaire employés dans l'industrie depuis le XIXe siècle ne sont pas seulement des techniques patronales destinées à assurer le bon fonctionnement des organisations mais des instruments au service de la construction d'une société » (1966, p. 9). C'est vrai aussi du système de salaire au rendement, caractéristique du taylorisme. Qu'elle soit considérée comme une affaire, une organisation ou une institution, l'entreprise emprunte ses modèles de système de salaire à la société, faisant de l'ouvrier selon les cas un entrepreneur, un marchand, un membre de la famille, quelqu'un de stimulé, un associé, une personne que l'on essaie enfin d'intégrer. Dans tous les cas, les changements dans l'entreprise ne peuvent être compris qu'en « considérant les individus engagés dans une pluralité de systèmes sociaux, systèmes dépassant l'entreprise » *(ibid.)*. Même à travers les éléments qui constituent son organisation, l'interaction entre la société et l'entreprise a toujours été forte.

C'est encore plus vrai lorsque l'on considère non plus seulement le modèle de la grande entreprise, mais celui des PME et des réseaux. Dans ces deux cas, l'entreprise s'est développée selon des modèles divers, mais toujours très articulés sur la société environnante. Le modèle du « cercle familial élargi » est un modèle qui se définit à travers la figure du patron-père de famille, appelé le « maître » dans les campagnes, et qui se caractérise moins « par sa fonction industrielle et commerciale [...] [que par] un rapport d'autorité et de protection sur d'autres hommes » (Bunel et Saglio 1979, p. 33). La classe patronale française se définit surtout comme une classe dominante, « reprenant à son compte les orientations et les valeurs des anciennes classes dominantes » *(ibid.)*. Du coup, le patron tend à « considérer les salariés de son entreprise comme des membres – inférieurs – de la famille » (*ibid.*, p. 34). Dans cette perspective, le patron cherche bien à bâtir une communauté productive, proche de la communauté territoriale où il paraît comme le maître. Piore et Sabel montrent qu'il a existé des modèles de production alternatifs à la grande entreprise comme le « municipalisme », le paternalisme, le familialisme, etc.

Le patron de la grande entreprise industrielle choisit-il l'organisation rationnelle sans se soucier de la société qui l'entoure ? Sûrement pas. D'une part, les historiens montrent que les grandes figures de patrons se sont toujours donné des missions débordant le cadre de leur entreprise, comme, par exemple, André Citroën, qui justifie son action au nom d'« une haute mission morale : améliorer le bien-être de l'humanité en augmentant la consommation individuelle et en supprimant tout chômage » (Schweitzer 1982, p. 13). La division généralisée du travail est liée, dans l'argumentaire patronal, à la diffusion de la consommation de masse. D'autre part, la qualité de la production technique issue de cette rationalisation est reconnue par les ouvriers qui en expriment une incontestable fierté, même si elle peut se retourner contre eux sous les aspects des conditions de travail et du chômage : « Tu devrais voir comment on fait des longerons en deux minutes ; avant, pour le même travail, il fallait au moins deux heures » (*ibid.*, p. 32). Par exemple, le chronométrage sera justifié non seulement pour une diminution des coûts, mais aussi pour une égalité entre les ouvriers, égalité qui est un principe d'accord dans l'entreprise mais aussi dans la société.

Il y a donc lieu de considérer l'entreprise aussi comme une institution, c'est-à-dire dans son lien à la société. Le débat lancé dans le numéro de la revue *Sociologie du travail* (1986) portait en grande partie sur ce thème. Pour certains auteurs de ce numéro, elle deviendrait « le repère institutionnel central » (Sainsaulieu, Segrestin, p. 348). Plus récemment, la lecture des chapitres de l'ouvrage publié sous la direction de R. Sainsaulieu (1990), *L'Entreprise, une affaire de société*, illustre ce propos : l'entreprise y « apparaît de bout en bout comme une "forme" qui tire son sens de sa relation à la société » (p. 337). Le débat sociologique actuel porte sur ce thème de l'institution.

L'entreprise, affirment certains auteurs, est et a toujours été une institution, c'est-à-dire un ensemble « ayant une fonction d'orientation et de régulation sociale globale » (Enriquez 1992, p. 77). On peut prendre cette affirmation comme une hypothèse et se demander en quoi et dans quel sens a fonctionné l'interaction. On parlerait alors de sous-systèmes et des liens d'interdépendance entre eux en portant son attention sur la cohérence entre ces sous-systèmes. Les institutions comme la famille, le système éducatif, les systèmes juridique et politique, les représentations de la société et de la mobilité sociale, les Églises dans la mesure de leur influence actuelle, etc., sont-elles compatibles avec l'institution entreprise ? Réciproquement, les règles anciennes et nouvelles de comptabilité ou de gestion du personnel, la discipline et le modèle hiérarchique de contrôle, ou d'autres comme l'externalisation de la main-d'œuvre, tout cet ensemble de règles et de normes que les théoriciens de l'école des conventions appellent les instruments de la justification, sont à l'évidence influencés par la société et pas seulement par une logique économique. La construction de ces règles est un des lieux de la réciprocité entre l'entreprise et son environnement.

Traditionnellement, l'étude de l'évolution des règles, du taylorisme au toyotisme, était une voie pour aboutir à la conclusion d'une évolution. Mais avec cette problématique on reste dans le cadre de l'organisation, et ses potentialités heuristiques semblent avoir été épuisées. Une enquête récente menée par nous (Bernoux *et al.* 1994) a montré comment des établissements d'une même entreprise, fabriquant le même produit, de même taille, ont des fonctionnements concrets, en particulier ceux qui instituent des actions participatives (du genre cercles de qualité, par exemple), très différents. Par exemple, dans certains établissements, les salariés se réunissent après le travail (en général posté, en 5 × 8 – cinq fois huit heures de travail par jour –, même pour les techniciens) pour discuter des incidents de travail, car les postes sont tellement éloignés dans l'usine qu'un contact est difficile durant le temps de travail. Dans d'autres établissements, les salariés s'y refusent catégoriquement. Ces attitudes influent évidemment sur le fonctionnement en groupe. Cet exemple montre à l'évidence combien l'histoire de l'entreprise et sa situation actuelle, en particulier à travers la construction de ses liens à l'environnement immédiat, influence la construction des modèles participatifs. C'est donc aussi à travers la relation à l'environnement, sous toutes ses formes, que devrait être approfondi le concept d'institution.

L'institution entreprise pose question lorsque sa réussite économique n'a plus de retombées sur le corps social, ou du moins lorsque celles-ci ne sont plus directes et évidentes. L'entreprise était un des lieux où se forgeait la valeur du travail, valeur qui a été structurante d'un type de société, schématiquement celui de la société industrielle du XIXe et des trois premiers quarts du XXe siècle. Le travail, lorsqu'il devient rare comme dans la période actuelle, apparaît comme un mode d'intégration plus difficilement atteignable. La légitimité de l'entreprise, assurée jusque-là par les retombées économiques et le travail, est mise en cause. Les normes sociales légitimées dans l'entreprise, et qui étaient devenues des valeurs reconnues comme légitimes aussi par la société, se dissolvent. Le modèle rationnel, produit par la société, largement développé dans le modèle taylorien et dans le modèle actuel de l'entreprise, est mis en cause. On pourrait en dire autant du modèle hiérarchique qu'elle a plus ou moins emprunté à la société environnante dans son modèle militaire. L'entreprise a emprunté à la société autant qu'elle a donné à celle-ci. Il y a eu interaction entre les deux modèles, l'entreprise renforçant les modèles qui lui servaient. Elle ne les inventait cependant pas.

Dans cette problématique, l'apport du courant institutionnaliste en économie joue un rôle important. On en a présenté quelques éléments dans cet ouvrage, disant qu'il s'agit de l'abandon du point de vue macro et micro-économique trop exclusivement lié au rôle des agents économiques (entreprises et consommateurs), définis abstraitement comme des individus, et à leurs relations sur un marché réputé transparent et d'une attention portée aux institutions. Ce renouveau est aussi porté par les théoriciens de la régulation, des conventions et de la traduction, pour ne citer que quelques-uns parmi les plus connus. Les chercheurs appartenant à ces courants prennent en compte les cadres organisationnels, contractuels, juridiques, sociaux, etc., qui transforment les agents économiques en ensembles structurés, structurant à leur tour les marchés, en faisant des constructions sociales. Ils parviennent ainsi à rendre compte de phénomènes dont la théorie économique standard ne donnait que des explications limitées. Ces cadres n'étaient jusque-là pas utilisés par les économistes comme des variables pertinentes.

Ces théories sont portées également par le courant de la réarticulation des normes de l'échange économique avec celles de l'échange social (le premier colloque de la section française de l'Association internationale de socio-économie s'est tenu à Lyon en décembre 1991). Du coup, la rencontre et le débat entre les disciplines familières de ces concepts deviennent incontournables. Les référents théoriques montrent que l'étude de l'entreprise comme institution ne peut faire l'économie de réflexions entre chercheurs venant de disciplines différentes, anthropologues, sociologues, historiens, économistes, juristes et gestionnaires d'entreprise, pour le moins.

2

Les études de cas

Introduction aux études de cas

Les quatre cas ci-dessous sont des cas réels, qui se sont produits dans des entreprises françaises au cours des dix dernières années. Ils sont présentés de manière assez détaillée pour que le lecteur puisse en faire une analyse approfondie, mais assez ouverte pour qu'ils ne puissent être assimilés à des cas d'école. Dans ceux-ci, en effet, le lecteur est guidé vers une solution que les cas sont supposés mettre en lumière, voire illustrer. C'est une conception très orientée, destinée à faire assimiler une théorie explicative, et qui propose toujours la solution dans le cadre de cette théorie. A l'inverse, les cas ci-dessous sont exposés de manière ouverte, et destinés à faire prendre conscience au lecteur qu'il faut jouer sur une gamme d'interprétations et de logiques. La réussite ou l'échec est-il imputable à une culture d'entreprise trop prégnante ? à l'affrontement de logiques différentes, à des jeux de pouvoir ? Comment se sont construites les règles dans de petits groupes et comment peut-on les faire évoluer ? Dans une entreprise qui a connu de véritables tremblements de terre en termes de disparitions d'installations, quels ont été les ingrédients d'un changement apparemment réussi et qui permet aux acteurs restants de garder un esprit combatif au lieu de baisser les bras ? On a voulu mettre en lumière la nécessité de faire appel à des paradigmes chaque fois particuliers pour expliquer les actions. La présentation de ces cas correspond donc à une pédagogie qui veut montrer qu'il n'y a jamais une seule bonne interprétation mais que, pour comprendre les comportements humains, il convient en permanence de s'interroger sur les paradigmes à mettre en œuvre. Les schémas d'interprétation veulent demeurer ouverts, et sont donc réduits ou allongés selon ce que suggère la précision des informations contenues dans la description.

CAS N° 1

Les difficultés d'une modernisation organisationnelle : le cas ISOAR

1. 1. INTRODUCTION : LE CADRE DU CHANGEMENT

Accompagné d'un ambitieux projet de changement organisationnel, le lancement dans les usines de Mulhouse, en 1982, de la 205 Peugeot – présentée pour la première fois au Salon automobile de Genève en février 1983 – a eu un important retentissement en France. Il a été considéré comme un événement dans le domaine des relations industrielles et comme un modèle dans la conduite d'un projet de changement. Au-delà de ce que représente traditionnellement le secteur automobile, et au-delà aussi du symbole qu'est la société Peugeot, ancienne entreprise de mécanique liée à l'histoire d'une famille de capitaines d'industrie, la raison de ce succès vient de la manière dont il a été acquis et du moment où s'est produit le changement. Une vieille entreprise française réussissait, à un moment particulièrement difficile, une mutation technologique et humaine importante, symbolisant une capacité d'adaptation victorieuse dans un secteur où certains voyaient déjà un déclin irrémédiable.

1. 2. UN CHANGEMENT TRÈS DÉBATTU DANS UN CONTEXTE DIFFICILE

Le contexte et les acteurs

De mai 1982 à mai 1985 s'est déroulé au centre de production Peugeot de Mulhouse (CPM) l'opération baptisée ISOAR (Impact social et organisationnel des automatismes et de la robotique). Cette opération avait pour but d'accompagner, de faciliter et de permettre la réussite du lancement d'un nouveau véhicule tout en implantant un modèle original de production.

Ce type d'opération n'était pas, à vrai dire, entièrement nouveau. Il avait été précédé d'expérimentations concrètes dans certaines usines du site. Trois usines avaient mené une approche organisationnelle originale dont on pouvait s'inspirer pour mener le lancement de la 205. Ces expérimentations avaient été attentivement suivies dans les usines du site et discutées. Nous n'avons malheureusement pas beaucoup de détails sur leur contenu. Leur philosophie commune pouvait s'expliciter dans un rejet du taylorisme, conviction forte mais assez vague pour entraîner, semble-t-il, un large accord. En revanche, le désaccord dans l'équipe managériale portait sur le contenu, puis l'élargissement et la généralisation de ces expérimentations qui avaient été suivies, là où elles avaient eu lieu, d'un véritable changement de politique. Fallait-il généraliser ces nouveaux modèles d'organisation au moment du lancement d'une nouvelle voiture ? Les débats furent vifs, obligeant le directeur du CPM à trancher alors même que la direction générale ne le soutenait pas sans réserves dans cette voie nouvelle et que son directeur du personnel était également réticent. Ces expérimentations, jointes aux événements que l'on va décrire, avaient cependant permis d'ouvrir un débat sur un changement des modèles d'organisation, voire des fondements éthiques du fonctionnement des usines.

Au moment du lancement d'un nouveau véhicule, la 205, avec les investissements massifs en automatismes et en robotique qui étaient prévus, les désaccords portèrent plus précisément sur la question suivante : les automatismes introduits en masse pouvaient-ils fonctionner à organisation constante, c'est-à-dire avec des adaptations mineures de l'organisation existante ? Les Méthodes générales, dont la direction générale Peugeot était proche, soutenaient que oui. La direction du centre de Mulhouse, en particulier son directeur, défendait une opinion inverse : le nouveau système technique n'était ni viable ni rentable sans transformations profondes de l'organisation. Cette direction tirait argument de ce qu'elle croyait avoir vu des expériences japonaises, à savoir qu'il fallait repenser l'organisation car, si elle ne changeait pas, le coût des arrêts machines deviendrait insupportable dans ces nouveaux systèmes automatisés. Le directeur pensait aussi que les Méthodes générales n'avaient pas une expérience suffisante d'un changement aussi important.

Or ce directeur n'avait guère d'atouts pour faire valoir son point de vue auprès de la direction générale et des Méthodes générales, hostiles l'une et l'autre à une « grande opération » de réorganisation. Il choisit donc de prendre un profil bas et apparemment sans risques, celui de faire appel à un cabinet de Strasbourg, IECI, peu connu en dehors de la région, donc n'engageant pas beaucoup vis-à-vis de la direction générale. Prendre un cabinet type McKinsey risquait d'inquiéter cette direction qui aurait pu ne pas donner son accord. Les conseils d'un cabinet régional semblaient d'une portée limitée, d'autant plus que ce cabinet de consultants fut présenté comme s'intéressant surtout aux conditions de travail, thème « neutre » par excellence. La première commande fut courte : il s'agissait de faire, en vingt jours, un état des lieux. Après quoi, dit le directeur, « on verra ». La présence du cabinet s'étala en fait sur deux ans. De plus, il n'est pas sûr que ce cabinet ait eu, à l'époque, une vision claire des changements à introduire. Ses membres débattent toujours aujourd'hui entre eux de l'existence d'un « modèle » de changement. Ils ne présentent pas de modèles explicites, disent faire confiance à la démarche pour produire une solution, mais formalisent cependant une démarche de conduite de projet de type participatif.

A ce point de vue économico-technique, il faut, nous semble-t-il, ajouter une autre dimension. Le choix du directeur fut inspiré par ce que certains (en particulier ceux qui furent à Mulhouse chargés de suivre l'opération) appelèrent une « utopie altruiste ». Pour introduire cette réforme, il avait, entre autres, pris contact avec le responsable local de l'ANACT (Agence nationale pour l'amélioration des conditions de travail), représentée à Mulhouse par l'ACTAL (Action pour l'amélioration des conditions de travail en Alsace). L'ANACT, dont l'idée naît dans les années 1969-1972, au moment du gouvernement de Jacques Chaban-Delmas, et qui sera créée en avril 1974, a, parmi ses missions, celle de suivre et de diffuser les innovations sociales dans son domaine de compétence. Le permanent local de l'ACTAL était un ancien syndicaliste, CFTC puis CFDT, acquis aux idées de management participatif, dans les mêmes perspectives que le directeur de l'ANACT de l'époque. IECI était bien connu de ce responsable avec lequel il avait travaillé à plusieurs reprises. Par ailleurs, sur le site de Mulhouse, le directeur du CPM se fit assister pour cette opération d'un cadre, détaché à plein temps de la direction du personnel, acquis à l'idée de la fin du taylorisme et d'un changement nécessaire. Il devint le délégué de la direction chargé de suivre l'opération.

Troisième élément d'analyse, la situation financière de Peugeot SA et ses relations avec les pouvoirs publics. Sur le premier point, en 1982, cette situation était extrêmement mauvaise. L'entreprise avait perdu beaucoup d'argent depuis plusieurs années, elle était très endettée à un moment où perçait la crainte de la nationalisation par le gouvernement socialiste récemment arrivé au pouvoir. Jouer la concertation avec les partenaires sociaux, et, d'une manière plus générale, un changement de mode de gestion du personnel dans une entreprise qui, dans ce domaine, passait pour traditionaliste, était une stratégie habile vis-à-vis du nouveau pouvoir politique, sollicité de plus pour un soutien financier au projet. Du côté des pouvoirs publics, le responsable de la cellule du ministère de la Recherche chargé de suivre les relations recherche-industrie, quoique réticent au départ à fournir une aide (globalement, l'État était sollicité de prendre en charge environ 50 % des frais de l'ensemble du projet), lança cependant la dynamique. Cette situation s'accéléra avec le temps et surtout lorsqu'un nouveau responsable, ancien permanent syndical CFDT, fut nommé à ce poste. Les pouvoirs publics accordèrent alors un soutien plus déterminé à ISOAR. Un chercheur universitaire – le signataire de ces lignes – fut introduit dans la dernière période de l'action, en particulier au moment de la concertation finale, en partie à la demande des organisations syndicales. Son rôle était de neutralité et d'arbitrage, sorte de garant du dialogue.

Le choix initial d'ISOAR et ses orientations durant les trois années de présence d'IECI sur le terrain ne sont pas compréhensibles sans la prise en compte de ce contexte historique, des contraintes économico-techniques, stratégiques, des représentations que les acteurs se font les uns des autres sur leurs domaines de compétence respective, des jeux de pouvoir, du réseau et des affinités entre ses membres. La connaissance de ces éléments permet de comprendre l'ensemble d'une action, ses contraintes et les représentations que les acteurs s'en font, leurs interactions, le sens que ces acteurs donnent à leur action, pour saisir la logique des choix stratégiques aux différentes étapes du changement. Le relevé des différentes décisions, le choix des membres des réseaux permettent de dégager un accord implicite sur les objectifs et les manières de procéder, au sens où chaque décision comme le choix de chacun des membres désigne une logique et des choix d'acteurs fondés sur des objectifs proches. Chacun sait que l'autre jouera sa partie selon un modèle connu. Ils l'ont déjà fait, les membres se font confiance et sont recommandés pour cette raison.

La culture de l'entreprise – que nous définissons comme un ensemble de règles du jeu, plus un accord au moins tacite sur ces règles et sur les valeurs qui les inspirent – est encore un autre élément qui a joué un rôle important. Le centre de production de Mulhouse n'a pas une forte tradition de lutte ouvrière alors qu'il est situé dans un bastion historique de l'industrie française. En 1980, l'industrie textile, très puissante et fortement symbolique de cette tradition, avait été frappée à mort, au cours des vingt dernières années. La création du CPM date de 1962, beaucoup d'ouvriers sont venus des usines de Sochaux, éloignées d'une centaine de kilomètres, berceau historique de l'entreprise Peugeot. La tradition de gestion du personnel est, dans cette entreprise, de type paternaliste, peu encline à une large concertation avec les syndicats. Elle se veut très proche du personnel et mène une politique active de dialogue direct. Cette politique a imprimé un style particulier de gestion, sorte de paternalisme un peu raide, où les pouvoirs de la maîtrise et de l'encadrement sont fortement affirmés. Celle-ci possède une certaine confiance de la base malgré l'absence de dialogue avec les instances syndicales, voire leur rejet musclé. L'ensemble représente une sorte de mélange, fréquent dans l'industrie française, de participation, de paternalisme et d'autoritarisme.

Le système de relations professionnelles fonctionne sur un modèle où les syndicats, très méfiants vis-à-vis de la direction, doivent tenir compte de l'attitude de la majorité des salariés qui accordent une certaine confiance à la hiérarchie et à l'image protectrice de la maison. Au départ du projet ISOAR, les syndicats seront pour la plupart critiques, prudents, voire méfiants, mais intéressés. Or, en 1981-1982, la direction du CPM ne pouvait pas les contourner. Indépendamment du choix éthique du directeur noté plus haut, cette direction se sentait, dans le contexte politique de l'époque, plus ou moins contrainte de négocier avec eux, contrainte comprise sinon partagée par la direction générale. Progressivement, il apparut aux syndicats que cette volonté de négociation n'était pas feinte et, en conséquence, que leur rôle risquait d'être redéfini de manière positive au sein du système Peugeot. Ils pouvaient alors opter pour la politique de négociation, les risques étant moins importants que d'habitude à partir du moment où la présence des pouvoirs publics (dans un gouvernement de gauche, rappelons-le) leur semblait apporter une garantie supplémentaire. Des licenciements importants dans d'autres usines du groupe Peugeot (à l'usine Talbot de Poissy, en juillet 1983) faillirent remettre tout en cause. Il fallut une intervention au niveau du Premier ministre de l'époque pour faire pression en faveur d'une relance des mécanismes de concertation.

Les idées-forces du projet

Une réforme de cette ampleur est fondée sur un certain nombre d'idées-forces. Ses auteurs en mentionnent quatre.

• *L'approche globale*

La première est celle de l'approche globale. Un changement de cette envergure, pour être réussi, ne peut pas ne concerner que le groupe des salariés et des ateliers directement impliqués dans le changement. Chaque usine du site (il y en avait 9, à cette époque, sur celui de Mulhouse) doit être informée, et celles où aura lieu le changement seront entièrement impliquées. Et cela dès le début de l'automatisation et de la robotisation. Le directeur du CPM, pressentant le grand changement technique qu'allait apporter l'arrivée massive des automatismes, pensait qu'il s'agissait là « d'un véritable tournant industriel et qu'on n'aura pas trop de toutes les énergies de l'entreprise pour réussir cette forte évolution. On parle beaucoup, dès cette époque, du mode de production japonais et de l'implication des travailleurs. Alors, la demande du directeur va être globale. Oui, il faut aller vers cette motivation de l'ensemble du personnel, à tous les niveaux, pour maîtriser les automatismes, et pour cela il va falloir mettre tout le monde dans le coup » (p. 4 du rapport de synthèse). Cette demande devra être accompagnée d'une mutation organisationnelle, voire culturelle.

• *Le terrain*

Seconde idée-force, le terrain. Lorsque débute ISOAR, les équipements commencent à arriver sur le site. Il va être possible de les voir fonctionner en vraie grandeur, donc de se référer à une réalité vécue, concrète, présente. Il faut absolument en maîtriser le fonctionnement. L'idée est de capter rapidement les réactions et les propositions que ne peuvent manquer de faire ceux qui travaillent concrètement sur ces équipements. La première et la plus importante étape de cette maîtrise est le passage du temps différé au temps réel, lié à la rentabilité de tels investissements qui aboutit à la multiplication du travail en équipes. Il s'agit de maîtriser le temps réel (TR) par opposition aux opérations dites de temps différé (TD). Ces dernières sont du type du gros dépannage, de l'entretien préventif, des améliorations techniques diverses. Désormais, le maximum d'entre elles doit être intégré dans le temps réel, être accompli par les équipes qui sont sur le terrain, ce qui évidemment va entraîner de profondes modifications d'organisation du travail avec un éclatement de ces services techniques dans les ateliers de fabrication.

• *La participation*

Troisième idée-force, proche de la précédente, la participation, et en particulier celle du personnel ouvrier et de l'encadrement. Il s'agit ici de la participation directe sur le lieu de travail, fondée non sur un besoin supposé de l'être humain, mais sur la croyance en l'expertise réelle du personnel et sur la nécessité, en particulier dans la perspective du travail en temps réel, d'utiliser cette expertise. Il s'agit aussi de permettre au personnel engagé dans un tel changement d'exprimer ses attentes et de s'y impliquer. Cette participation se veut, pour une part et sous réserve de ce qui a été dit plus haut sur la méfiance par rapport aux syndicats, « à l'aplomb des traditions industrielles de Peugeot et des habitudes de sa hiérarchie ». « Le sens du concret est une condition absolue de la motivation de l'encadrement », écrivent les auteurs du rapport cité, sans que l'on puisse vraiment savoir s'il s'agit d'un discours managérial ou d'une réalité appliquée dans l'entreprise et dans quelles conditions.

Ce qui est sûr est la conviction, partagée entre les consultants d'IECI et le directeur du site, de la nécessité, pour introduire un changement dans les ateliers, de rendre le personnel et la hiérarchie parties prenantes de la réflexion et de l'action. L'importance de la participation apparaît d'autant plus forte que l'on est dans une situation de grande incertitude. La participation consistera à recueillir les préoccupations les plus courantes des exécutants, à faire faire ce recueil en partie par des exécutants, à faire remonter leurs véritables problèmes et à rendre compte des solutions choisies et des raisons pour lesquelles elles l'ont été.

• *La concertation*

Quatrième idée-force, la concertation, c'est-à-dire, à Mulhouse et pour ISOAR, l'entrée des syndicats dans le jeu. Les retombées sur le plan de la gestion du personnel devant être importantes et concerner toutes les usines du site, la direction décide de les solliciter. Elle ne souhaite pas les associer au niveau de la participation de la base, où elle pense que l'important est de recueillir les avis techniques des exécutants. En revanche, elle le souhaite au niveau central, là où seront examinés les changements au niveau des qualifications, des classifications, de l'emploi, de la formation. De plus, ils devront pouvoir suivre de bout en bout le dispositif et seront d'ailleurs, après des discussions difficiles, finalement introduits à la base.

Cette configuration particulière « terrain – approche globale – participation à la base – concertation au sommet » entraîne à penser le changement dans un ensemble considéré comme une totalité, avec ses interdépendances et ses interactions, c'est-à-dire comme un système. On est ici dans une perspective systémique, même si le mot lui-même n'a pas été prononcé par les acteurs, par ailleurs peu préoccupés de faire entrer leur action dans des modèles théoriques.

Contenu de la démarche

Après une période de prédiagnostic de quelques mois, un système d'analyse, de consultation et de décision fut préparé et implanté dans certains secteurs. Il comprenait plusieurs niveaux.

Le premier, et sans doute le plus original, est celui des groupes de travail chargés, sur le terrain, de détecter les problèmes non résolus et de proposer des solutions. Ce sont les « groupes de travail usine » (GTU), composés :

– d'un cadre, pilote usine du projet et qui assurait la co-animation avec IECI ;

– de deux cadres, l'un de production, l'autre fonctionnel (méthodes ou maintenance) ;

– de trois agents de maîtrise, l'un de production, les deux autres fonctionnels ;

– de six ouvriers de production, de maintenance et du service qualité ;

– par la suite, un syndicaliste a fait partie de chaque GTU.

Ceux-ci sont donc composés de manière hétérogène, soit dans les statuts de leurs membres, soit dans leurs services d'appartenance. De plus, leur fonction était définie hors structures. Une partie de leur efficacité provenait de ces deux qualités, auxquelles il faut ajouter d'une part la diversité des expériences dont était riche chacun de leurs membres, appartenant à des niveaux hiérarchiques divers (de l'ouvrier au cadre, les premiers étant aussi nombreux que les autres) et à des fonctions diverses de l'usine, d'autre part la proximité du terrain. On devint rapidement en présence d'un groupe expert, doté d'une expérience collective.

Tous les membres des GTU reçurent une formation de deux jours à l'analyse du travail sur les automatismes, puis, pendant des périodes variables, furent assistés par IECI. On définit des postes types et ils furent chargés d'analyser et de recueillir, soit par observation, soit par interview, l'avis de ceux qui y travaillaient. L'objectif de cette analyse n'était pas tant la gamme ou le relevé d'incidents que l'identification des problèmes non résolus. Leur terrain d'observation se situait aux interfaces (l'opérateur avec la machine, avec le système, la hiérarchie ou l'environnement). Ils n'étaient pas des spécialistes, mais leur expérience de travail et leur connaissance antérieure des usines leur permirent de jouer un rôle particulier d'experts « maison » et de faire partager leur expertise sans grande contestation.

Le second niveau du système était celui des « commissions spécialisées usine » (CSU). Il s'agissait des directeurs d'usine et des principaux chefs de service pour les usines les plus concernées par le changement. Leur rôle était de valoriser les problèmes mis en évidence par les GTU et de proposer des voies éventuelles de solution. Les GTU, chargés plutôt d'étudier les fonctionnements quotidiens, posaient des questions dont la réponse pouvait être donnée sans remonter au niveau central. Étant des instances décisionnelles à un niveau intermédiaire, ces commissions furent composées de manière homogène pour permettre des prises de décision rapides avec des gens connaissant bien le terrain.

Dernier niveau, enfin, le « groupe de travail centre » (GTC). Il était chargé d'harmoniser les propositions des deux groupes précédents et d'en prolonger la réflexion et les propositions, en particulier sur la politique de gestion du personnel. Il a traité des classifications, de la formation, des conditions de travail et de l'information. Le GTC était composé de :

– trois cadres, chefs de service, par usine (production, maintenance, méthodes) ;

– deux cadres de la direction du personnel (formation et classification) ;

– cinq syndicalistes, issus d'un groupe de réflexion « technologies nouvelles » ;
– trois à cinq personnes représentant les pouvoirs publics ;
– le pilote général du projet, représentant le directeur du site ;
– un chercheur universitaire, présent au titre de personnalité scientifique ;
– l'IECI.

Au total, donc, plus d'une vingtaine de personnes (sur l'ensemble des usines du site, trois usines – la tôlerie et les deux usines de mécanique – ont été directement concernées par le projet ISOAR) composaient ce groupe, fortement hétérogène, chargé de débattre collectivement des dossiers techniques d'organisation et de gestion du personnel. Il tint des réunions régulières de septembre 1984 à mai 1985. Toutes ses conclusions étaient soumises à la direction.

Au sein de celle-ci, un comité de direction (directeur du site, directeur du personnel, directeurs d'usine, pilote général) représentait l'instance de décision. Il était assisté d'un comité tripartite comprenant le directeur du site et le chef du personnel, les syndicalistes, les représentants des pouvoirs publics, l'IECI. Le rôle du comité tripartite était consultatif. Il se réunissait après chaque réunion importante du comité de direction, discutant de ses décisions, mais surtout il devint avec le temps une source de propositions et d'évaluations des solutions. Peut-être son rôle principal fut-il d'une part de réunir et de faire discuter la direction et les syndicats sur des projets concrets élaborés en dehors d'eux, retravaillés par les salariés des usines, mais dont ils avaient une bonne connaissance, d'autre part de faire discuter ces acteurs souvent en situation de conflit institutionnel en présence de personnes étrangères à l'usine (pouvoirs publics et IECI). Cela, comme dans le cas du groupe de travail centre, semble avoir abouti à modifier le climat des discussions habituelles à ce niveau entre direction et syndicats.

La cellule de production

Par rapport à l'ambition de départ, faire de la sortie puis de la production en grande série de la 205 Peugeot une réussite humaine et technique, on peut dire que l'objectif a été atteint.

La voiture a connu un indéniable succès – dont il faudrait détailler les raisons qu'on ne peut sans plus attribuer entièrement à ISOAR –, les usines du site n'ont pas connu de problèmes humains majeurs, les salariés ont géré de manière satisfaisante l'arrivée des automatismes et des robots. Par la suite, le directeur a été nommé sur le site de Sochaux où, dans des conditions similaires, il a eu la responsabilité du lancement de la 405. Un important accord d'entreprise, se référant à l'action ISOAR, a été signé en septembre 1986 entre la direction et les cinq syndicats, accord salué comme un événement de la négociation contractuelle. Bref, ISOAR réunit toutes les conditions pour apparaître comme un succès.

En principe, son apport essentiel – en dehors de ce qui sera appelé l'« esprit ISOAR » – se situe dans les domaines de l'organisation et peut être résumé en la nouvelle forme donnée à l'équipe travaillant sur les automatismes, appelée cellule de production, ou, plus précisément, par le *concept de cellule de production*. Dans le projet, l'ancienne équipe de travail est supprimée. A sa place, on met cette équipe qui…

> a la responsabilité du fonctionnement des automatismes en temps réel : approvisionnement, surveillance, conduite, qualité, premiers dépannages, etc. Elle est l'interlocuteur actif des prestataires en temps différé (préparation, voire participation au préventif, appel et participation aux dépannages complexes, demandes et réceptions d'améliorations techniques, etc.). L'organisation n'est pas figée en postes ou en fonctions, chacun participe au travail à hauteur de sa compétence. Toutefois, sur les installations les plus complexes, trois rôles ont pu être identifiés qui différencient les niveaux de compétence :
> – le PI, pilote d'installation, qui se situe au niveau maîtrise ou technicien ;
> – le CI, conducteur d'installation, dont le niveau est globalement celui du CAP ;
> – les AF, agents de fabrication en unité automatisée, sans ou avec une faible qualification de départ et ayant appris sur le tas[1].

1. Coffineau, A., Sarraz, J.-P. (1985), *ISOAR, Rapport de synthèse*, doc. ronéo, IECI, Strasbourg.

Selon ce texte, les frontières entre ces nouveaux rôles sont définies comme devant être très mobiles, le travail en équipe permettant un recouvrement des rôles. La possibilité d'utiliser au maximum ses propres compétences permet un enrichissement des tâches.

> La cellule de production intègre et remplace différents niveaux hiérarchiques anciens. Les chefs d'équipe, voire les chefs de secteur (contremaîtres) sont appelés à se reconvertir en PI, c'est-à-dire en techniciens plus orientés vers le fonctionnement technique et moins vers le commandement d'un personnel devenu beaucoup moins nombreux. Ce renforcement technique de la fabrication à la base change les relations avec les services prestataires. La fabrication n'est plus désarmée face aux techniciens (maintenance, méthodes, qualité, bureau d'études), elle devient demandeur de prestations et a compétence pour réceptionner et évaluer la qualité de ces prestations. On entre dans une relation du type client-fournisseur. De leur côté, les personnels prestataires déchargés des travaux quotidiens de généralistes deviennent progressivement, à l'aide de formations appropriées, des spécialistes plus qualifiés de techniques ou de technologies (*ibid.*, p. 20-21).

Les réflexions sur cette démarche ont progressivement fait apparaître ce que les auteurs du rapport appellent une « restructuration possible des usines à partir de deux axes directeurs ». Le premier est le temps, désormais analysé en deux modes différents, temps réel et temps différé ; cette division va retentir directement sur l'organisation de la production où sera défini un service fabrication en temps réel, à côté du traditionnel service de fabrication. Le second axe de la restructuration doit se faire à travers l'instauration d'une relation demandeur-prestataire ; par exemple, la relation fabrication-maintenance ne sera plus celle d'un département qui en assiste un autre, mais sera fondée sur le modèle client-fournisseur, avec possibilité pour la fabrication d'une stratégie d'intégration de davantage de maintenance si le service rendu ne lui paraît pas de qualité suffisante. Sur ces points, le projet consiste à faire évoluer l'actuelle organisation vers des modèles de production différents des modèles traditionnels.

Les applications

On sait aujourd'hui que de nombreuses applications furent faites de ce projet dans les ateliers, au niveau des usines et à celui du groupe de travail centre. Mais il est difficile de savoir avec précision leurs contenus et leurs extensions.

Le concept de cellule de production contient une nouvelle définition des statuts et des rôles. Ces derniers sont organisés en recouvrement les uns des autres, c'est-à-dire que les tâches à accomplir ne sont plus définies à partir d'un poste particulier mais à partir de la responsabilité du groupe à faire fonctionner l'installation. Concrètement, chaque membre de la cellule est supposé pouvoir assurer une partie de chaque tâche (réalisation manuelle, surveillance, tâches techniques ou de contrôle et de gestion). Ce qui le différencie des autres est « la capacité plus ou moins approfondie d'aborder cette tâche ». Par exemple, la fonction dépannage doit pouvoir être assurée par chacun en fonction de ses compétences. Elle n'est plus liée aux qualifications ou aux spécialisations, mais chaque membre de la cellule intervient plus ou moins en fonction de ses capacités, obligeant ainsi à une discussion et à une entente sur la répartition des travaux dans l'équipe. On ira aussi jusqu'à prévoir que deux personnes de niveau différent puissent participer à la même opération, le moins qualifié se formant ainsi au contact de l'autre. La qualification reconnue est ainsi liée non au poste et à la fonction, mais aux capacités individuelles, ce qui entraîne comme conséquence la mise en place d'une instance d'évaluation reposant sur la formation, le contrôle des connaissances et une évaluation de la hiérarchie.

Au niveau usine, le document intitulé « synthèse » énumère un certain nombre de réalisations qui furent engagées : création d'adjoints au CI, réalisation de documents, mise au point de procédures permettant un meilleur lien entretien-fabrication, participation des agents de fabrication au dépannage, spécialisation de dépanneurs de maintenance sur des techniques nouvelles, proposition de contrats internes permettant aux dépanneurs de maintenance de passer en fabrication pour devenir PI, développement d'équipes projet regroupant des techniciens de maintenance, de méthodes, de qualité et de fabrication, etc.

Au niveau des rapports entre usines, le document fait état d'harmonisation des concepts d'organisation de production automatisée, des appellations (PI, CI, AF), de propositions de classification en continuité.

Enfin, au niveau de la société Peugeot, le rapport (daté d'août 1985) signale des propositions sur le thème des qualifications, de la formation et des problèmes de gestion. Le 15 septembre 1986, l'accord d'entreprise portant sur les classifications des personnels travaillant en milieu automatisé était signé. Dans ce domaine, il intégrait les principales dispositions contenues dans le projet ISOAR. Par ailleurs, l'idée d'introduire des propositions d'organisation du travail, de conditions de travail et de formation dès le transfert aux Méthodes générales du dossier d'un nouveau véhicule était proposée. Lorsque l'on sait que, à l'époque, dans le cas d'un lancement de ce type, le dossier arrivait aux Méthodes générales de deux ans et demi à trois ans avant le démarrage effectif des fabrications et que les moyens de production étaient définis et connus entre dix-huit mois et deux ans et demi avant le démarrage sur les chaînes, on mesure l'impact de cette idée.

Le projet prévoyait une simplification et un recouvrement des classifications. Les anciennes ont continué à avoir cours, tout en étant simplifiées. De nouvelles ont été créées pour de nouveaux métiers. Il y en avait huit en secteur traditionnel (ouvriers, maîtrise et techniciens), il y en a trois en système automatisé. Surtout, ces classifications se recouvrent. Les négociations aboutirent à créer une filière continue allant de l'agent de fabrication au pilote d'installation. L'AF va de 160 points à 225, le CI de 200 à 285, le PI de 225 à 365. Le passage de l'une à l'autre des fonctions est simplifié, il n'y a plus de filière maîtrise spécifique, ce statut se retrouvant dans le rôle de pilote d'installation. L'essentiel du projet fut entériné par l'accord d'entreprise de septembre 1986.

Une telle évolution suppose un important effort de formation, effort dont il a été admis par l'ensemble des acteurs qu'il devait être fait. Sur la politique de formation, deux stratégies furent proposées. La première, définie comme stratégie d'adaptation, « vise à engager la formation lorsque le besoin d'automatisation est concrètement fixé (nombre, planning) ». Le temps étant alors limité, on procède à une sélection des meilleurs agents de fabrication pour les former au rôle de conducteur d'installation, et de même pour les pilotes d'installation avec les anciens chefs d'équipe. L'avantage est de limiter le processus de formation et donc son coût. Le risque est de ne pouvoir renouveler cette opération plusieurs fois par manque de compétence de base dans le personnel restant, et d'être confronté à terme à un problème social ardu. La deuxième stratégie fut baptisée « stratégie de reconversion ». Elle visait à former prévisionnellement le maximum de personnes afin de leur permettre à terme de s'intégrer dans un univers automatisé. Elle présente l'avantage de constituer un potentiel de base facilitant les reconversions internes, voire externes. Elle présente l'avantage de devoir innover dans les organisations traditionnelles pour pouvoir utiliser immédiatement ces nouvelles compétences sans attendre la généralisation des automatismes. Elle a l'inconvénient de coûter fort cher, « l'entreprise ne pouvant assumer seule ce qui devra être compté comme un investissement » (rapport cité p. 22-23).

Voici, schématiquement résumés selon le rapport mentionné, les principaux points de cette opération. Il n'y eut malheureusement pas d'observation parallèle qui aurait permis de savoir dans quelle mesure les idées-forces ont été mises en pratique. Les deux intervenants, auteurs du rapport, affirment qu'elles l'ont été dans les trois usines citées, avec certaines restrictions qu'ils mentionnent eux-mêmes. Par exemple, ils estiment que le concept central de cellule de production est à valider. De plus, si « la notion de cellule de production et de rôles a recueilli le consensus de l'ensemble du GTC (groupe de travail centre) [...] dans les phases suivantes, le consensus a été rarement atteint à ce point, et ceci bien naturellement dans la mesure où la démarche s'approchait de solutions opérationnelles et où les points de vue contrastés s'affirmaient nettement » (rapport cité, p. 90). En vérité, on ne sait pas avec certitude ce qui a été appliqué du projet. Il est certain que des usines et des ateliers ont été touchés, que des groupes GTU ont fonctionné dans certaines usines et que leur organisation en a été modifiée, pour une certaine part difficilement mesurable.

On n'a pas d'indications sur la part des résultats économiques qui serait attribuable à ISOAR. Le projet était lié au lancement de la 205, et celui-ci a été un succès commercial.

Mais aucune étude n'a été faite, à notre connaissance, sur les effets des dispositifs ISOAR sur la rentabilité d'ensemble. Les rapports auxquels nous nous sommes référés n'en parlent pas de manière précise, sauf à rappeler que l'enjeu économique était vital et donc a été l'une des causes du projet. Mais, pour mesurer ces effets, on en est réduit aux impressions des acteurs et à des hypothèses. De l'aveu de tous les participants, cet effet a été extrêmement positif et a largement contribué à la réussite. Repris ensuite dans le centre de Sochaux, il a contribué au succès que l'on connaît d'un autre modèle, la 405. La reproduction de cette opération plaiderait en faveur de sa généralisation. ISOAR a-t-il les caractéristiques d'un nouveau modèle de fonctionnement d'une entreprise qui se modernise ? Quel est ce modèle ? Est-il reproductible ?

1. 3. CONDITIONS DE VIABILITÉ D'UN PROJET

A quelles conditions un nouvel équilibre de ce type peut-il s'instaurer ? De nombreux facteurs sont en cause, dont quelques-uns ont eu une importance particulière. La très mauvaise situation économique de Peugeot au moment du lancement d'un nouveau véhicule jointe à la décision d'une très forte automatisation induisait une action qui ne pouvait pas se limiter au changement des personnes composant l'équipe managériale. Le nouveau directeur avait là un argument de poids en faveur d'une réforme profonde, touchant à l'équilibre antérieur du système. La conjonction d'une nouvelle direction, d'un cabinet consultant convaincu d'applications relativement nouvelles de principes connus et partageant la même idéologie que le directeur, lui-même ayant négocié avec des syndicalistes dont certains finirent par accepter en partie ce jeu, de quelques autres acteurs locaux et nationaux, la conjoncture politique particulière, tous ces facteurs ont joué dans le sens d'une mise en œuvre d'un changement. Les nouvelles possibilités offertes par la technique – en particulier le temps réel, venu d'une exigence double, celle de l'amortissement du capital et d'une meilleure qualité – ont poussé à la valorisation des tâches de la production. Enfin, sans doute, la situation particulière de l'usine dans l'ensemble du groupe, en particulier une certaine volonté de marquer des distances par rapport au bureau des méthodes, installé à Sochaux, cet ensemble de conditions nouvelles a joué positivement en faveur d'une mise en route du changement.

Pour autant, l'ensemble des acteurs était-il convaincu ? Si on ne peut répondre directement à cette question, certains éléments connus par ailleurs peuvent permettre d'évaluer le poids des variables qui jouent dans le cas de projets de ce type.

Stratégie du management et réseaux d'acteurs

Un certain nombre d'acteurs ont joué un rôle de premier plan dans l'élaboration du projet et les premières mises en œuvre. Il s'agit d'abord du directeur du site. Il était persuadé que l'abandon du taylorisme et le choix d'une nouvelle organisation étaient nécessaires. D'où tirait-il cette conviction ? A-t-il pu imposer cette ligne nouvelle aux autres acteurs ?

Il est difficile de connaître l'origine d'une conviction personnelle, sauf à reconstituer la biographie et le parcours de la personne en question. La forte personnalité de ce directeur, ancien officier de carrière, lui a permis d'imposer l'idée que la conception traditionnelle de la hiérarchie ne devait plus s'appliquer dans le cas d'installations automatisées, particulièrement pour l'exercice du commandement (le pilote d'installation a vu renforcer son rôle d'expert et non celui d'autorité). Il donnait volontiers l'exemple de l'aviation en vol et de l'équipage où « c'est le plus compétent qui pilote, pas forcément celui qui a le plus de galons ». L'explication par un soi-disant esprit des corps traditionnels – ici l'armée –, dont les membres auraient, du simple fait de leur appartenance, un état d'esprit particulier, se trouve prise en défaut dans ce cas. Le directeur n'a pas eu l'attitude vis-à-vis de la hiérarchie que, traditionnellement, on attribue aux militaires de carrière. Le milieu d'appartenance, faut-il le rappeler, ne peut en aucun cas, à lui seul, permettre de prédire les comportements (Paradeise 1990, p. 15).

Le réseau des relations qui entourait le directeur et sur lequel il s'est appuyé au moment d'ISOAR peut nous en apprendre sur ses choix tout autant que sa biographie et sa personnalité. A l'origine de ce réseau, il semble y avoir le directeur de l'antenne locale de l'ANACT, ancien permanent syndicaliste chrétien, puis le cabinet de consultants, dont le statut juridique était celui d'une coopérative ouvrière de production. Tout cet ensemble de personnes, actif sur Mulhouse et en Alsace, constituait un réseau partageant une idéologie commune.

Bien entendu, plutôt que d'examiner son réseau, on peut partir de ce que l'on peut savoir ou imaginer de l'intérêt du chef d'entreprise. Il était de privilégier une politique intégratrice qui permette d'éviter au maximum le risque de conflit social. L'intérêt du directeur aurait été de choisir ISOAR. Il ne l'a pas fait par altruisme, donc c'était son intérêt. Cet argument est faible, surtout dans ce cas. Outre qu'un changement fait toujours courir des risques qu'à court terme le *statu quo* peut éviter – pour Mulhouse en tout cas, où les rapports sociaux étaient peu conflictuels à ce moment –, la généralité de l'argument de l'intérêt ne permet pas de conclure à des choix de modèles. Tout chef d'entreprise a intérêt à éviter les conflits sociaux. On ne voit pas, dans le cas de Peugeot-Mulhouse, en quoi cet intérêt peut être un guide pour le choix en faveur d'une organisation de type ISOAR. Il faudrait démontrer *a priori* en quoi ISOAR serait plus efficace que l'ancien modèle. Ce qui ne peut être fait.

En revanche, l'intérêt du directeur se traduisait en une conviction technico-organisationnelle forte : on ne pouvait valablement faire du neuf avec de l'ancien. Il fallait changer d'organisation, en particulier appliquer la démarche « temps réel » pour faire fonctionner les automatismes sans risquer des à-coups. Or cette position le mettait en opposition avec les Méthodes générales, tandis que le choix de la négociation avec les syndicats – la concertation – le mettait en porte à faux par rapport au système traditionnel des relations professionnelles de l'entreprise.

La conjoncture politique a sans doute pesé sur l'orientation en faveur de la nouvelle organisation. L'arrivée de la gauche au pouvoir, en mai 1981, a influencé le choix en faveur d'une organisation réputée opposée au modèle taylorien. La crainte de la nationalisation de Peugeot plaida en faveur de la mise en œuvre d'une politique sociale proche des choix affichés du pouvoir en place. Promouvoir une politique de concertation et de participation dans un groupe qui passait pour pratiquer une politique traditionnelle d'affirmation du pouvoir hiérarchique et d'attitude peu favorable à la concertation avec les syndicats apparaissait comme une stratégie intéressante de conciliation avec le pouvoir politique en place.

L'acceptation du modèle : un phénomène identitaire

La mise en place partielle des recommandations contenues dans le projet ISOAR – il y eut des GTU et des CSU au moins dans trois usines – provoqua des tensions et des résistances, sans toutefois déclencher de conflits ouverts. Les syndicats s'y opposèrent vigoureusement, en particulier la CGT et la CFDT, au moins au début. Ils luttèrent en particulier pour la présence d'un syndicaliste aux réunions des groupes GTU, ce qu'ils finirent par obtenir. De son côté, la direction du personnel était hostile à cette nouvelle politique et elle ne fut pas directement associée aux différentes étapes d'ISOAR. Le directeur du personnel à l'époque y était fortement opposé. C'est une des raisons de son absence aux différentes instances de concertation, en particulier au GTC. Un cadre fut nommé pour représenter la direction à ces instances et faire le lien avec ISOAR. Enfin, bien que ce fait n'ait pas été explicitement mentionné, les agents de maîtrise qui virent leur rôle transformé ne l'acceptèrent pas de gaieté de cœur, en tout cas pas tous, pas plus d'ailleurs qu'un certain nombre d'agents de fabrication qui ne se sentaient pas forcément gagnants dans ce nouvel équilibre. Ce fut aussi le cas d'un certain nombre de cadres, selon ce qui nous a été rapporté. Dans la période de lancement, toutefois, ces résistances furent assez faibles, pas suffisamment fortes du moins pour mettre sérieusement en péril les actions engagées.

Nous faisons l'hypothèse que, dans cette période, l'absence de résistance apparente au projet et de conflits majeurs ne s'explique pas seulement par l'intérêt des acteurs pour le nouveau modèle d'organisation, ni par l'autorité du directeur, mais qu'elle a été facilitée par un phénomène identitaire. Par la suite, en revanche, la quasi-disparition des références à ISOAR et la non-implantation du projet sont dues à un phénomène culturel, ce qu'on verra plus bas.

La réussite qui eut lieu dans un premier temps nous semble avoir été liée à des facteurs particuliers qui relèvent d'un phénomène identitaire caractérisé. Si l'on définit l'identité comme ce par quoi un individu se définit lui-même socialement – « je me vois dans le regard de l'autre sur moi » –, Peugeot-Mulhouse au moment du lancement de la 205 était marqué socialement par des éléments qui faisaient que les salariés de l'usine non seulement se sentaient sous le regard des autres salariés du groupe, mais, plus largement, se vivaient partie prenante d'une image de réussite de l'industrie française. Du coup, ils ont eu tendance à gommer des conflits possibles et à appliquer ISOAR pour ne pas détériorer l'image qu'ils donnaient – ou pensaient donner – aux autres.

Ces éléments de l'image d'une identité collective étaient au nombre de trois :

• *La 205 elle-même.* La politique affichée dans l'usine avait été de produire une voiture sans défauts dès son lancement d'une part, une voiture symbole d'autre part. Elle fut lancée grâce, entre autres, à un engagement systématique dans de nombreux rallyes qu'elle gagna. Tout le site suivait la voiture, commentait avec passion ses points forts et faibles et surtout s'enthousiasmait de ses victoires. On en parlait beaucoup le lundi matin lorsqu'un rallye avait été couru la veille. A plusieurs reprises, la voiture qui avait gagné fut mise sur un podium à la porte d'entrée de certaines usines, dès le lendemain de sa victoire. Ces succès furent nombreux dans les années 1983, 1984 et 1985 – la période du lancement. Le succès en rallye a contribué à renforcer cette image, voire ce symbole. Ceux qui faisaient la 205 étaient les meilleurs. La preuve est qu'ils gagnaient. ISOAR aurait-il connu le même succès si A. Vatanen (le pilote de la 205 le plus souvent vainqueur en rallye) n'avait pas gagné ? Notre hypothèse est que certaines difficultés auraient été beaucoup moins facilement surmontées.

• Du succès des ventes de la 205 dépendait *la survie de Peugeot* – c'était du moins la représentation que l'on avait dans les usines du site. La mauvaise situation du groupe PSA au début des années quatre-vingt était connue de tout le monde et l'on savait – ou l'on pensait – que c'était la voiture de la dernière chance. Le site de Mulhouse assurait non seulement sa propre survie mais aussi celle du groupe. Du coup, déclencher des conflits ou traîner les pieds pour accepter le changement pouvait ressembler à une trahison.

• Enfin, cette *nouvelle organisation du travail* tranchait sur la manière traditionnelle en vigueur dans le groupe PSA. Elle symbolisait une nouvelle manière de faire, imaginée à Mulhouse. ISOAR mettait partiellement en cause la domination du bureau des méthodes générales sur la fabrication, forte depuis longtemps chez Peugeot. Ce bureau des méthodes, de plus, était localisé à Sochaux, berceau des usines Peugeot, en rivalité avec Mulhouse. Jouer le jeu ISOAR, c'était en partie prendre sa revanche sur la vieille implantation, jouer un rôle nouveau et un peu phare dans le groupe.

Il y avait là des éléments forts pesant en faveur d'une acceptation d'ISOAR. Les syndicats ne s'y sont pas trompés, malgré les oppositions mentionnées plus haut, oppositions réelles mais qui n'ont pas été jusqu'à remettre en cause le principe même du changement. On peut faire la même analyse à propos du problème, central dans la première phase, de la capacité des membres GTU à faire partager leur point de vue d'experts. L'acceptation de cette démarche, très neuve, a été facilitée par le phénomène identitaire : on faisait ainsi œuvre de pionnier sous le regard – du moins était-ce une représentation commune sur le site –, sinon du groupe, au moins de certaines autres usines. Cet effet miroir a eu une grande importance et a facilité, sinon permis, la mise en place et la réussite.

1. 4. UN ÉCHEC, MAIS RELATIF

Lorsque la mission s'acheva…

L'enracinement d'un projet de réorganisation en général, de celui d'ISOAR au CPM en particulier, dépend de la capacité des acteurs à reconstruire un système de règles. Une organisation se définit, en effet, comme un construit social. Il convient donc d'accorder une importance centrale à cette construction des règles, des normes, des compromis, à travers les jeux d'acteurs et de pouvoir. Cette construction s'est appuyée sur deux symboles, d'une part la personne de l'ancien directeur, d'autre part un objet, la 205. ISOAR lui-même apparaissait comme emblématique. Mais le jour où le poids des symboles s'est affaibli, ISOAR n'a plus eu cette vertu mobilisatrice. Du coup, l'ancien système reprit le dessus.

Lorsque la mission d'IECI s'acheva (la dernière réunion du GTC eut lieu en mai 1985) et que les consultants se retirèrent, quand le directeur du site qui les avait fait venir fut nommé à Sochaux, les structures de concertation ISOAR furent délaissées. Le rapport ISOAR avait été rendu, la 205 était produite dans des conditions sociales et techniques satisfaisantes, sa vente représentait le succès espéré, et même au-delà, le directeur s'en allait : formellement et du point de vue de sa mission, ISOAR était achevé. On tournait la page. Même si la nomination d'un cadre chargé du suivi d'ISOAR, en remplacement de celui qui avait participé à l'opération, eut lieu, ses pouvoirs, en l'absence du directeur et de son appui, se trouvèrent vite limités.

Une partie de l'encadrement de toutes les usines et du service central du personnel avait été hostile à cette opération, on l'a dit plus haut. Par ailleurs, si un certain nombre de cadres étaient individuellement convaincus qu'il fallait chercher d'autres formes de relations se traduisant dans d'autres règles d'organisation, il n'était pas apparu d'acteur collectif capable de promouvoir le développement et la pérennité des projets, même s'ils avaient été mis en œuvre dans certaines usines. A notre connaissance, il n'y eut sur le site de Mulhouse aucune forme d'institutionnalisation pour continuer à faire vivre ISOAR, indépendamment des accords de 1986 et de la nomination d'un cadre aux pouvoirs limités *de facto* ; il ne se créa pas de groupes permanents de réflexion ou d'action, il ne se fit pas ou peu de réunions destinées à le prolonger sous la forme qu'il avait eue, il n'y eut pas de contacts entre acteurs sociaux pour le faire. Quelque chose avait existé qui laissait des souvenirs différents à différents acteurs, lesquels ne se concertèrent pas ou peu et dans un court laps de temps, au moins dans des structures formelles ou informelles.

Les interviews d'une enquête menée en 1992-1993[1] laisseront entendre que des idées ont été lancées qui ont germé ensuite. ISOAR « a lancé l'idée de la polyvalence », « a fait qu'on continue à travailler avec l'ANACT ». De manière plus précise, un responsable dira qu'en même temps qu'ISOAR, mais dans une autre usine, une organisation similaire avait été montée, ajoutant : « ISOAR a été une ouverture, ça a donné des idées. » Il en est donc resté une inspiration, sauf pour les classifications PI et CI, qui cependant n'ont pas été généralisées partout. « Les chefs d'équipe, ajoute la même personne, sont restés, avec en plus une fonction d'animateurs. » Or dans le projet ISOAR les chefs d'équipe étaient supprimés. Finalement, ils restèrent, même si leur fonction évolua. Un membre de l'encadrement dira qu'« ISOAR a été une révolution en tôlerie-peinture ». Or l'enquête a révélé que c'est dans cette dernière usine que les traces d'actions participatives sont les plus faibles. Un autre responsable de la tôlerie dira (en 1992-1993) : « On était à un moment de saut technologique et organisationnel. Une démarche comme ISOAR a bien fonctionné, moment privilégié pour faire ce saut technologique. Un saut de ce calibre n'existe pas actuellement. » Ce discours est profondément réducteur de l'ambition d'ISOAR, qui était de changer en profondeur le système de relations dans l'entreprise.

L'institutionnalisation, au sens de création de formes institutionnelles reconnues légitimes et qui demeurent, nous paraît avoir été un échec, au niveau du CPM dans sa globalité. Certaines idées sont restées. Il s'agit de celles qui ne sont pas trop en contradiction avec la culture de l'entreprise et du site. De plus, les différentes usines du site ont connu des évolutions particulières qui font que certaines idées d'ISOAR y sont restées plus vivaces que dans d'autres.

Un certain nombre de conditions permettant de produire des règles porteuses de changement, et donc de garder concrètement des traces des actions lancées par ISOAR, étaient-elles réunies ? Au niveau de l'ensemble du site, les différents acteurs de l'entreprise, entendue dans le sens d'une organisation, c'est-à-dire comme système de règles existant entre les

1. Enquête dans le cadre du programme Paroles 2, Bernoux, P., Bunel, J., Maurines, B., Thuderoz, C., (1994), rapport ronéo, Glysi.

différents acteurs sociaux, n'ont pas été en mesure de produire un système de règles permettant au modèle ISOAR de s'implanter. La hiérarchie n'a pas maintenu en vie certaines structures de fonctionnement (par exemple, les GTU dans les usines ont disparu, de même que les réunions du GTC au centre). Dans ce qui était de son ressort, création de structures et imposition de règles, la hiérarchie n'a pas prolongé ISOAR. Au niveau de l'ensemble des usines ou des ateliers, la culture de l'entreprise n'a pas permis que s'instaure un système de règles, une régulation autonome, plus capable que la régulation de contrôle (venue de la hiérarchie) d'apprendre un autre mode de fonctionnement. Les pilotes d'installation ont progressivement repris un rôle de chef d'équipe. Si des règles nouvelles ont été énoncées, elles n'ont pas ou peu transformé les rapports réels des acteurs entre eux. Les relations traditionnelles entre encadrement, hiérarchie, syndicats et salariés sont, dans l'ensemble, restées les mêmes. Les initiateurs d'ISOAR ont peut-être manqué de recul pour poser les conditions de mise en œuvre d'un véritable changement, manqué de temps pour déclencher des processus transformateurs de règles. Il fallait poser la nécessité d'un apprentissage culturel, à travers un système essai-erreur, condition pour aboutir à stabiliser de nouvelles règles.

Pourtant, près de dix ans après, on a vu apparaître, dans certaines usines, des formes de fonctionnement proches du modèle ISOAR. Dans le total des actions participatives recensées sur l'ensemble du site, certaines ne sont pas sans rappeler celles qui ont été impulsées dans ce modèle. Mais ce ne sont pas dans les usines où ISOAR avait été le plus développé, surtout parce qu'elles connaissaient les modernisations techniques les plus importantes (cas de la tôlerie, par exemple, avec l'arrivée en masse de robots et d'automatisme), que des actions participatives proches de celles d'ISOAR ont été développées par la suite. On ne peut donc conclure à un lien direct entre modernisation technique et nouveau modèle d'organisation. Aujourd'hui, dans la tôlerie, le participatif est considéré dans la perspective des relations humaines comme un palliatif à des conditions de travail difficiles et un complément aux relations de travail. Ce qui n'était absolument pas la perspective ISOAR.

En revanche, en forge, où les conditions de travail sont traditionnellement difficiles et où la modernisation technique n'a pas eu l'ampleur qu'elle a eue en tôlerie, les actions participatives engagées aujourd'hui sont proches de celles d'ISOAR. Il y existe des petits groupes d'auto-évaluation des postes de travail, les fonctions des agents de maîtrise ont évolué vers plus de technicité – ils sont pour beaucoup devenus des conducteurs de modules, très proches des ouvriers, avec une fonction essentiellement technique –, des systèmes d'affichage de questions ont été introduits qui obligent les agents de maîtrise et les techniciens à donner rapidement des réponses. Après l'installation d'une nouvelle machine, des réunions sont organisées avec tous ceux qui travaillent dessus. Bref, les idées-forces d'ISOAR semblent avoir été mises en application dans cette usine.

Finalement, donc, le projet n'a pas été implanté. Il en reste des traces, plus vivantes dans certaines usines que dans d'autres.

1. 5. SCHÉMA D'INTERPRÉTATION

Par rapport à l'ambition du projet ISOAR, les applications qui existent dix ans après sont faibles, parfois inexistantes dans certaines usines, et très différentes du projet initial. Comment rendre compte de cet échec relatif alors que le projet était un grand projet, que les acteurs qui l'ont lancé étaient en situation de pouvoir, qu'ils étaient convaincus, ainsi qu'un nombre important d'autres acteurs, que la réforme était dans l'air du temps ?

Notre hypothèse est que, passé le temps d'une identification au nouveau modèle, la culture de l'entreprise, qui était heurtée de plein fouet par ce modèle, l'a rejeté.

Concrètement, le pouvoir du directeur a été trop faible pour convaincre, imposer et, finalement, modifier durablement les règles du jeu. Ceux qui étaient opposés ont traîné les pieds, exécutant sans enthousiasme et n'attendant que son départ pour revenir au modèle antérieur. C'est bien ce qui semble s'être passé. L'insuffisante prise en compte du pouvoir comme relation réciproque où celui qui a moins de ressources peut cependant ne pas exécuter les ordres a amené le directeur à sous-estimer la lourdeur du système d'action et donc la capacité de résistance de l'ensemble de l'entreprise. L'organisation plus participative et plus négociatrice contenue dans le projet ISOAR était trop contraire à la culture de l'ensemble. On ne change pas une entreprise par décret.

Ce qui veut dire aussi que la situation antérieure – l'ancien système – doit être suffisamment bien connue pour savoir la mesure dans laquelle un nouveau construit peut être envisagé, négocié – même informellement – entre les acteurs, puis stabilisé entre eux. Un des premiers principes du changement est que celui ou ceux qui l'initient doivent être très bien renseignés sur la situation concrète, les pouvoirs des différents acteurs, le poids du système, etc.

Les difficultés de mise en place du projet ISOAR sont dues à la culture de l'entreprise. Il s'agissait d'un projet global de réforme. Les résistances à l'implantation d'ISOAR s'expliquent ainsi : d'une part, ce projet contrevenait au système de règles existantes ; d'autre part, ces règles s'appuyaient sur des valeurs (modèle traditionnel de hiérarchie, de rapports entre services), les unes et les autres étant fortement enracinées. La vigueur des résistances – même si elles ont été plus diffuses qu'exprimées, encore qu'elles l'aient été – s'explique par des représentations fondées autant sur des règles ou mesures objectivables que sur des valeurs. Un des paradoxes est que les résistances se font au nom du réalisme, alors que personne ne sait mesurer les résultats économiques, fondement du raisonnement en termes de réalisme.

Mais ce paradoxe n'est qu'apparent. ISOAR n'a pas pu s'implanter sous la forme que souhaitaient ses concepteurs parce que deux de ses idées-forces – participation liée à concertation, concertation avec les organisations syndicales – contrevenaient aux règles du jeu reconnues comme légitimes dans l'entreprise. De plus, le modèle en place avait une légitimité certaine, venue de ce que la réussite économique et technique de l'entreprise s'est faite à l'intérieur de ce système de règles. Depuis sa fondation, cette entreprise vit dans ce système de règles et de normes, et l'ensemble des salariés, même s'il peut critiquer ce modèle, sait que la pérennité de cette entreprise s'est faite à l'intérieur de ce modèle. Ce qui ne signifie pas qu'il ne soit pas discuté, ni critiqué. Mais il a, incontestablement, une légitimité forte. Les concepteurs d'ISOAR auraient dû faire la preuve – mais comment pouvaient-ils la faire ? – de la supériorité de leur modèle. De plus, la légitimité du modèle existant vient de ce qu'il a été créé par les acteurs eux-mêmes, pas de ce qu'il vient d'une quelconque « mentalité alsacienne ». Ces règles progressivement mises en place par l'ensemble humain tirent leur légitimité de cette création commune. ISOAR proposait un autre modèle, tout aussi global. Il était importé de l'extérieur, non créé par les acteurs. Ce modèle global ne pouvait être assimilé, en tout cas pas en si peu de temps. Le concept de culture associé à celui de conventions semble le plus pertinent pour expliquer le relatif échec d'ISOAR, alors que le succès de la phase de mise en place initiale peut être analysé comme celui d'une réaction identitaire.

CAS N° 2

Les difficultés relationnelles entre services : le cas Siphon[1]

L'usine Siphon (un établissement d'un groupe chimique) est une usine relativement ancienne, dont le fonctionnement a été fréquemment qualifié au moment de l'étude, c'est-à-dire à la fin des années quatre-vingt, de traditionnel. A cette période a eu lieu la modernisation de l'outil de production dont il va être question. L'histoire des années qui précèdent cet événement peut se résumer en une croissance importante de 1972 à 1982, croissance tirée par le marché, mais restée cependant inférieure à celle de la concurrence. La prise de conscience de ce retard amène la direction à engager diverses actions de type relations humaines pour essayer de combler le décalage, sans vraiment parvenir à surmonter ses handicaps et à mobiliser le personnel. En 1987, le bilan fait apparaître une progression du chiffre d'affaires, insuffisante cependant pour atteindre l'objectif de devenir numéro trois mondial (les numéros un et deux étant réputés intouchables, l'ambition avait été en effet de devenir leader derrière les deux grands), tandis que la direction fait le constat d'absence d'un projet fédérateur et d'une certaine cassure de la relation cadres-direction. La situation économique n'étant toutefois pas mauvaise, les investissements techniques continuent. C'est de l'implantation de l'un d'eux qu'il va être question.

1. Ce cas est tiré d'une enquête menée au Glysi en collaboration avec Jean Ruffier.

Dans l'ensemble, le personnel de l'usine se vit comme compétent, sentiment renforcé par l'existence d'un centre de recherche situé dans les murs de l'usine. On travaille en 3 × 8, ce qui traduit pourtant une qualification relativement faible dans son ensemble. La politique de la direction a longtemps été du type d'un paternalisme bienveillant, tentant de faire des salariés les membres d'une grande famille, sans beaucoup de rigueur dans la gestion quotidienne. C'est une usine que des membres de la direction décrivent comme pré-taylorienne, ce qui conduit, par exemple, à faire apparaître tout essai de gestion rigoureuse comme un retour à des normes tayloriennes. Les mouvements de grève ne sont pas inconnus, mais pas beaucoup plus que dans la moyenne des usines du groupe. L'influence des syndicats n'est pas négligeable, bien que le personnel soit faiblement syndiqué.

Au moment de l'enquête, s'il ne semble pas y avoir de divorce profond entre la direction et le personnel, il n'y a pas non plus d'engagement sur un projet, alors que de gros investissements sont à venir.

2. 1. LE CONTENU DU CHANGEMENT

Ces investissements doivent se réaliser, entre autres, dans l'atelier dont il est question ici et que l'on appellera CVE. Avant la modernisation, le travail des trente-cinq ouvriers de faible qualification et des agents de maîtrise consistait à charger et décharger des matières non encore élaborées dans des mélangeurs, à préparer le produit, à le mettre dans une presse, à sortir et conditionner le produit qui allait ensuite directement chez le client. Un atelier donc relativement autonome dans sa production et sa relation à la clientèle, d'autant plus que les composants du produit étaient fabriqués dans l'usine.

Le nouvel ensemble technique implanté dans cet atelier se compose d'un ensemble chargeant automatiquement la machine, d'un magasin automatisé, d'une presse, d'un ensemble conditionnant les produits. Tout le monde admire la partie technique, effectivement très moderne, de cet investissement.

Un atelier où la direction investit reprend confiance en lui, sent que la production va continuer dans des conditions où le modernisme joue un rôle image symbolique : « On a une installation moderne, électronique, ça correspond à ce qu'on voit dans la vie de tous les jours. On est passé vingt ans en avant, on avait besoin d'un coup de jeunesse. »

La différence entre le travail sur la presse automatique et le travail sur les presses manuelles est décrite comme considérable. Il n'y a plus de manutention ou presque plus. Du coup, la pénibilité du travail est très allégée. Ce constat est quasi unanime : « C'est le jour et la nuit », lorsqu'il s'agit de la pénibilité physique. Avec cependant un bémol important : lorsque la machine tourne mal, la charge physique augmente et plus encore la charge nerveuse. Tout le monde signale ce phénomène : « Quand ça va mal, les gars, ils ne sont pas à toucher avec des pincettes. »

Le travail est-il considéré comme plus intéressant ? La réponse à cette question dépend de la marge d'autonomie laissée aux opérateurs, et les réponses vont donc diverger en fonction de l'affectation au poste de travail. Trois opérateurs, un par équipe, ont été sélectionnés pour travailler en permanence sur les nouveaux équipements – sélection faite en fonction des compétences, disent les hiérarchiques. Ceux-là sont passés au coefficient 190, les autres restant à 175. Sur la presse, les opérateurs sélectionnés trouvent le travail plus intéressant, même s'il requiert beaucoup de surveillance. Mais on peut s'interroger sur le sens de cet intérêt qui semble plus relatif aux autres postes que dans son contenu intrinsèque. Un des ouvriers affecté sur la nouvelle presse le dit crûment : « C'est plus intéressant de faire de la surveillance que de porter les pains un à un. » Malgré tout, ils interviennent sur la machine : « Il y a beaucoup de cellules qui entrent en jeu, donc beaucoup d'interventions. » Les autres opérateurs, qui ne travaillent que par intermittence sur les nouveaux équipements, jugent ce nouveau travail « pas vraiment intéressant, pas très varié », « un peu rébarbatif ». Il y aurait donc à s'interroger sur le type d'interventions qu'ils ont à effectuer sur ces équipements.

Dernier point sur la pénibilité : le nettoyage est fait par une entreprise spécialisée. Les ouvriers le font à l'eau et à la vapeur et les avis divergent sur l'efficacité de cette manière de faire. Or la pénibilité du travail dépend aussi de la propreté de l'équipement. Certains remettent en cause la qualité de ce nettoyage.

La vie de travail et le groupe

Avec la presse automatique, le rythme de travail devient dépendant de celui de la machine. Presque tout le monde signale qu'autrefois on travaillait à un rythme commun. Aujourd'hui, ceux qui sont sur cette presse ne peuvent pas la quitter et donc ne peuvent aller faire des pauses communes ou aller manger ensemble, ce qu'ils faisaient autrefois et que font toujours ceux qui sont sur les presses manuelles. Tous le disent d'une manière ou d'une autre : « Avant, on était davantage libre de l'organisation de son temps… » ; « Sur la nouvelle machine, ils sont isolés ; la machine commande ; les gars, ils ne peuvent plus venir ensemble [au casse-croûte]. Ça casse les équipes… » ; « Le gars de la presse, il vient tout seul. Sur les autres machines [manuelles], on peut venir manger quand on veut. » Finalement, comme le constate un ancien : « Il y a rupture de la façon de travailler et de vivre dans l'atelier. »

Sur l'ambiance de l'équipe, consécutive à ce changement, les avis sont partagés. Personne ne mentionne de gros conflits, mais un certain nombre d'éléments sont créateurs de tensions, voire de cassures dans les équipes. La première réside dans la contrainte sur les rythmes de travail, mentionnée plus haut. La seconde vient de la promotion des ouvriers sélectionnés (un par équipe) pour travailler sur la nouvelle presse. Beaucoup, en dehors des trois sélectionnés, ont mentionné la cassure que cette promotion a entraînée dans le groupe. La modernisation technique, nécessitant des compétences particulières pour lesquelles ces ouvriers n'avaient pas été sélectionnés, met à part les plus capables de piloter les nouvelles machines. Ils font une tâche que tout le monde ne peut faire et obtiennent une classification que tout le monde n'obtiendra pas. Cela crée un clivage redoublé par le fait que ces trois opérateurs, étant en permanence sur la nouvelle presse, empêchent – en partie – les autres de tourner régulièrement ou plus souvent dessus. Il y a là plus que de la simple jalousie : la politique de l'encadrement n'a pas été assez clairement définie. Cette non-communication de la politique ou son absence semble écarter définitivement des ouvriers qui seraient peut-être capables, mais auxquels il faudrait davantage de temps d'apprentissage, avec un risque d'erreurs plus grand. Ce type de décision n'est pas très bien vécu : « Il y a une cassure entre ceux qui sont sélectionnés et les autres », dit un semi-sélectionné. « Il y en a qui ne toucheront pas à l'automatisme et ça crée une cassure. Tout le monde ne peut le faire. Mais la modernisation augmente le fossé entre les gens, là où il y avait déjà une différence. » Un autre de la même catégorie trouve l'exclusion injuste : « Il faudrait que les gens [= tous] puissent connaître autre chose, aillent plus souvent sur les nouvelles installations. Il y en a qui ne passent jamais sur ces installations et qui chez eux programment leur magnétoscope » (ce que confirmera l'enquête).

Relations avec la maîtrise

Il n'y a pas unanimité sur le climat des rapports avec la maîtrise, ni convergence entre les jugements émis sur la modernisation. Personne ne signale de conflits importants entre le groupe des ouvriers et celui des chefs de poste, même s'il existe des oppositions de personnes. Mais il y a des tensions. Elles concernent le domaine des objectifs donnés par la maîtrise à propos de la productivité, la manière dont certains ont été exclus des nouvelles machines (cf. *supra*), le travail du samedi et le passage en 5 × 8.

La productivité est classiquement un facteur de tension entre maîtrise et opérateurs. Mais il semble que l'introduction des machines automatiques ait aggravé ces tensions. Ce qui est paradoxal, car un équipement comme la nouvelle presse, fonctionnant automatiquement, devrait diminuer les interventions des opérateurs et donc leur influence directe sur la productivité. Si pour le rythme de travail « c'est la machine qui commande », on ne voit plus l'influence que peut avoir l'opérateur sur la productivité. Or les interviews et l'observation directe font apparaître des tensions supplémentaires à ce propos. Pour deux raisons essentielles : d'abord, la fréquence très élevée des pannes – au moment de la mise en service de cet ensemble technique – qui entraîne la nécessité de rattraper le temps de réparation lors des remises en route et de faire des manipulations manuelles non prévues. Ensuite, la pression commerciale qui s'exerce actuellement sur l'atelier.

Le résultat en est une perception négative du comportement de la maîtrise. Beaucoup d'opérateurs s'en plaignent : « Maintenant, c'est la cadence infernale [...] Il n'y a plus d'ambiance, ils ont tout cassé » ; « Depuis que la nouvelle machine est là, on n'arrête pas de courir » ; « C'est tendu quand ça tourne mal. Avec la hiérarchie au-dessus [contremaître et ingénieurs], si la production ne sort pas, ça râle [...] Depuis qu'il y a la machine, ça a augmenté ; on n'a pas une capacité à sortir 5 000 à 6 000 tonnes par mois » ; « Avec la hiérarchie, ça empire. Ils ne voient que le tonnage [...] On propose des choses, mais ils n'en tiennent pas compte [...] On avait tous râlé sur les axes du tapis, les chefs en ont parlé, ça a duré au moins trois mois, il fallait tout faire à la main. Ils ont dit qu'ils le feraient, ils sont arrivés à le faire, mais pendant ces mois c'était trop long et on ne savait pas s'ils le feraient ou non [...] On arrive à se faire bouillir la cafetière. » Ici, il ne s'agit pas seulement de la maîtrise mais aussi des services périphériques à la production, qui sont accusés de ne pas tenir compte des demandes des producteurs. On y reviendra plus bas.

Dernier point, enfin, des relations avec la maîtrise, celui des réunions de discussion ou de concertation. Ce point est évoqué par tous, opérateurs et maîtrise, d'une manière qui laisse entendre qu'il s'agit peut-être d'un phénomène plus général à l'entreprise. Les opérateurs se plaignent de l'absence de réunions avec la maîtrise, tandis que celle-ci se plaint de l'absence de réunions avec le niveau supérieur, en particulier celui des ingénieurs. Les opérateurs regrettent qu'il n'y ait plus de réunions maintenant, alors qu'il y en avait auparavant. Desquelles s'agissait-il ? Il semble que la référence soit celle des groupes d'expression directe des lois Auroux, encore que ce ne soit pas clair. Quoi qu'il en soit, il y avait des réunions et beaucoup regrettent leur disparition. Il y a eu des réunions sur les nouvelles machines, mais « c'est une information, pas une réunion ». « La réunion qui a disparu [...] on discutait de problèmes où chacun donnait son avis, on faisait des propositions sur un cahier. » Les agents de maîtrise disent préférer les contacts individuels. Il n'y a aucun groupe de travail dans l'atelier.

2. 2. LES DIFFICULTÉS DE MISE EN PLACE

De tous les entretiens, il ressort cependant que de grosses difficultés ont accompagné la mise en place de cet investissement et la montée en production de l'atelier. Elles sont attribuées à ce que l'on appelle les problèmes de communication entre les différents services, expression très utilisée dans l'entreprise mais au contenu bien flou. D'autres raisons sont évoquées, en particulier des erreurs techniques de la part du constructeur, des erreurs dans l'appréciation des difficultés techniques de la mise au point, la succession des différents projets et des différentes personnes en charge de ces projets, donc des nuances importantes de politique, un changement de culture de l'atelier où l'on passait d'un atelier de main-d'œuvre à un travail plus technique, des difficultés dans le système de relations sociales dans cet atelier (grève en octobre 1987), un changement dans la gestion du personnel (usage de la sous-traitance).

Les interviews et l'observation firent ressortir des dysfonctionnements identifiés comme techniques :

• On produit nettement moins que prévu. Certains interlocuteurs ont chiffré ce manque : moins 20 % alors qu'on attendait plus 20 %.

• La qualité n'est pas au niveau des espérances et elle est peut-être inférieure à celle de la concurrence.

• Il y a un gros problème avec un organe mécanique central qu'il faut arrêter fréquemment.

• Les balancelles se bloquent beaucoup trop souvent, parce que le produit déborde.

• Il y a trop de pannes que l'on ne sait pas réparer rapidement.

Il y eut aussi des dysfonctionnements identifiés comme humains :

• Les gens de la fabrication ne savent pas manier les automatismes. Beaucoup ou trop de pannes donnent lieu à de fausses manœuvres. L'atelier a une configuration particulière : on y a mis longtemps du personnel réputé apte à des efforts physiques mais au potentiel technique faible. Il n'était pas du tout prêt à rentrer dans la logique des automatismes. Or il n'y a pas eu de mouvement de personnel d'autres ateliers vers celui-ci, ni de formation spécifique sur les nouvelles machines. Celle-ci fut prévue seulement après l'introduction de l'ensemble technique et suite à de nombreux dysfonctionnements.

• Lorsqu'il y a des pannes, on ne sait pas qui doit les réparer. Par exemple, il est arrivé plusieurs fois que des gens de la maintenance mécanique soient appelés de nuit, viennent, s'aperçoivent que la panne en question ne relève pas de leur compétence, qu'ils sont incapables de la réparer, et retournent se coucher en disant d'appeler la maintenance électrique ou d'attendre l'arrivée de la journée.

Il y eut des difficultés venant du projet lui-même :

– Il s'agit d'un prototype, encore jamais construit. Il a fallu faire vite, avec beaucoup d'inconnues techniques et des contraintes financières importantes. De plus, dans cet atelier, on venait de loin. Il n'y avait pas eu d'investissements depuis 1983, c'est-à-dire sur une période importante, donc pas d'investissements en matière grise et peut-être surtout pas de rodage à un travail commun sur un projet. Là-dessus, la direction s'est adressée à une société d'ingénierie qui a elle-même sous-traité à une – ou plusieurs ? – autre société. La première était spécialisée dans la mécanique davantage que dans la chimie, ce qui a posé des problèmes inattendus. Enfin, un certain nombre de modifications demandées en cours de route ont alourdi la conception de l'ensemble. Il semble qu'un gros client ait demandé des modifications particulières.

– D'autres difficultés sont venues de la durée de conception du projet et du passage de la maîtrise du projet d'un service à un autre. Le premier projet avait été lancé en 1983, après une automatisation importante. Ce premier projet, issu du service recherche, apparemment vu favorablement par la fabrication et l'assistance technique, avait été refusé non pour ses qualités techniques mais parce qu'il était apparu comme trop important. Plusieurs projets se succédèrent alors : l'un augmentait la capacité de production mais ne semblait pas assez performant sur la qualité, l'autre faisait un atelier entièrement neuf dans un nouveau bâtiment, etc.

– Le projet actuel a été piloté par les gens du bureau d'études (BE). Même si formellement le chef de projet appartenait à la fabrication, l'opinion générale est que c'est bien le BE qui le pilotait, le chef de projet lui-même considérant qu'il n'en avait pas vraiment la fonction. De plus, cet ensemble technique a été livré clé en main, ce qui sous-entend que les différents services de l'usine n'ont guère été initiés à la marche de l'installation. Différents projets ont donc été pilotés par différents services ; celui qui a été réalisé l'a été par une entreprise extérieure, elle-même faisant appel à des sous-traitants. Puis un cabinet d'audit a fait une évaluation qui, étant venue un peu tard, semble avoir perturbé le fonctionnement de l'ensemble. Les conditions humaines de réalisation étaient difficiles. Il aurait fallu une excellente communication entre les différents services impliqués. Or, elle a été insuffisante.

La difficulté des communications et leur interprétation

La difficulté des communications entre les services est un thème récurrent dans les interviews. Cinq services différents ont eu à voir avec ce projet. Si l'on interroge les membres de chaque service sur les relations de leur service avec les autres, les réponses font apparaître de réelles difficultés de communication.

Vu de l'extérieur (l'ingénieur de la société d'ingénierie), « dans cette société, il y a une multitude de services », et « dans cette société, ils ont des petites maniaqueries *[sic]* ; on les a mal assimilées et seulement après coup », ce qui donne une idée *a priori* de la difficulté. Cet interlocuteur identifie les acteurs suivants : la recherche, le bureau d'études, la fabrication, la maintenance-entretien (subdivisée en mécanique et en instrumentation) et le commercial. Au départ, cinq services étaient donc *a priori* concernés. Puis sont intervenus cette société d'ingénierie et le cabinet qui a fait une analyse de la valeur. Enfin, aujourd'hui, une entreprise extérieure est chargée de la maintenance.

La recherche. Personne ne lui donne un rôle dans la conception, l'installation et le fonctionnement de l'atelier. Elle le fait, mais estime ce rôle mineur. Ce projet n'est pas son affaire car il ne s'agit pas vraiment d'un changement de procédé ou de produit. En revanche, elle considère qu'elle a à intervenir quelquefois quand les fabricants « font des boulettes » et qu'ils ne savent pas comment les réparer. L'impression de ses membres est d'être dans un service qui aurait pu et sans doute dû intervenir, ne l'a pas fait et considère que ses relations avec les autres services, en particulier la fabrication, sont peu fréquentes et difficiles. « La fabrication, c'est une forteresse », dira-t-on, image qui servira aussi à caractériser l'ensemble des relations entre l'ensemble des services. L'usine fonctionne comme un ensemble de forteresses les unes à côté des autres, avec des communications insuffisantes.

La fabrication. Les interviews des salariés de la fabrication laissent apparaître que les changements de personnes ont amené une certaine confusion. On ne sait plus très bien s'il y a eu des réunions de présentation du projet aux ouvriers : un membre de l'encadrement dit que oui, l'autre en doute. Un autre parle de sabotage, ce qui est à nouveau mis en doute. Il est clair, en revanche, que les rapports avec le bureau d'études ne sont pas jugés excellents : les deux services se renvoient la responsabilité d'un non-respect du cahier des charges en matière de productivité. De même, la programmation a dû être refaite trois fois, dit-on à la production. Surtout, le bureau d'études considère, pour le regretter, que la fabrication ne s'est pas mobilisée suffisamment pour participer au choix des sous-traitants, des machines et des fournisseurs. A quoi la fabrication réplique en disant qu'elle n'avait aucun choix réel et devait s'en remettre au BE pour tout. La prestation du cabinet extérieur donne lieu à des appréciations divergentes. Les fabricants se disent non convaincus de la nécessité d'y avoir fait appel, tandis que le BE estime que cela a permis de mettre le projet à plat, de réviser l'intérêt de chacune des options techniques demandées par la fabrication et d'éliminer certaines de ses demandes, non justifiées du point de vue du BE. La fabrication « change tout le temps d'avis » et, en même temps, « elle laisse le BE tout faire ». La société d'ingénierie exprime aussi cette tension : « Il y a celui qui paie, le BE, et son client, la fabrication [...] On n'a pas rencontré directement le fabricant [...] Ils ont modifié constamment leur demande, et nous on se retournait vers le BE qui, lui, a le souci des coûts. »

Le bureau d'études (BE). Il s'est beaucoup investi, en particulier à travers un de ses responsables dont la compétence est reconnue. « Le BE fait bien son boulot. » Mais le BE apparaît comme le service qui a mené toute l'affaire sans suffisamment avoir mis les autres dans le coup. Avec la recherche, aucun rapport n'a été mentionné. Avec l'entretien, celui-ci dit : « Le BE a tout piloté. On a été convié, mais on avait une grosse charge de travail [...]. On savait dans les grandes lignes. Le BE a piloté le démarrage, nous on a suivi de loin. Petit à petit, on a réparé les petits problèmes, puis on a cherché les plans au BE et on a pris en main l'entretien. » L'entretien souligne ces mauvais rapports, qu'il impute en partie aussi à lui-même.

Le service entretien est divisé en entretien mécanique et électricité instrumentation. « On a un problème de langage avec la fabrication », dont le résultat, comme on l'a vu plus haut, est que la fabrication n'a pas toujours su qui il fallait appeler pour une panne mal identifiée, par exemple un coincement dans le transport du produit. La fabrication alors essayait de s'en sortir seule et faisait des erreurs. Mais, de plus, entre l'entretien mécanique et l'instrumentation électricité « on ne marche pas la main dans la main ». Les choses semblent cependant devoir s'arranger à partir du moment où les acteurs en ont pris conscience : « Il faut déjà commencer par ne pas se maudire... » Mais comme ce type de panne (coincement dans le transport) peut relever de l'un ou l'autre service, le problème de recherche d'un interlocuteur par les fabricants se doublait de la mauvaise entente entre les deux services.

A qui ou à quoi les acteurs attribuent-ils ces difficultés de communication ? Plusieurs facteurs explicatifs ont spontanément été proposés. Le premier est celui d'une certaine tradition du secret dans l'usine. A la période précédente, chaque service pouvait vivre de manière relativement isolée : le temps était moins compté, il fallait faire de la belle ouvrage, des « exploits » pour reprendre une image véhiculée dans l'entreprise.

Le second relève du changement de gestion du personnel au sens où l'externalisation de la main-d'œuvre a provoqué un changement de stratégie des différents services, plus contraints de puiser dans leurs ressources pour faire face, donc plus préoccupés de leurs problèmes internes.

Le troisième consisterait dans le passage d'une logique technique accompagnée d'un type de division du travail à une logique industrielle plus préoccupée d'une articulation de la production sur les services de conception.

2. 3. LES DIFFICULTÉS DU POINT DE VUE DE LA FABRICATION

Du côté de la fabrication, principal utilisateur du système technique installé, la manière dont la mise en place a été faite soulève des critiques extrêmement sévères, venant des opérateurs tout autant que de la maîtrise. Il y a eu impréparation flagrante : « Quand les machines ont été montées [...] on suppose que les gens du bureau d'études (BE) et les régleurs les avaient fait tourner. Nous, on n'a pas été associés, absolument pas. Le jour où ça a démarré on nous a dit : "Ça démarre" [...] On n'avait pas de consignes de marche écrites, rien, tout était verbal » ; « Ils nous ont dit : "On fait ça, après on fait comme ça..." C'est aberrant de faire des choses sans consignes de marche » ; « Oui, au bout de quelques mois il y a eu des consignes écrites, mais elles étaient manuscrites et pratiquement illisibles [...] J'ai essayé d'en lire le début, mais j'ai laissé tomber, je n'y comprenais rien. » Plusieurs chefs de poste diront unanimement : « Elles sont inexploitables. » Résultat : la nuit, quand il y avait des problèmes, les postés (équipes de travail de nuit ou de week-end, opérateurs et chefs de poste) essayaient d'intervenir avant d'appeler les gens d'astreinte (ouvriers qualifiés ou techniciens qui, sans être présents dans l'usine, doivent pouvoir être joints à tout moment – jour, nuit, week-end, fêtes – pour effectuer des réparations dans l'usine). Mais ils faisaient des erreurs, n'ayant reçu ni formation, ni consignes de marche. « On se faisait engueuler, tout le temps. Alors, une semaine, j'ai dit : "On n'y touche plus la nuit." On a mis la clé dans un placard et on a attendu chaque fois l'arrivée de la journée… Alors, là, ça a gueulé fort : on avait perdu des tonnes » (chef de poste). « Vu les heures qu'on a perdues à cause de la non-marche, on aurait pu se payer un poste » (c'est-à-dire un poste d'ouvrier, embaucher quelqu'un). « On travaillait dessus la nuit et on se faisait engueuler le jour, quand ils arrivaient ; et en plus l'instrumentation renvoyait la balle à la mécanique qui la lui renvoyait à son tour » (ouvrier).

Il y a eu ensuite des erreurs techniques. Celle qui est la plus visible concerne le type de produit : « La commande a été faite avec l'idée que c'étaient des produits durs ; donc, ils n'ont pas vu. Aux essais, c'était du mou, ils ont été surpris » ; « Le but a été d'enlever de la pénibilité, mais bien souvent les gars sont obligés de monter dans les magasins pour décoller. Ils le font, ils sont obligés de le faire, mais ce n'est pas de gaieté de cœur. Dans un mélange mou, on réduit le poids, c'est une perte de productivité mais on est obligé. Et à la presse, c'est là que ça freine et elle met toujours le même temps […] Au départ, on ne nous a pas écoutés quand on parlait de produits mous. » Il a été confirmé sur ce point que les transporteurs du magasin étaient prévus pour des poids qui n'ont jamais pu être atteints, le manque à gagner étant de 20 % environ. Puis « la cellule peut se déplacer avec les vibrations […] C'est un système simple […] mais si l'automate nous dit que le niveau est vide, il faut quand même aller vérifier […] Et du moment que l'automate n'a plus son cycle, on ne peut plus rien faire ». Il semble en effet que ce problème n'ait été perçu que progressivement, et qu'on ait mis du temps à remplacer les cellules par d'autres, mieux adaptées au travail à effectuer. Les convoyeurs : « Ils ont mal choisi les convoyeurs […] Presque un an que ça tourne et il y a toujours des problèmes » ; « Au point de vue mécanique, on a de petits accrocs. Les nacelles accrochent partout. On avait prévu une personne et il faut être deux pour décrocher les transporteurs. Il faudrait un mécanicien en permanence. » Cette question des transporteurs permet à un chef d'équipe de relever le problème plus général des communications dans l'entreprise. Quand nous le rencontrons avant des interviews, il nous dit spontanément : « Les communications, ici, je vais vous dire : on a mis un an à se mettre d'accord sur le nom des transporteurs (qui sont un des sous-ensembles techniques importants de la modernisation). On vient de décider, aujourd'hui, de ce qu'on dira... » Vérification faite de ce point précis, la remarque est exacte. « Tenez, un autre exemple : le même produit chimique reçoit des noms différents dans cette usine. A l'usine S, on dit X. A l'usine N, on dit Y. Or, la densité est différente ; en X, elle est de 1,100 ; celle de Y est de 0,850. Résultat, quand ici on en commande une grande quantité, le wagon déborde... » Ce qui est aussi vérifié.

La formation est mise en cause. La main-d'œuvre avait un potentiel considéré comme faible. Fallait-il pour autant ne pas faire de formation ou n'en faire que quatre heures, et seulement dix mois après la mise en route ? Il semble que, là aussi, on ait pris les décisions trop rapidement sous la contrainte des événements au lieu de les anticiper. « Il y a eu des fausses manœuvres dues à des explications trop rapides. Les gens [du BE et de la régulation] n'ont pas cherché à savoir si c'était compris... » « La formation de quatre heures [donnée à tout le personnel] est arrivée un peu tard » et beaucoup pensent qu'elle a été mal adaptée, alors que tout le monde en admet aujourd'hui la nécessité.

Les gens de production, surtout les agents de maîtrise, sont sévères sur le comportement des autres services tant dans leurs relations avec eux-mêmes, les fabricants, que dans l'exercice de leur fonction proprement dite, surtout celle de la préparation technique. La mise en route de la machine s'est mal effectuée et BE ainsi qu'instrumentation y ont une grande part de responsabilité aux yeux des interviewés. « Le BE et l'instrumentation, c'est un peu les usines dans l'usine. Ils ont un certain pouvoir et, pour n'avoir pas à le partager, ils gardent tout pour eux. Ils n'avaient pas tous les éléments, c'est vrai, mais le BE, il y avait plus d'un an qu'il planchait dessus. Il y avait beaucoup d'éléments qu'ils auraient pu nous donner au départ [...] Avec l'instrumentation, ils ont fait cette installation pour se faire plaisir. » Au-delà de l'aspect polémique de ce discours, il faut retenir l'affirmation que les choses se sont faites au-dessus de la tête des gens de production, qui se sont perçus comme les laissés-pour-compte de la préparation technique.

On retrouve des formulations identiques pour les rapports

avec l'instrumentation à propos des réparations. « On a eu beaucoup de problèmes avec l'instrumentation. Il y a eu tellement d'éclats que ça va nettement mieux [...] On demandait des choses. Deux ou trois jours après, ils venaient et faisaient exactement l'inverse de ce qu'on avait demandé » ; « La maîtrise instrumentation-régulation le prenait de haut [...] Pendant des mois, ça a été une bagarre perpétuelle ».

Les gens de production ont donc le sentiment d'avoir été tenus à part des informations nécessaires et d'un minimum de formation par les autres services : « Avec la mécanique, ça va bien. Avec l'instrumentation, c'est difficile. Au BE, il n'y en a qu'un [le responsable] avec lequel on pouvait parler et qui nous écoutait ; avec tous les autres on a des accrochages. Ou bien, ils ne nous parlent pas. » Il y a une nette amélioration. « Maintenant, ça va mieux. Mais il faudrait un gars de l'instrumentation et un de la mécanique en permanence. De nuit, il n'y a personne sauf d'astreinte en instrumentation et souvent il ne connaît pas l'installation. Avant, il y avait une permanence entretien... »

« Dans cet atelier, pendant longtemps, on a mis les gens dont on ne voulait pas ailleurs. » Ce constat – ou ce jugement – lapidaire exprime un sentiment largement partagé et pas seulement par les chefs de poste ou certains opérateurs de l'atelier : il a été exprimé à des niveaux hiérarchiques supérieurs. Avant la modernisation, c'était un atelier réputé de « gros bras », avec des manutentions nombreuses, des efforts physiques intenses et sans nécessité de beaucoup de connaissances techniques. Dans cet atelier composé donc d'ouvriers peu qualifiés, on a introduit des machines qui *a priori* devaient fonctionner en automatisme complet. Cette décision est issue d'une représentation des capacités des salariés de l'atelier : ceux-ci étaient réputés avoir un potentiel faible. Les responsables du projet en ont tiré, plus ou moins explicitement, la conclusion qu'il fallait tout automatiser pour ne pas donner de marges d'interprétation et d'autonomie à des salariés qui ne sauraient pas les utiliser. D'où un projet d'automatisation maximale pour éviter des erreurs de la part des utilisateurs. Or le moindre incident requiert, sinon des connaissances supérieures et des qualifications particulières, au moins la capacité de lire des instructions et de piloter une installation à partir d'un pupitre de commande. Sans doute même est-il nécessaire d'acquérir un certain savoir-faire pour anticiper les pannes. L'enquête révéla par la suite qu'une majorité de ces ouvriers programmaient des magnétoscopes à leur domicile.

Pourquoi ce choix du tout-automatique et cette représentation de l'incapacité des ouvriers à piloter des automatismes ? On peut l'expliquer de la manière suivante : le pari a été fait – sous l'influence entre autres d'un agent de maîtrise dynamique et dont tout le monde s'accorde à reconnaître qu'il était très proche des gens de l'atelier dont il avait la confiance ; mais il n'était plus dans l'atelier au moment de l'implantation – de garder la même main-d'œuvre en supposant qu'elle serait capable de s'adapter. Or ce choix pour réussir supposait *a priori* trois conditions : garder le même style de direction avec un rôle de conseil technique et de proximité humaine vis-à-vis des opérateurs et chefs de poste ; faire un gros effort de formation ciblé, entre autres, sur le nouvel équipement technique ; ne mettre en marche le nouvel ensemble technique que lorsqu'il serait rodé et au point, c'est-à-dire, concrètement, en faire une introduction progressive en gardant des machines manuelles en parallèle. Aucune de ces trois conditions, toutes indépendantes les unes des autres, n'a été remplie, ce qui explique une partie des difficultés de lancement.

2. 4. SCHÉMA D'INTERPRÉTATION

A quoi attribuer ces dysfonctionnements, dont on rappelle qu'ils ont eu un coût élevé, qu'ils ont généré un malaise diffus ou contribué à augmenter celui dans lequel ils s'inscrivaient déjà ? L'étude avait été demandée par le directeur de l'usine aux chercheurs pour l'aider à comprendre ce qu'il appelait la « mollesse » de réponse des salariés à ses sollicitations. Il leur avait dit, en résumé : « L'ensemble ne marche pas trop mal, je ne me plains pas, mais je n'arrive pas à mobiliser les salariés. Pouvez-vous m'aider à comprendre ? Je me chargerai d'une mise en pratique de vos conclusions. » Une information sur cette étude avait été faite au comité d'entreprise, avec proposition aux membres des sections syndicales de rencontrer les chercheurs, information aux cadres et aux membres de l'atelier concerné.

Les salariés ont présenté spontanément aux chercheurs un certain nombre d'explications, on l'a vu plus haut. Toutes se fondaient peu ou prou sur le constat de l'absence de communications, absence interprétée comme volontaire ou conséquence non voulue d'autres causes. Il s'agissait d'une certaine tradition du secret dans l'usine, du changement de gestion du personnel venu de l'externalisation de la main-d'œuvre provoquant un changement de stratégie des différents services, du bouleversement introduit par le nouvel ensemble technique, du passage d'une logique technique accompagnée d'un type de division du travail à une logique industrielle plus préoccupée d'une articulation de la production sur les services de conception.

Selon ces explications données par les acteurs, l'échec relatif de la modernisation se comprend à partir de la culture de l'entreprise (tradition du secret), d'un changement de gestion né de contraintes financières nouvelles (thèse des coûts de transaction), du passage d'une logique technico-économique à une autre, c'est-à-dire d'un changement de modèle productif pour lequel l'usine ne s'est pas dotée d'instruments et n'a pas été capable d'entendre les justifications des acteurs (théorie de l'accord) ou n'a pas su comprendre les changements d'identités (thèse de l'identité), d'une absence de communication qui inclut une incapacité à communiquer (théorie de la traduction), d'un manque flagrant de formation et d'apprentissage organisationnel, etc., le tout se traduisant en jeux de pouvoir. A cela s'ajoutent des erreurs de prise de décisions, une mauvaise gestion de la modernisation.

La succession des projets de modernisation accompagnée de changements du pilote de la modernisation (le BE à la place de la fabrication) a incontestablement exacerbé un conflit de pouvoir toujours présent dans le cas de modernisations de cette ampleur. Il s'agissait de maîtriser une zone d'incertitude (très) pertinente pour s'assurer de la maîtrise du changement. A ce jeu, le BE a gagné pour le projet définitif, affirmant clairement sa maîtrise de l'opération, mais décourageant les autres acteurs ou services : le chef de projet en titre, homme de la production, s'est senti dépossédé au point de dire qu'il ne s'est jamais perçu comme un vrai chef de projet. L'entretien a déclaré qu'il avait été trop occupé pour vraiment s'intéresser aux machines avant leur mise en route définitive, c'est-à-dire lorsque le BE n'était plus en charge de la zone d'incertitude. La recherche avait jeté l'éponge depuis un bon moment. La fabrication, enfin, voyant ses demandes filtrées par le BE, ne pouvait pas se préparer dans des conditions suffisantes à piloter les équipements quand ils seraient là. On tient là une explication des dysfonctionnements qui a été suggérée par les acteurs et qui est la plus apparente en première approche.

Un exemple illustrera cette explication. Lorsque, aux deux tiers environ de l'étude, les chercheurs ont réuni le comité de pilotage (où des cadres représentaient les services impliqués) pour lui présenter leurs premières hypothèses, il s'est produit une scène particulière. Dans les dix premières minutes de l'exposé du chercheur, celui-ci a été interrompu à plusieurs reprises par un responsable de la fabrication, d'une manière extrêmement brutale : « Monsieur, ce que vous dites est faux. – C'est ce qui m'a été dit. – Il faut vérifier les informations qui vous sont données et ne pas raconter n'importe quoi. » Cinq fois de suite, le même type d'interruption a été faite, au point que le responsable des ressources humaines a demandé à l'interrupteur de bien vouloir laisser le chercheur finir son exposé. Les phrases objets de l'interruption étaient du genre : « Ce projet a connu des difficultés de mise en œuvre car il y a eu cinq versions successives. » Cinq, ou quatre, ou six ? On pouvait toujours contester le chiffre. La brutalité de la contestation cachait en fait un malaise fort, dû au conflit de pouvoir entre le BE et la fabrication, conflit que le fabricant ne tenait pas à étaler, ni devant les chercheurs, ni devant ses collègues. Dans la suite de la réunion, il se produisit malgré tout ce que ce cadre avait cherché à éviter : une altercation violente avec le représentant du BE présent dans ce comité. L'interprétation de cette agressivité est apparue évidente à faire en termes de pouvoir. L'homme de la production se sentait fautif de n'avoir pas su imposer une démarche différente, plus participative, à l'homme du BE, ou bien lui en voulait d'avoir pris le pouvoir en cette occasion. C'est ainsi que les chercheurs et des participants interprétèrent l'incident. Le conflit de pouvoir, ici, apparaissait flagrant, et comme une explication, sinon l'explication principale, du dysfonctionnement.

Elle ne répond pas cependant aux autres causes observées, et dont l'une est résumée dans la remarque citée plus haut : « Le BE et l'instrumentation ont fait cette installation pour se faire plaisir. » S'il est compréhensible qu'au niveau des chefs de service se joue un jeu de pouvoir important, car il permet de gagner une crédibilité en matière d'organisation du changement et donc l'espoir de se voir désigner pour diriger les autres changements, on comprend moins bien que des acteurs plus modestes, comme des techniciens de BE ou d'atelier, jouent ce jeu de pouvoir. Ils n'ont guère à gagner à refuser de reconnaître le rôle des agents de fabrication, car finalement, si quelque chose ne va pas, c'est sur eux que reposeront les interventions difficiles de réparation ou de changements de technologie (par exemple, le remplacement d'une grande partie des cellules).

On a aussi du mal à comprendre certains problèmes relationnels (pas d'explications sérieuses lors de l'installation, pas de remise de consignes, astreinte peu au courant, etc.) à partir des seuls jeux de pouvoir. L'installation faite, les équipements installés dans l'atelier, le seul désir de garder du pouvoir n'explique pas les difficultés relationnelles. A ce moment, la zone d'incertitude n'en était plus une. On peut peut-être penser que les installateurs ne savaient eux-mêmes pas où ils allaient, l'installation étant un prototype, donc encore mal maîtrisé. Mais alors, il aurait été intéressant pour eux de recueillir l'avis des utilisateurs pour l'améliorer. Tout acteur vraiment préoccupé du fonctionnement concret de l'équipement qu'il met en place, c'est-à-dire pour lequel ce fonctionnement concret représente un enjeu, veut savoir comment les utilisateurs vont le faire fonctionner.

Finalement, l'explication par le pouvoir apparaît comme la partie émergée de l'iceberg, cachant des raisons plus profondes. Elle rend compte d'une partie de la réalité, mais l'hypothèse sous-jacente selon laquelle les relations de pouvoir structurent les jeux des acteurs est trop unilatérale. Les relations de pouvoir sont la partie émergente de conflits plus profonds, ceux qui opposent des acteurs détenant des logiques différentes, qui toutes ont leur légitimité, et qu'il convient alors de traduire pour parvenir à des accords.

L'analyse en termes de pouvoir n'explique pas non plus comment les acteurs opposés dans le jeu du pouvoir finissent par aboutir à un compromis ou à un accord, comment on joue le pouvoir dans ces organisations plus ouvertes que sont devenues les entreprises modernes, ni comment se construisent les règles et les accords. L'univers de l'organisation apparaît comme fermé, les jeux de pouvoir comme gratuits, les acteurs ne pouvant pas ne pas jouer ce jeu et le faisant sans s'interroger sur l'origine de leurs objectifs.

Traduction et apprentissage organisationnel

On a vu plus haut (chap. 5 et 7) les notions de traduction et d'apprentissage organisationnel. Elles intègrent l'idée de l'analyse stratégique que l'entreprise est un construit autonome, contingent, fondé sur les capacités culturelles des acteurs, sur leurs connaissances et leurs capacités d'apprentissage cognitif, sur les représentations qu'ils se font de la place des uns et des autres dans le système organisationnel. Elles ajoutent que l'innovation ne peut avoir lieu que lorsqu'elle s'appuie sur un réseau et que l'essentiel est la construction d'un système de traduction.

Dans le cas Siphon, la fabrication n'a pas été associée par le BE, sans doute parce que celui-ci avait la conviction que la fabrication aurait des difficultés à comprendre et à faire fonctionner le système. Le choix du tout-automatique par le BE s'explique de cette manière. Il fallait donc faire admettre au BE que le système ne pourrait fonctionner que si la fabrication comprenait vraiment de quoi il s'agissait. De son côté, la fabrication devait montrer au BE sa capacité à faire fonctionner cet ensemble. On était donc affronté à plusieurs problèmes. Celui des représentations, où chacun des deux acteurs a une image particulière de l'autre : le BE voit la fabrication comme un ensemble de gens peu compétents, celle-ci voit le BE comme des experts en dehors des problèmes concrets, qui savent faire tourner les machines sur le papier ou dans leurs laboratoires, pas avec les difficultés du fonctionnement quotidien dans l'atelier. Celui des connaissances et de la formation, où le manque de connaissances de la fabrication est augmenté du fait des représentations négatives qu'en a le BE ; ce manque pouvait être comblé en partie si le BE changeait sa conviction, admettait qu'il pourrait y avoir des aléas et que la fabrication pouvait en apprendre suffisamment pour piloter ces aléas. Représentations et formation, pour être changées ou mise en route, supposent une opération de traduction et la vérification qu'un apprentissage organisationnel s'est effectué.

Un système technique met en jeu des éléments divers – de l'idée originale jusqu'aux éléments concrets constituant les machines et pouvant provoquer des pannes – qui ne le feront exister que s'ils sont mis en réseau. Le système technique à lui seul ne porte aucune évidence de fonctionnement. Il fallait donc construire une chaîne de traduction. Les étapes en auraient pu être les suivantes. Repérer les intérêts ou enjeux des deux acteurs : schématiquement, la valorisation de l'excellence technique, la complexité du système, l'affirmation de la connaissance pour le BE, la pratique, la valorisation des tours de main, la capacité à surmonter dans l'atelier les problèmes difficiles de mise en route pour la fabrication – un modèle de l'excellence technique pour le BE, un modèle de la production dans les temps et les quantités demandés pour la fabrication. Puis, trouver le langage recevable par chacun : comment, tout en demeurant dans un système technique complexe, peut-on le faire fonctionner dans les conditions concrètes de l'atelier, quand des vibrations imprévues mais dont on sait qu'elles sont toujours présentes dans les ateliers dérèglent les cellules, quand des pannes surgissent la nuit, etc. ? Comment faire en sorte que les gens de fabrication soient capables de détecter rapidement et schématiquement la source des pannes pour alerter les gens d'entretien concernés par cette panne-là et pas par une autre ?

L'étape suivante est celle de la construction du bien commun. Si le système technique, à l'état de plan ou d'ébauche concrète, n'existe que pour le BE, il n'y a pas de bien commun. Dans le cas des coquilles Saint-Jacques, on a vu que celui-ci est constitué par un laboratoire ouvert à tous. Dans le cas Siphon, ce pouvait être aussi un laboratoire, un lieu constitué exprès pour que le système technique puisse y être exposé, à chaque étape de sa construction et à condition que celui-ci ne soit pas considéré comme la propriété du BE, mais un lieu accessible à tous, y compris les gens de la fabrication, mais aussi ceux de la recherche, de la maintenance, du commercial. Chacun devait pouvoir donner son avis, sans doute à travers des porte-parole désignés et reconnus, en sauvegardant cet aspect de bien commun. A ce moment, le responsable de la construction du réseau devait pouvoir enrôler chacun, c'est-à-dire lui donner un rôle effectif – réfléchir à tel problème, collecter des expériences, proposer une solution pour tel problème, etc. Si chacun a un rôle effectif, consistant non seulement à donner son avis et à savoir si celui-ci est pris en compte, ou sinon pourquoi, mais à avoir un rôle se traduisant en apport de sa contribution à la construction du système, il se sent enrôlé comme membre du réseau et devient un participant actif.

Notons au passage, d'une part, que l'on trouve ici la réponse à la question initiale du directeur, celle de l'absence de mobilisation des salariés de l'usine. Dans un modèle de forteresse, les acteurs, ne se sentant enrôlés, dans le meilleur des cas, qu'à l'intérieur de leur propre forteresse, c'est-à-dire leur atelier ou leur service, ne peuvent pas répondre et ne répondent effectivement pas à des sollicitations globales, concernant toute l'usine, c'est-à-dire les autres forteresses, celles qui leur font ombrage et dont ils ne comprennent pas les logiques. D'autre part, cet enrôlement est la réponse à la question récurrente de la participation et des motivations. L'une et les autres n'existent pas en elles-mêmes mais en fonction du rôle actif que l'organisation peut confier à l'individu. Il s'agit de positionner individus et groupes de manière à en faire des acteurs actifs, co-producteurs des démarches pour lesquelles l'organisation veut les enrôler.

Après avoir créé un lieu commun et donné à chacun un rôle, et pour consolider l'un et l'autre, l'organisation se doit de produire des intermédiaires, définis comme tout ce qui peut lier les acteurs, par exemple des réunions, des mini-collectifs, des textes, etc. Ici peuvent ou auraient pu trouver leur place tous les groupes institués de plus en plus fréquemment dans les entreprises, sans toujours que leur rôle soit clairement évalué dans l'ensemble des démarches proposées. C'est le cas, par exemple, des cercles de qualité (CQ). De nombreux cercles avaient été implantés dans l'usine, à l'intérieur de chaque service ou atelier, pour respecter le principe selon lequel les CQ ont pour fonction de repérer les problèmes qui se posent à l'intérieur de ces entités, dans la plus grande proximité possible du lieu où se posent ces problèmes. Mais, si le problème de l'usine est celui des communications entre les forteresses, les CQ renforcent l'identité des groupes à l'intérieur des services et ateliers et donc contribuent à augmenter les difficultés à communiquer, problème central de cette entreprise. Faute d'en avoir compris les virtualités mais aussi les limites, la direction mettait en place ce type d'institution qui renforçait les dysfonctionnements contre lesquels on voulait lutter. En revanche, lancer des CQ comme des intermédiaires chargés de permettre ou de faciliter l'opération de traduction entre BE et fabrication et plus généralement entre les différents services, donc des CQ mixtant des personnes appartenant aux deux services, permettait d'opérer cette traduction, indispensable au fonctionnement de l'ensemble.

Dernier point enfin de la conduite d'une opération de traduction, la désignation d'un animateur chargé de veiller au rallongement du réseau – très important dans cette situation que nous avons résumée au face-à-face de deux services, mais qui en inclut d'autres, dans l'usine, recherche, entretien, commercial, et aussi peut-être extérieurs, le cabinet d'ingénierie, d'audit – et à sa transparence. Le rôle de l'animateur est aussi de veiller au bon fonctionnement du réseau. D'une part, face aux menaces venant des membres de ce réseau eux-mêmes : surveiller qu'un acteur ne devienne prédominant et ne dépossède l'autre de la maîtrise du changement, de l'introduction de l'innovation. D'autre part, face aux menaces qui peuvent venir de l'extérieur : le réseau peut être menacé parce que d'autres acteurs peuvent souhaiter, par exemple, imposer telle ou telle solution qui désavantagerait tel ou tel membre du réseau, remettant en cause son existence. A certains moments, le réseau peut avoir besoin d'une extension, par exemple vers la direction générale ou vers tel service du siège. L'animateur joue ainsi un rôle d'orientation et de vigie.

La théorie de la traduction débouche ainsi sur celle de l'apprentissage organisationnel. Un modèle de fonctionnement comme celui qui sort de la mise en pratique de la traduction suppose un changement assez profond du système de relations en vigueur dans l'entreprise. L'appropriation par chaque acteur de ce nouveau modèle, la liberté laissée à chacun de procéder par essais-erreurs dans les relations, est indispensable et suppose à la fois du temps et de la tolérance pour les erreurs, les retours en arrière, etc. La mise en place des outils suggérés change assez radicalement le système de relations et met les acteurs dans une situation plus difficile que ne le laissent suggérer les données apparemment simples de la démarche. L'apprentissage en double boucle et la possibilité de fonctionner par essais-erreurs constituent des phases longues, d'autant qu'il peut y avoir des retours en arrière comme le suggèrent les récits des coquilles Saint-Jacques et d'Aramis. Ce temps apparemment perdu est en fait gagné, si tant est qu'une réforme de l'importance de l'implantation de l'ensemble technique à l'usine Siphon suppose un apprentissage de modèles relationnels vraiment nouveaux, en particulier une souplesse des communications pour mettre fin à l'ancien modèle, celui des forteresses, si préjudiciable au fonctionnement de toute l'usine.

Le cas Siphon se situe ainsi au lieu de rencontre des règles, internes à l'organisation dans son ensemble et à des services différents. Les raisons du désaccord sont venues d'une absence d'interaction entre acteurs qui auraient dû se coordonner. L'interdépendance ne crée pas forcément de l'interaction. Ce cas, extrêmement fréquent dans l'entreprise industrielle comme dans toute organisation, est celui où les règles permettant de parvenir à un accord sont ignorées ou niées *de facto* par les acteurs auxquels elles sont censées s'appliquer en priorité. Elles ont été édictées sans apprentissage et vont à l'encontre d'une logique de congruence d'acteurs à l'intérieur de leurs sphères de règles-contraintes non encore élaborées. L'existence de règles-contraintes – celle de la fonction de production, par exemple – ne va pas sans nuances : cette fonction de production peut être mal assurée et dans ce cas la contrainte d'accord insuffisamment respectée. Une entreprise qui perd des parts de marché ou est en déclin pour une autre raison le doit en partie à l'incapacité de construire des règles.

Les entreprises sont mortelles faute d'être construites sur des accords intégrant l'ensemble des contraintes auxquelles elles doivent faire face. L'obligation de la mise en relation dans le cas Siphon a été ignorée et les stratégies non contrôlées des différents acteurs ont amené à un échec relatif. La théorie de la traduction nous semble ici rendre le mieux compte des difficultés rencontrées. Il s'agissait avant tout d'aboutir à construire un réseau permettant aux acteurs de se sentir solidaires et d'être capables de communiquer harmonieusement, en conservant leurs identités et leurs logiques. La culture n'était pas au premier plan, ni les jeux de pouvoir, même si l'une et les autres sont apparus tout au long de l'observation. Les logiques d'action des différents acteurs, à condition que leur légitimité ne soit pas mise en cause, permettaient une vision plus claire de ce qui allait se passer.

CAS N° 3

La construction des règles : le cas des guichets de banque [1]

3. 1. L'ACTIVITÉ DES GUICHETS

L'étude a été faite dans une banque française, de taille moyenne, appartenant à un groupe français. Elle n'est à proprement parler ni une banque dite de masse, ni une banque d'affaires, mais vise une clientèle dite « à fort potentiel », c'est-à-dire des patrons de l'industrie et du commerce, des cadres supérieurs et des professions libérales. Elle compte une forte proportion d'entreprises, de taille moyenne, parmi ses clients. Son implantation se fait à travers des unités locales se composant d'une succursale et de guichets. Traditionnellement, dans la succursale – mais la situation évolue rapidement – se faisaient toutes les opérations administratives qui ne pouvaient être exécutées dans les guichets. Le contact avec la clientèle a lieu dans ceux-ci. Dans la région lyonnaise, où a eu lieu l'étude, il en existe une douzaine.

Les guichets sont pour la plupart des unités légères d'une douzaine de personnes environ en contact avec le public. L'enregistrement des opérations étant du ressort d'unités spécialisées plus importantes, l'équipe administrative sur place procède essentiellement à la mise en forme et à la codification

1. Ce cas est tiré d'une recherche menée en collaboration avec Christine Collomb.

des informations. Elle est composée d'un à trois employés, occupant des fonctions administratives, les autres étant des commerciaux. Ils sont sous l'autorité du chef de guichet et d'un adjoint. A la succursale siège le responsable de l'ensemble des guichets, sous l'autorité du directeur et d'un sous-directeur.

La ligne hiérarchique est donc relativement courte, mais cela ne rend pas mince l'importance attachée à la place dans la ligne. Pour caractériser cette importance, on dit souvent : « ici, c'est la Royale », c'est-à-dire la marine royale, où chacun a un galon et se considère toujours comme le chef de quelqu'un. Le modèle hiérarchique est fort, chacun est jugé sur des résultats strictement étalonnés. Chacun peut être nommé, déplacé, promu, relativement facilement s'il obéit à des critères de satisfaction assez stricts, ou au contraire rester toute sa vie à un niveau quasi identique à celui de l'entrée. Enfin, ceux qui sont promouvables peuvent se retrouver les supérieurs de ceux dont ils étaient les inférieurs, et réciproquement. Ce qui donne une certaine distance, sinon méfiance, dans les rapports interindividuels, et un fort esprit de compétition.

L'enquête a été menée sous forme d'observation directe, pendant plusieurs mois, dans une partie des douze guichets de la succursale lyonnaise. Cette étude portait sur l'organisation interne des unités. L'observatrice a passé de deux à trois semaines dans chaque guichet, regardant le travail, assistant à toutes les réunions où il lui était possible d'être présente, remplaçant souvent les titulaires à leurs postes administratifs ou aidant les employés dans ces tâches. L'époque de l'observation coïncidait avec la mise en œuvre d'un puissant système informatique, généralisé à l'ensemble de la banque, permettant la simplification de nombreuses tâches administratives, donnant des informations en temps réel et permettant une plus grande efficacité de gestion.

L'observation a rapidement conduit à créer une typologie des guichets, en deux catégories, plus une résiduelle. Il s'agit des guichets meneurs, des challengers et du peloton. Les guichets meneurs sont ceux dont la progression répond largement aux objectifs fixés et qui maintiennent leur place dans le classement inter-guichets. Les guichets challengers font un effort particulier dans le but d'améliorer leurs performances, leur place et image de marque ; ils se sont sensiblement améliorés dans une période récente. Enfin, ceux qui ne correspondent à aucune de ces deux catégories ont été regroupés dans le groupe peloton.

Le choix de cette classification de base n'a pas pour but d'affirmer la primauté de la dimension économique de l'activité des différents guichets. Mais elle est le seul repère socialement commun dont ils disposent pour évaluer le produit de leur activité, et donc interpréter et construire leurs relations dans un cadre commun de signification. La mesure économique est utilisée comme un prétexte, mais un prétexte nécessaire car porteur de dimensions simples et chiffrables, rendant possible la comparaison. On fera donc l'hypothèse que les guichets s'entre-déterminent sur cette base.

Différentes mini-études sont à la base de cette typologie. Elles ont été faites en prenant successivement pour objet le mode de gestion de la charge de travail globale, le degré et la nature de la polyvalence observée, les modes de décision et de gestion du relationnel, etc. Ce sont ces paramètres que nous retrouverons dans les descriptions qui vont suivre. Ils déterminent ce qu'on nomme souvent la culture de l'équipe et qui correspond à une dimension forte de son identité. Culture et identité sont des éléments clés permettant de comprendre les logiques de fonctionnement des différentes unités.

3. 2. UNE GESTION DIFFÉRENTE POUR LE MÊME TRAVAIL

En principe, un guichet gère sa charge de travail selon un modèle uniforme où tous les groupes se répartissent le travail administratif d'après une norme générale qui s'appuie sur une définition du poste occupé par chaque agent. Mais si la fonction de chaque poste se définit de manière relativement homogène dans l'ensemble du réseau, le détail des tâches qui lui est attribué dans chaque unité peut faire l'objet d'adaptations diverses. Les guichets disposent en effet d'une certaine marge d'autonomie en matière de répartition du travail administratif.

Nous nous sommes attachés à déterminer si les répartitions

différenciées de ces tâches « flottantes » résultaient uniquement d'adaptations contingentes ou si les pratiques des groupes se systématisaient à travers des récurrences propres à caractériser des modes de fonctionnement spécifiques. Il ressort de ces observations que les différences de contenu des postes peuvent être expliquées par la manière dont les groupes envisagent et régulent l'interdépendance entre chacune de leurs fonctions, cette régulation étant elle-même liée à un projet du groupe.

La gestion de masse

Dans certains guichets, les tâches font l'objet d'une répartition *a priori*. L'ensemble des zones d'incertitude concernant l'exécution du travail a été codifié avec précision. Cette répartition peut éventuellement être renégociée lors de changements de personnel à l'intérieur de l'équipe ou lorsque interviennent des modifications dans le processus de travail (attribution d'une nouvelle tâche, par exemple). Elle est souvent formalisée dans un document écrit.

Le respect strict de cette codification est une préoccupation constante des agents. C'est autour d'elle qu'ils structurent et déploient leur activité. Les initiatives du hiérarchique, bien que souvent déterminantes en la matière, ne sauraient à elles seules expliquer l'apparition de ces pratiques de formalisation. En effet, certains individus ou groupes peuvent s'opposer à l'établissement d'une grille de répartition du travail.

Exemple. Le caissier :

> Quand le nouveau directeur est arrivé, il nous a demandé si on voulait faire une grille de répartition comme vous dites, mais j'ai refusé. J'ai refusé parce que tout le monde aurait mis remises de chèques ou virements. Alors ça dévalorisait complètement mon travail, parce qu'en fait, dans 90 % du temps, c'est moi qui fais tout ça. Alors j'aime encore mieux qu'il n'y ait rien.

On trouve dans certaines unités des documents présentant des grilles de répartition. La plupart ne sont pas significatives du fonctionnement réel du groupe, elles n'ont parfois jamais été mises en application.

Par ailleurs, certains groupes peuvent obéir à ce type de fonctionnement sans pour autant l'avoir matérialisé à travers un support écrit. Ainsi les mêmes règles formelles de répartition et d'exécution du travail peuvent exister de manière implicite. Le plus souvent issues d'un processus de cristallisation d'habitudes, elles n'évoluent que très lentement. Lorsque l'on demande aux agents les raisons de la prise en charge de telle ou telle tâche à leur poste, ils répondent souvent comme ce responsable d'arrière-comptoir :

> C'était déjà comme ça avant que j'arrive et quand j'ai pris le poste on m'a dit : « Voilà, il y a ça et ça à faire. Alors j'ai fait ce qu'on m'a dit. »

Grâce à la grille de répartition et lorsqu'elle est appliquée, le rôle de chacun, le degré comme la nature des compétences qu'il aura à maîtriser, est défini avec précision. Elle permet de déterminer les cadres d'intervention des agents, leurs domaines de compétence et leurs marges d'action, les possibilités et la nature de leurs entrées en relation avec d'autres postes. Elle a donc un impact régulateur sur les relations internes en définissant la place, le champ d'action et le degré d'autonomie de chacun. Elle engendre non seulement une segmentation précise du processus de travail mais également celle des processus d'échanges et de collaboration entre agents.

La gestion des variations de la charge de travail

Dans la mesure où un tel système de gestion repose sur une définition *a priori* de l'activité des différents postes, la manière dont le groupe assume les variations d'activité est un bon indicateur de son mode de fonctionnement. Il permet de faire apparaître l'organisation réelle.

Lorsqu'un poste est soumis à une intensification d'activité telle que l'agent ne parvienne pas à assumer la charge de travail, celui-ci ne traitera plus en priorité que les tâches dont le délai impératif d'exécution est journalier. Le travail se ramène alors à l'exécution quotidienne des urgences. Un certain nombre de tâches sont laissées de côté jusqu'à ce que l'écoulement de leur délai normal de traitement ne permette plus de surseoir à leur exécution. L'agent tenant le poste, vite débordé, jongle d'une activité à l'autre en essayant de prendre en compte tous les impératifs, mais une partie du travail s'entasse, des goulots d'étranglement apparaissent et avec eux des problèmes relationnels avec les collègues.

C'est par exemple la secrétaire qui est en retard avec ses ouvertures de comptes et qui doit faire face à la pression des commerciaux demandant que les comptes soient ouverts dans la journée même de la signature du client. Ou bien encore les livraisons de chéquiers qui ne sont ni dépouillées, ni vérifiées quand le flux d'opérations à la caisse est trop important pour que le caissier puisse s'intéresser à cette activité.

Une série de dysfonctionnements apparaît alors par rapport au déroulement normal du processus, entraînant parfois des tensions entre agents. L'intervention hiérarchique est alors nécessaire pour réguler une situation qui peut devenir conflictuelle.

Dans certains guichets, le repérage des horaires de travail est une opération malaisée, car, bien qu'il existe un horaire officiel, il est fréquent de voir les agents effectuer spontanément des heures supplémentaires non rémunérées, soit à l'heure du déjeuner, soit en fin de journée.

> Oui, ça m'arrive assez fréquemment de déjeuner à l'agence quand j'ai du travail et je crois qu'ici nous sommes à peu près tous dans ce cas. Pour ça il n'y a pas de problèmes, chacun prend ses responsabilités. Pour ça on s'entend bien, c'est important pour l'ambiance. Je sais qu'il y a des guichets où ça ne se passe pas du tout comme ça. Vous leur téléphonez à 16 h 30 et il n'y a déjà plus personne : l'esprit fonctionnaire ! C'est comme au siège. J'y ai travaillé trois ans, au siège, eh bien je peux vous dire que c'est pas marrant.

Un système de gestion de la charge de travail en masses, c'est-à-dire qui s'appuie sur le poste de travail comme cadre privilégié d'exécution des tâches, est tributaire des capacités d'investissement individuelles des agents lorsque l'activité augmente. Lorsque ceux-ci ont un projet professionnel déterminé, ils assoient leur désir d'évolution sur la maîtrise technique du poste qu'ils occupent. Il s'agit en général de personnes ayant une expérience assez diversifiée au cours de laquelle elles ont connu une évolution ascendante rapide. Lorsque la sphère professionnelle n'est pas un lieu porteur de projets personnels, les agents seront dits en retrait. Ils accomplissent leurs missions dans le cadre d'une définition statutaire de leur poste.

Cette attitude de retrait se manifeste lorsque le système de gestion de la charge de travail repose sur une définition stricte *a priori* de l'activité des différents postes. Il y a alors refus très net d'une polyvalence spontanée ou de son développement statutaire. On voit que le comportement des agents est fonction de l'organisation formelle mise en place.

Voici, par exemple, le cas des ordres de virements permanents (OVP). Ils relèvent formellement des attributions du poste de second caissier. Un matin, alors que le dépouillement et la répartition du courrier sont effectués par le second caissier, la secrétaire trouve avec son courrier un OVP à traiter. La secrétaire s'adressant à l'observateur :

> « Vous voyez, encore une chose qui est pour moi ! » Elle laisse le document sur son bureau puis commence sa journée selon l'emploi du temps habituel. A la fin de la séquence de travail sur écran, elle passe le virement. Durée d'exécution : moins de cinq minutes. Plus tard, dans la journée, alors que le second caissier vient lui demander un renseignement, elle conclut son explication en soulignant : « Ah oui, j'ai passé ton virement pour Mme X. » Sourire entendu des deux agents et le second caissier la remercie.
> La secrétaire se tourne alors vers l'observateur et explique : « Je lui ai dit ça parce que normalement, ce n'est pas à moi de le faire. Bon, là, je l'ai fait parce que je n'étais pas surchargée comme la plupart du temps. Ça ne me gênait pas aujourd'hui, mais il faut le faire remarquer pour que ça ne devienne pas une habitude, ces "erreurs". Parce que je ne peux pas tout faire, je suis secrétaire, chacun son rôle. C'est vrai ça, même s'il veut faire du commercial, ce qui est très bien, il doit quand même faire son travail. Et puis aussi, quand je rouspète sur ces glissements, ils doivent savoir pourquoi, c'est pour ça que je lui ai dit. Mais sinon, c'est vrai qu'aujourd'hui ça ne m'a pas gênée de le faire, mais c'est pas toujours le cas. »

La gestion en flux

Les adaptations constatées par rapport au déroulement normal du travail se négocient quotidiennement entre les agents, à la demande de l'un d'eux et le plus souvent de manière non verbale. Si le poste de travail reste le repère fondamental du déroulement de l'activité individuelle, les agents se définissent moins directement que dans le cas précédent par rapport au contenu d'une activité productive personnelle fondée sur la définition des postes de travail ou sur l'exercice de compétences professionnelles spécifiques. Les attitudes adoptées lors de l'augmentation de la charge de travail montrent que leur cadre de référence déborde le strict cadre du poste pour envisager un horizon de réalisation des tâches au niveau du guichet et de l'équipe de travail. Leur cadre de référence est plus globalisant, ce qui leur permet d'appréhender et de mettre en place des systèmes de gestion de la charge de travail en termes de flux.

Par exemple, lorsqu'on est en période d'échéance et que la clientèle commerciale du guichet est importante (à la fois numériquement et stratégiquement), le caissier prend spontanément à sa charge, pendant les deux ou trois jours précédant la passation des écritures, l'activité de postmarquage, déchargeant ainsi le poste des domiciliations de cette tâche. C'est également à cette même époque, ou bien lorsqu'il y a un problème de postmarquage (retard important ou erreur à retrouver), que la secrétaire s'occupera des rejets et des oppositions. Réciproquement, lorsque la secrétaire a plusieurs dossiers complexes à monter en plus de ses tâches quotidiennes (ouvertures de comptes, modifications, recherches, renseignements téléphoniques), les rejets et oppositions seront effectués par le second caissier ou le caissier.

Les commerciaux ne sont pas exclus du processus de répartition horizontale. Ils peuvent prendre en charge des tâches comme la passation des ordres de bourse de leurs clients, leur positionnement à l'aide du programme informatique approprié, les interrogations « Banque de France » ou la procédure de déclaration d'avis d'incident de paiement, les commandes de chéquiers, le postmarquage, etc. Ces prises en charge ne sont pas systématiques mais sont très directement en corrélation avec le niveau d'activité et de disponibilité des agents administratifs.

> Par exemple, un commercial travaille depuis un moment sur une machine à écrire. Il frappe un dossier de contentieux. Il explique : « Normalement, je ne frappe pas moi-même mon courrier, mais quand il y a un coup de bourre, que ça peut dépanner et que je veux que ça parte vite, je le fais moi-même. »

Ces pratiques ont pour résultat de faire de la polyvalence un mode d'exécution courant, les opérations très spécialisées restant seules du domaine de postes spécifiques.

3. 3. DES MODES RELATIONNELS TRÈS DIVERS

Les deux modes de gestion de la force de travail que l'on vient de repérer donnent lieu à des modes relationnels particuliers. Ces modes relationnels s'observent alors à partir de la manière dont les agents travaillent ensemble, selon quels schémas, à quels moments et à quels sujets ils entrent en relation. Le niveau des échanges est l'élément le plus directement perceptible lorsque l'on arrive dans une unité. Il y a des équipes où les gens se parlent et d'autres où l'on ne se parle pas. Cette constatation pourrait sembler anodine si l'étendue et le contenu de la sphère conversationnelle ne révélait pas des différences importantes quant à la nature des modes de collaboration en vigueur. Les pratiques de verbalisation des groupes ne sont pas indépendantes de leur mode de fonctionnement.

La sphère conversationnelle

- *Le cas de faible intensité et d'extraprofessionnalité de la sphère conversationnelle*

Il y a des groupes où les agents communiquent très peu entre eux. S'ils le font, c'est surtout sur la base d'une sphère conversationnelle d'ordre extraprofessionnel, le plus souvent d'ordre ménager, familial ou sportif. Les problèmes professionnels sont abordés avec beaucoup de difficultés et la collaboration entre agents est réduite, voire conflictuelle. Les pratiques de verbalisation autour des points de tension sont pratiquement inexistantes, ce qui engendre des situations de latence que le groupe gère difficilement. Le relationnel de ces équipes est assez tendu et se nourrit de toute une somme d'incidents journaliers dont on trouve les exemples les plus significatifs entre administrateurs et commerciaux.

Voici un exemple :

> Un commercial arrive en arrière-comptoir, dépose un papier sur un bureau et repart. L'agent en poste le prend, le dépose sur une pile de documents sans le lire et continue son travail. Ayant terminé l'opération en cours, il le consulte. C'est un ordre de bourse : le nom du client, son numéro de compte, le nom des valeurs, leur quantité et leur prix sont indiqués.
> Agent administratif : – Oui, sauf qu'il manque le principal !
> Observateur : – Que manque-t-il ?
> – Eh bien, s'il s'agit d'un achat ou d'une vente.
> Prend le téléphone et appelle le commercial dans son bureau.
> – Dis, ton ordre de bourse pour M. X, c'est à l'achat ou à la vente ?… Non, tu ne me l'as pas indiqué… Tu peux venir vérifier si tu veux !… Mais s'il en a déjà je ne peux pas savoir !… Il n'en a pas ? Peut-être, mais moi je ne vais pas m'amuser à regarder à chaque fois !… Bon enfin c'est à l'achat ?… Bon.
> Repose le combiné : – Ah, il se croit malin mais…

Autre exemple :

> Un commercial avait déposé une dizaine d'agendas à la caisse pour qu'ils soient envoyés aux clients avant de partir en congé. En rentrant, et à l'occasion d'une autre opération, il aperçoit ses agendas dans un coin.
> « J'ai remis en main propre les agendas à 90 % des clients à qui je voulais en donner. Pour les 10 % restants, j'avais tout préparé : les enveloppes avec le nom des clients, il fallait juste les envoyer. Quand je suis rentré les fêtes étaient passées, j'avais l'air d'un rigolo moi avec mes agendas. Alors ça fait bien hein, ça, vis-à-vis du client ! On veut se donner une certaine image de marque et puis en bas ça ne suit pas. C'est un tas de petits détails, mais en fin de compte c'est important quand on se retrouve face au client, et ça ils ne le comprennent pas !

Réaction du chef de caisse : « Oui, ils viennent nous mettre des tas de trucs sur le bureau comme ça sans rien nous dire, et hop ! je te pose ça là. Regardez, j'en ai partout (geste circulaire de la main). On n'est pas censé être au courant, on en trouve à droite, à gauche. Tenez, ça, c'est encore un virement. Ah, et puis c'est toujours urgent ! alors hein, on n'a pas que ça à faire et puis on n'est pas à leur service ! Heureusement qu'on se débrouille, qu'on connaît les clients, parce que si on comptait sur leurs explications, le travail ne serait jamais fait. Et puis jamais un remerciement. On vient nous voir que lorsqu'il y a des erreurs, ça on sait faire, mais quand il y a un coup de main à donner, on peut toujours attendre.

La caractéristique principale de ces exemples est l'absence de relation verbale. Aucun des deux partenaires n'entre en relation directe. Le commercial dépose ses agendas en arrière-comptoir car ce sont les administratifs de caisse qui envoient le courrier. Il ne lui semble pas nécessaire de faire remarquer ou de préciser sa démarche, car ce type de tâches entre « normalement » dans les attributions du poste considéré.

Ces deux aspects (reconnaissance statutaire et non-verbalisation du relationnel) génèrent un climat très tendu entre administratifs et commerciaux, où les attitudes prennent rapidement une dimension symbolique.

Ce mode de relations est celui du clivage. L'absence de référent commun ne permet pas aux membres du groupe d'accéder à des pratiques négociatoires qui leur permettraient de délimiter un champ de consensus. Ils préfèrent alors éviter les relations d'affrontement verbal et se réfugient dans une sphère conversationnelle non professionnelle.

• *Le cas des relations entre spécialistes*

Dans d'autres unités, les échanges entre agents sont très majoritairement verbaux ou incluent une formulation verbale venant s'adjoindre à un support écrit. Cela peut être une explication concomitante ou antérieure à la remise du document, des précisions supplémentaires ou rectificatrices, ou encore une demande de renseignements par rapport à un formulaire ou à une procédure. Dans ce second schéma, la sphère relationnelle est très nettement dominée par la recherche ou la communication d'informations techniques précises liées au déroulement du processus de travail des agents. Ces informations sont :

– soit d'ordre procédural (Comment fait-on pour… ? Quels sont les documents nécessaires à… ? etc.), c'est-à-dire relevant des compétences de l'agent sollicité ;

– soit d'ordre factuel (Où en est le dossier X ? Qu'a-t-on fait pour Mme Y ? Quelles sont les instructions de ce client concernant cette opération ? Quelle décision a prise le siège concernant ce problème ? A-t-on reçu les documents pour le dossier Z ? Etc.), c'est-à-dire relevant des attributions du poste.

Le mode de recherche et de capitalisation de l'information est individuel. Les agents se réfèrent prioritairement aux circulaires, à des collègues occupant le même poste dans d'autres unités et en dernier lieu au service central concerné si le problème subsiste. Ils ne s'adressent à leurs collègues de travail que pour des procédures qui ne relèvent pas de leur propre poste de travail.

On note chez ces agents une volonté sensible de maîtriser l'ensemble de leur champ d'intervention potentiel, non seulement pour gérer de façon autonome leurs tâches quotidiennes, ainsi que les variations ou l'évolution de leur charge de travail, mais également afin de pouvoir accéder, à l'intérieur du groupe, au statut d'interlocuteur valable. De ce fait, les agents interviennent très majoritairement sur la base de leur statut professionnel. Dans ce cadre on observe une certaine récurrence des mises en relation. A un poste donné, l'agent entrera très fréquemment en relation avec certains de ses collègues et plus rarement avec d'autres.

On note par ailleurs que les périodes d'échange sont planifiées dans la journée et s'intensifient autour de moments clés qui sont généralement les débuts et fins de demi-journée. Le respect d'une certaine discipline dans les relations entre agents constitue l'un des *modus vivendi* de l'équipe. Il s'agit de tenir compte des contraintes de chacun. Seules la présence du client ou l'urgence d'une opération justifient qu'il soit dérogé à cette règle.

Le caractère très professionnel du relationnel est confirmé lorsque l'on s'intéresse au schéma des sociabilités. On l'observe essentiellement à partir des habitudes de repas, des services que se rendent les agents, des invitations à dîner, du shopping en commun, etc. On observe pratiquement une inversion des lignes de force par rapport au modèle précédent.

Dans ce second cas, nous nous trouvons en face de relations sélectives de collaborations formalisées à travers une pratique de l'entretien interindividuel et où le support de relation est technique. La figure centrale de ce mode relationnel est celle du spécialiste.

• *Le cas du fonctionnement collectif*

Le caractère très informel des relations à l'intérieur du groupe est le premier repère de cet autre mode de fonctionnement. Cela donne, au premier abord, un aspect très « fouillis » à l'ensemble des échanges. Ceux-ci sont très intensifiés par rapport au cas précédent. Les agents s'interpellent, s'interrompent, se déplacent, peuvent répondre à deux ou trois interlocuteurs en même temps, traitent souvent plusieurs opérations au même moment. La recherche de l'information ou le traitement des aléas se fait le plus souvent de manière collective.

Par exemple :

> Agent A : – La clé RIB est-elle obligatoire pour les virements répétitifs ?
> Agent B : – Chef, la clé RIB est-elle obligatoire pour les virements répétitifs ?
> Chef de caisse : – Oui, absolument (le responsable du compte passe à ce moment-là)… Ben tiens, vous n'avez qu'à lui demander.
> Agent B : – Tu sais, pour le virement de Mme X, il nous faut la clé RIB.
> Responsable du compte : – On peut la chercher, la clé RIB.
> Agent B : – Ah bon ! parce que tu ne l'as pas !
> Responsable du compte : – Non, qu'est-ce que j'en ferais, d'une clé RIB !
> Agent B : – On ne sait jamais, tu aurais pu l'avoir. C'est bien, parfois, quand on nous donne toutes les infos ! *[A l'agent A :]* Bon, eh bien, il ne te reste plus qu'à téléphoner à la banque concernée.
> Agent A : – Oh, je ferai ça tout à l'heure.
> Agent B : – Alors là, tu fais comme tu sens !

Recherche d'informations. Exemple :

Le sous-directeur s'approche du poste de portefeuille :
– La société X apparaît en dépassement de 135 000 F sur le listing de ce matin alors qu'elle n'était pas débitrice hier. Qu'est-ce qui est passé ?
Chef de caisse : – Alors il y a eu des chèques et un impayé.
Sous-directeur : – Un impayé ? Mais ce n'est pas possible, il n'ont pas d'encours d'escompte ! *[Au responsable administratif passant par hasard :]*
La société X, ils n'ont plus d'encours chez nous ?
Responsable administratif : – Si, il leur en reste un petit de 35 000 F.

Relations de négociation :

Un commercial arrive vers la secrétaire avec un dossier de crédit à la main :
– Est-ce que tu pourrais me faire ça avant ce soir ? C'est ultra-urgent, c'est la demande de prêt personnel pour X.
Hésitations de la secrétaire :
– Oh la la ! mais avec tout le travail que j'ai, tu aurais pu t'y prendre plus tôt !
– Oui, je sais, mais ce n'est pas de ma faute. Tout a été bloqué parce que A [le gérant] était en vacances et qu'il voulait voir le dossier. On a déjà quinze jours de retard sur ce que je lui avais dit ! J'ai pas pu faire plus vite !
– Oui mais c'est toujours comme ça ! C'est toujours urgent, prioritaire ! Et après on me dit que je ne suis pas assez organisée.
– Je sais bien mais tu sais comment ça se passe.
– Bon, je vais essayer mais je ne te promets rien.
– Merci, t'es un chou. Non c'est vrai, c'est vraiment urgent.
Le commercial retourne à son bureau. Dans la matinée, la secrétaire prépare le dossier en laissant en suspens le reste de ses opérations.
Après le déjeuner, le commercial revient assez agité. S'adressant à la secrétaire :
– As-tu déjà fait ma demande ?
– Oui, tiens, la voilà !
Grimace du commercial. – Aïe !
– Quoi, il y a quelque chose de changé ?
– Eh bien oui. On en a discuté avec A [le directeur] à midi et on va lui faire un prêt artisan.
– Mais il rentre dans les conditions ?

– Oui, je viens de lui téléphoner.
– Tu aurais pu y penser avant ! Il faut tout que je refasse !
– Je suis désolé.
Après un moment de silence :
– ...et tu penses que pour aujourd'hui...
– Bon écoute, je vais te la refaire tout de suite, comme ça on n'en parlera plus. Mais tu es sûr que tu ne rechangeras pas d'avis ?
– Non, non, cette fois c'est tout bon.
Une heure plus tard, l'observateur va frapper un document sur la machine à écrire qui est un peu isolée. Elle est déjà utilisée par le commercial en question.
– Tiens vous savez taper ?
– Oui. Vous voyez dans la banque il faut tout savoir faire.
– Qu'est-ce que vous faites ?
– Eh bien, quand on a rejeté des chèques sans provision pour des clients, on est tenu de faire une déclaration d'incident de paiement à la Banque de France, et comme ils sont très pointilleux on est obligé de les taper.
– Ah oui, je me souviens, j'en ai fait plusieurs l'autre jour. Mais c'est la secrétaire qui fait ça, d'habitude ?
– Oui, mais ça m'arrive de le faire directement pour mes clients quand il y a un coup de bourre au guichet. Et puis là, elle me rend service avec cette histoire de dossier de crédit, alors c'est normal, j'aide un peu.

Il n'existe pas de corrélation entre le poste occupé et la nature du champ de verbalisation pour lequel on est susceptible d'être considéré comme interlocuteur valable. Tout le monde sollicite tout le monde dans tous les domaines. Le groupe a recours à un capital de compétences et d'informations qui n'est plus cristallisé sur les individus mais qui circule librement et « à la demande » d'un individu à l'autre en fonction des besoins et des nécessités d'adaptations collectives.

Il s'agit d'assumer collectivement la charge de travail du guichet. Si le poste de travail reste l'un des repères fondamentaux du déroulement de l'activité individuelle, la représentation que les agents ont de l'exécution de leur travail déborde leurs obligations personnelles pour envisager un horizon de réalisation des tâches à assumer à un niveau collectif.

Gestion des conflits

Lorsque la démarche de verbalisation est faible, les tensions ou conflits s'expriment à travers des comportements symboliques qui véhiculent un certain nombre de messages.

Une des manières de le faire est ce que nous appelons le marquage d'appropriation. Il consiste à gérer des situations tendues à travers l'utilisation du matériel de bureau en y apposant une marque distinctive. Il s'agit le plus souvent du nom de l'agent sur les stylos, gommes, agrafeuses, etc. Mais des systèmes plus efficaces peuvent également avoir été mis en place, comme dans cette unité où toutes les agrafeuses étaient attachées par une cordelette au tiroir du bureau de leur propriétaire.

Exemple :

> Dans un guichet où les commerciaux étaient à l'étage, les administratifs leur servaient d'intermédiaires dans la réception des clients. Les administratifs annonçaient par téléphone les rendez-vous ou passaient les communications téléphoniques. Lorsque l'administratif voulait manifester un mécontentement à propos d'un problème quelconque impliquant sa relation avec un commercial, il ne laissait sonner que trois fois. Cela obligeait les commerciaux à répondre immédiatement, ce qui n'était pas toujours possible. Ils « manquaient » alors un certain nombre de coups de fil et devaient soit attendre que le client rappelle, soit rappeler systématiquement le comptoir. Situation inextricable où les relations se détérioraient sans qu'un seul mot soit échangé entre les protagonistes.

Quand ce type de situation perdure, les rapports entre les deux agents, ou un agent et un groupe, peuvent devenir très difficiles, au point même parfois de perturber gravement l'ambiance de travail de l'agence. La situation peut être diffuse, latente, mais elle peut aussi donner lieu à un conflit ouvert.

La plupart du temps, ces situations sont analysées comme résultant d'incompatibilités interpersonnelles – « Ces deux-là, on ne peut pas les faire travailler ensemble, elles ne peuvent pas s'entendre. D'ailleurs, ça nous pose de gros problèmes » (gérant de guichet) –, dont la source est généralement recherchée dans le vécu psychologique des agents. Lorsque des dysfonctionnements trop importants apparaissent, les agents sont généralement nommés dans des unités différentes.

Les groupes qui fonctionnent sur un système non verbal de régulation des tensions et autour de stratégies d'évitement ont pu se trouver tout à coup – par exemple après l'institution des groupes d'expression des lois Auroux – dans une situation ponctuelle organisant la prise de parole et la confrontation. Cette expérience remettait fortement en cause les équilibres précaires que le groupe avait réussi à constituer.

Deux types de réaction de groupe ont pu être observés alors :

• La non-implication, se traduisant par l'absence de participation verbale ou physique des agents. Dans ce cas, et malgré les efforts d'animation de la direction, le groupe se limite à une discussion entre commerciaux ou à l'évocation de problèmes mineurs comme l'arrosage des plantes. Cette non-implication de l'équipe a considérablement réduit l'intérêt de l'expérimentation des groupes d'expression directe, qui ne s'est pas poursuivie.

• L'« effet volcan ». Il s'agit d'une réaction inverse où des agents évoquent de façon assez violente les problèmes qu'ils rencontrent en mettant plus en cause des personnes que l'organisation du travail. Cela donne lieu à des groupes de « règlements de comptes » qui se déroulent dans une ambiance cathartique peu propice à favoriser l'échange et la recherche de solutions.

Quel que soit le discours *a posteriori* des acteurs, on se trouve en présence de deux cas :

– l'apparition de ce type de groupe a permis de crever des abcès, et l'on constate une amélioration des relations qui, bien que faible, peut être la base d'un changement plus profond ;

– ce type de groupe a irrémédiablement détérioré l'ambiance de travail, car « il s'y est dit des choses qui n'auraient jamais dû se dire » ; dans ce cas, ces groupes ayant mal marché, la première expérimentation n'a généralement pas été renouvelée.

• *Le cas du consensus technique*

Il y a traitement technique des conflits lorsque la majorité des problèmes sont traités en termes de dysfonctionnements et d'inadéquations techniques par rapport à un ensemble de procédures à un ou des postes de travail donnés.

Exemple. Lorsque la réalisation du postmarquage des chèques (opération simple qui se faisait auparavant à la succursale et se fait en arrière-comptoir) a été confiée aux guichets, il s'est agi de savoir quel poste allait assumer cette tâche, puisqu'elle n'était officiellement attribuée à aucun. L'information sur ce qu'était le postmarquage, le matériel utilisé, un exposé global sur la procédure avaient été faits auprès des responsables d'arrière-comptoir et en l'occurrence auprès de la secrétaire. A la suite d'une première période d'apprentissage collectif, les agents administratifs manifestaient deux tendances différentes.

Un agent ayant fait partie de l'équipe volante pendant trois ans, occupant un poste de secrétariat :

> J'estime que le postmarquage ce n'est pas mon travail. J'ai autre chose à faire. C'est vrai, le postmarquage, tout le monde peut le faire, mais les ouvertures de crédit il n'y a que moi. Si je prends du retard, personne ne viendra me les faire et les clients auront raison de venir rouspéter. Non, je pense que pour que tout fonctionne correctement, il faut que chacun ait des tâches bien définies. Si tout le monde fait tout, on ne sait plus où on en est, et quand il y a des erreurs ça pose des problèmes, c'est jamais personne. Vous n'êtes pas de mon avis ? Il faut un minimum d'organisation pour qu'on s'y retrouve. Et puis c'est impossible de tenir un poste à plusieurs. On ne travaille pas tous de la même façon, on n'a pas tous les mêmes compétences. Prenez par exemple la Bourse, je sais passer un ordre et je peux remplacer mon collègue quand il n'est pas là, mais pour le reste je n'y connais pas grand-chose et je vous dirai franchement que ça ne m'intéresse pas beaucoup. Chacun son travail vous ne croyez pas ?

Les agents s'expriment sur la base du domaine particulier de l'activité qu'ils sont reconnus maîtriser. Ils dominent alors individuellement une zone spécifique du champ global de verbalisation en liaison avec le problème soulevé. De ce fait, la dimension affective des comportements est très peu marquée et reste au second plan de l'aire de production et de développement de l'expression.

Dans ce cas, la machine n'était d'ailleurs pas implantée dans leur aire normale de travail. Elle était proche du poste qui effectuait en fait le plus gros du travail. Mais celui-ci, long, relativement monotone et contraignant, et dont la réalisation ne nécessite pas de compétences professionnelles particulières, limitait relativement la disponibilité de l'agent, notamment par rapport au développement d'une activité de nature commerciale fortement valorisée. Celui-ci indiqua alors rapidement son souhait de voir se mettre en place un processus d'exécution polyvalente par rapport à cette nouvelle tâche, et cela bien que l'attitude de retrait de ses collègues fût assez marquée.

Nous nous trouvons, avec cet exemple, dans une situation de conflit potentiel. Bien avant que ce problème donne lieu à un quelconque dysfonctionnement, il était à l'ordre du jour d'une réunion qui se tint rapidement.

Une autre attitude rencontrée dans certains guichets consiste en une résolution collective des conflits. La démarche consiste à permettre la mise en présence des différents points de vue à l'intérieur d'un moment qui ne soit pas lié à une situation de fait. Il faut de plus qu'elle ne perturbe pas les relations avec la clientèle. Ce moment suppose la présence simultanée des agents concernés, donc la suspension temporaire de leur activité, il est destiné à discuter d'un problème précis et donne lieu à une présentation de la situation résultant des différentes explications et argumentations fournies par chacun des membres du groupe. Il a pour but la recherche collective d'une solution.

La recherche des solutions et donc la construction d'un consensus se fait à l'intérieur de la logique de rationalisation des procédures existantes. C'est-à-dire qu'elle s'appuie prioritairement sur une recherche de l'adéquation entre les rôles de chacun, la nature du poste occupé et le contenu du travail.

Extrait du compte rendu de réunion :

> Le second : – Il faudrait qu'on aborde le problème du postmarquage des chèques.
> Le gérant : – Ça tourne à peu près depuis un mois ?
> Second caissier : – Oui, ça marche pas trop mal. On dépose les remises dans la corbeille, et dès que l'un d'entre nous passe, ou bien qu'il a cinq minutes, il postmarque. C'est très bien comme ça parce que ce n'est lourd pour personne, alors faut-il formaliser… ?
> Second : – Oui, oui, il faut formaliser, c'est indispensable.

Second caissier à guichetier titres : – Il faudrait qu'une à deux fois par semaine, pendant une demi-heure, une heure, tu postmarques. Mais ça, ça reste à voir entre nous.
Second : – Je pense que le postmarquage doit rester un problème de caisse et que les postes titres et secrétariat doivent seulement être là pour venir en aide. Parce que vous êtes bien d'accord, ça concerne les chèques, et les chèques c'est bien la caisse qui s'en occupe !
Second caissier : – Oui bien sûr, c'est une activité de caisse, mais il faut de la polyvalence.
Second : – Je suis d'accord, mais formellement, il faut quand même bien qu'il y ait un responsable. Le jour où il y aura une erreur ou un problème quelconque, moi, je veux avoir quelqu'un à qui je puisse m'adresser. Et puis je dirai aussi qu'il est nécessaire que quelqu'un se sente plus particulièrement responsable parce que le travail doit se faire. Pour le moment ça se passe bien parce que c'est une période calme. Mais la première campagne va bientôt commencer, la période des déclarations fiscales arrive, et là je ne suis pas sûr que la polyvalence marche aussi bien. Laurent par exemple (guichetier titres) ne sera pratiquement plus disponible et normalement, si on s'organise bien, on devrait aussi profiter de la campagne pour ouvrir de nouveaux comptes. La secrétaire aura donc également beaucoup d'ouvertures de compte et tout ce qui va avec : carte bleue, vidéocompte, etc., en plus de son travail normal.
Secrétaire : – Oui, là j'ai un peu postmarqué au début pour apprendre parce qu'il faut quand même savoir faire, on ne sait jamais, mais on ne peut pas dire que j'en fasse souvent. Franchement, je n'ai pas le temps. Et puis la machine est installée derrière le comptoir, c'est un endroit où je ne vais jamais. Je suis d'accord pour aider s'il y a un problème, mais je ne suis pas tellement d'accord pour plus.
Second caissier : – Mais il faut bien se rendre compte que si ça marche actuellement c'est parce qu'on est polyvalents.
Gérant : – Oui, c'est vrai, vous vous êtes bien organisés, mais je pense quand même que ce n'est pas à la secrétaire de faire le postmarquage, ni au guichetier titres, car ils sont suffisamment occupés par ailleurs. Et à la caisse n'en parlons pas.
« Alors je pense que c'est à vous d'assumer cette tâche, étant bien entendu que si un jour vous êtes coincé vous pouvez toujours demander de l'aide. Et que, quand on a cinq minutes, plutôt que de ne rien faire ou de téléphoner, on peut toujours venir postmarquer. »

Le hiérarchique analysa la situation, lista les critères de solution à retenir, accueillit les diverses remarques des agents en appliquant les critères retenus dans chacune des situations évoquées, puis détermina la solution finale. Celle-ci fut acceptée et appliquée par le groupe.

Une logique de résolution des tensions fondée sur la rationalisation des procédures de travail induit une limitation du champ de la négociation collective dans la mesure où elle dépend des capacités des agents à traduire les dysfonctionnements en termes techniques. Certaines évolutions peuvent échapper à ce cadre commun de reconnaissance et de traitement des problèmes.

• *Le règlement permanent*

Le décloisonnement des capacités d'expression du groupe provoque une démultiplication des aires potentielles de mise en négociation des problèmes qui tend à favoriser l'émergence spontanée de pratiques de négociation locales que ne régit aucune règle formelle. Il permet une extension du champ consensuel. Dans la mesure où les solutions possibles ne sont plus exclusivement déterminées en fonction de leur adéquation à une logique de rationalisation technique mais sont directement négociées par rapport à un problème de terrain, dans un contexte où l'organisation du travail est changeante et où chaque individu peut intervenir et jouer un rôle dans la procédure de résolution, les groupes n'adoptent généralement pas une solution donnée mais négocient à chaque fois une solution optimale tenant compte de l'ensemble des caractéristiques de la situation.

Exemple :

> Début de demi-journée. Moment calme au comptoir. Un commercial quitte son bureau et s'approche du comptoir. Il s'adresse à la caisse :
> – Est-ce que M. X [un client] est venu faire une remise aujourd'hui ?
> Caissier : – Ah oui, il me semble qu'il est passé, mais c'est A [le second caissier] qui a pris sa remise. Attends, je vais regarder…
> Commence la procédure de consultation des soldes de comptes

sur le système informatique. Au même moment, le second caissier sort du bureau du gérant.
– Qu'est-ce qui t'arrive ?
– C'est toi qui as pris la remise de M. X.
Caissier : – Moins 80 000 F.
Second caissier : – Oui, c'est moi qui l'ai prise parce qu'il y avait du monde à la caisse et comme tu m'avais dit que... [hochement de tête du commercial, référence à une discussion antérieure]. Il m'a dit que pour jeudi matin ce serait bon, que sûr il allait recevoir des fonds.
– Oui, parce que tu lui as dit que c'était urgent ?
– Oui, oui, pas de problème, demain, sûr.
– Bon... parce qu'ON me l'a encore fait remarquer ce matin [référence à un comité].
– Tu veux que je le dise à C (le gérant) ? Hein, je vais lui dire.
Hésitation du commercial.
– Non, mais sûr, y a pas de problèmes. Je le connais bien il est réglo. Bigophone-le si tu veux.
– Bon, on va attendre demain, mais s'il ne passe pas tu m'avertis que je le relance tout de suite.
– Oui, oui, et puis je vais le dire à C, hein, pour qu'il soit au courant et comme c'est moi qui l'ai vu...
– Bon d'accord, merci.

L'exploitant est venu se renseigner auprès des administratifs afin de savoir si ce client a régularisé une situation de débit qui personnellement ne l'inquiète que peu, mais qui est une source de tension dans sa relation au gérant. La démarche matérielle consiste à prendre connaissance du solde du compte pour savoir si le versement attendu a été effectué.

Cette consultation peut être faite de façon autonome par le commercial qui, par l'intermédiaire d'un badge personnalisé, a accès à la procédure informatique. Mais il n'utilise pas cette possibilité. Il entre en relation verbale avec les administratifs. Il s'adresse d'abord à eux en faisant appel à leur vécu : « M. X est-il passé aujourd'hui, a-t-il fait une grosse remise ? » Il leur demande en fait quel est leur souvenir de tel événement. C'est-à-dire qu'avant tout il les reconnaît comme possesseurs d'informations que lui-même ne connaît pas, plutôt que détenteurs d'une compétence technique anonyme. Cette compétence technique ne devient une modalité de réponse à la question qu'au moment où l'administratif la propose comme telle. La mise en relation ne se fait donc pas sur une base technique mais sur celle d'une reconnaissance mutuelle des agents.

D'autre part, l'obtention du renseignement concernant le solde du client ne semble pas être l'unique but de la démarche du commercial puisqu'il pouvait l'obtenir sans faire appel à aucun agent administratif. Le déroulement du scénario le met dans une position de demande par rapport aux administratifs. Cette position se réfère à une situation antérieure où certaines informations avaient été échangées entre administratif et commercial. Ainsi, un problème qui au départ se présente comme une relation simple entre un commercial et son client évolue vers un schéma de résolution collectif.

Dans un contexte où chaque individu peut jouer un rôle dans les procédures de collaboration et de négociation s'engageant à l'intérieur du guichet, il apparaît que les significations de l'intervention ou de la non-intervention ne se réfèrent plus uniquement à des fonctions statutaires ou hiérarchiques mais permettent l'enclenchement d'un type de résolution de problèmes de nature plus collective.

De plus, si l'atténuation des prérogatives de rôle et de fonction semble être l'une des bases à partir de laquelle sont dynamisées les attitudes participatives, elle entraîne également une diminution de la protection qu'elles offrent au sein d'un groupe et marque l'ensemble des relations d'un caractère très affectif. Elle accroît de plus l'importance du respect des rites d'appartenance et de sociabilisation internes. C'est-à-dire que toutes les relations quant à leur nature deviennent des affaires du groupe plutôt que des affaires d'individu.

Cette mise en relations apparaît comme une mise en interdépendance délibérée. Autrement dit comme une alliance entre partenaires qui doit s'analyser comme étant elle-même liée à un contexte stratégique plus vaste que celui du poste de travail. Du fait de ce contexte, le clivage entre administratifs et commerciaux évolue vers une diminution des représentations liées au statut, chacun ayant besoin de l'autre pour gérer efficacement l'ensemble de ses contraintes.

L'émergence du groupe apparaît bien alors comme un processus très indépendant de volontés rationalisantes et introduit une dynamique dans l'action dont on ne peut plus seulement rendre compte en termes de collaboration. Les agents ne collaborent plus sur la base de fonctions différenciées mais travaillent ensemble d'une façon qui s'apparente à une véritable symbiose. Du schéma de fonctionnement fonctionnel et professionnel, mis en place par les spécialistes, on évolue ici vers un fonctionnement qui donne à l'équipe des capacités réelles d'adaptation sur le terrain.

Les groupes ne montrent de ce fait que peu d'intérêt pour des pratiques plus formelles qui sont globalement qualifiées de « réunionite ». Au-delà du discours des acteurs qui se plaque sur le réel *a posteriori* en essayant de produire des explications logiques à leurs comportements et relevant d'une rationalité de terrain, on peut constater que les modes d'action choisis par le groupe s'inscrivent à des niveaux beaucoup plus profonds que celui à partir duquel émanent les choix conscients des individus. On observe une modification des règles de verbalisation, un éclatement du champ négociatoire et une extension du champ consensuel.

3. 4. SCHÉMA D'INTERPRÉTATION

L'objet de l'étude est la création de règles – régulation autonome – à l'intérieur de petits groupes professionnels. Tous sont soumis à des règles générales identiques de gestion et d'organisation très strictes, contrôlées de manière rigoureuse. La partie technique de leur travail (opérations bancaires, prêts, placement de nouveaux produits, etc.) est fortement codifiée à travers des procédures connues de tous. Sans être aussi prégnant que dans le cas du *Phénomène bureaucratique* de Michel Crozier (celui-ci avait auparavant étudié *Le Monde des employés de bureau*, en partie à partir d'une enquête sur des employés de banque), l'ensemble des procédures auxquelles le fonctionnement humain est soumis est pesant et donne l'impression que tout l'univers des comportements est strictement codifié.

Or, malgré le poids de cet ensemble de règlements, l'observation fait apparaître une diversité importante de modèles de fonctionnement et la construction de ces modèles. Ces construits sociaux sont mis en relation avec les résultats professionnels, mesurés à l'aune des résultats économiques des groupes. Ce cas donne à voir l'élaboration d'un modèle relationnel qui se traduit en comportements ayant une incidence directe sur les résultats de ces groupes.

Un certain nombre de points peuvent être dégagés, rendant compte de ces comportements.

Les rôles et l'implication des individus : un renouvellement du concept de participation

Lorsque le contexte laisse à chaque individu la latitude de jouer un rôle dans les procédures de collaboration et de négociation à l'intérieur du guichet, l'ensemble du groupe adopte un comportement d'implication qui ne se guide plus uniquement sur la définition des fonctions statutaires ou hiérarchiques. La participation apparaît comme dépendante, non d'une motivation individuelle, mais d'une organisation collective où chacun se voit confier un rôle conforme à ses attentes. On favorise ainsi une procédure plus collective de résolution de problèmes.

L'atténuation des prérogatives définies par les fonctions entraîne également, on l'a dit, une diminution de la protection qu'elles offrent au sein d'un groupe et accroît l'importance du respect des rites. Toutes les relations deviennent des affaires du groupe et ne relèvent pas seulement des relations interindividuelles deux à deux. L'émergence du groupe apparaît comme un processus indépendant de volontés rationalisantes. Du schéma fonctionnel et professionnel mis en place par les spécialistes, on évolue ici vers un fonctionnement qui donne à l'équipe des capacités et une rapidité d'adaptation sur le terrain. C'est l'élément sans doute le plus important qui fait la différence au niveau économique.

L'interaction entre le leader et le groupe

Même dans un groupe réduit, le leader ne peut absolument pas imposer les changements qu'il souhaite sans l'accord du groupe. La première condition de la réussite de l'action d'un leader est donc de connaître et de comprendre le système de fonctionnement du goupe qu'il dirige. Il s'appuie sur les valeurs reconnues dans et par le groupe pour obtenir une évolution. Réciproquement, la politique qu'il entend mener doit être acceptée par le groupe et reconnue légitime par lui.

Le projet et les acteurs

La légitimité vient de l'acceptation d'un projet commun. Celui-ci finalise l'action des membres du groupe. Dans la situation des guichets de banque, on s'aperçoit qu'un critère de fonctionnement aussi fort que la présence physique des clients, et donc la pression qu'ils exercent sur les employés, est tout à fait insuffisante pour engendrer des comportements stéréotypés, en particulier d'assistance et d'aide à la clientèle. Certains guichets ont des fonctionnements bureaucratiques. Dans d'autres, avec le même environnement économique et humain, le mode relationnel traduit l'importance accordée au service à la clientèle, et ceci apparaît dans un mode de fonctionnement interactif, un système de coopération qui ne ritualise pas la division du travail. Le projet commun est cohérent avec la distribution des rôles : pas de projet de service sans mise en cohérence avec les règles concrètes de fonctionnement.

CAS N° 4

La naissance d'un nouveau modèle relationnel : le cas Sollac

4. 1. SITUATION GÉNÉRALE

Depuis la fin des années soixante et le début de la décennie suivante, la sidérurgie en France et dans les pays industrialisés ou en voie d'industrialisation a connu une crise profonde. Les raisons en sont connues : concurrence mondiale accrue, surproduction, rigidité de l'appareil de production rendant difficile l'ajustement rapide de l'offre à la demande, investissements financiers lourds, rotation du capital faible, durée de mise en place des installations rendant la réactivité lente et l'ajustement difficile.

Sollac est une vieille entreprise, héritière de grandes sociétés implantées dans la région, comme de Wendel, Rombas, Homécourt, Longwy. Après la Seconde Guerre mondiale, des installations très modernes pour l'époque ont été en partie financées par l'aide américaine du plan Marshall. C'est une période de développement intense. A partir du milieu des années soixante, cependant, la conjoncture se retourne et commencent des années très noires. 63 installations sont arrêtées entre 1968 et 1973, dont 20 hauts-fourneaux, 8 aciéries, 10 trains dégrossisseurs, 20 trains finisseurs. Les plans sociaux successifs réduisent la population des établissements de l'Est dans la proportion de 10 à 1 dans l'intervalle de vingt-cinq ans, de 2 à 1 dans les dix dernières années (54 000 pour l'ensemble sidérurgique en 1968, 10700 Sollac en 1982, 4600 en 1993).

Au début des années quatre-vingt, la situation financière de l'ensemble industriel auquel appartient Sollac est catastrophique. La modernisation a moins évolué que celle de la concurrence, la production en quantité et qualité y est inférieure. Les pertes annuelles représentent entre 15 et 20 % du chiffre d'affaires avec un endettement moyen compris entre 60 et 110 % de ce chiffre d'affaires. Il faut prendre des mesures d'adaptation quantitative et qualitative. Au niveau de la Ceca (Communauté européenne du charbon et de l'acier, créée en 1951), les plans se succéderont et les gouvernements français successifs prendront, dès 1978, des mesures pour soutenir la sidérurgie nationale. A cette période, les pouvoirs publics deviendront actionnaires majoritaires. Il y aura modernisation, et continuation des très importantes réductions d'emploi que l'on a vues.

Il y a donc eu un effort considérable de modernisation et de productivité, à partir de 1980, dans des années pas si lointaines. On peut faire l'hypothèse que ces efforts sont toujours présents dans l'esprit de l'ensemble des salariés de Sollac en 1993. Efforts douloureux de restructuration, qui en termes industriels ont été payants : l'entreprise existe toujours alors qu'elle a failli disparaître, ses produits sont considérés par ses salariés comme étant de qualité et concurrentiels sur le marché, sauf dumping. Il se dit aussi dans l'usine que les efforts ne doivent pas se relâcher.

On est donc en présence d'un ensemble humain qui, en l'espace d'une génération de travail, a subi un véritable traumatisme. Celui-ci a sans doute aidé à la prise de conscience de ce qu'un changement radical était nécessaire. Encore celui-ci devait-il être rendu possible.

Les résultats présentés ci-dessous résultent d'une enquête menée en 1993, à travers des interviews, une observation directe, la passation d'un questionnaire [1].

1. L'enquête a été réalisée, dans le cadre du programme Paroles 2, par une équipe du Glysi comprenant, outre l'auteur, Jean Bunel, Béatrice Maurines, Christian Thudéroz. Nous présentons ici les résultats concernant le site de Florange, la plus vieille implantation des sites de Sollac.

4. 2. HISTORIQUE ET PRÉSENTATION DES ACTIONS PARTICIPATIVES

Un ensemble important d'actions de type participatif a été initié dès la fin des années soixante-dix, début quatre-vingt. On distinguera les actions qui relèvent de la participation de celles qui relèvent de la délégation. Ces dernières correspondent au fait, pour des salariés, d'avoir davantage de responsabilités dans l'exécution de leur travail, comme faire de petits réglages sur sa machine, exécuter les tâches habituellement dévolues aux ouvriers du premier entretien (niveau d'huile, changements d'outils, etc.). C'est le cas fréquemment rencontré dans des équipes autonomes, par exemple. On est alors dans une situation non de participation proprement dite, mais de délégation. Même s'il s'agit d'améliorations tout à fait importantes pour l'ouvrier sur sa machine, elles ne relèvent pas vraiment de la participation.

Celle-ci commence lorsqu'il y a possibilité de décision sur l'organisation du travail, sur la définition et l'aménagement des postes de travail, sur l'introduction de nouvelles techniques. Cette participation, difficile à mettre en œuvre, suppose d'une part au moins discussion avec les organisateurs auxquels ce rôle est traditionnellement dévolu, les membres des bureaux d'études et des méthodes. En général, ils ne l'acceptent pas volontiers, non seulement pour « garder leur pouvoir », mais aussi parce qu'ils pensent être ceux qui connaissent mieux et ont davantage d'expérience de ces problèmes, et qu'ils craignent que les gens de production ne leur fabriquent « des moutons à cinq pattes ». Il y a là des difficultés de compréhension – de traduction – entre services qui n'ont ni les mêmes contraintes ni les mêmes pratiques, donc finalement pas les mêmes logiques. D'autre part, et c'est la seconde raison de la difficulté de mise en œuvre de la participation, celle-ci aboutit à des remises en cause, des demandes d'explication, voire des contestations à l'intérieur des ateliers ou des services, contestations qui paraissent souvent, aux yeux des membres de l'encadrement direct, comme une remise en cause de leur pouvoir.

Le modèle traditionnel de commandement, celui d'une obéissance aux ordres sans les discuter, est ébranlé par le modèle participatif. Celui-ci suppose néanmoins des connaissances techniques et peut-être gestionnaires qui apparaissent comme un autre changement dans le fonctionnement des entreprises.

La liste des actions participatives mises en œuvre à Sollac est importante, on va le voir. Il n'est pas sûr cependant que cette importance soit exceptionnelle. D'autres entreprises pourraient afficher une liste aussi importante d'actions de ce type. Ce qui frappe à Sollac-Florange est la finalité donnée aux actions participatives, qui n'est pas seulement de délégation, la continuité des actions engagées et l'absence de contradictions dans leur orientation, le poids donné à l'information, en particulier économique, l'importance attachée à la qualité, la négociation d'un large accord entre direction et syndicats.

De grands sous-ensembles apparaissent. Il s'agit des actions générales, telles que le projet d'entreprise, le plan d'action compétitivité (PAC), et des groupes d'action de progrès (GAP). D'abord, le projet d'entreprise. Lancé en 1985-1986, il comprenait quatre points : la satisfaction du client, la nécessité de dégager des bénéfices, de répondre aux aspirations du personnel, de développer le sentiment d'appartenance à l'entreprise. Un quadruple niveau commercial, économique, « social », identitaire. Il semble que l'adhésion à ces objectifs ait été difficile à atteindre, sans doute parce qu'ils étaient trop globaux. Il fallait les détailler, en particulier auprès de la hiérarchie. Des groupes de projet furent créés, dans le but explicite d'une prise de conscience de l'évolution de l'entreprise par l'encadrement, pour le faire devenir acteur du projet dans une logique dite de « réappropriation » de l'entreprise. Ces groupes proposèrent différents axes plus adaptés à leurs problèmes concrets. Progressivement, depuis, chaque département émet ses propres propositions d'actions. L'objectif de cohésion de l'entreprise à travers ces propositions d'actions semble avoir été atteint, même si toutes les actions concrètes proposées n'ont pas toujours été mises en place. A titre d'exemple, un des points du nouveau projet s'intitule : « développer la citoyenneté dans l'entreprise ». Cependant, ce projet d'entreprise associe surtout l'encadrement et semble être assez ignoré par le personnel.

Le plan d'action compétitivité est défini « comme un système d'animation interne pour aller d'améliorations en améliorations, à partir d'objectifs ambitieux et chiffrés avec tous les acteurs de l'entreprise ». Pour la direction, il s'agit d'un tout : management du potentiel humain mais aussi démarche de progrès dont l'objectif est de mesurer des améliorations. Selon les salariés, la direction a voulu lancer une démarche participative permettant à chacun, individuellement ou en groupe, de s'approprier les problèmes et donc de proposer des solutions tout en valorisant son travail et ses actions de progrès. C'est aussi un outil de communication qui favorise l'établissement de nouveaux rapports entre personnes d'une même entreprise, au sein des différentes unités ou entre unités. Le PAC a pour objectif de fédérer, mesurer et consolider l'ensemble des nombreuses démarches de progrès, dont les cercles de qualité et beaucoup d'autres spécifiques à l'entreprise. Il s'agit de trouver tous les gisements de non-qualité, et de réussir à les transformer en économies financières influant directement sur les coûts de production. L'objectif économique est clair et est révélé comme tel aux salariés, les résultats obtenus sont convertis en francs/tonne et se traduisent pour les salariés en un intéressement financier. Le souci est de motiver le personnel à la connaissance de l'économie de l'entreprise. Les résultats du PAC sont restitués systématiquement à l'ensemble des acteurs de l'entreprise : au niveau du département, de l'usine et du grand public.

Les groupes d'action et de progrès (GAP) sont sans doute l'institution de base du participatif. Au départ, il s'agissait des cercles de qualité (CQ) au sens habituel du terme. Puis la dénomination cercle de qualité s'est effacée devant celle de GAP, ceux-ci évoluant hors du cadre formel des CQ, en particulier avec un moindre rôle joué par la hiérarchie. Il existe globalement deux formes de GAP : les permanents et les temporels. Les GAP « permanents » ont un rayon d'action limité à un seul atelier ou à un seul service. Quand un problème est résolu, le groupe étudie un autre problème. Les GAP temporels traitent les problèmes ponctuels qui se posent à un secteur d'activité ou à plusieurs secteurs. Ils peuvent être transversaux, concerner plusieurs ateliers, métiers ou services. Ses membres peuvent appartenir à plusieurs secteurs d'activité, en fonction de la nature du problème traité. Après l'application de la solution retenue, le groupe met fin à ses travaux et se dissout.

Les principes de fonctionnement sont : les membres sont tous volontaires ; ils se réunissent pendant les heures de travail ou en dehors d'elles, et dans ce dernier cas il y a une rémunération ; les animateurs, qui ne sont pas forcément les hiérarchiques et qui le sont dans les faits de moins en moins souvent, recoivent une formation spécifique ; l'encadrement en soutient et facilite l'organisation et la progression. Une grande attention est donnée à la formation des membres du GAP. Il existe enfin un faciliteur qui doit en assurer la gestion et le management dans son secteur.

Les objectifs des GAP, selon les membres de la direction, sont de renforcer la qualité, de susciter un travail d'équipe plus efficace, d'intéresser davantage les gens à leur travail, de créer un outil commun de résolution de problèmes et d'améliorer les communications. La méthode passe par les étapes suivantes : identifier et sélectionner un problème, déterminer ses causes, découvrir sa cause la plus probable pour mettre au point une solution. Celle-ci doit être acceptée par la hiérarchie avant sa mise en œuvre. Le groupe comprend un « parrain » et un « animateur ». Celui-ci est normalement volontaire. Il assure le fonctionnement du groupe.

Un autre ensemble d'actions vise les domaines de la sécurité et surtout de la qualité. De nombreuses formules existent, souvent d'un niveau assez technique. Il est moins sûr que, à leur égard, on puisse parler de participatif. Ce sont des outils dont l'application ne laisse apparemment que peu de marges de liberté. Ils incluent des mesures dont l'usage forme au calcul et à une rigueur méthodologique.

Toutes ces actions sont utilisées par la direction comme un outil pour changer les relations entre la hiérarchie et les opérateurs. Dans les réunions, la première accepte, de fait, que les équipes d'opérateurs empiètent sur ses prérogatives traditionnelles. Les actions participatives sont une manière de changer les règles du jeu, voire les conventions, dans l'entreprise.

En elles-mêmes, ces actions (dont nous n'avons signalé que les principales) ne sont pas particulièrement originales. Mais elles ont été l'objet d'une démultiplication dans toute l'entreprise, avec une volonté clairement affichée et politiquement poursuivie sur une durée importante de les faire descendre dans l'encadrement et auprès des salariés. Ceux que nous avons rencontrés ont tous, à un moment ou à un autre, été touchés par des actions de ce type. Le participatif a été pour eux l'occasion non seulement d'être consultés, mais de donner leur avis sur des décisions de type organisationnel et technique. Ils ont même perçu et exprimé les limites de ce que pouvait être cette participation, ce qui veut dire qu'ils ont eu l'occasion de l'exercer. Il y a eu ici plus qu'une délégation. Il y a eu consultation sur des problèmes organisationnels, par exemple lors des « déballages d'idées », quand certains salariés ont trouvé des méthodes permettant d'accélérer ou de simplifier telle ou telle opération. Ils ont eu retour sur leurs propositions. De plus, ces actions ont été accompagnées d'une formation générale, parfois plus technique, souvent de type économique. L'ensemble des salariés est informé des contraintes générales de la concurrence, voire formé à la connaissance de certains paramètres économiques.

D'une manière générale, il se dégage de l'ensemble des interviews du questionnaire et des observations *in situ* le sentiment que, lorsqu'un problème concernant la production au sens large se pose dans un atelier ou un service et qu'il concerne plusieurs salariés, une majorité de ceux-ci trouve naturel de provoquer une réunion, avec information à la hiérarchie, pour tenter de résoudre la question. Il s'agit donc dans ce cas d'une action qui peut être participative, c'est-à-dire qu'elle peut porter sur un changement d'organisation et provoquer une décision qui, habituellement, ne relève pas de la compétence des salariés. L'affirmation de ce mode d'action, de la part de nos interlocuteurs, a été spontanée :

> Une suggestion [...] elle démarre individuellement et elle finit en groupe [...]. C'est simple. Il y a un problème, et on est trois ou quatre. On voit le problème, et on pose une suggestion, un peu comme un GAP (interview de groupe).

Un autre interviewé enchaînera sur ce propos en faisant remarquer que si la réunion informelle à trois ou quatre ne permet pas d'aboutir à une solution immédiate ou si la solution n'est pas bonne, on peut créer un GAP. Le GAP, c'est plus long, plus laborieux, on ne sait si une solution est possible avant de commencer. Et il faudra plusieurs réunions pour l'obtenir.

4. 3. UN ACCORD IMPLICITE ENTRE ACTEURS

Comment se constitue ce qui apparaît comme un nouveau modèle relationnel, de type participatif ? Le modèle ancien, taylorien, pouvait être défini comme celui d'une absence de parole. « Bosse et tais-toi » en était – et en demeure toujours – une expression emblématique. Le passage au nouveau modèle vient-il du résultat de la mise en place des actions participatives, ou, avant elles, n'y avait-il pas déjà un effet de la formation, de l'élévation des qualifications, de l'usage des nouvelles technologies ? S'il est difficile de trancher, on peut cependant relever certains éléments significatifs.

Les établissements de Sollac-Florange sont divers, constitués de plusieurs usines qui ont chacune une certaine autonomie, en particulier pour la mise en place des actions participatives. Entre les usines, des différences notables de lancement de ces actions ont eu lieu. Il y a eu diversité d'actions et différentes manières de les recevoir dans les usines. Cette multiplicité et cette diversité ne doivent cependant pas faire illusion. Ce qui frappe au contraire l'observateur extérieur est l'usage régulier depuis plus d'une douzaine d'années d'un ensemble d'outils dont les origines sont disparates mais dont la visée est la même. Prenons l'exemple de l'outil créé par les lois Auroux, les groupes d'expression directe des salariés, lancés en 1984, devenus en 1986 des conseils d'atelier et de bureau dans les entreprises nationalisées, et toujours vivants à Florange en 1993, même si le temps qui leur est consacré reste faible. Les réunions de groupes d'expression continuant à avoir lieu, les salariés ont clairement perçu l'usage spécifique – un canal pour exprimer certaines réclamations – qu'ils pouvaient en faire au regard des autres actions participatives. Cet outil proposé par la loi fait maintenant partie de l'ensemble des outils d'expression. Et les cadres rencontrés n'en ont pas mis l'intérêt en cause, alors qu'à l'époque cela avait été le cas dans beaucoup d'entreprises. A Sollac-Florange, personne n'a crié aux « soviets dans les usines », comme l'avait affirmé le secrétaire général de la CGC lors du vote de la loi et comme l'avait craint le patronat.

De manière pragmatique, les salariés et la direction se sont emparés de l'outil et continuent à le faire fonctionner.

Le maintien en activité de ces groupes d'expression directe peut donc être interprété d'une première manière comme une volonté du management, une acceptation (à travers une négociation) des syndicalistes et des salariés d'utiliser toutes sortes d'actions participatives et de le faire de manière soutenue depuis des années. Ce maintien traduit un certain état des relations professionnelles. Les groupes d'expression des lois Auroux ont été une institution négociée entre direction et syndicat, puis rendue obligatoire dans les entreprises nationalisées. On sait qu'il n'y a guère eu de demande pressante des salariés pour les faire fonctionner. Dans les entreprises où les directions étaient réticentes et où les syndicats ne poussaient pas trop, le jeu de ces deux acteurs n'a pas favorisé le développement des GED. La direction les a considérés comme un contre-pouvoir, les syndicats comme un risque de court-circuitage de leur fonction ou comme une source de difficultés pour positionner l'action syndicale. Réduire leur importance, c'était, dans cette perspective et pour la direction, diminuer le rôle des syndicats et valoriser celui de la maîtrise. Pour les syndicats, ne pas risquer une aventure que l'on maîtrisait mal. Les directions ont alors favorisé d'autres groupes pilotés par le management, tels par exemple les cercles de qualité. A Florange, le maintien des groupes d'expression peut être interprété comme le résultat d'un accord plus ou moins explicite entre direction et syndicat, comme l'acceptation d'un partage du travail. On créait un moyen de remontée des communications. Cette manière de voir a été confirmée par les salariés dans les réunions, comme on l'a vu plus haut. Le modèle participatif, pour se constituer, suppose une volonté affirmée des acteurs sociaux sur une période relativement longue, où les différentes actions engagées ont une cohérence globale. Même si, par rapport aux actions engagées, l'acteur patronal a joué un rôle d'impulsion par la poursuite de cette politique sur une durée de plus de dix ans maintenant, il s'agit bien d'un accord entre les différents acteurs impliqués.

Enfin, on peut noter un certain emboîtement des démarches participatives les unes dans les autres, rendant plus cohérente la vision d'ensemble.

Chercheur : – Si en conseil d'atelier une idée surgit, peut-elle passer en GAP ?
– Oui, oui.
– Mais tout peut passer en GAP.
– Oui, mais ils nous disent. De toute façon sur le compte rendu ils nous demandent si le sujet pourrait faire l'objet d'un GAP.

La direction a créé une instrumentation particulière, sous la forme de faciliteurs, installés dans chaque usine. Ces personnes, souvent choisies parmi d'anciens ouvriers ou techniciens connaissant bien l'usine, ayant de bonnes capacités relationnelles, ont pour mission d'être les relais des actions participatives dans chacune des usines. Lorsqu'un responsable d'une des actions répertoriées plus haut veut lancer une nouvelle action, ou faire passer une information, ou provoquer une réunion, il demande au faciliteur de le faire. Cette fonction de relais est importante et cohérente.

Une première condition de la réussite des actions participatives a donc été la volonté conjointe des acteurs sociaux, la direction s'appuyant de plus sur une panoplie d'outils.

4. 4. L'INSTITUTIONNALISATION DU PARTICIPATIF

Cette politique s'est traduite aussi dans des accords assez nombreux et assez forts pour que l'on puisse parler d'une institutionnalisation du participatif. On veut dire par cette expression qu'il y a eu une politique cohérente, s'appuyant à la fois sur la gestion des ressources humaines au sens désormais classique du terme et sur le système des relations professionnelles. Il ne s'est pas seulement agi d'implanter des actions participatives, de mettre en place des animateurs et des faciliteurs, de conduire des entretiens d'évaluation, de valoriser la présence à des actions participatives dans les évaluations, mais aussi de négocier et de signer des accords. Bref, tout un ensemble de mesures orientées dans le même sens, sur une durée importante, acceptées par et/ou négociées avec les acteurs, ont permis de créer les conditions de ce qui apparaît aujourd'hui être un véritable changement. On l'a vu plus haut, l'implantation d'actions participatives relève d'une histoire déjà ancienne à Sollac-Florange, implantation soutenue par une volonté cohérente des acteurs depuis une quinzaine d'années. Même si certaines actions ont été plus soutenues dans le secteur chaud que dans le secteur froid, même si certains acteurs ont paru donner moins d'importance que d'autres à ces actions, celles-ci, nombreuses voire foisonnantes, se sont toujours développées dans une perspective relativement unifiée. Il n'y a pas eu d'actions engagées à grand renfort de publicité interne ou externe qui auraient été abandonnées. Certaines, comme Compétences, semblent être aujourd'hui moins fortement activées, mais elles ne sont pas abandonnées.

Un accord important

Cette politique s'est traduite en termes institutionnels. Bien que des accords signés avec les représentants du personnel ne puissent être considérés comme des actions participatives, ils ont leur place ici. Comme on vient de le dire, la négociation de ces accords s'inscrit dans une politique cohérente des acteurs sociaux visant à renforcer l'esprit qui a présidé au lancement des actions participatives. Ces négociations entrent dans ce que nous pensons pouvoir appeler la « sphère participative ».

L'accord le plus important signé dans les dernières années semble être l'accord sur la conduite de l'activité professionnelle dans les entreprises sidérurgiques, accord nommé A. Cap 2000. Il a été signé le 25 janvier 1991 entre le GESIM, groupement des entreprises sidérurgiques et minières où Usinor-Sacilor occupe une place centrale, et les fédérations syndicales CFDT, CFE-CGC, CFTC et CGT-FO. Les objectifs affichés de cet accord sont de « promouvoir une politique de qualification qui reconnaisse les compétences individuelles ; définir les conditions du déroulement des carrières permettant à chacun de progresser selon ses compétences ; mettre en place un dispositif permettant à chaque salarié de se positionner à tout moment de sa carrière professionnelle » (p. 6 de l'accord). L'essentiel de cet accord est de passer d'une logique de poste de travail à une logique de compétences, celle-ci étant définie comme « se substituant à la logique de progression professionnelle par remplacement des postes disponibles au sein d'organigrammes préétablis » (p. 9). La logique des compétences conduit à prendre en compte « les connaissances et l'expérience des salariés » et « non plus les qualifications requises par les fonctions effectivement exercées » (p. 10). D'où l'accent mis sur l'élargissement des compétences pour s'adapter « aux évolutions des techniques et des organisations » (p. 10).

L'autre point important contenu dans l'accord et qui concerne les actions participatives a trait à l'évaluation des compétences à travers l'entretien professionnel et aux carrières. La logique des compétences, dit l'accord, « impose l'évaluation des exigences liées aux activités exercées », aboutissant à définir « les compétences requises » ainsi que « l'évaluation du niveau des connaissances et l'expérience des salariés » permettant de positionner ceux-ci selon « leurs compétences acquises » (p. 13). Dans l'un et l'autre cas, il est stipulé, après l'énoncé des principes de l'évaluation des compétences requises et des compétences acquises, qu'il n'y a pas de procédure type. Pour l'évaluation des compétences acquises, ces étapes sont le rassemblement des faits (connaissances acquises plus expérience professionnelle), puis l'analyse du parcours professionnel (constat des compétences acquises et souhaits du salarié).

L'outil de cette évaluation est l'entretien professionnel. Celui-ci est présenté comme « une possibilité offerte à chaque salarié de préciser, avec sa hiérarchie, les perspectives de déroulement de sa carrière dans le cadre de l'activité de l'établissement ». Il est précisé que ce n'est ni un examen, ni un jugement, qu'il se déroule sur la base de critères objectifs, qu'il permet la prise de conscience d'une situation à un moment donné et qu'il débouche sur des conclusions concrètes. La base de cet entretien est une comparaison entre les compétences d'un salarié et celles requises par la fonction exercée ou souhaitée. Il est précisé que l'entretien professionnel n'est pas une obligation, mais une possibilité, que celui qui conduit l'entretien est l'autorité qui est au plus près du salarié et à laquelle il revient de prendre les décisions. Dans la fiche, la participation aux groupes de travail est mentionnée explicitement.

Il y a donc une volonté, traduite dans des accords spécifiques à l'établissement de Florange signés par toutes les organisations syndicales, à l'exception de la CGT, d'inclure les actions participatives dans ces accords. Il y a institutionnalisation du participatif, au sens où le fait d'être actif dans les différents groupes est une action mentionnée dans les accords, qui donne lieu à une évaluation et qui a une influence sur la carrière des salariés.

Indépendamment des accords, les groupes participatifs présentent leurs réalisations, à des intervalles qui paraissent ne pas être déterminés *a priori*. Ceux qui sont apparus les meilleurs – les critères ne sont pas vraiment définis – sont récompensés par un voyage d'une ou deux journées, dans la région ou à Paris. Mais il semble qu'à Florange la direction ne tienne pas à valoriser le participatif par des actions qui pourraient apparaître comme trop spectaculaires.

Il y a donc une triple modalité d'institutionnalisation des actions participatives : à travers leur valorisation dans les accords d'établissement et dans l'évaluation du salarié, par un financement spécifique auquel s'ajoutent des récompenses symboliques (présentations) et ludiques.

L'impératif économique partagé

La plupart de nos interlocuteurs, autant ceux de la direction que les salariés et, parmi eux, ceux qui étaient syndiqués, ont affirmé, en parlant des actions participatives, qu'il fallait changer les relations entre la hiérarchie et le personnel. L'affirmation est en soi assez banale, elle est souvent répétée dans les entreprises. Cependant, l'insistance sur le « il fallait » est forte à Florange. Elle est accompagnée d'une image revenue fréquemment dans les interviews, celle de l'ornière dans laquelle était supposée être l'entreprise. Il fallait sortir de « la fameuse ornière », sans que l'on précise pourquoi cette ornière était fameuse, mais elle l'est, donc elle est connue comme telle. Il fallait sortir, nous précisait-on, du modèle où le chef de poste était « le bon Dieu », où c'est lui qui commandait tout.

Si l'on se rappelle les diminutions terribles d'effectifs jointes aux pertes financières répétées et à la menace de la concurrence présente à tous les esprits, on comprend l'omniprésence de la contrainte du changement. Ce qui est particulier ici est l'association du changement pour raisons économiques à celle du changement du modèle hiérarchique. Pourquoi ce double impératif ?

L'argument avancé est qu'il était utile, surtout dans le cas de l'introduction de nouvelles machines et pour le bon fonctionnement technique de l'ensemble, de prendre l'avis de ceux qui travaillaient sur ces machines, des gens du terrain. La participation est ressentie par le groupe et les individus comme quelque chose qu'il fallait faire, quelque chose dont un des interviewés dira qu'elle était « obligatoire », au sens où on ne pouvait pas ne pas la pratiquer.

Ce type de discours est habituellement celui des managers. Le développement du travail collectif et l'expression des travailleurs paraissent être aujourd'hui une des conditions du bond en avant de la productivité et de la qualité. Les politiques participatives sont devenues légitimes parce qu'elles semblent la condition d'une utilisation productive et rentable des nouvelles technologies, parce qu'elles servent à une mobilisation des salariés qui augmentent leur contribution dans le travail, parce qu'elles génèrent des fonctionnements collectifs qui améliorent les performances de l'entreprise. Le management participatif a un avantage idéologique considérable : il permettrait d'articuler harmonieusement et de concilier l'économique, le technologique et le social, il abolirait la contradiction entre l'efficacité productive et l'épanouissement du travailleur, contradiction qui caractérisait le taylorisme et la production de masse.

Or voici que dans notre enquête ce discours et cet argumentaire sur le participatif n'est pas tenu seulement par le groupe des managers et des directions, mais qu'il l'est aussi par l'ensemble des salariés. Pour quelles raisons ?

Un certain nombre d'éléments sont à retenir. Il y a eu ce que l'on appelle prise de conscience de la nécessité de ce participatif. Pour des raisons de concurrence et de compétitivité, disent nos interlocuteurs salariés. Selon eux, c'est là qu'il faut trouver la clé de cette nouvelle manière de voir les choses.

> Il y a quelque chose qu'il faut effectivement avoir bien en tête au niveau de la sidérurgie européenne, c'est que la différence se fait avec nos actions de progrès. On a actuellement de très bons outils à Sainte-Agathe (une des usines du site), mais de très bons outils il y en a également ailleurs. On le sait : c'est plus la manière dont on se sentira responsable [...]

> Les démarches participatives sont fondamentales. Le gars qui, sur sa ligne, s'il se préoccupe à tout moment, alors que ce n'est pas dans sa fonction, de la qualité des produits, il nous apportera un plus qui fera qu'effectivement c'est Florange qui sera choisi. C'est ça qui est important, c'est que nos clients nous choisissent. Ils ont la possibilité, même au sein du grand Sollac, de dire : « c'est meilleur à Florange », donc je veux du Florange. C'est le casse-croûte, ça, il n'y a pas de secret (groupe de travail).

Faire des actions participatives permet de rendre la firme plus compétitive. Cette conviction est partagée par nos interlocuteurs. À leurs yeux, le lien entre le dynamisme économique et les actions participatives est clair.

Partage sans illusion toutefois sur la portée et les limites de ces actions participatives. Elles n'ont pas pour objectif de révolutionner l'entreprise du point de vue technique. Au cours des réunions d'actions participatives, les participants ne débattent pas de la conception de technologies ou de systèmes entièrement nouveaux. Les gros investissements ne sont pas discutés dans les groupes, même si les sommes en jeu peuvent être importantes. Une suggestion débattue dans un groupe permet de formaliser, de préciser ou d'approfondir une idée, qu'elle soit venue de la direction technique ou qu'elle ait déjà existé dans la tête d'un ou de plusieurs participants. Cette idée sera mise en forme grâce aux apports du groupe. L'important est de voir qu'à travers cette intervention, ce groupe se définit comme acteur, et qu'il peut concrètement faire appel à des services extérieurs et proposer des solutions.

En revanche, que la mise en œuvre d'investissements radicalement nouveaux exige une consultation entreprise le plus tôt possible pour mettre les opérateurs dans le coup, et que cette consultation débouche sur des changements conséquents, ceci est devenu avec le fil du temps une pratique relativement courante et très bien perçue par les ouvriers. La démarche et l'étendue du principe participatif « faire appel à l'intelligence et aux connaissances des opérateurs » sont très valorisées à Florange. Il s'agit de mettre les opérateurs dans le coup, avant que n'arrivent des équipements entièrement nouveaux, pour que ces opérateurs en modifient éventuellement la mise en place et proposent les changements organisationnels qui leur paraissent utiles. Ces propositions sont évidemment limitées par l'expérience et les connaissances des opérateurs. Elles relèvent cependant du domaine du participatif et se répandent dans l'entreprise, au moins selon les témoignages d'un nombre important de salariés.

Les deux modèles et l'instrumentalisation des GAP

Participer activement à un groupe procure des avantages matériels : davantage de chances de promotion, remboursement des heures (au moins pendant une certaine période), se faire bien voir du hiérarchique. Dans leur majorité, les salariés de l'échantillon rejettent l'idée d'une participation en échange d'avantages matériels, mais se définissent eux-mêmes comme différents d'autres collègues.

Certains disent emmener du travail à la maison pour « potasser » le sujet ; cela permet de trouver plus vite les solutions. Celles-ci sont élaborées, individuellement ou en petit groupe, à la sortie du travail dans l'usine ou bien chez soi. C'est le plus souvent le fait des animateurs, et le groupe est partagé pour savoir si tous les participants avaient des pratiques identiques. Celles-ci existent sûrement.

Il y a donc deux modèles. L'un, celui de la génération spontanée, du démarrage individuel, par exemple à partir des suggestions individuelles. Le salarié en fait part à son contremaître. Celui-ci examine le cas et donne son avis. S'il est positif, c'est le salarié qui consulte, provoque des réunions si nécessaire avec des collègues du même atelier, fabricants, ou mécaniciens, ou électriciens. Ensuite, suivant l'évolution du problème, « ça » peut déboucher sur un GAP. « Ça » peut être n'importe qui, pas forcément le hiérarchique qu'il faut avertir. Ou encore, la discussion part spontanément à l'occasion du passage d'un collègue spécialiste dans la réparation de certaines pannes et elle prend de l'ampleur. Ou bien, la même occasion permet de faire venir cette personne dans le GAP et d'obtenir des réponses sur les sujets. C'est le modèle « on fait ça tous ensemble ».

L'autre modèle est celui dit « du volontariat désigné ». Le hiérarchique, en général celui du premier niveau, cherche lui-même des volontaires, convoque les réunions et les anime. Il n'est pas toujours facile de refuser, si l'on n'en a pas vraiment envie. « Notre chef avait demandé des volontaires, mais ça a été dur à constituer. » Ensuite, au cours de la réunion, le groupe peut déterminer le sujet à discuter, l'animateur n'est pas le hiérarchique, les propositions sont décidées ensemble. Cela veut dire que le groupe a fini par se saisir du problème et que l'on change de modèle. Dans le modèle du volontariat désigné, c'est le hiérarchique qui définit le sujet et donne la parole face à un groupe plus passif.

L'animateur joue, bien entendu, un rôle important, qui ne se confond pas toujours avec celui du hiérarchique. Dans le premier modèle, l'agent de maîtrise n'est pas à l'initiative du groupe. Il doit donner son accord, surtout si, à la réflexion puis à l'analyse, les projets semblent devoir demander des investissements importants. Donner ou refuser son accord suppose une négociation avec un groupe qui a eu l'initiative et qui peut marquer sa mauvaise volonté si un refus n'est pas accompagné d'arguments légitimes à ses yeux. Cette phase de négociation est importante aux yeux des participants. Dans le second modèle, c'est le hiérarchique qui est à l'origine du groupe, et là un choix négatif pose moins de problèmes. Le groupe, passif, y voit une confirmation de sa conduite de retrait.

Sur ces deux modèles se greffe la question de l'intérêt financier et de carrière, ainsi que du poids de la conjoncture. Tout d'abord, dans les dernières « bonnes » années de Sollac, le temps passé dans les groupes participatifs était payé en heures normales ou en heures supplémentaires. De plus, cette bonne conjoncture aidant, « on était bien dans sa tête ». Maintenant, il y a du chômage partiel et le temps n'est payé qu'au tarif du chômage partiel. Du coup, cela démobilise les gens. La présence aux groupes semblerait être en déclin ainsi que le nombre de groupes se réunissant, encore que nous n'ayons pas pu obtenir de données chiffrées autres que celles sur les groupes d'expression citées plus haut.

Un autre obstacle de taille au développement des actions participatives est qu'elles risquent de se retourner contre les individus, car un gain de productivité peut aboutir à la suppression d'un poste. On a vu que cet obstacle était en concurrence avec un autre, celui de la survie de l'entreprise. Cette survie peut être liée, comme une condition, à une réduction de la main-d'œuvre. Survivre suppose moins de main-d'œuvre. Certains l'ont affirmé, pas dans les entretiens de groupe cependant, seulement en entretien individuel. C'est une chose que l'on pense, mais que l'on ne dit pas publiquement. En groupe, on affirme le contraire. Si les membres du groupe ont une idée dont ils voient qu'elle peut amener à une suppression de poste, ils ne la diront pas, du moins l'affirment-ils dans le groupe. Il arrive cependant que des GAP démarrent entre salariés, la hiérarchie étant informée et suivant de plus ou moins loin. Puis finalement l'amélioration a abouti à supprimer un poste par équipe, au total donc cinq personnes. Des idées « pures » au départ, concernant par exemple l'amélioration des conditions de travail, finissent par déboucher sur des licenciements.

Selon les salariés, on ne peut affirmer que ce résultat soit voulu par la direction à travers les actions participatives. Elle les engage surtout soit pour la sécurité, soit pour faire des gains d'argent, soit pour une amélioration du fonctionnement, soit pour améliorer les conditions de travail, « aussi parfois pour l'emploi ». Mais nos interlocuteurs n'ont pas prêté à la direction l'intention d'utiliser les actions participatives pour supprimer des emplois.

Un autre type d'incitation est celui qui se fait à travers la carrière. Dans les entretiens individuels qui ont lieu une fois par an, le hiérarchique doit remplir une cible dans laquelle figure la rubrique « participatif » ou « non participatif ». S'il coche « non participatif » cela peut être un frein à une évolution de carrière. Dans certains secteurs, « c'est bien délimité, pour passer de [du coefficient] 240 à 255, tu as le module animateur obligatoire ». Si les choses ne sont pas partout aussi rigoureusement délimitées, participer activement à des GAP permet de mieux se faire connaître de la hiérarchie et de la direction. Et, lorsqu'on va demander une rallonge à son chef de service, dire que l'on fait ou que l'on a fait du participatif permet d'avoir plus de chances de faire aboutir sa demande. Tout le monde est d'accord là-dessus.

A la source des actions participatives, on trouve donc un certain accord né de la représentation de l'impératif économique, de la négociation d'accords entre direction et syndicats, d'instruments de mise en place du participatif, même si ceux-ci sont inégalement acceptés par les salariés.

4. 5. UNE NOUVELLE FIGURE DE SALARIÉ

Finalement, on voit se constituer un modèle relationnel nouveau à Sollac-Florange. Les éléments avec lesquels il se construit ont été énumérés plus haut. Rappelons-les : le premier est une prise de conscience d'une mutation profonde de l'environnement où les contraintes de la concurrence jouent un rôle central. Ces contraintes ont été fortement vécues par les salariés sous la forme de diminutions d'effectifs, de licenciements et de plans sociaux. Mais cette représentation nouvelle serait à elle seule insuffisante à modifier le modèle existant. Il faut encore un changement dans la situation des individus permettant l'existence d'un projet professionnel, sous forme de mobilité ascendante. On a vu que, pour les salariés présents, cette mobilité a eu lieu et que la progression des qualifications est une réalité générale dans l'établissement. Il y faut sans doute aussi – mais tout le monde n'est pas d'accord là-dessus – une rétribution financière, même minime. Une majorité de salariés interviewés se trouve dans cette situation. Certains, qui ne sont pas concernés par le projet, semblent rester en dehors ou aux franges de ce nouveau modèle relationnel, même s'ils ne peuvent rester indifférents au changement. Puis, la constitution d'un nouveau modèle relationnel passe par un accord des acteurs sociaux sur la poursuite des actions qui concourent à le bâtir. Enfin, la permanence du projet participatif sur une longue durée – plus de quinze ans – et la cohérence des actions par rapport à ce projet sont des éléments indispensables à la construction du changement de modèle. Les caractéristiques de celui-ci se résument, dans les comportements, à trois points : une nouvelle relation au travail, un nouveau modèle communicationnel, un nouveau type de relation au syndicat.

Une nouvelle relation au travail

Incontestablement, les salariés affirment trouver davantage d'intérêt à leur travail et à leur présence dans l'entreprise grâce aux actions participatives. Même s'il est vrai que l'on a affaire à une population d'un niveau de qualification élevée, ancienne et qui a eu des promotions importantes depuis son entrée dans l'usine, l'indice de satisfaction au travail est d'un niveau remarquablement élevé.

S'il n'est pas surprenant que les salariés valorisent l'intérêt au travail et le changement du modèle hiérarchique (toutes les enquêtes menées à ce sujet, par questionnaire ou par observation directe, n'ont cessé de le montrer depuis de nombreuses années), la nouveauté réside, ici, dans le lien fait par les salariés entre intérêt au travail et actions participatives, en particulier parce que ces actions sont concrètes et touchent directement l'environnement de travail de ces salariés. Comme le dit l'un d'eux dans l'interview rapporté plus haut, parce que ces actions touchent « directement l'outil de travail » et parce qu'il ne s'agit pas que de modifications mineures. Pour les salariés, la participation n'est pas de la « poudre aux yeux », comme ils l'ont dénoncé dans d'autres enquêtes. Elle concerne directement les individus comme les groupes et ils y adhèrent pour cette raison.

Il y a eu changement d'attitude de la hiérarchie et/ou de l'environnement. Les salariés de notre échantillon affirment être consultés par leur hiérarchique, pour près des deux tiers. Et lorsqu'ils donnent un avis, 79 % ont le sentiment qu'« on » en tient compte – pourcentage le plus élevé des entreprises enquêtées dans la même recherche. Autrement dit, le groupe d'ouvriers-techniciens, dont quelques-uns sont des agents de maîtrise, dont beaucoup sont des animateurs de groupe, a le sentiment d'être acteur, et non agent, du fonctionnement de l'entreprise. Les pourcentages sont importants. S'il y a satisfaction dans la relation au travail, c'est que les salariés estiment jouer un rôle socialement reconnu dans le champ du travail, de la technique, de la qualité de la production et des conditions de travail. Ce qui est le fondement de l'identité professionnelle. Il y a donc à la fois reconnaissance parce que l'avis est sollicité et enrôlement parce que ces salariés jouent un rôle actif dans le champ de leur identité professionnelle. On peut alors parler de nouvelle figure de salarié.

Reconnaissance et enrôlement ont de longue date été le fait des ouvriers professionnels hautement qualifiés. On le retrouve donc normalement ici. Le changement est plus profond si on relie la satisfaction née des relations au travail à celle qui est jointe à la dimension de communication, comme on va le voir plus bas.

Ajoutons que l'amélioration de son propre salaire et de ses conditions d'emploi est attribuée pour près de la moitié à la situation de l'entreprise. C'est de celle-ci donc que dépendent les conditions de salaire et d'emploi, pensent les salariés aujourd'hui. Cette attitude, relativement nouvelle pour des salariés (des enquêtes menées il y a vingt ans, il ressortait que cette amélioration était due au moins autant à l'action des syndicats), renforce le sentiment que la contribution des salariés peut contribuer à cette réussite économique.

La valorisation de la communication

Incontestablement, les salariés valorisent la communication horizontale. Ils y voient le résultat des groupes de travail. Il s'agit bien d'abord de mettre en commun expérience et savoir et de résoudre les problèmes dans l'équipe de travail.

Les salariés interviewés ont une représentation de leur atelier et de leur service comme un lieu où la communication et le contact sont plus importants que la définition du travail, et où les deux premiers sont prioritaires pour la résolution des problèmes. Si on admet l'idée de deux modèles d'entreprise, l'un taylorien, qui se caractérise, entre autres, par la non-communication, et l'autre, plus interactif, qui se définit comme un ensemble de réseaux en relation les uns avec les autres, il est peu contestable que les salariés de notre échantillon se représentent leur entreprise sous la forme de ce second modèle.

Pour autant, ceux qui sont en faible mobilité ascendante ou qui n'ont pas un haut niveau de qualification ne rejettent pas la fonction de communication. Ils en perçoivent l'importance, mais sont plus passifs dans les groupes, se sentent moins impliqués, vivent la participation selon le second modèle décrit plus haut.

Les actions participatives naissent aussi d'une nouvelle situation de travail dans ces usines de plus en plus automatisées. En effet, l'aspect matériel des postes de travail a profondément évolué dans les usines. Les lieux ont changé. Aux descriptions, gravures et photos anciennes, montrant les ateliers de laminage grouillant de monde, l'équipe de cinq, dix ou douze compagnons assistant le chef lamineur dans le maniement des brames d'acier, avec une masse d'autres ouvriers se déplaçant dans l'atelier, ont succédé des ateliers qui restent toujours très bruyants, où les trépidations des machines paraissent de plus en plus accélérées, mais où, au premier coup d'œil, le visiteur ne voit plus, ou mal, les salariés qui y travaillent. Un regard plus attentif permet de distinguer des cabines dont les vitres teintées cachent la présence humaine sans laisser percevoir si elles sont occupées par un ou deux ouvriers-techniciens, rarement trois.

Le problème de la communication se pose alors de manière très concrète. Comment une équipe postée, où les salariés travaillent la nuit, les dimanches et fêtes, dans des équipes qui se relaient de manière continue, composées de salariés isolés dans des cabines distantes de 30, 50 ou 100 mètres, où le travail ininterrompu oblige à une présence permanente, peut-elle communiquer ?

Les multiples actions participatives constituent une réponse à ce problème. Les réunions qu'elles provoquent permettent aux individus de se rencontrer et aux équipes d'avoir des moments pour discuter des problèmes à résoudre et mettre elles-mêmes au point des solutions, ou bien de les proposer à la hiérarchie si les problèmes sont trop difficiles à résoudre. « Sur le lieu de travail, si le gars est à 50 ou 100 mètres, on ne peut pas se déplacer toutes les cinq minutes pour discuter. »

Mais se réunir a aussi une autre fonction, celle de communication non technique, on peut dire de création – ou renforcement – du lien social dans le groupe. La parole est non seulement acceptée, mais les réunions fortement encouragées, et les salariés apprécient ce changement.

La communication instituée dans les groupes permet, au dire des salariés, un travail plus efficace et des réalisations concrètes, techniques, en même temps qu'elle maintient un contact et renforce le lien entre les salariés.

La liaison avec les autres services occupe une place importante. Là aussi, les salariés interviewés opposent deux modèles. Dans l'ancien, lorsqu'une idée était émise par un salarié, le bureau d'études s'en emparait et la mettait en œuvre. Mais le salarié n'était plus dans le coup, et souvent même pas tenu au courant. Quand il voyait revenir son idée mise en œuvre par d'autres que lui, « ça démotive beaucoup quand ça arrive ». Dans le nouveau modèle, l'idée est discutée avec le bureau technique, après que le GAP a aidé à la mise en contact avec les services périphériques, action où le rôle de l'animateur est souligné. Là, « l'idée est restée chez nous ». Les GAP servent donc à mettre en contact avec les autres services, électricité, mécanique, dessinateurs, services techniques en général et, si on appartient à ces services, avec la production. Et les salariés commentent : « C'est nécessaire de connaître le reste de l'usine... C'est la base de tout... Ça aide à créer les transparences entre services. »

On est donc en présence d'un groupe de salariés pour lequel la communication dans le groupe de travail, avec la hiérarchie mais aussi avec les autres services, est une réalité importante et fortement valorisée. Et cela, ajouté à la satisfaction exprimée dans la relation de travail et à l'intégration des contraintes économiques, permet de conclure à un changement notable dans l'entreprise.

Ce qui est d'autant plus apparent qu'une grande partie des salariés n'imagine pas possible un retour en arrière. A la fin de chaque entretien individuel ou de groupe, les chercheurs posaient une question sur la solidité du modèle, sur l'irréversibilité de ce qui a été mis en place. La majorité des interviewés disent que le modèle est irréversible. Si la direction n'incitait plus à des actions participatives, les groupes continueraient à se réunir quand même, disent beaucoup. Si elle les supprimait, en particulier la plus importante de ces actions, les GAP, alors peut-être ne resterait-il pas grand-chose. On assisterait à un repli sur une attitude plus traditionnelle, celle qui correspond au comportement des ouvriers ou techniciens de métier, traditionnellement décrit comme celui des professionnels dans des ateliers de fabrication.

La relation aux syndicats

Le modèle participatif a-t-il une influence sur les relations entre les salariés et les syndicats et sur les représentations qu'ils en ont ?

A la lecture des résultats du questionnaire, on s'aperçoit que les syndicats sont les grands absents des réponses. A la question du recours pour des revendications individuelles, les salariés disent qu'ils s'adressent d'abord massivement (75 %) au chef direct. Sa figure a donc changé, tandis que le délégué du personnel n'est plus un interlocuteur privilégié. Est-ce un effet des actions participatives ? Aucun indice ne permet de l'affirmer dans le cas de Florange. Alors qu'il arrive fréquemment d'attribuer le déclin syndical à des intentions délibérées des directions, on a vu plus haut qu'à Sollac-Florange la négociation avec les syndicats, la signature d'accords, était en cohérence avec les actions participatives. Nous n'avons pas recueilli de trace de « chasse au délégué » dans les ateliers et les salariés interviewés ont fréquemment affirmé qu'il n'y avait pas opposition entre participatif et syndicalisme. Certaines actions comme la formation à l'animation, formation proche de celle qu'ont reçue les animateurs de groupes participatifs, ont rapproché le hiérarchique des salariés qu'il a sous ses ordres. Avant, « il y avait moins de contacts avec la hiérarchie » ; « Aujourd'hui, on nous écoute quand même plus qu'il y a dix ou quinze ans » ; « La savonnette, on ne va plus la demander au syndicat, on va la demander au chef », comme pour la sécurité.

Dans le même sens de la perte d'influence syndicale, les réponses au questionnaire font apparaître que l'action des syndicats a une importance quasi nulle pour l'amélioration du salaire et de l'emploi. Ils jouent en revanche un rôle important pour l'information des salariés et pour la défense des salaires et conditions de travail.

La relation traditionnelle aux syndicats a changé. Le délégué du personnel, celui qui rend tangible la présence du syndicat dans l'atelier, n'a plus guère d'audience. On ne s'adresse plus à lui dans le rôle de défense des intérêts individuels sur le lieu de travail. De même ne compte-t-on plus sur lui pour faire avancer les revendications individuelles de salaire et d'emploi. Au quotidien, les délégués ne se voient plus attribuer de rôle pour la défense individuelle, ce qui était leur fonction traditionnelle. En revanche, les syndicats gardent, aux yeux des salariés, un rôle d'information, de défense globale des salaires, des conditions de travail et de l'emploi. Il y a quasiment une rupture entre le rôle attribué aux délégués et celui que l'on reconnaît au syndicat. La négociation leur reste cependant une attribution.

Le syndicalisme, absent pour faire avancer des revendications individuelles, garde un rôle général de recours au niveau de l'usine, voire du groupe industriel. Pour soi-même, on ne compte plus sur lui. Pour l'ensemble, on ne croit plus à l'efficacité de la grève, mais le syndicat doit pouvoir jouer un rôle dans la négociation, à égalité avec l'expression directe des salariés. Ce qui fait que, malgré tout, les contacts avec les délégués sont toujours vivants.

Au total, on a donc une image d'un syndicalisme un peu absent de l'assistance quotidienne, présent cependant dans une fonction globale d'information et de négociation.

4. 6. SUCCÈS ET AMBIGUÏTÉS DU PARTICIPATIF

Incontestablement, une nouvelle figure du participatif émerge à Sollac-Florange. Nous en avons décliné les éléments : un accord entre les acteurs institutionnels sur la mise en place des actions participatives, une représentation partagée des contraintes économiques, des perspectives d'évolution professionnelle à travers la modernisation technique, tous ces éléments ont entraîné une nouvelle relation au travail, la valorisation de la communication, une perception différente des syndicats qui restent cependant présents.

Cette nouvelle figure n'est pourtant pas celle de tous. Ceux qui s'investissent dans l'entreprise à travers les groupes, parce qu'ils croient en l'avenir et surtout parce qu'ils ont une image valorisante d'eux-mêmes dans leur travail et dans leur carrière, s'opposent à d'autres, plus passifs qu'acteurs. Ceux qui s'investissent le font pour des raisons où se retrouve toujours un projet, sinon de carrière, au moins d'adhésion au projet de l'entreprise. Ceux qui ne s'investissent pas appartiennent au second modèle évoqué plus haut, celui du participatif imposé, où le hiérarchique prend les initiatives et où les autres suivent.

Ceux qui s'investissent ont le profil de la « nouvelle figure de salarié » décrite plus haut. Ils ont connu une certaine progression de carrière, développent un grand intérêt pour les communications horizontales et verticales, ont un projet professionnel. On pourrait dire qu'ils sont « motivés », à condition d'ajouter que cette motivation vient de leur situation professionnelle. Dans une perspective théorique de sociologie de l'acteur, on dirait que les opportunités professionnelles qui leur ont été faites leur ont permis de devenir des acteurs. Ceux qui s'investissent dans les groupes participatifs ont un projet, au moins celui de se battre pour rester dans l'entreprise. Ce sont aussi les « gagnants », il ne faut pas l'oublier, de ce nouveau modèle, où il y a des « perdants ».

4. 7. SCHÉMA D'INTERPRÉTATION

Comment interpréter l'émergence de ces nouveaux acteurs ? On peut en souligner quelques traits :

– il y a eu création de nouvelles règles ;

– accord sur ces nouvelles règles (en particulier celles qui portaient sur la participation réelle à des décisions concernant directement les salariés) ;

– un bien commun a été trouvé (composé de possibilités de participation réelles, de promotion, de sauvegarde de l'entreprise) ;

– ceci a été rendu possible par l'évidence de la contrainte commerciale ;

– la direction a toujours pesé dans le même sens, rendant crédible sa volonté de changement ;

– la maîtrise a joué le jeu, pour cette dernière raison sans doute ;

– il n'y a pas eu afflux de main-d'œuvre extérieure, mais promotions internes, c'est-à-dire confiance aux salariés présents.

L'éclairage théorique le plus pertinent est donc sans doute celui de l'école des conventions, relayée par la théorie de la règle, en particulier de la création des règles. Les acteurs sont parvenus à se mettre d'accord sur la création de ces règles, créant une régulation conjointe, ce qui a entraîné des conventions de forme portant sur la création de nouveaux investissements de forme.

Postface

La deuxième édition de *La sociologie des entreprises* me donne l'occasion de revenir sur le débat autour de l'usage du terme de « sociologie des entreprises ». Est-il possible, légitime, de parler de sociologie de l'entreprise[1] ?

Le débat est entraîné par la confusion entre le fait social d'une part et la manière de le conceptualiser d'autre part. La sociologie se définit comme construction de signification à partir de l'observation des phénomènes – pour elle des phénomènes sociaux – que l'on appelle des faits sociaux ou des objets – on utilisera ici ces termes de manière équivalente. La définition de l'entreprise que nous retenons est celle de collectif. Selon nous, l'entreprise est un collectif dans la mesure où elle est construite par des acteurs, lieu autonome d'élaboration de règles et de sens. Choisir cette définition, c'est s'intéresser au collectif comme une construction par et sur une coopération. Il y a sûrement coopération entre les membres de l'entreprise, mais la question est de savoir si cette définition est la plus pertinente. La réponse donnée dans ce livre est affirmative. L'entreprise comme objet sociologique est observée sous l'aspect d'un lieu autonome de construction d'un collectif et d'élaboration de règles. Nier qu'elle puisse l'être, lui refuser cette autonomie, c'est en faire un objet transparent à d'autres

1. Je dois beaucoup, pour les réflexions qui suivent, à des discussions avec Claude Giraud. Qu'il trouve ici l'expression de mes remerciements.

conditionnements sociaux, lui refuser le statut de fait social ou d'objet.

L'explication de la naissance de la classe ouvrière permet de comprendre les raisons de notre choix. Si la classe ouvrière est bien née, au XIXe siècle, de la création des manufactures et des règlements particuliers qui y étaient imposés, de la discipline en général, de la journée de travail, etc. – règlements qui ne relèvent évidemment pas seulement de l'autonomie ouvrière dans l'usine mais de contraintes socio-économiques et techniques – ce sont les luttes ouvrières qui ont modifié ces règlements, qui ont permis la constitution de la classe ouvrière. Elles l'ont fait, bien sûr, à cause de ces contraintes, à l'aide de théories, de mouvements extérieurs au monde ouvrier (je pense, par exemple, au Méthodisme, cité par E. P. Thomson) ou d'alliés divers. A la source de ces mouvements cependant, la discipline de l'usine, la concentration humaine dans les fabriques, puis les entreprises, créent un lieu spécifique, source d'une classe sociale qui a ses propres caractéristiques. Ce sont les acteurs agissant à partir de leur situation de travail dans l'entreprise qui ont forgé la conscience ouvrière à travers les règles qu'ils se sont donnés – rejet des conditions de travail imposées par le patron, lutte pour les horaires, grèves, constitution des syndicats, etc. Le cadre de l'entreprise a joué un rôle particulier, relativement autonome par rapport aux grands déterminants économiques ou politiques. L'importance de ces derniers ne doit pas être occultée, mais elle ne supprime pas cette capacité de l'entreprise à être lieu de socialisation et donc objet, comme tel, de l'observation des sociologues.

L'objection principale à cette thèse de l'autonomie est présente dans les paradigmes de type structuraliste selon lesquels seules comptent les contraintes tirées des structures sociales, le reste – dont l'entreprise – n'étant qu'un élément reflétant ces contraintes et ces structures. Dans cette perspective, il y aura refus de la construction d'une autonomie et minorisation de la coopération. On ne parlera pas de pouvoir, car ce serait s'enfermer dans l'entreprise sans en voir ses conditionnements. Encore plus grave, parler de coopération, voire de communauté, c'est valoriser un consensus mou, éliminer la domination, faire le jeu des idéologues du management. Que les relations de domination existent, c'est une évidence. Mais ne soyons pas totalitaires : la coopération peut s'observer dans une entreprise qui connaît par ailleurs des relations de domination. L'une n'exclut pas l'autre.

Faire une sociologie de l'entreprise, ce n'est pas en faire « le » centre de la constitution du lien social, mais un des lieux de constitution. D'autres institutions de la société comme la famille, l'école, les églises, etc., sont objets d'études sociologiques. Il s'agit de constater l'existence d'un objet puis de le conceptualiser à partir de l'observation. On peut faire une sociologie de l'entreprise sans être taxé d'inféodation aux courants managériaux, auxquels elle ne saurait être réduite. Selon Simmel, la sociologie doit rechercher les règles par lesquelles, en vertu de leurs actions réciproques, les individus constituent des groupes et sont conditionnés par l'existence de ces groupes. Les individus dans l'entreprise se constituent en groupes par la réciprocité de leurs actions et pas seulement par une organisation préétablie. Ce sont les règles qui sont l'objet de la sociologie, non le cadre dans lequel elles sont créées.

Lieu de constitution d'une forme particulière de lien social, lieu de l'observation de la naissance de ce lien, donc légitimant une sociologie, l'entreprise ne devient pas pour autant *ipso facto* un concept sociologique. L'entreprise n'est pas, en effet, une construction théorique fondée sur des observations, mais le lieu de cette observation. Par opposition, par exemple, l'organisation est un objet sociologique au sens d'une construction théorique fondée sur des observations, qui n'épuise pas l'objet observé mais qui lui donne sens. On a considéré, dans ce livre, l'entreprise successivement comme une organisation, une bureaucratie, une action collective, un système de coopération, une culture, un lieu où se construisent des identités, la rencontre problématique de logiques d'action divergentes, etc. Cet ouvrage est donc sous-tendu par l'idée que toutes ces approches sont non seulement légitimes, mais que l'entreprise doit être appréhendée à travers ces différents concepts, sans qu'aucun n'exclue l'autre.

De même, et pour prendre un exemple célèbre en sociologie, le suicide est un objet, un champ d'observation. Par contre, l'anomie que Durkheim décèle dans l'observation du suicide, est un authentique concept sociologique. Faire une sociologie du suicide est donc possible, sans qu'il faille affirmer que le suicide est un concept sociologique. Il est le lieu d'une observation où le sociologue crée le concept d'anomie. Ayant observé le phénomène suicide, Durkheim bâtit, à partir de ces observations, le concept d'anomie. Le suicide est l'objet, l'anomie le concept.

Que l'entreprise soit soumise à des conditionnements ou à des contraintes extérieures, personne ne cherche à le nier. Il y a toujours, dans tout ensemble humain, une partie des actions qui sont coordonnées de l'extérieur, c'est évident. Mais tous les observateurs attentifs de l'entreprise sont d'accord sur le constat que les membres de l'entreprise ont toujours été, en toutes circonstances, capables d'autonomie dans la coordination de leurs actions. Mieux même, ils attachent une grande importance à reconstituer ces actions, car cette reconstitution définit leur identité. Cette coordination (informelle, clandestine, etc.) permet le fonctionnement des entreprises. Ignorer cette reconstitution, ce « travail à soi » (titre de mon ouvrage, 1982), c'est nier le construit que constitue l'entreprise, construit qui est le cas de tout groupement humain, fait social dont le sociologue a à rendre compte, construit qui a toujours été constaté par tous ceux qui se sont donnés la peine d'observer les ateliers et les entreprises.

Bibliographie

Une bibliographie impose toujours des choix difficiles. Selon la manière habituelle, on a choisi de regrouper ci-dessous tous les ouvrages cités au fil des pages pour que le lecteur puisse facilement trouver les références qu'il souhaiterait. Cependant, pour faciliter le choix de certaines lectures, quelques livres cités sont accompagnés d'un commentaire. Cela doit permettre de signaler les ouvrages accessibles à un public plus large.

Albertini, J. M. (1960 ; éd. citée, 1971), *Les Rouages de l'économie nationale*, Paris, Éd. Ouvrières.

– (1992), *La pédagogie n'est plus ce qu'elle sera*, Paris, Éd. du Seuil/Presses du CNRS.

Amblard, H. et *al* (1995), *Les Nouvelles Approches sociologiques des organisations*, Paris, Éd. du Seuil.

Aoki, M. (1988), *Information, Incentives, and Bargaining in the Japanese Economy*, Cambridge, Cambridge University Press.

Argyris, C. (1964), *Integrating the Individual and the Organization*, New York, Wiley ; trad. fr., *Participation et Organisation*, Paris, Dunod, 1970.

Argyris, C., et Schon, D. A. (1978), *Organizational Learning : A Theory of Action Perspective*, Addison-Wesley.

Arocena, J., Bernoux, P., Minguet, P., Paul-Cavallier, M., et Richard, P. (1983), *La Création d'entreprise, un enjeu local*, Paris, La Documentation française, coll. « Notes et études documentaires ».

Aron, R. (1962 ; éd. citée, 1968), *Dix-Huit Leçons sur la société industrielle*, Paris, Gallimard, coll. « Idées ».

Arrow, K. J. (1974), « Limited knowledge and economic analysis », *American Economic Review*, mars, p. 1-10.

Barnard, C. I. (1938), « The theory of authority », in *The Functions of the Executive*, Cambridge, Harvard University Press.

Bazzoli, l., et Dutraive, V. (1994), « L'approche de la notion de confiance dans les théories économiques des institutions – du calcul au compromis », communication au séminaire *Nouvel Institutionnalisme*, Centre Walras, Maison Rhône-Alpes des Sciences de l'Homme.

Belleville, P. (1965), *Une Nouvelle Classe ouvrière*, Paris, Julliard.

Berle, A. A., Jr, et Means, G. C. (1934), *The Modern Corporation and Private Property*, New York, McMillan.

Bernoux, P. (1982), *Un Travail à soi*, Toulouse, Privat.

– *et al* (1984), *Qui connaît les machines ?*, Lyon, doc. ronéo, Glysi.

– (1985 ; 4e éd., 1993), *La Sociologie des organisations. Initiation théorique suivie de cas pratiques*, Paris, Éd. du Seuil.

Bessy, C. (1991), « Licenciements économiques et formes de gestion de la main-d'œuvre », *Lettre d'information du Centre d'études de l'emploi*, n° 20, juin.

Bessy, C., *et al.* (1994), « Les politiques publiques d'emploi : le rôle des agents locaux », *Lettre d'information du Centre d'études de l'emploi*, n° 33, juin.

Billiard, I. (1993), « Le travail : un concept inachevé », *Éducation permanente*, n° 116, *Comprendre le travail*, p. 19-32.

Bion, W. R. (1959), *Experiences in groups*, New York, Basic Books ; trad. fr., *Recherches sur les petits groupes*, Paris, PUF, 1972.

Boltanski, L., et Thévenot, L. (1987), *Les Économies de la grandeur*, Cahiers du Centre d'études de l'emploi, n° 31, Paris, PUF.

Boltanski, L., Thévenot, L., *et al.* (1989), *Justesse et Justice dans le travail*, Cahiers du Centre d'études de l'emploi, n° 33, Paris, PUF.

Borzeix, A. (1986), Préface au numéro *Retour sur l'entreprise* de *Sociologie du travail*, vol. XXVIII, n° 3.

Boudon, R. (1984), *La Place du désordre. Critique des théories du changement social*, Paris, PUF, coll. « Sociologies ».

Boudon, R., et Bourricaud, F. (1982), *Dictionnaire critique de la sociologie*, Paris, PUF.

Boudon, R. (éd.) (1992), *Traité de sociologie*, Paris, PUF.

Bourdieu, P. (1980), *Le Sens pratique*, Paris, Éd. de Minuit.

Braudel, F. (1986), *Civilisation matérielle, Économie et Capitalisme du XVe au XVIIIe siècle*, Paris, A. Colin, t. III.

Braverman, H. (1976), *Travail et Capitalisme monopolistique. La dégradation du travail au XXe siècle*, Paris, Maspero.

Breton, P. (1992), *L'Utopie de la communication*, Paris, La Découverte.

Bunel, J., *et al.* (1985), *Le Triangle de l'entreprise*, rapport Glysi, ronéo.

Bunel, J., et Saglio, J. (1978), *La Société des patrons*, Paris, PUF.

Burnham, J. (1941), *The Managerial Revolution*, New York, The John Day Co ; trad. fr., *L'Ère des organisateurs*, Paris, Calmann-Lévy, 1947.

Burns, T. R., et Stalker, J. M. (1966), *The Management of Innovation*, London, Tavistock.

Burns, T. R., et Flam, H. (1987), *The Shaping of Social Organization*, Londres, Sage Publications.

Callon, M., et Latour, B. (1978), « Comment suivre les innovations ? Clé pour l'analyse sociotechnique », *Prospective et Santé publique*, numéro spécial sur l'innovation.

Callon, M. (éd.) (1989), *La Science et ses Réseaux. Genèse et circulation des faits scientifiques*, Paris, La Découverte.

Camerlynck, G. H., et Lyon-Caen, G. (1975), *Droit du travail*, Paris, précis Dalloz.

Chandler, A. D., Jr (1977), *The Visible Hand*, Cambridge, Mass., et Londres, The Belknap Press ; trad. fr., *La Main visible des managers*, Paris, Economica, 1988.

Chanlat, J.-F. (1990), *L'Individu dans l'organisation. Les dimensions oubliées*, Québec, Les Presses de l'université Laval, Éd. Eska.

Chanlat, J.-F., et Séguin, F. (1983), *L'Analyse des organisations – Une anthologie sociologique*, t. I, *Les théories de l'organisation*, t. II (1987), *Les composantes de l'organisation*, Montréal, Gaëtan Morin.

Chapoulie, J.-M., *et al.* (1991), « Reconstructions de la sociologie française », *Revue française de sociologie*, vol. XXXII, n° 3.

Chenu, M.-D. (1975), « Trente ans après », *Lumière et Vie*, numéro spécial, *Le Travail en procès*.

Chevalier, F. (1991), *Cercles de qualité et Changement organisationnel*, Paris, Economica.

Coase, R. H. (1937), « The nature of the firm », *Economica*, vol. IV, n° 16, novembre, p. 386-405.

Cohendet, P., *et al.* (1988), *L'Après-taylorisme, nouvelles formes de rationalisation dans l'entreprise en France et en Allemagne*, Paris, Economica.

Cet ouvrage est sans doute une des meilleures et des plus claires analyses des composantes du modèle taylorien et des caractéristiques du (ou des) nouveau(x) modèle(s) d'organisation du travail. Il a de plus l'avantage de se fonder sur une comparaison internationale.

Collectif (1989), *Cultures du travail. Identités et savoirs industriels dans la France contemporaine*, Paris, Éd. de la Maison des sciences de l'homme, coll. « Ethnologie de la France », Cahier 4.

Commons, J. R. (1934), *Institutional Economics*, Madison, University of Wisconsin Press.

Coriat, B. (1991), *Penser à l'envers*, Paris, Christian Bourgeois.

Crozier, M. (1956), *Petits Fonctionnaires au travail*, Paris, Éd. du CNRS.

– (1963), *Le Phénomène bureaucratique*, Paris, Éd. du Seuil.

– (1979), *On ne change pas la société par décret*, Paris, Grasset.

– (1989), *L'Entreprise à l'écoute*, Paris, InterÉditions.

Crozier, M., et Friedberg, E. (1977), *L'Acteur et le Système*, Paris, Éd. du Seuil.

Il reste, pour l'analyse stratégique, le livre du maître. L'écriture est claire. Les débats autour des nombreuses théories en rendent l'intérêt encore plus grand, mais il faut vouloir s'y plonger. *La Sociologie des organisations* de l'auteur de ces lignes a été écrit pour une présentation simplifiée.

Cyert, R. M., et March, J. G. (1963), *A Behavioral Theory of the Firm*, Prentice Hall, New Jersey.

Desmarez, P. (1986), *La Sociologie industrielle aux États-Unis*, Paris, A. Colin, coll. « U ».

Dickson, W. J., et Roethlisberger, J. F. (1938), *Management and the Worker*, Harvard University Press.

Dubar, C. (1991), *La Socialisation. Construction des identités sociales et professionnelles*, Paris, A. Colin.

– (1992), « Formes identitaires et socialisation professionnelle », *Revue française de sociologie*, octobre-décembre, vol. XXXIII, n° 4.

Dubost, J. (1987), *L'Intervention psychosociologique*, Paris, PUF.

Dumont, L. (1977), *Homo aequalis. Genèse et épanouissement de l'idéologie économique*, Paris, Gallimard.
– (1991), *L'Idéologie allemande*, Paris, Gallimard.
Dupuy, F. (1991), « Le bureaucrate, le citoyen et la sociologie », *Les Cahiers du management*, n° 9, p. 59-63.
Durand, J.-P., et Weil, R. (1989), *Sociologie contemporaine*, Paris, Vigot.
Durkheim, É. (1893 ; éd. citée, 1960), *De la division du travail social*, Paris, PUF.
– (1912 ; éd. citée, 1967), *Les Formes élémentaires de la vie religieuse*, Paris, PUF.
Duvignaud, J. (1966), *Introduction à la sociologie*, Paris, Gallimard, coll. « Idées ».
L'Économie des conventions (1989), numéro de la *Revue économique* (articles de J.-P. Dupuy, F. Eymard-Duvernay, O. Favereau, A. Orléan, R. Salais, L. Thévenot), vol. XL, n° 2, mars.
Elias N. (1970), *Was ist Sociologie ?*, (1993), *Qu'est-ce que la sociologie ?* Agora, Pockett.
– (1987), *Die Gesellschaft des Individuen*, Suhrkamp Verlag, Francfort/Main, trad. française, (1991), *La Société des individus*, Paris, Fayard.
Enriquez, E. (1983), *De la horde à l'État*, Paris, Gallimard.
– (1990), « L'entreprise comme lien social. Un colosse aux pieds d'argile », *in* R. Sainsaulieu (éd.), *L'Entreprise, une affaire de société*, Paris, FNSP.
– (1992), *L'Organisation en analyse*, Paris, PUF, coll. « Sociologie d'aujourd'hui ».

L'entreprise peut être lue à des niveaux, à des « instances » différentes. L'ouvrage d'Enriquez précise ces instances et situe ainsi l'entreprise dans un cadre qui va du mythe à l'individu et à ses pulsions, en passant par l'histoire, l'institution, l'organisation et le groupe. Écrit dans un langage clair, complété par trois cas de recherche-intervention, c'est un guide précieux et accessible.

Exiga, A., Piotet, F., et Sainsaulieu, R. (1981), *L'Analyse sociologique des conditions de travail*, Paris, ANACT.
Eymard-Duvernay, F. (1989), « Conventions de qualité et formes de coordination », *Revue économique*, vol. XL, n° 2, mars, p. 329-359.
– (1994b), « Les interactions aux frontières de l'organisation »,

communication au séminaire, *Les Frontières de l'entreprise*, ECT, université Lumière-Lyon 2.

Eymard-Duvernay, F., et Marchal, E. (1994a), « Les règles en action. Entre une organisation et ses usagers », *Revue française de sociologie*, vol. XXXV, p. 5-36.

Favereau, O. (1989), « Marchés internes, marchés externes », in *Revue économique*, numéro sur *L'Économie des conventions*, vol. XL, n° 2, mars.

Fayol, H. (1918 ; éd. citée, 1979), *Administration industrielle et générale*, Paris, Dunod.

French, J. R. P., Jr, Israel, I., et Dagfinn, A. (1960), « An experiment on participation in a Norvegian factory », *Human Relations*, n° 1, p. 1-19.

Friedberg, E. (1972), « L'analyse sociologique des organisations », *Pour*, n° 28.

– (1993), *Le Pouvoir et la Règle. Dynamiques de l'action organisée*, Paris, Éd. du Seuil.

Friedmann, G. (3e éd., 1960), *Où va le travail humain ?*, Paris, Gallimard, coll. « Idées ».

– (1946), *Problèmes humains du machinisme industriel*, Paris, Gallimard.

Friedmann, G., et Naville, P. (1962), *Traité de sociologie du travail*, Paris, A. Colin.

Galbraith, J. K. (1967), *The New Industrial State* ; trad. fr., *Le Nouvel État industriel*, Paris, Gallimard, coll. « Bibliothèque des sciences humaines ».

Gazier, B. (1991), *Économie du travail et de l'emploi*, Paris, précis Dalloz.

Giddens, A. (1984), *The Constitution of Society*, Cambridge, Polity Press ; trad. fr., *La Constitution de la société. Éléments de la théorie de la structuration*, Paris, PUF, 1987.

Gille, B. (éd.) (1978), *Histoire des techniques*, Paris, Gallimard, coll. « Encyclopédie de la Pléiade ».

Gouldner, M. W. (1966), « Reciprocity and autonomy in functional theory », *in* Demerath et Peterson (éd.), *System, Change and Conflict*, New York.

Granovetter, M. (1985), « Economic action and social structure : the problem of embeddedness », *American Journal of Sociology*, vol. XCI, n° 3, p. 481-510.

– (1992), Communication au premier colloque de la section française de l'Association pour la socio-économie, Lyon, décembre.

Habermas, J. (1978 ; trad. fr., 1985), *L'Agir communicationnel*, Paris, Fayard.

Hartwell, R. M. (1967), « The causes of the industrial revolution. An essay in methodology », *Economic History Review*, p. 164-182.

– (1971), *The Industrial Revolution and Economic Growth* (cité *in* F. Braudel, *Civilisation matérielle, Économie et Capitalisme du* XVe *au* XVIIIe *siècle*, Paris, A. Colin, 1986, t. III, p. 481).

Herzberg, F. (1966), *Work and the Nature of Man*, Cleveland, The World Publishing Company ; trad. fr., *Le Travail et la Nature de l'homme*, Paris, Entreprise moderne d'éditions, 1971.

Hirschman, A. O. (1986), *Vers une économie politique élargie*, Paris, Éd. de Minuit.

Hobbes, T. (1651 ; éd. fr., 1971), *Le Léviathan*, Paris, Sirey.

Iribarne, P. d' (1989), *La Logique de l'honneur. Gestion des entreprises et traditions nationales*, Paris, Éd. du Seuil.

– (1991), « Culture et effet sociétal », *Revue française de sociologie*, vol. XXXII, n° 4, p. 599-614. Cf. réponse de Maurice, Sellier et Sylvestre, *ibid.*, vol. XXXIII, n° 1, 1992.

Jodelet, D. (éd.) (1985), *Les Représentations sociales*, Paris, PUF.

Karpik, L. (1972), « Les politiques et les logiques d'action de la grande entreprise industrielle », *Sociologie du travail*, n° 1, janv-mars, p. 82-105.

Kern, H., et Schumann, M. (1984), *Das Ende der Arbeitsteilung ? Rationalisierung in der industriellen Produktion*, Munich, Verlag C. H. Beck ; trad. fr., *La Fin de la division du travail ?*, Paris, MSH-CNRS, 1989.

Kets de Vries, M., et Miller, D. (1984 ; trad. fr., 1985), *L'Entreprise névrosée*, Paris, McGraw-Hill.

Landes, D. (1969), *The Unbondeous Prometheus. Technological Change and Industrial Development in Western Europe from 1750 to the Present*, Cambridge, Cambridge University Press ; trad. fr., *L'Europe technicienne ou le Prométhée libéré*, Paris, Gallimard, 1975.

Latour, B. (1992), *Aramis ou l'Amour des techniques*, Paris, La Découverte.

Lawrence, P. R., et Lorch, J. W. (1967 ; trad. fr., 1973), *Adapter les structures de l'entreprise – Intégration ou différenciation*, Paris, Éditions d'Organisation.

Lebaube, A. (1986), « La France bascule », *Le Monde*, dimanche 16-lundi 17 mars.

Lequin, Y. (éd.) (1983), *Histoire des Français* XIXe-XXe *siècle*, t. II,

La société, chap. VIII, « Les chances inégales d'une nouvelle société », p. 295-340.

Letablier, M.-T. (1994), « Qualité des produits et qualification des territoires », *Lettre d'information du Centre d'études de l'emploi*, n° 32, avril.

Lewin, K. (trad. fr., 1964), *Psychologie dynamique*, Paris, PUF.

Le Roy Ladurie, E. (1966), *Les Paysans du Languedoc*, Paris, Mouton.

Liu, M. (1981), « Technologie, organisation du travail et comportement des salariés », *Revue française de sociologie*, n° 2.

Livian, Y.-F. (1983), « La motivation au travail : comment se débarrasser d'un concept encombrant ? », *Direction et Gestion*, n° 1, p. 53-57.

Livian, Y.-F., et Marion, S. (1991), « De l'évaluation des projets de création d'entreprise au pronostic de succès », *Revue internationale PME*, vol. IV, n° 1.

Lobstein, J. (1962), « Structure et organisation de l'entreprise », *in* G. Friedmann et P. Naville, *Traité de sociologie du travail*, Paris, A. Colin, p. 42-65.

Locke, J. (1689 ; éd. fr., 1977), *Deuxième Traité du gouvernement civil*, Paris, Vrin.

Louart, P. (1993), « Mythe, leurre ou concept : l'idée de motivation appliquée à la gestion des hommes en organisation », *in* G. Bralet (éd.), *Repenser la gestion des ressources humaines*, Paris, Economica.

Mallet, S. (1965), *La Nouvelle Classe ouvrière*, Paris, Éd. du Seuil.

Mantoux, P. (1906), *La Révolution industrielle au XVIIIe siècle. Essais sur les commencements de la grande industrie moderne en Angleterre*, Paris, Société Nouvelle de Librairie et d'Édition.

March, J. G., et Simon, H. A. (1958), *Organizations*, New York, John Wiley and Sons ; trad. fr., *Les Organisations*, Paris, Dunod, 1971.

L'ouvrage pionnier de l'analyse stratégique qui a cherché à faire la synthèse entre une approche relations humaines et une approche en termes de rationalité limitée.

Marx, K. (1972), *Le Capital*, Livre premier, première section, « La marchandise », Paris, Gallimard, coll. « Bibliothèque de la Pléiade », t. I.

Maslow, A. H. (1954), *Motivation and Personality*, New York, Harper and Row.

Mathias, P. (1972), « British industrialisation : unique or not ? », *in* P. Léon (éd.), *L'Industrialisation en Europe au XIXe siècle*, Paris, Éd du CNRS.

Maurice, M. (1989), « Méthode comparative et analyse sociétale », *Sociologie du travail*, n° 2, p. 175-190.

Maurice, M., Sellier, F., et Silvestre, J. J. (1982), *Politique d'éducation et Organisation industrielle en France et en Allemagne*, Paris, PUF.

Mauss, M. (1923-1924), « Essai sur le don », in *Année sociologique*, Paris ; nous citons dans *Sociologie et Anthropologie*, Paris, PUF, 1950, p. 143-279.

Mayo, E. (1949), *The Social Problems of an Industrial Civilization*, Londres, Routledge and Kegan Paul.

Ménard, C. (1990), *L'Économie des organisations*, Paris, La Découverte, coll. « Repères ».

Mendel, G. (1992), *La société n'est pas une famille*, Paris, La Découverte.

Mendras, H. (1967), *Éléments de sociologie*, Paris, A. Colin, coll. « U ».

Merton (1957), *Social Theory and Social Structure*, Glencoe, Illinois ; trad. fr. (1953), *Éléments de théorie et de méthode sociologique*, Paris, Plon.

Michels, R. (1911), *Zur Soziologie des Parteiwesens in der modernen Demokratie*, Leipzig ; trad. fr., *Les Partis politiques : essais sur les tendances oligarchiques des démocraties*, Paris, Flammarion, 1914.

Midler, C. (1991), « Évolution des règles de gestion et processus d'apprentissage », communication au colloque *Économie des Conventions*, Paris, 27-28 mars.

– (1993), *L'auto qui n'existait pas*, Paris, InterÉditions.

Mintzberg, H. (1982), *Structure et Dynamique des organisations*, Paris, Éd. d'Organisation, Montréal, Éd. Jeanne d'Arc.

Moisdon, J.-C., et Weil, B. (1992), « L'invention d'une voiture. Un exercice de relations sociales ? », *Gérer et Comprendre*, n° 28, p. 30-41.

Morgan, G. (1986), *Images of Organization*, Bervely Hills ; trad. fr., *Images de l'organisation*, Québec, les Presses de l'Université Laval, Paris, Eska.

Moscovici, S. (1979), colloque sur les « Représentations sociales », *MSH-Informations*, n° 28.

– (1985), chap. 2, « Des représentations collectives aux représen-

tations sociales », *in* D. Jodelet (éd.), *Les Représentations sociales*, Paris, PUF, 1985.
– (1988), *La Machine à faire des dieux*, Paris, Fayard.
Mottez, B. (1966), *Système de salaires et Politiques patronales. Essai sur l'évolution des pratiques et des idéologies patronales*, Paris, CNRS.
Needham, J. (1973), *La Science chinoise et l'Occident*, Paris, Éd. du Seuil.
Nisbet, R. A. (1966), *The Sociological Tradition*, New York, Basic Books ; trad. fr., *La Tradition sociologique*, Paris, PUF, coll. « Sociologies ».
Orléan, A. (éd.) (1994), *Analyse économique des conventions*, Paris, PUF.
Paché, G., et Paraponaris, C. (1993), *L'Entreprise en réseau*, Paris, PUF, coll. « Que sais-je ? ».

Un excellent petit livre sur un sujet que nous n'avons guère eu la place de traiter ici.

Pagès, M., *et al.* (1979), *L'Emprise de l'organisation*, Paris, PUF.
Paradeise, C. (1990), « Les théories de l'acteur », *Cahiers français*, numéro spécial *Découverte de la sociologie*, p. 31-37.
– (1994), « Théorie de l'action et de la décision », in *Autour de Michel Crozier, Actes du colloque de Cerizy*, Paris, Éd. du Seuil.
Paradeise, C., Porcher, P. (1990), « Le contrat ou la confiance dans la relation salariale », *Travail et emploi*, n° 46.
Parsons, T. (1937), *The Structure of Social Action*, New York, McGraw Hill.
Pelletier, J. (1994), *Les Stratégies de développement social de deux établissements du secteur pâtes et papier en période de mutation industrielle*, LEST, Aix-en-Provence.
Perrin, J. (1988), « Les technopôles », in *Culture technique*, n° 18, mars.
Petit, F. (1979), *Introduction à la psychosociologie des organisations*, Toulouse, Privat.
Peyrefitte, A. (1976), *Le Mal français*, Paris, Plon.
Piore, M. J., et Sabel, C. F. (1984), *The Second Industrial Divide*, New York, Basic Books ; trad. fr., *Les Chemins de la prospérité*, Paris, Hachette.
Polanyi, K. (1944), *The Great Transformation*, New York, Farrar et Rinehart ; trad. fr. (1983), *La Grande Transformation*, Paris, Gallimard.

Pugh, D. S. (éd.) (1971 ; 2e éd., 1984), *Organization Theory*, Penguin Books.

Reynaud, J.-D. (1988), « Les régulations dans les organisations. Régulation de contrôle et régulation autonome », *Revue française de sociologie*, vol. XXIX, p. 5-18.

– (1989), *Les Règles du jeu. Action collective et régulation sociale*, Paris, A. Colin.

Un grand livre, clair et bien écrit. Il montre, avec une grande érudition, comment se créent, s'apprennent et se maintiennent les systèmes de règles, puis comment ils s'articulent sur les systèmes sociaux dans lesquels ils s'insèrent et qu'ils transforment. Le point sur un sujet central de la théorie sociologique, point qui jusque-là n'avait guère été clarifié.

– (éd.) (1990), *Les Systèmes de relations professionnelles*, Paris, Éd. du CNRS.

– (1991), « Pour une sociologie de la régulation sociale », *Sociologie et Sociétés*, vol. XXIII, n° 2, automne.

Rioux, J.-P. (1971), *La Révolution industrielle*, Paris, Éd. du Seuil, coll. « Points-Histoire ».

Rosenberg, N. (1976), *Perspectives on Technology*, Cambridge University Press.

Roy, D. (1952), « Quota restriction and gold-bricking in a machine shop », *American Journal of Sociology*, mars, repris *in* W. F. White, *Money and Motivation*, New York, Harper, 1955.

Sachs, I. (1977), *Pour une économie politique du développement*, Paris, Éd. Ouvrières.

Saglio, J. (1972), « La matière et les signes : les ouvriers face au savoir », *Sociologie du travail*, n° 4, oct-déc., p. 437-454.

– (1989), *La Construction sociale des marchés*, Lyon, Glysi, ronéo.

– (1991), « Échange social et identité collective dans les systèmes industriels », *Sociologie du travail*, vol. XXXIII, n° 4.

Sainsaulieu, R. (1972), *Les Relations de travail à l'usine*, Paris, Éd. d'Organisation.

– (1977), *L'Identité au travail*, Paris, Presses de la Fondation nationale des Sciences politiques.

– (1987), *Sociologie de l'organisation et de l'entreprise*, Paris, Presses de la Fondation nationale des Sciences politiques et Dalloz.

Cet ouvrage, disponible aujourd'hui en collection de poche, est un de ceux qui lient la sociologie des organisations à celle des entreprises à travers un parti pris en termes de changement et de développement social, articulé sur une dynamique culturelle et sur une analyse des forces aidant à la transition. Écrit en langage clair, par quelqu'un qui connaît bien les entreprises en y jouant son rôle de sociologue, ce livre est un ouvrage de base.

– (éd.) (1990), *L'Entreprise, une affaire de société*, Paris, Presses de la Fondation nationale des Sciences politiques.

Sainsaulieu, R., et Segrestin, D. (1986), « Vers une théorie sociologique de l'entreprise », *Sociologie du travail*, vol. XXVIII, n° 3, p. 335-352.

Samuelson, P. (1948), *Economics*, New York ; trad. fr., *L'Économique*, Paris, nouvelle éd., 1964.

Sarnin, P. (1993), *Thèse pour le doctorat des universités*, Université Lumière Lyon 2.

Schein, E. (1986), *Organizational Culture and Leadership*, San Francisco, Londres.

Schumpeter, J. A. (1942), *Capitalism, Socialism and Democracy* ; trad. fr., *Capitalisme, Socialisme et Démocratie*, Paris, Payot, 1963.

Schweitzer, S. (1982), *Des engrenages à la chaîne. Les usines Citroën (1915-1935)*, Lyon, PUL.

Seeman, M. (1967), « Les conséquences de l'aliénation dans le travail », *Sociologie du travail*, n° 2, avril-juin, p. 113-133.

Segrestin, D. (1987), « L'entrée de l'entreprise en société », *Revue française de science politique*, vol. XXXVII, n° 4, août, p. 461-477.

– (1992), *Sociologie de l'entreprise*, Paris, A. Colin, coll. « U ».

Un autre livre sur le même thème que celui-ci, avec un parti pris différent. Il présente les acteurs du développement économique et ceux de la naissance de l'entreprise (l'usine et son ordre, la classe ouvrière, celle des patrons), puis ses différents modes d'organisation, modèles français de l'entreprise, « résurgences » des anciens modèles. Enfin, l'interrogation sur le modèle de rationalité porté par l'entreprise ouvre un débat fondamental sur la relation entre l'entreprise et la société, débat qui est un point fort de l'ouvrage : quelle place et quel sens donner à ce phénomène –

nouveau au regard de l'histoire des sociétés – qu'est l'entreprise ? En quoi celle-ci peut-elle ambitionner d'être un modèle pour une société, pour notre société aujourd'hui ?

Selznick, P. (1949), *TVA, and the Grass Roots*, Berkeley, University Press.

Sievers, B. (1990), « La motivation : un ersatz de significations », *in* J. F. Chanlat (éd.), *L'Individu dans l'organisation : les dimensions oubliées*, Québec, Les Presses de l'Université Laval, Paris, Eska.

Silverman, D. (1973), *La Théorie des organisations*, Paris, Dunod.

Simondon, G. (1969), *Du mode d'existence des objets techniques*, Paris, Aubier-Montaigne.

Sonenscher, M. (1987), « Journeymen, the courts and the French trades, 1781-1791 », *Past and Present*, n° 114, p. 77-109.

Taylor, F. W. (1909), *Principles of Scientific management* ; trad. fr., *La Direction scientifique des entreprises*, Paris, Dunod, 1957.

Terssac, G. de (1992), *Autonomie dans le travail*, Paris, PUF.

Thévenot, L. (1985), « Les investissements de forme », in *Conventions économiques*, Paris, PUF, Cahiers du Centre d'études de l'emploi, n° 29.

– (1990), « Les entreprises entre plusieurs formes de coordination », *in* J.-D. Reynaud *et al.* (éd.), *Les Systèmes de relations professionnelles*, Lyon-Paris, Éd du CNRS.

Thompson, J. D. (1949), *Organization in Action*, New York, McGraw-Hill.

Thuderoz, C. (1994), « Le bagne et le requin : syndicalisme ouvrier et espaces productifs », *Sociologie du travail*, vol. XXXVI, n° 1.

Tocqueville, A. de (1835-1840 ; éd. citée, 1952), *L'Ancien Régime et la Révolution*, Paris, Gallimard.

Touraine, A. (1962), « Pouvoir et décision dans l'entreprise », 4e partie, chap. 12, *in* G. Friedmann et P. Naville, *Traité de sociologie du travail*, Paris, A. Colin.

– (1967), « L'aliénation : de l'idéologie à l'analyse », *Sociologie du travail*, n° 2, avril-juin, p. 192-201.

Toynbee, A. (1934-1954), *A Study of History – Lectures on the Industrial Revolution of the Eighteenth Century in England*, 10 vol., Londres, Oxford University Press ; trad. fr., *L'Histoire, un essai d'interprétation*, Paris, Gallimard, 1951.

Trouvé, P. (1990), « Management des flexibilités ou flexibilités du management ? », *L'Auvergne économique*, n° 73.

Valade, B. (1992), chap. « Changement social », *in* R. Boudon (éd.), *Traité de sociologie*, Paris, PUF, p. 313-349.

Walker, C. R., et Guest, R. H. (1952), *The Mass of the Assembly Line*, Harvard University Press.

Weber, M. (1920), *Die protestantische Ethik und der « Geist » des Kapitalismus*, extrait de *Gesammelte Aufsätze zur Religionssoziologie*, Tübingen, Mohr ; trad. fr., *L'Éthique protestante et l'Esprit du capitalisme*, Paris, Plon, 1964.

– (1918 ; trad. fr., 1959), *Le Savant et le Politique*, Paris, Plon, coll. « 10/18 », introduction de R. Aron [traduction de *Politik als Beruf* et de *Wissenschaft als Beruf*].

– (1922), *Wirtschaft und Gesellschaft* ; trad. fr., *Économie et Société*, Paris, Plon, t. I, 1971.

Table

PREMIÈRE PARTIE

LES FONDEMENTS THÉORIQUES

DEUXIÈME PARTIE

LES ÉTUDES DE CAS

RÉALISATION : PAO ÉDITIONS DU SEUIL
IMPRESSION : MAURY-EUROLIVRES À MANCHECOURT
DÉPÔT LÉGAL : MAI 1995 – N° 23632-3 (03/04/20299)

Collection Points

SÉRIE ESSAIS

DERNIERS TITRES PARUS

90. Les Vivants et la Mort, *par Jean Ziegler*
91. L'Unité de l'homme, *par le Centre Royaumont*
    1. Le primate et l'homme
    par E. Morin et M. Piattelli-Palmarini
92. L'Unité de l'homme, *par le Centre Royaumont*
    2. Le cerveau humain
    par E. Morin et M. Piattelli-Palmarini
93. L'Unité de l'homme, *par le Centre Royaumont*
    3. Pour une anthropologie fondamentale
    par E. Morin et M. Piattelli-Palmarini
94. Pensées, *par Blaise Pascal*
95. L'Exil intérieur, *par Roland Jaccard*
96. Semeiotikè, recherches pour une sémanalyse
    par Julia Kristeva
97. Sur Racine, *par Roland Barthes*
98. Structures syntaxiques, *par Noam Chomsky*
99. Le Psychiatre, son « fou » et la psychanalyse
    par Maud Mannoni
100. L'Écriture et la Différence, *par Jacques Derrida*
101. Le Pouvoir africain, *par Jean Ziegler*
102. Une logique de la communication
    par P. Watzlawick, J. Helmick Beavin, Don D. Jackson
103. Sémantique de la poésie, *par T. Todorov, W. Empson, J. Cohen, G. Hartman, F. Rigolot*
104. De la France, *par Maria-Antonietta Macciocchi*
105. Small is beautiful, *par E. F. Schumacher*
106. Figures II, *par Gérard Genette*
107. L'Œuvre ouverte, *par Umberto Eco*
108. L'Urbanisme, *par Françoise Choay*
109. Le Paradigme perdu, *par Edgar Morin*
110. Dictionnaire encyclopédique des sciences du langage
    par Oswald Ducrot et Tzvetan Todorov
111. L'Évangile au risque de la psychanalyse, tome 1
    par Françoise Dolto
112. Un enfant dans l'asile, *par Jean Sandretto*
113. Recherche de Proust, *ouvrage collectif*
114. La Question homosexuelle, *par Marc Oraison*
115. De la psychose paranoïaque dans ses rapports avec la personnalité, *par Jacques Lacan*

116. Sade, Fourier, Loyola, *par Roland Barthes*
117. Une société sans école, *par Ivan Illich*
118. Mauvaises Pensées d'un travailleur social
par Jean-Marie Geng
119. Albert Camus, *par Herbert R. Lottman*
120. Poétique de la prose, *par Tzvetan Todorov*
121. Théorie d'ensemble, *par Tel Quel*
122. Némésis médicale, *par Ivan Illich*
123. La Méthode
1. La nature de la nature, *par Edgar Morin*
124. Le Désir et la Perversion, *ouvrage collectif*
125. Le Langage, cet inconnu, *par Julia Kristeva*
126. On tue un enfant, *par Serge Leclaire*
127. Essais critiques, *par Roland Barthes*
128. Le Je-ne-sais-quoi et le Presque-rien
1. La manière et l'occasion, *par Vladimir Jankélévitch*
129. L'Analyse structurale du récit, Communications 8
ouvrage collectif
130. Changements, Paradoxes et Psychothérapie
par P. Watzlawick, J. Weakland et R. Fisch
131. Onze Études sur la poésie moderne
par Jean-Pierre Richard
132. L'Enfant arriéré et sa mère, *par Maud Mannoni*
133. La Prairie perdue (Le Roman américain)
par Jacques Cabau
134. Le Je-ne-sais-quoi et le Presque-rien
2. La méconnaissance, *par Vladimir Jankélévitch*
135. Le Plaisir du texte, *par Roland Barthes*
136. La Nouvelle Communication, *ouvrage collectif*
137. Le Vif du sujet, *par Edgar Morin*
138. Théories du langage, Théories de l'apprentissage
par le Centre Royaumont
139. Baudelaire, la Femme et Dieu, *par Pierre Emmanuel*
140. Autisme et Psychose de l'enfant, *par Frances Tustin*
141. Le Harem et les Cousins, *par Germaine Tillion*
142. Littérature et Réalité, *ouvrage collectif*
143. La Rumeur d'Orléans, *par Edgar Morin*
144. Partage des femmes, *par Eugénie Lemoine-Luccioni*
145. L'Évangile au risque de la psychanalyse, tome 2
par Françoise Dolto
146. Rhétorique générale, *par le Groupe μ*
147. Système de la Mode, *par Roland Barthes*
148. Démasquer le réel, *par Serge Leclaire*
149. Le Juif imaginaire, *par Alain Finkielkraut*
150. Travail de Flaubert, *ouvrage collectif*
151. Journal de Californie, *par Edgar Morin*

152. Pouvoirs de l'horreur, *par Julia Kristeva*
153. Introduction à la philosophie de l'histoire de Hegel *par Jean Hyppolite*
154. La Foi au risque de la psychanalyse *par Françoise Dolto et Gérard Sévérin*
155. Un lieu pour vivre, *par Maud Mannoni*
156. Scandale de la vérité, *suivi de* Nous autres Français *par Georges Bernanos*
157. Enquête sur les idées contemporaines *par Jean-Marie Domenach*
158. L'Affaire Jésus, *par Henri Guillemin*
159. Paroles d'étranger, *par Élie Wiesel*
160. Le Langage silencieux, *par Edward T. Hall*
161. La Rive gauche, *par Herbert R. Lottman*
162. La Réalité de la réalité, *par Paul Watzlawick*
163. Les Chemins de la vie, *par Joël de Rosnay*
164. Dandies, *par Roger Kempf*
165. Histoire personnelle de la France, *par François George*
166. La Puissance et la Fragilité, *par Jean Hamburger*
167. Le Traité du sablier, *par Ernst Jünger*
168. Pensée de Rousseau, *ouvrage collectif*
169. La Violence du calme, *par Viviane Forrester*
170. Pour sortir du XXe siècle, *par Edgar Morin*
171. La Communication, Hermès I, *par Michel Serres*
172. Sexualités occidentales, Communications 35 *ouvrage collectif*
173. Lettre aux Anglais, *par Georges Bernanos*
174. La Révolution du langage poétique, *par Julia Kristeva*
175. La Méthode
2. La vie de la vie, *par Edgar Morin*
176. Théories du symbole, *par Tzvetan Todorov*
177. Mémoires d'un névropathe, *par Daniel Paul Schreber*
178. Les Indes, *par Édouard Glissant*
179. Clefs pour l'Imaginaire ou l'Autre Scène *par Octave Mannoni*
180. La Sociologie des organisations, *par Philippe Bernoux*
181. Théorie des genres, *ouvrage collectif*
182. Le Je-ne-sais-quoi et le Presque-rien
3. La volonté de vouloir, *par Vladimir Jankélévitch*
183. Le Traité du rebelle, *par Ernst Jünger*
184. Un homme en trop, *par Claude Lefort*
185. Théâtres, *par Bernard Dort*
186. Le Langage du changement, *par Paul Watzlawick*
187. Lettre ouverte à Freud, *par Lou Andreas-Salomé*
188. La Notion de littérature, *par Tzvetan Todorov*
189. Choix de poèmes, *par Jean-Claude Renard*

190. Le Langage et son double, *par Julien Green*
191. Au-delà de la culture, *par Edward T. Hall*
192. Au jeu du désir, *par Françoise Dolto*
193. Le Cerveau planétaire, *par Joël de Rosnay*
194. Suite anglaise, *par Julien Green*
195. Michelet, *par Roland Barthes*
196. Hugo, *par Henri Guillemin*
197. Zola, *par Marc Bernard*
198. Apollinaire, *par Pascal Pia*
199. Paris, *par Julien Green*
200. Voltaire, *par René Pomeau*
201. Montesquieu, *par Jean Starobinski*
202. Anthologie de la peur, *par Éric Jourdan*
203. Le Paradoxe de la morale, *par Vladimir Jankélévitch*
204. Saint-Exupéry, *par Luc Estang*
205. Leçon, *par Roland Barthes*
206. François Mauriac
1. Le sondeur d'abîmes (1885-1933), *par Jean Lacouture*
207. François Mauriac
2. Un citoyen du siècle (1933-1970), *par Jean Lacouture*
208. Proust et le Monde sensible, *par Jean-Pierre Richard*
209. Nus, Féroces et Anthropophages, *par Hans Staden*
210. Œuvre poétique, *par Léopold Sédar Senghor*
211. Les Sociologies contemporaines, *par Pierre Ansart*
212. Le Nouveau Roman, *par Jean Ricardou*
213. Le Monde d'Ulysse, *par Moses I. Finley*
214. Les Enfants d'Athéna, *par Nicole Loraux*
215. La Grèce ancienne, tome 1
par Jean-Pierre Vernant et Pierre Vidal-Naquet
216. Rhétorique de la poésie, *par le Groupe μ*
217. Le Séminaire. Livre XI, *par Jacques Lacan*
218. Don Juan ou Pavlov
par Claude Bonnange et Chantal Thomas
219. L'Aventure sémiologique, *par Roland Barthes*
220. Séminaire de psychanalyse d'enfants, tome 1
par Françoise Dolto
221. Séminaire de psychanalyse d'enfants, tome 2
par Françoise Dolto
222. Séminaire de psychanalyse d'enfants
tome 3, Inconscient et destins, *par Françoise Dolto*
223. État modeste, État moderne, *par Michel Crozier*
224. Vide et Plein, *par François Cheng*
225. Le Père : acte de naissance, *par Bernard This*
226. La Conquête de l'Amérique, *par Tzvetan Todorov*
227. Temps et Récit, tome 1, *par Paul Ricœur*
228. Temps et Récit, tome 2, *par Paul Ricœur*

229. Temps et Récit, tome 3, *par Paul Ricœur*
230. Essais sur l'individualisme, *par Louis Dumont*
231. Histoire de l'architecture et de l'urbanisme modernes
1. Idéologies et pionniers (1800-1910), *par Michel Ragon*
232. Histoire de l'architecture et de l'urbanisme modernes
2. Naissance de la cité moderne (1900-1940)
par Michel Ragon
233. Histoire de l'architecture et de l'urbanisme modernes
3. De Brasilia au post-modernisme (1940-1991)
par Michel Ragon
234. La Grèce ancienne, tome 2
par Jean-Pierre Vernant et Pierre Vidal-Naquet
235. Quand dire, c'est faire, *par J. L. Austin*
236. La Méthode
3. La Connaissance de la Connaissance, *par Edgar Morin*
237. Pour comprendre *Hamlet*, *par John Dover Wilson*
238. Une place pour le père, *par Aldo Naouri*
239. L'Obvie et l'Obtus, *par Roland Barthes*
240. Mythe et société en Grèce ancienne, *par Jean-Pierre Vernant*
241. L'Idéologie, *par Raymond Boudon*
242. L'Art de se persuader, *par Raymond Boudon*
243. La Crise de l'État-providence, *par Pierre Rosanvallon*
244. L'État, *par Georges Burdeau*
245. L'Homme qui prenait sa femme pour un chapeau
par Oliver Sacks
246. Les Grecs ont-ils cru à leurs mythes ?, *par Paul Veyne*
247. La Danse de la vie, *par Edward T. Hall*
248. L'Acteur et le Système
par Michel Crozier et Erhard Friedberg
249. Esthétique et Poétique, *collectif*
250. Nous et les Autres, *par Tzvetan Todorov*
251. L'Image inconsciente du corps, *par Françoise Dolto*
252. Van Gogh ou l'Enterrement dans les blés
par Viviane Forrester
253. George Sand ou le Scandale de la liberté
par Joseph Barry
254. Critique de la communication, *par Lucien Sfez*
255. Les Partis politiques, *par Maurice Duverger*
256. La Grèce ancienne, tome 3
par Jean-Pierre Vernant et Pierre Vidal-Naquet
257. Palimpsestes, *par Gérard Genette*
258. Le Bruissement de la langue, *par Roland Barthes*
259. Relations internationales
1. Questions régionales, *par Philippe Moreau Defarges*
260. Relations internationales
2. Questions mondiales, *par Philippe Moreau Defarges*

261. Voici le temps du monde fini, *par Albert Jacquard*
262. Les Anciens Grecs, *par Moses I. Finley*
263. L'Éveil, *par Oliver Sacks*
264. La Vie politique en France, *ouvrage collectif*
265. La Dissémination, *par Jacques Derrida*
266. Un enfant psychotique, *par Anny Cordié*
267. La Culture au pluriel, *par Michel de Certeau*
268. La Logique de l'honneur, *par Philippe d'Iribarne*
269. Bloc-notes, tome 1 (1952-1957), *par François Mauriac*
270. Bloc-notes, tome 2 (1958-1960), *par François Mauriac*
271. Bloc-notes, tome 3 (1961-1964), *par François Mauriac*
272. Bloc-notes, tome 4 (1965-1967), *par François Mauriac*
273. Bloc-notes, tome 5 (1968-1970), *par François Mauriac*
274. Face au racisme
1. Les moyens d'agir
sous la direction de Pierre-André Taguieff
275. Face au racisme
2. Analyses, hypothèses, perspectives
sous la direction de Pierre-André Taguieff
276. Sociologie, *par Edgar Morin*
277. Les Sommets de l'État, *par Pierre Birnbaum*
278. Lire aux éclats, *par Marc-Alain Ouaknin*
279. L'Entreprise à l'écoute, *par Michel Crozier*
280. Nouveau Code pénal
présentation et notes de Me Henri Leclerc
281. La Prise de parole, *par Michel de Certeau*
282. Mahomet, *par Maxime Rodinson*
283. Autocritique, *par Edgar Morin*
284. Être chrétien, *par Hans Küng*
285. A quoi rêvent les années 90 ?, *par Pascale Weil*
286. La Laïcité française, *par Jean Boussinesq*
287. L'Invention du social, *par Jacques Donzelot*
288. L'Union européenne, *par Pascal Fontaine*
289. La Société contre nature, *par Serge Moscovici*
290. Les Régimes politiques occidentaux
par Jean-Louis Quermonne
291. Éducation impossible, *par Maud Mannoni*
292. Introduction à la géopolitique
par Philippe Moreau Defarges
293. Les Grandes Crises internationales et le Droit
par Gilbert Guillaume
294. Les Langues du Paradis, *par Maurice Olender*
295. Face à l'extrême, *par Tzvetan Todorov*
296. Écrits logiques et philosophiques, *par Gottlob Frege*
297. Recherches rhétoriques, Communications 16
ouvrage collectif

298. De l'interprétation, *par Paul Ricœur*
299. De la parole comme d'une molécule, *par Boris Cyrulnik*
300. Introduction à une science du langage
par Jean-Claude Milner
301. Les Juifs, la Mémoire et le Présent
par Pierre Vidal-Naquet
302. Les Assassins de la mémoire, *par Pierre Vidal-Naquet*
303. La Méthode
4. Les idées, *par Edgar Morin*
304. Pour lire Jacques Lacan, *par Philippe Julien*
305. Événements I
Psychopathologie du quotidien, *par Daniel Sibony*
306. Événements II
Psychopathologie du quotidien, *par Daniel Sibony*
307. Les Origines du totalitarisme
Le système totalitaire, *par Hannah Arendt*
308. La Sociologie des entreprises, *par Philippe Bernoux*
309. Vers une écologie de l'esprit 1.
par Gregory Bateson
310. Les Démocraties, *par Olivier Duhamel*
311. Histoire constitutionnelle de la France
par Olivier Duhamel
312. Droit constitutionnel, *par Olivier Duhamel*
313. Que veut une femme ?, *par Serge André*
314. Histoire de la révolution russe
1. Février, *par Léon Trotsky*
315. Histoire de la révolution russe
2. Octobre, *par Léon Trotsky*
316. La Société bloquée, *par Michel Crozier*
317. Le Corps, *par Michel Bernard*
318. Introduction à l'étude de la parenté
par Christian Ghasarian
319. La Constitution, *introduction et commentaires*
par Guy Carcassonne
320. Introduction à la politique
par Dominique Chagnollaud
321. L'Invention de l'Europe, *par Emmanuel Todd*
322. La Naissance de l'histoire (tome 1)
par François Châtelet
323. La Naissance de l'histoire (tome 2)
par François Châtelet
324. L'Art de bâtir les villes, *par Camillo Sitte*
325. L'Invention de la réalité
sous la direction de Paul Watzlawick
326. Le Pacte autobiographique, *par Philippe Lejeune*
327. L'Imprescriptible, *par Vladimir Jankélévitch*

328. Libertés et Droits fondamentaux
sous la direction de Mireille Delmas-Marty et Claude Lucas de Leyssac
329. Penser au Moyen Age, *par Alain de Libera*
330. Soi-Même comme un autre, *par Paul Ricœur*
331. Raisons pratiques, *par Pierre Bourdieu*
332. L'Écriture poétique chinoise, *par François Cheng*
333. Machiavel et la Fragilité du politique
par Paul Valadier
334. Code de déontologie médicale, *par Louis René*
335. Lumière, Commencement, Liberté
par Robert Misrahi
336. Les Miettes philosophiques, *par Søren Kierkegaard*
337. Des yeux pour entendre, *par Oliver Sacks*
338. De la liberté du chrétien *et* Préfaces à la Bible
par Martin Luther (bilingue)
339. L'Être et l'Essence
par Thomas d'Aquin et Dietrich de Freiberg (bilingue)
340. Les Deux États, *par Bertrand Badie*
341. Le Pouvoir et la Règle, *par Erhard Friedberg*
342. Introduction élémentaire au droit
par Jean-Pierre Hue
343. La Démocratie politique, *par Philippe Braud*
344. Science politique
2. L'État, *par Philippe Braud*
345. Le Destin des immigrés, *par Emmanuel Todd*
346. La Psychologie sociale, *par Gustave-Nicolas Fischer*
347. La Métaphore vive, *par Paul Ricœur*
348. Les Trois Monothéismes, *par Daniel Sibony*
349. Éloge du quotidien. Essai sur la peinture hollandaise du XVIIIe siècle, *par Tzvetan Todorov*
350. Le Temps du désir. Essai sur le corps et la parole
par Denis Vasse
351. La Recherche de la langue parfaite dans la culture européenne, *par Umberto Eco*
352. Esquisses pyrrhoniennes, *par Pierre Pellegrin*
353. De l'ontologie, *par Jeremy Bentham*
354. Théorie de la justice, *par John Rawls*
355. De la naissance des dieux à la naissance du Christ
par Eugen Drewermann
356. L'Impérialisme, *par Hannah Arendt*
357. Entre-Deux, *par Daniel Sibony*
358. Paul Ricœur, *par Olivier Mongin*
359. La Nouvelle Question sociale, *par Pierre Rosanvallon*
360. Sur l'antisémitisme, *par Hannah Arendt*
361. La Crise de l'intelligence, *par Michel Crozier*